W0020426

Zu diesem Buch

Die Radikalen haben in Deutschland Geschichte. Widerstand gegen willkürliche Staatsakte, Auflehnung gegen staatlich sanktionierte Meinung, gegen Intoleranz und Überheblichkeit der jeweiligen Regierenden gibt es nicht erst seit den nun schon legendären sechziger Jahren unseres Jahrhunderts. Für ihre Forderung nach Meinungsfreiheit und sozialer Gerechtigkeit mußten schon Immanuel Kant, Gottlieb Fichte, Georg Büchner mit Schreibverbot, also Berufsverbot oder Verlust ihrer Freiheit rechnen, zahlten Karl Liebknecht, Rosa Luxemburg und Erich Mühsam mit dem Leben.

Bernt Engelmann, einer der engagiertesten und erfolgreichsten deutschen Sachbuchautoren, untersucht hier 200 Jahre deutscher Geschichte unter dem Aspekt der Andersdenkenden, der nicht Angepaßten. Wie schon in seinen zwei früheren Antigeschichtsbüchern, «Wir Untertanen» (1974) und «Einig gegen Recht und Freiheit» (1975), nimmt der Autor auch hier wieder Partei. Er distanziert sich klar von allen Formen des Terrorismus, spricht sich aber eindringlich für die Notwendigkeit aus, Gegenmeinungen zu tolerieren und sie in die Diskussion um die bestmögliche Form menschlichen Zusammenlebens einzubeziehen. Staatlich geübter Meinungsterror zwingt zur Anpassung, erzieht zum Duckmäusertum und züchtet Denunzianten heran, der viel zitierten «freiheitlich-demokratischen Grundordnung», von den Radikalen der letzten 200 Jahre erkämpft, droht die Auszehrung.

Bernt Engelmann, geboren 1921, 1944/1945 KZ-Aufenthalt als Mitglied der deutschen Befreiungsbewegung, nach dem Krieg Studium der Geschichte, Literatur, Sprachen, Soziologie und Recht. Seit 1948 Journalist, unter anderem beim «Spiegel» und dem NDR-Fernsehen. Wichtigste neuere Buchveröffentlichungen: «Großes Bundesverdienstkreuz» (rororo 1924), «Wir Untertanen. Ein deutsches Antigeschichtsbuch», «Einig gegen Recht und Freiheit. Deutsches Antigeschichtsbuch. Zweiter Teil», «Ihr da oben – wir da unten» (rororo sachbuch 6990).

Bernt Engelmann

Trotz alledem

Deutsche Radikale 1777-1977

Rowohlt

Umschlagentwurf Werner Rebhuhn
(Foto: Süddeutscher Verlag)
Veröffentlicht im Rowohlt Taschenbuch Verlag GmbH,
Reinbek bei Hamburg, Januar 1979
Copyright © 1977 by C. Bertelsmann Verlag GmbH, München
Satz Aldus (Linotron 505 C)
Gesamtherstellung Clausen & Bosse, Leck
Printed in Germany
680-ISBN 3 499 17194 5

DEM ANDENKEN JOHANN JACOBYS,
DESSEN 100. TODESTAG AM 6. MÄRZ 1977
DIE BUNDESREPUBLIK DEUTSCHLAND
UNBEACHTET LIESS

Sonjuscha, Liebste, seien Sie trotz alledem heiter.
So ist das Leben, und so muß man es nehmen:
tapfer, unverzagt und lächelnd – trotz alledem.

ROSA LUXEMBURG,
Briefe aus dem Gefängnis

Fichte's
Appellation

gegen

die Anklage

des Atheismus.

———◦◦◦———

Eine Schrift, die man erst zu lesen bittet,
ehe man sie confiscirt.

Ladenpreis 6 gr. oder 27 Kreuzer rheinl.

Umschlagseite von J. G. Fichtes 1799 in der Cottaischen Buchhandlung erschienenen Schrift «Appellation gegen die Anklage des Atheismus»

Inhaltsverzeichnis

Was wäre, wenn . . .?
Anstelle einer Einleitung

Zunächst wäre es sehr still im Raum; man hörte das Summen der Klimaanlage und das Rascheln des Papiers, das der Kandidat, ein Mann von etwa fünfzig Jahren, beiseite schöbe. Denn er spräche frei, seine Worte sorgsam wählend:

«Der Erfolg für meine Person ist mir gleichgültig . . . Selbst wenn ich wüßte, daß ich bestimmt sei, die unzähligen Opfer, welche schon für die Wahrheit fielen, um eines zu vermehren, so müßte ich doch meine letzte Kraft aufbieten, um Grundsätze in das Publikum bringen zu helfen, welche wenigstens diejenigen sichern und retten könnten, die nach mir dieselbe Sache verteidigen werden . . .»

«Aber, Verehrtester, wir leben doch nicht im Mittelalter!»

«In einem jeden Zeitalter ist die größere Menge unwissend, verblendet und gegen neue Belehrungen verstockt. Jedes Zeitalter würde das Verfahren des vorhergehenden gegen diejenigen, welche alte Irrtümer bestreiten, in allen Stücken nachahmen, wenn man sich doch nicht zuweilen schämte, selbst zu tun, was man soeben an den Vorfahren laut mißbilligt hat . . .»

«Darf man erfahren, was Sie damit meinen? Vielleicht die Karlsbader Beschlüsse von 1819 zur Unterdrückung der ‹demagogischen Umtriebe›, Bismarcks Sozialistengesetze, Hitlers ‹Notverordnung zum Schutz von Volk und Staat›? Oder wollen Sie womöglich mit noch weiter zurückliegenden Dingen aufwarten?»

Doch der Kandidat ließe sich durch diese Zwischenfragen nicht beirren, sondern führe fort:

«Die Zeitgenossen Jesu errichteten den Propheten Denkmäler und sagten: Wären sie in unsern Tagen gekommen, wir hätten sie nicht getötet! Und so tut bis auf diesen Augenblick jedes Zeitalter an den Märtyrern der vorhergehenden. Jedes hat darin ganz recht, daß es dieselben Personen, wenn sie wiederkämen, nicht verfolgen würde, indem diese ja nun größtenteils ihre untrüglichen Heiligen geworden sind; sie verfolgen jetzt nur die, welche jene nicht für untrüglich anerkennen wollen. Aber darin muß man ihnen Gerechtigkeit widerfahren lassen, daß sie es doch allmählich . . . mit besserm Anstande tun lernen . . .»

«. . . vor allem mit einem Höchstmaß an Objektivität und nur mit rechtsstaatlichen Mitteln, wie Sie gerechterweise hinzufügen sollten! Bei uns wird niemand gesteinigt oder verbrannt! Unsere freiheitlich-demokratische Grundordnung garantiert jedem das Recht auf eigene Meinung und auf freie Entfaltung seiner Persönlichkeit, soweit er damit nicht die Rechte anderer verletzt und soweit er nicht gegen die verfassungsmäßige Ordnung verstößt. Deshalb, Verehrtester, sind Ihre Bemerkungen hier und heute gänzlich überflüssig!»

«War es je notwendig, dergleichen Grundsätze zur Verteidigung der Glaubens- und Gewissensfreiheit in das Publikum zu bringen, so ist es gegenwärtig dringende Notwendigkeit. Verteidigen wir nicht jetzt, nicht auf der Stelle unsere Geistesfreiheit, so möchte es gar bald zu spät sein!»

Damit schlösse der Kandidat seine Ausführungen und sähe nun die Herren am anderen Ende des langen Konferenztisches der Reihe nach an: die beiden, recht ratlos wirkenden Ministerialräte; den Herrn Staatssekretär, der sein Temperament nicht hatte zügeln können und ihm mehrfach ins Wort gefallen war; den Herrn Minister, der in diesem besonderen Fall selbst den Vorsitz führte und etwas verlegen in seiner Taschenbuchausgabe des «Grundgesetzes für die Bundesrepublik Deutschland vom 23. Mai 1949» blätterte, um den Kandidaten jetzt nicht ansehen zu müssen; und auch den Vertreter des Personalrats, der den Vorschriften entsprechend an der Sitzung teilnähme und von allen Anwesenden am unglücklichsten wirkte.

«Ich hatte dergleichen befürchtet», ließe sich schließlich der Minister vernehmen, nachdem er seufzend die Lektüre der Artikel 2 bis 5 des Grundgesetzes beendet hätte. «Es liegen uns ja eine ganze Reihe von Erkenntnissen der Staatsschutzorgane vor, die» – er deutete dabei auf die vor dem Staatssekretär auf dem Tisch aufgeschlagene, ziemlich dicke Akte mit dem roten Querbalken auf dem Deckel und dem Aufdruck ‹Geheim!› – «leider deutlich zeigen, daß Sie, Herr Kandidat, in der Kritik bestehender Verhältnisse ziemlich weit über das für einen zur Wiedereinstellung in den öffentlichen Dienst vorgeschlagenen Hochschullehrer eben noch zulässige Maß hinausgehen und daß Sie sogar offen den Umsturz propagieren! Sie sind ferner für eine Verstaatlichung des gesamten Eigentums an Grund und Boden, Naturschätzen und Produktionsmitteln, was zwar – wie ich mir habe sagen lassen – mit dem Grundgesetz noch vereinbar, aber auch wohl symptomatisch ist für die geradezu anarchistischen Ideen, die Sie vertreten. Das Schlimmste scheint mir jedoch» – der Minister seufzte –, «daß Sie jede Staatsverfassung, also auch die freiheitlich-demokratische Grundordnung der Bundesrepublik Deutschland, schlankweg für veränderbar halten – oder?»

Er sähe dann den Kandidaten über den Brillenrand hinweg scharf an, und dieser erwiderte ohne Zögern:

«Keine Staatsverfassung ist unabänderlich. Es ist in ihrer Natur, daß sie sich alle ändern: eine schlechte, die gegen den notwendigen Endzweck aller Staatsverfassungen streitet, muß abgeändert werden; eine gute, die ihn befördert, ändert sich selbst ab ... Die Klausel im gesellschaftlichen

Vertrage, daß er unabänderlich sein solle, wäre mithin der härteste Widerspruch gegen den Geist der Menschheit.»

«Sie machen es uns wirklich sehr schwer», riefe an dieser Stelle der Minister aus, «und ich bedauere dies, zumal im Hinblick auf Ihre hohe fachliche Qualifikation. Deshalb möchte ich Sie fragen, ob Sie nicht wenigstens uns versprechen wollen, sich fest auf den Boden unseres Grundgesetzes zu stellen und dessen Unverletzlichkeit jederzeit zu verteidigen – nun, Herr Kandidat, wäre das nicht möglich?»

Aber der ganz allein am unteren Ende des langen Tisches sitzende Bewerber schüttelte nur den Kopf, besänne sich einen Augenblick lang und erklärte den versammelten Herren dann mit fester Stimme:

«Ich verspreche, an dieser Staatsverfassung nie etwas zu ändern oder ändern zu lassen, heißt: Ich verspreche, kein Mensch zu sein noch zu dulden, daß, soweit ich reichen kann, irgendeiner ein Mensch sei. Ich begnüge mich mit dem Rang eines geschickten Tiers … Nein, verlaß uns nicht, tröstender Gedanke … daß an der Stelle, wo wir uns jetzt abmühen und – was schlimmer ist als das – gröblich irren und fehlen, einst ein Geschlecht blühen wird, welches immer darf, was es will, weil es nichts will als Gutes!»

«Das sagen sie alle, diese Systemveränderer», flüsterte nun der Staatssekretär seinem Minister zu und führe dann, an den Kandidaten gewandt, laut fort:

«Sie haben soeben, wenn ich Sie richtig verstanden habe, den Verdacht mangelnder Verfassungstreue, der sich schon aus den uns vorliegenden Erkenntnissen ergibt, voll bestätigt. Sie haben es für richtig befunden, dazu aus Ihrer 1793 anonym erschienenen Schrift, ‹Beitrag zur Berichtigung der Urteile des Publikums über die französische Revolution›, einiges zu zitieren. Im Jahr darauf ließen Sie, wiederum anonym, eine Broschüre erscheinen, betitelt ‹Zurückforderung der Denkfreiheit›. Darin setzten Sie sich erneut für die angebliche Rechtmäßigkeit des gewaltsamen Umsturzes ein. Fünf Jahre später – man kann über die Langmut Ihrer damaligen Dienstaufsichtsbehörde wirklich nur staunen! – kam es endlich, auf Drängen einer anderen, pflichtbewußteren deutschen Landesregierung hin, zu einem Disziplinarverfahren gegen Sie. Nachdem Sie dann – noch als Beamter! – Ihrem Dienstherrn eine Art Rechtfertigungsschrift überreicht hatten, die Sie ‹Appellation an das Publikum. Eine Schrift, die man erst zu lesen bittet, ehe man sie konfisziert› zu nennen beliebten, verloren Sie Ihre Professur in Jena. Übrigens, gleich auf der ersten Seite dieser ‹Appellation› heißt es: ‹Sie haben da schon so manches Buch verboten und werden noch so manches verbieten, und es ist keine Schmähung, in dieser Reihe mit aufgeführt zu werden. Ich schreibe und gebe heraus nur für diejenigen, die unsere Schriften lesen wollen. Ich begehre keinen zu zwingen, und ob die einzelnen selbst oder ob in ihrer aller Namen die Regierung versichert,*

daß sie meine Schriften nicht mögen, ist mir ganz einerlei . . .» – ein
reichlich respektloser Ton, den Sie da anschlugen! Nun, Sie schieden aus
dem Staatsdienst aus und mußten Jena dann verlassen, wurden auch in
Rudolstadt nicht geduldet und fanden erst in Berlin bedingt Aufnahme,
wobei Sie sich verpflichten mußten, keinen Anlaß zu Beanstandungen
mehr zu geben. Doch schon wenige Jahre später, im Winter 1807/08,
machten Sie den Behörden von neuem Schwierigkeiten. Ihre gedruckten
‹Reden an die deutsche Nation› durften zwar zunächst erscheinen, weil es
wegen der besonderen Zeitumstände nicht opportun gewesen wäre, sie
zu verbieten. Aber Neuauflagen konnten später für lange Zeit nicht mehr
zugelassen werden; noch 1832 hielt das Berliner Oberzensurkollegium
am Verbot dieser aufrührerischen Publikation fest – oder stimmt das
etwa nicht?»

Der Kandidat, obzwar schon 1814 verstorben, müßte diesen Sachverhalt bestätigen, auch zugeben, daß er seinerzeit eine staatssozialistische,
später häufig mißverstandene und von rechten Ultras mißbrauchte
Theorie entwickelt hatte.

Man belehrte ihn dann, daß alle vorliegenden Erkenntnisse, sein politisches Verhalten in der Vergangenheit betreffend, zusammen mit seinen Äußerungen im jetzigen Anhörungsverfahren, von der Kommission
sorgsam zu prüfen und zu würdigen seien. Sollten sie insgesamt erhebliche Zweifel an der Verfassungstreue des Bewerbers erwecken, so könnte dieser nicht Beamter, also auch nicht Hochschulprofessor, werden.

Der Minister schlösse damit die Sitzung, und sein Staatssekretär ließe
nun die dicke Akte, in der er noch ein wenig geblättert hätte, seufzend
zufallen. Wir könnten dann auf ihrem Deckel endlich den Namen des
Kandidaten lesen, der derweilen kühl verabschiedet würde mit dem
Bemerken, er erhielte demnächst schriftlichen Bescheid: *FICHTE, JO
HANN GOTTLIEB.*

Und kaum hätte Professor Fichte, nicht sonderlich optimistisch gestimmt hinsichtlich des schließlichen Ergebnisses dieses ‹Einstellungsgesprächs›, den Konferenzraum verlassen, bäte man den nächsten Kandidaten herein: einen Naturwissenschaftler von internationalem Rang, um
den sich die Universitäten und Technischen Hochschulen des Landes
förmlich rissen.

Der Herr Kultusminister – nehmen wir einmal an, es sei der des Landes
Baden-Württemberg, Professor Dr. D. Wilhelm Hahn – ließe es sich
nicht nehmen, den begehrten Wissenschaftler mit baltischem Charme
auf das liebenswürdigste zu begrüßen, ihn zum unteren Ende des langen
Tisches zu geleiten und ihm den Sessel selbst zurechtzurücken.

Der Minister begänne alsdann die ‹Anhörung› mit der Versicherung,
es handele sich um eine bloße Formalität; die von den Staatsschutzorganen aufgrund ihrer ‹Erkenntnisse› geäußerten Zweifel an der Verfassungstreue des hochgeschätzten Herrn Kandidaten ließen sich gewiß mit

Johann Gottlieb Fichte bei der Vorlesung
(Federzeichnung von Wilhelm Henschel)

Leichtigkeit zerstreuen, so daß seiner Wiedereinstellung in den öffentlichen Dienst in Bälde entgegengesehen werden könnte.

Bei den Worten «*Zweifel an der Verfassungstreue*» hätte der Kandidat, ein sehr alter Herr mit schlohweißen, ziemlich langen und wirren Haaren, verwundert den Kopf gehoben, und sein Lächeln wäre wie weggewischt gewesen. Diese merkliche Veränderung bewöge wiederum den Herrn Kultusminister zu einem raschen Wechsel seiner Taktik:

Wie um Verzeihung bittend, ziemlich umständlich und mit betonter Herzlichkeit ginge er zunächst flüchtig auf alle jene Punkte ein, die selbstverständlich *nicht* Gegenstand der Überprüfung sein oder dem hochverehrten Herrn Bewerber in irgendeiner Weise angelastet werden könnten oder sollten, etwa die Tatsache, daß es sich bei dem geschätzten Kandidaten um einen jüdischen Mitbürger handele, dem man überdies in jenen dunkelsten Jahren der neueren deutschen Geschichte übel mitgespielt habe; der geschmäht, geächtet, ins Exil getrieben und sogar wegen angeblicher Schädigung der deutschen Interessen ausgebürgert worden sei. Auch daß sich der verehrungswürdige Herr Bewerber dann in begreiflichem Zorn gegen sein undankbares Vaterland gewandt und dabei auch recht zweifelhafte Verbündete gefunden habe, dürfe ihm nicht angekreidet werden, nicht einmal jene Bemerkung in einem – der Minister hüstelte – den Sicherheitsorganen bekannt gewordenen Privatbrief des Herr Kandidaten vom 13. Januar 1943 an seinen Freund Dr. Otto Juliusburger, dem er damals über den von ihm erhofften Kriegsausgang schrieb: «*Die Russen werden es schon machen . . . Auf die andern hab ich kein Vertrauen; alles geht um den Geldsack!*»

Übrigens, an denselben Adressaten hatte der Herr Kandidat am 31. März 1943 einen weiteren Brief gerichtet und darin seinen Mangel an Vertrauen in die Gesellschaftsordnung bekundet, ja sogar hinzugefügt: «*Deshalb glaube ich, daß in der Politik Revolution durch Evolution nicht ersetzt werden kann . . .*» – aber, so fügte der Minister eilig hinzu, man müsse wohl auch solche bedenklichen Äußerungen dem damals gerechtfertigten Zorn des Herrn Kandidaten zuschreiben; es seien schließlich zu jener Zeit in Deutschland Männer an der Macht gewesen, die nicht auf dem Boden der freiheitlich-demokratischen Grundordnung standen.

Der Herr Kultusminister Dr. Hahn verweilte nach solcher Einleitung vielleicht, nein, sicherlich noch ein paar Minuten lang bei jener schrecklichen Heimsuchung, die 1933 dem deutschen Volk auferlegt worden sei und es geradezu schicksalhaft in die Katastrophe geführt habe. Und der Minister ließe es sich dann gewiß nicht nehmen, die damalige untadelige Haltung nahezu sämtlicher Mitglieder der heutigen baden-württembergischen Landesregierung zu rühmen und dabei seinen eigenen Widerstandskampf und auch den des Herrn Ministerpräsidenten Dr. Hans Filbinger zu erwähnen.

Zwar habe Herr Dr. Filbinger noch Ende Mai 1945, also bereits nach dem Zusammenbruch der Nazi-Diktatur, als Vorsitzender Richter eines Kriegsgerichts in Norwegen einen Gefreiten zu Gefängnis verurteilt, weil dieser «*von dem Hoheitsabzeichen seiner Mütze und seines Uniformrocks das Hakenkreuz entfernt*», durch Schmähreden gegen den bereits verewigten ‹Führer› Adolf Hitler «*Mißvergnügen erregt*» und – so damals Filbinger in der Begründung dieses ‹Feldurteils› – «*ein hohes Maß an Gesinnungsverfall*» bewiesen hatte. Aber die harte Bestrafung eines antifaschistischen Soldaten sei zur Aufrechterhaltung der Manneszucht nun einmal nötig gewesen. Auf alle Fälle hätten die heutigen Christdemokraten Baden-Württembergs, an ihrer Spitze der Altbundeskanzler Kurt Georg Kiesinger, auch im ‹Dritten Reich› stets nur ihre Pflicht getan und mit Abscheu die Maßnahmen verfolgt, die damals gegen unschuldige jüdische Mitbürger ergriffen worden seien.

Nach diesen bewegenden Ausführungen ginge der Herr Minister allmählich und sehr behutsam zu den ‹Erkenntnissen› über, die das baden-württembergische Landesamt für Verfassungsschutz über den hochgeschätzten Herrn Bewerber aus den Jahren vor 1933 und nach 1945 pflichtgemäß gesammelt und vorgelegt habe: Ein Aufruf von 1921, als der Herr Kandidat, gemeinschaftlich mit führenden Kommunisten, deren Internationale Arbeiterhilfe gründen half; seine Mitgliedschaft im Ausschuß zur Förderung jenes 1926 von Kommunisten und Sozialdemokraten gemeinsam gestarteten Volksbegehrens, das dann zum Volksentscheid für die entschädigungslose Enteignung der ehemals regierenden Fürstenhäuser führte; seine Teilnahme an einem von den Kommunisten im Februar 1927 nach Brüssel einberufenen Kongreß gegen koloniale Unterdrückung und Imperialismus, wo er die von Moskau gesteuerte Weltliga gegen Imperialismus und für nationale Unabhängigkeit mit gründen half und zu den Erstunterzeichnern jenes Aufrufs gehörte, der die Patrole ausgab: «*Unterdrückte Völker und unterdrückte Klassen, vereinigt euch!*»

Damit leider nicht genug, hatte sich der Herr Kandidat im Sommer 1927, wiederum gemeinsam mit Kommunisten und anderen linksextremistischen Gruppen, nachdrücklich für die in Boston, Massachusetts, zum Tode verurteilten und später hingerichteten italoamerikanischen Linksradikalen Nicola Sacco und Bartolomeo Vanzetti eingesetzt; er hatte alsdann mehrere Spendenaufrufe der Roten Hilfe mitunterzeichnet; er war noch 1932 dem kommunistischen Weltkomitee gegen den imperialistischen Krieg beigetreten und hatte, mit Clara Zetkin und anderen führenden Kommunisten, als ordentlicher Delegierter an einem internationalen Kongreß in Amsterdam teilgenommen.

Außerdem, so schlösse der Minister mit mildem Lächeln, sei einwandfrei nachgewiesen, daß der Herr Kandidat damals wiederholt Vorträge an der von den Kommunisten beherrschten Berliner Marxistischen Arbeiterschule (MASCH) gehalten habe.

Alle diese betrüblichen ‹Erkenntnisse› der Staatsschutzorgane aus der Zeit *vor* Hitlers Machtübernahme – über diejenigen aus den Jahren nach 1945 würde dann noch kurz zu reden sein – seien in ihrer Fülle und Eindeutigkeit recht gravierend. Man könnte sie aber, so versicherte der Minister eilig, dennoch vergeben und vergessen, sofern sich der hochgeschätzte Herr Kandidat nur dazu bereit fände, sie als längst bereute (oder doch zumindest belächelte) Jugendsünden abzutun – ganz so, wie auch die Herren Kiesinger und Dr. Filbinger ihre eigenen kleinen Verirrungen aus jenen Tagen, da sie sich als junge, begeisterungsfähige Juristen in den Dienst des Großdeutschen Reiches gestellt hatten, heute tief bedauerten.

Auf diesen freundlichen, dann vom Staatssekretär in fast beschwörendem Ton wiederholten Vorschlag ginge der greise Kandidat jedoch überhaupt nicht ein. Anstatt darauf zu antworten, ließe er es sich angelegen sein, in seiner alten Aktentasche zu kramen, nach endlicher Auffindung des Gesuchten, eines zerbeulten Thermosbehälters, diesem ein vielleicht eigens zu diesem Zweck mitgebrachtes Eis am Stiel der Marke Pinguin – Vanillegeschmack mit Schokoladenüberzug – zu entnehmen, es von seiner schützenden Hülle zu befreien und mit sichtlichem Behagen zu verzehren.

Die Herren vom Ministerium hätten sich nun etwas betreten angesehen; der Vertreter des Personalrats wäre vom Staatssekretär durch einen strafenden Blick dazu gebracht worden, eilig seine aufkommende Heiterkeit zu unterdrücken. Alle hätten dann stumm das Schauspiel eines weißhaarigen, sich mit Eis am Stiel labenden Kandidaten verfolgt und, wenn das Schweigen allzu drückend geworden wäre, den Herrn Kultusminister durch Gesten dazu aufgefordert, weiteres Entgegenkommen zu zeigen.

Der Minister wäre alsdann, nach kurzem Flüstern mit seinem Staatssekretär, über seinen Schatten gesprungen und hätte den lieben, verehrungswürdigen Herrn Kandidaten ebenso herzlich wie dringend gebeten, die Sache kurz zu machen und sich zumindest einmal als fest auf dem Boden der freiheitlich-demokratischen Grundordnung stehend zu bezeichnen; damit sollte es dann sein Bewenden haben, und man sei bereit, alles übrige zu vergessen. Der Herr Kandidat möge diesen Vorschlag als seine, des Ministers, persönliche Bitte ansehen, zugleich als ein außerordentliches, den Wunsch nach Beendigung der peinlichen Prozedur ausdrückendes Einlenken der Staatsregierung.

Aber der Kandidat hätte weiter geschwiegen und, bedächtig sein Eis genießend, die anwesenden Herren der Reihe nach mit großen, ernsten Augen angesehen, dann, nach beendetem Verzehr des Pinguin, wohl nochmals in seiner Aktentasche gekramt, ihr schließlich einen vergilbten Zeitungsausschnitt entnommen und diesen den darob sehr betroffen dreinschauenden Herren vom Ministerium wortlos überreicht. Es hätte sich dabei um einen Ausschnitt aus der «New York Times» vom 12. Juni

1953 gehandelt. Dort war damals ein Brief des Kandidaten veröffentlicht worden, gerichtet an einen der unzulässigen Sympathie mit·den Kommunisten verdächtigten Lehrer aus Brooklyn, William Frauenglass, der sich über seine ‹Anhörung› durch ein Komitee des Senators Joseph Raymond McCarthy zur Untersuchung sogenannter ‹unamerikanischer Umtriebe› bitter beklagt hatte. Die von der Zeitung veröffentlichte, zugleich in einem Leitartikel mißbilligte, international Aufsehen erregende Antwort des Kandidaten lautet in deutscher Übersetzung:

«Das Problem, vor das sich die Intelligenz dieses Landes gestellt sieht, ist ein sehr ernstes. Es ist den reaktionären Politikern gelungen, durch Vorspiegelung einer äußeren Gefahr das Publikum gegen alle intellektuellen Bemühungen mißtrauisch zu machen. Auf der Basis dieses Erfolges sind sie daran, die freie Lehre zu unterdrücken und die nicht Fügsamen aus allen Stellungen zu verdrängen, das heißt: auszuhungern.

Was soll die Minderheit der Intellektuellen gegen dieses Übel tun? Ich sehe, offengestanden, nur den revolutionären Weg der Verweigerung jeglicher Zusammenarbeit im Sinne von Gandhi. Jeder Intellektuelle, der vor ein Komitee geladen wird, müßte jede Aussage verweigern, das heißt: bereit sein, sich einsperren und wirtschaftlich ruinieren zu lassen, kurz, seine persönlichen Interessen den kulturellen Interessen des Landes zu opfern. Diese Verweigerung dürfte aber nicht – wie es als bekannter Trick in Gerichtsverfahren gemacht wird – damit begründet werden, daß niemand gezwungen werden dürfe, sich selbst zu belasten, vielmehr damit, daß es eines unbescholtenen Bürgers unwürdig sei, sich solcher Inquisition zu unterziehen, und daß diese Art von Inquisition gegen den Geist der Verfassung verstoße.

Wenn sich genug Personen finden, die diesen harten Weg zu gehen bereit sind, wird ihnen Erfolg beschieden sein. Wenn nicht, dann verdienen die Intellektuellen dieses Landes nichts Besseres als die Sklaverei, die ihnen zugedacht ist.

Mit freundlichen Grüßen ALBERT EINSTEIN.»

Wenn der beim Lesen, aus welchen Gründen auch immer, vielleicht ein wenig errötete Herr Kultusminister die Lektüre dieses Briefs beendet hätte, wäre der verehrungswürdige Herr Kandidat wohl bereits aus dem Konferenzzimmer verschwunden und hätte die Tür leise hinter sich geschlossen, ohne ein Wort der Erklärung oder des Abschieds.

Und da es dem Herrn Kultusminister und seinen Mitarbeitern unter solchen Umständen schwerlich zugemutet werden könnte, noch einen weiteren Beamtenanwärter auf dessen Verfassungstreue hin zu überprüfen, soll unser letztes Beispiel nicht mehr Stuttgart zum Ort der Handlung haben, sondern West-Berlin. Stellen wir uns einen hohen, holzgetäfelten Konferenzsaal im Rathaus Schöneberg vor, den Herr Innensenator Kurt Neubauer eigens zu diesem Zweck zur Verfügung gestellt hätte und wo er selbst den Kandidaten mit erlesener Höflichkeit empfinge. Denn es handelt sich bei diesem um einen Herrn, der vom Präsidenten der Vereinigten Staaten wärmstens empfohlen worden wäre.

Dennoch, und das ist das Vertrackte an diesem ‹Anhörungsverfahren›, hätte der Westberliner Senat diesen Kandidaten, dem – so wollen wir einmal annehmen – ein Lehrstuhl an der Freien Universität zugedacht ist, am liebsten nur mit einem Staatsempfang nebst kaltem Büfett geehrt und eine Stadtrundfahrt machen lassen, dann aber schleunigst wieder verabschiedet – mit rotem Teppich, winkenden Schulkindern, das Gewehr präsentierender Ehrenkompanie der Schutzpolizei und Geleit des Regierenden Bürgermeisters bis zur Gangway des Jets, aber ohne Einstellung in den öffentlichen Dienst als beamteter Universitätsprofessor.

Denn die über den Herrn Kandidaten gesammelten Verfassungsschutz-‹Erkenntnisse› wiesen ihn als einen äußerst gefährlichen politischen Gewaltverbrecher aus!

Schon als Jugendlicher hatte er sich an Ausschreitungen beteiligt und bei Studentenunruhen der Rädelsführerschaft schuldig gemacht, war dann Mitglied einer kriminellen Vereinigung geworden und in den Schlupfwinkeln der linken ‹Szene› untergetaucht. Bald darauf hatte er einen bewaffneten Aufstand organisiert und versucht, mit seiner Bande in ein Waffendepot einzubrechen. Dieser Versuch war zwar, dank der Aufmerksamkeit der Sicherheitsorgane, ohne Blutvergießen gescheitert, aber er hatte entkommen können und dann rasch Anschluß an eine in Rheinland-Pfalz operierende Bande gefunden.

In der Folgezeit war er an einer ganzen Reihe von Terroranschlägen, Geiselnahmen und bewaffneten Überfällen – zum Teil führend – beteiligt, hatte sich seiner Festnahme und standgerichtlichen Aburteilung durch eine waghalsige Flucht entzogen und für kurze Zeit im Ausland verborgen gehalten, war aber dann, obwohl steckbrieflich gesucht, auf illegalen Wegen nach Deutschland zurückgekehrt.

Mit einer Vielzahl von konspirativen Wohnungen, echten, jedoch auf andere Namen lautenden Ausweispapieren, die ihm linke Sympathisanten verschafft hatten, und mit erheblichen Geldmitteln von noch unbekannter Herkunft war es ihm möglich, binnen weniger Monate eine neue Untergrundorganisation aufzubauen. Zugleich hatte er Vorbereitungen getroffen, einen seiner gefährlichsten Komplizen, den zu lebenslänglicher Zuchthausstrafe verurteilten früheren Professor Gottfried K., aus der streng bewachten Spandauer Vollzugsanstalt zu befreien.

Mit Unterstützung eines bestochenen Aufsehers und einer Anzahl bewaffneter Bandenmitglieder, die ihm Feuerschutz gegeben hätten, falls der raffiniert eingefädelte Ausbruch vorzeitig bemerkt worden wäre, gelang es ihm tatsächlich, den K. aus dessen besonders gesicherter Isolierzelle zunächst in das unbewachte Dachgeschoß der Vollzugsanstalt zu schmuggeln und von dort aus einer Luke auf die dreißig Meter darunterliegende Hauptstraße abzuseilen. Um die dabei unvermeidlichen Geräusche zu übertönen, waren Bandenmitglieder mit lärmenden Fahrzeugen während der kritischen Zeit an der Ausbruchsstelle vorbeigebraust. Ein schneller Wagen hatte dann den entsprungenen Häftling und seinen Befreier aufgenommen, und noch ehe die Großfahndung nach dem entkommenen Terroristen und seinen Helfern eingeleitet werden konnte, waren sie schon ins Ausland geflüchtet und dort bei Komplizen untergetaucht. Später hatten sie sich gefälschte Pässe verschaffen können und waren dann an Bord eines ausländischen Frachters gegangen, mit dem sie sicher nach England gelangten.

Berücksichtigte man die Vielzahl und Schwere der Delikte, auch wenn sie inzwischen verjährt waren, so müßte man Verständnis dafür aufbringen, daß der Westberliner Senat sich scheute, diesen einstigen politischen Gewaltverbrecher und Bandenchef zum Beamten auf Lebenszeit zu ernennen.

Doch anderseits war der Herr Kandidat in den Vereinigten Staaten von Amerika, wo er schließlich Zuflucht gefunden hatte, zunächst ein angesehener Rechtsanwalt geworden, dann im diplomatischen Dienst bis zum Gesandten der USA in Madrid aufgestiegen. Im amerikanischen Bürgerkrieg hatte er sich als Divisionskommandeur der Nordstaaten-Armee beträchtlichen Ruhm erworben und war später ein recht einflußreicher Senator, einige Jahre lang sogar Bundesinnenminister der USA, in Washington. Er galt und gilt dem «Großen Brockhaus» noch heute als «*der beste Vertreter eines selbstbewußten Deutschamerikanertums*», und die bedeutendste Stiftung zur Pflege der deutsch-amerikanischen Beziehungen trägt seinen Namen: *CARL SCHURZ*. Zur Zweihundertjahrfeier der amerikanischen Unabhängigkeit brachte die Bundespost 1976 sogar eine 70-Pfennig-Briefmarke heraus, die vor einem Sternenbanner die Abbildung des Kopfes von Carl Schurz zeigt; daneben steht: «*Für die Freiheit Deutschlands und Amerikas.*» So dürfen wir annehmen, daß der Westberliner Senat gegen eine Gastprofessur und einen befristeten, von den Staatsschutzorganen diskret überwachten Aufenthalt des einstigen Terroristen, Geiselnehmers und Gefangenenbefreiers vielleicht doch nichts einzuwenden hätte, jedoch weder Carl Schurz noch den von ihm aus der Festung Spandau herausgeholten Professor und Dichter Gottfried Kinkel, von dem noch die Rede sein wird, jemals in ein Beamtenverhältnis übernähme. Denn dadurch unterscheidet sich unser heutiger freiheitlich-demokratischer Rechtsstaat vom Obrigkeitsstaat des 19. Jahrhunderts: Damals war man, zumindest in der späteren Wertung der in jugendlichem Überschwang begangenen politischen Straftaten, häufig wesentlich toleranter als heute; man ging bei allen Berufsverboten und anderen Unterdrückungsmaßnahmen zumeist von der vermuteten akuten Gefahr für das herrschende Regime aus, selten von früheren, inaktuellen Tatbeständen; man ließ oppositionellen Briefträgern und Friedhofsgärtnern, wenn sie sich sonst nichts zuschulden kommen ließen, ihr kärglich besoldetes Amt; man beurteilte Lehrer im allgemeinen nach ihrem dienstlichen Verhalten, nicht nach ihrer privaten Gesinnung, kurz, man war, bei aller sonstigen Willkür und Brutalität gegenüber radikalen Nonkonformisten, in der einen oder anderen Hinsicht doch bisweilen ein wenig liberaler und oft auch humaner als manche Behörden heutzutage. Und das will, wie wir sehen werden, schon etwas heißen!

I. Morgenröte und ein Radikaler als Kaiser

Noch vor knapp drei Menschenaltern, um 1775, war auf dem europäischen Kontinent nirgendwo ein Hauch von Freiheit oder gar Demokratie zu spüren, schon gar nicht im zerrissenen Deutschland.

Dort regierten damals sehr zahlreiche weltliche und geistliche Alleinherrscher, die ihre Ländchen samt deren Bewohnern als ihr persönliches Eigentum ‹von Gottes Gnaden› ansahen, mit denen sie, ganz wie es ihnen beliebte, verfahren konnten.

Da sich den Wünschen und Launen des Herrschers jedermann widerspruchslos zu unterwerfen hatte, während dieser niemandem Rechenschaft schuldete und das Volksvermögen sorglos verpraßte oder mit Söldnerheeren kostspielige Kriege führte, lebte die Masse der Untertanen so elend, rechtlos und mit ähnlich geringer Bildung und Lebenserwartung wie einst die brutal ausgebeutete Unterschicht der römischen Sklavenhaltergesellschaft. Die allermeisten Menschen in den zahlreichen deutschen Staaten waren leibeigene oder hörige Bauern, Tagelöhner, Knechte oder Mägde, einfache Handwerker, Manufaktur-, Hafen- oder Bergarbeiter, zwangsrekrutierte Soldaten, Insassen von Zucht- und Arbeitshäusern oder vagabundierende Bettler.

Sie alle wurden in Unwissenheit, Aberglauben, Unterwürfigkeit und ständiger Angst vor den barbarischen Strafen gehalten, die ihnen – so verkündete es die Kirche – sogar noch nach dem Tode drohten, wenn sie sich ihren Ausbeutern und deren Gesetzen nicht bedingungslos unterwarfen oder wenn sie gar an Empörung gegen die ihnen ‹von Gott verordnete› Obrigkeit zu denken wagten. Denn die Lehren des Jesus von Nazareth, der einst die Gleichheit aller Menschen vor einem liebenden Gott, die Nächstenliebe als höchstes Gebot und die Erfüllung sittlicher Normen anstelle bloßer Riten gepredigt hatte, waren längst in ihr Gegenteil verkehrt worden; die Amtskirchen dienten, wie Polizei und Militär, vornehmlich als Instrumente der Unterdrückung.

Seit vielen Generationen waren alle Versuche des Volkes, sich von seinen Peinigern zu befreien, kläglich gescheitert. Die Herrschenden hatten fürchterliche Strafgerichte abgehalten, um jeden Gedanken an Widerstand schon im Keim zu ersticken. Ein dreister Blick konnte bereits das Augenlicht, ein unbedachtes Wort die Zunge, eine geballte Faust das Leben kosten. Und wer an Rebellion auch nur dachte, ohne diese Sünde zu beichten, dem drohten, so lehrte die Kirche, die schrecklichsten Höllenqualen. Unter so harten Zwängen fügte sich die große Masse des

Volkes – von einigen wenigen, heimlich als Helden gefeierten Räubern und Wildschützen abgesehen – stumm und ergeben in ihr offenbar unabwendbares Schicksal, während die Ausbeuter immer dreister und übermütiger wurden. Das feudal-absolutistische System schien völlig gesichert; Adel, Militär und Geistlichkeit waren seine festen Stützen. Und doch gab es im letzten Drittel des 18. Jahrhunderts in Deutschland bereits eine Kategorie von Untertanen, die in das seit urdenklichen Zeiten erprobte Schema nicht mehr recht zu passen schien, nämlich ein allmählich erstarkendes und erwachendes Bürgertum. Dessen Angehörige galten zwar als Untertanen wie alle anderen, ohne politische Rechte und von Gott nur erschaffen, ihren Fürsten zu dienen und deren ausschweifende Vergnügungen zu bezahlen, gelegentlich Spalier zu bilden und ihren Tyrannen zuzujubeln, in Eroberungskriegen als Kanonenfutter zu dienen und im übrigen zu kuschen.

Aber diese Bürger unterschieden sich dennoch von der breiten Unterschicht des von jeder städtischen oder gar höfischen Zivilisation und Kultur ferngehaltenen Volkes. Sie strebten erfolgreich nach Wohlstand und Bildung, wobei Wissen, trotz aller Erschwernisse, immer noch etwas leichter zu erlangen und erst recht zu behalten war als Vermögen, denn nach dem Geld gierten die Herrschenden selbst am meisten.

So kam es, daß die Anzahl der unbemittelten Akademiker größer war und rascher zunahm als die der Wohlhabenden mit geringem Wissen oder gar die der wenigen gebildeten Reichen, und dieser Umstand sollte sich für die Unterdrückten als glücklich, für ihre feudalen Unterdrücker jedoch als verhängnisvoll erweisen, wenngleich erst nach langen, wechselvollen und opferreichen Kämpfen.

Zunächst galten den geistlichen und weltlichen Herrschern samt ihren Mätressen, Höflingen, Prälaten und Militärs sowie dem eingesessenen, mit zahlreichen Vorrechten ausgestatteten Adel diese Bürger wenig, zumal wenn sie über kein großes Vermögen verfügten. Soweit sie viel Geld hatten und dementsprechend geschröpft werden konnten, waren sie ihnen angenehmer als das übrige Volk, etwa so, wie einem Bauern fette Kühe lieber sind als magere. Aber, ob es sich nun um reiche Kaufleute handelte oder um mittellose Hauslehrer, sie hatten sämtlich ebensowenig ein Recht auf Mitsprache oder Kritik wie alle anderen Untertanen. Und daran änderte auch, zumindest nach Meinung der Herrschenden und ihres Anhangs, die Tatsache gar nichts, daß ohne die Mitwirkung dieser wohlhabenden und gebildeten Bürger schon damals im wahren Sinn des Wortes ‹kein Staat mehr zu machen› war.

Notgedrungen mußten sich diese Bürger noch eine Zeitlang in ihr Los fügen und es hinnehmen, ebenso unmündig, abhängig, ausgebeutet und verachtet zu sein wie die ärmsten Kätner oder die leibeigenen Analphabeten, die bei kärglicher Nahrung die schwerste Arbeit verrichteten; sie mußten sich von adligen Tagedieben prügeln, von arroganten Offizieren in die Gosse drängen, von habgierigen Fürstenliebchen schröpfen und von geistlichen Herren bevormunden und demütigen lassen. Doch je mehr die schikanierten Bürger, zumal die Gebildeten unter ihnen, darüber nachdachten, desto weniger glaubten sie an die Unabänderlichkeit dieses unwürdigen Zustands.

Auch bei dem einen oder anderen Feudalherren regten sich damals schon erste Zweifel, wenn schon nicht an der Rechtmäßigkeit, so doch an der Nützlichkeit dieser Verhältnisse. Doch sowohl diese nachdenklichen Herren als auch die nach Mündigkeit strebenden bürgerlichen Untertanen begnügten sich zumeist mit der Hoffnung, daß die Zeit von ganz allein, ohne eigenes Zutun, die Dinge schon ins rechte Lot bringen werde; nur ganz wenige unter den – ohnehin eine winzige Minderheit darstellenden – Gebildeten in Deutschland waren bereits davon überzeugt, daß allein die eigene Initiative und ein radikaler, das heißt: ein gründlicher, das Übel *von der Wurzel her* packender Wandel die von ihnen ersehnte Abhilfe schaffen könnte. Und sie sahen auch schon den Zeitpunkt für einen solchen, selbst zu schaffenden Wandel in greifbarer Nähe.

Tatsächlich hatte sich die nun, zu Beginn des letzten Viertels des 18. Jahrhunderts, von einigen vermutete Zeitenwende bereits seit längerem angekündigt, zumal von Westeuropa her. Aus England waren die Schriften von John Locke und David Hume, aus Holland die des Baruch Spinoza nach Deutschland gekommen, aus Frankreich die Werke des Barons de Montesquieu, des François-Marie Arouet genannt Voltaire, des Denis Diderot und vor allem die des Genfers Jean-Jacques Rousseau, um nur einige der wichtigsten Autoren zu nennen, die die traditionellen Glaubenssätze und Denkweisen nachhaltig erschüttert hatten. Und in Deutschland selbst war es um diese Zeit vor allem der Königsberger Philosoph Immanuel Kant, der kühne, völlig neue Gedankengebäude errichtete und seinen in gänzlicher Unfreiheit gehaltenen Mitbürgern den Weg zu Mündigkeit und Selbstverantwortung wies.

Auch in der schöngeistigen deutschen Literatur und an den Bühnen gab es, obgleich zur selben Zeit in den meisten anderen Bereichen noch mittelalterliche Finsternis herrschte, sehr bemerkenswerte neue Impulse. Es war eine Epoche, der das 1776 fertiggestellte Drama des jungen, 1752 in Frankfurt am Main geborenen, aus ärmlichen Verhältnissen stammenden Dichters Friedrich Maximilian Klinger, «Sturm und Drang», später den Namen gab (wobei anzumerken ist, daß er sein Bühnenstück zunächst bezeichnenderweise «Wirrwarr» genannt hatte).

Zwar konnten damals mit Büchern und Dramen oder gar mit Philosophie allenfalls ein paar tausend Leute – weniger als 0,1 Prozent der deutschen Bevölkerung – etwas anfangen. Aber auch für die weniger Gebildeten gab es hoffnungsvolle Signale aus der Ferne:

Im Herbst des Jahres 1776 – in Berlin regierte noch der ‹Alte Fritz›, der seit einem Vierteljahrhundert Mitteleuropa mit seinen Kriegen in Atem gehalten hatte – meldeten die deutschen Zeitungen, die sonst vornehmlich Hofberichte enthielten, daß die dreizehn britischen Kronkolonien in Nordamerika ihre Unabhängigkeit erklärt und die Menschenrechte verkündet hätten!

In einer Verlautbarung der sich dreist als ‹Kongreß› bezeichnenden Versammlung der Rebellen-Anführer zu Philadelphia hieß es, so berichteten die von der Thurn-und-Taxisschen Post verbreiteten Zeitungen, *alle Menschen seien gleich erschaffen;* ihr Schöpfer habe ihnen gewisse *angeborene und unveräußerliche Rechte* verliehen, darunter solche auf *Leben, Freiheit und das Streben nach Glück.*

Das war etwas bis dahin Unerhörtes! Auch in Deutschland, wo man sich bislang noch gar nicht mit der Praxis, sondern allenfalls mit der Theorie der Freiheit und Gleichheit beschäftigt hatte, horchten nun viele Menschen auf, zumal es auch hierzulande erste Anzeichen dafür zu geben schien, daß die Zeit der Despotie und totalen Unfreiheit nun allmählich zu Ende ginge, zumindest auf einigen Gebieten.

So hatte die harte Bedrückung religiöser Minderheiten, besonders der seit anderthalb Jahrtausenden in Deutschland ansässigen Juden, vielerorts schon merklich nachgelassen. Auch die grausame Verfolgung angeblich vom Satan besessener ‹Hexen› war selten geworden, und die von den Geistlichen beider christlichen Konfessionen bislang geförderte und mißbrauchte Furcht unwissender Menschen vor Teufelszauber nahm, zumindest bei den Jüngeren, die etwas Bildung genossen hatten, in einem für die orthodoxen Theologen erschreckenden Maße ab.

Zwar waren noch um die Mitte des 18. Jahrhunderts, vor allem in den Dörfern und Kleinstädten Bayerns und Württembergs, mehr als ein Dutzend reguläre Hexenprozesse durchgeführt und allein im Bereich des geistlichen Stifts Marchthal in den Jahren 1746/47 acht Frauen und Mädchen, davon die Jüngsten noch Kinder, auf Scheiterhaufen lebendig verbrannt worden.

Ja, noch 1775 – Johann Wolfgang Goethe war schon sechsundzwanzig Jahre alt und hatte wenige Monate zuvor seinen ersten Roman, «Die Leiden des jungen Werthers», veröffentlicht; der Engländer James Watt, der zehn Jahre zuvor durch die Erfindung der Dampfmaschine berühmt geworden war, verband sich gerade mit dem Unternehmer Boulton zur Gründung einer Maschinenfabrik – fand im bayerischen Kempten noch ein Hexenprozeß statt.

Aufgrund einer Denunziation angeklagt war die vom katholischen zum lutherischen Glauben übergetretene, dann wegen Vagabundierens und offenbarer Geistesschwäche in behördlichen Gewahrsam genommene Dienstmagd Anna Maria Schwägelin. Mittels grausamer Foltern wurde sie zu dem Geständnis gebracht, eine ‹Hexe› zu sein und täglich mehrmals mit dem Satan Unzucht getrieben zu haben. Daraufhin verurteilte sie ein ordentliches Gericht zum Tode, und am 30. März 1775 wurde sie öffentlich hingerichtet.

Aber dieser Kemptener Hexenprozeß war der letzte, der im Gebiet des Deutschen Reiches durchgeführt wurde (wenngleich die heimliche Inquisition, die Gesinnungsschnüffelei und die – zumindest innerkirchliche – Bestrafung von ‹Ketzern› und ‹Abweichlern› weitergingen – bis auf den heutigen Tag, wie der Fall des katholischen Theologieprofessors Horst Herrmann, dem der Bischof von Münster 1975 den Lehrauftrag entzog und damit faktisch Berufsverbot erteilte, deutlich zeigt). Aber 1775 endete in Deutschland zumindest jener fürchterliche Teil der Inquisition, der die Ausrottung des angeblichen ‹Hexenunwesens› zum Ziel gehabt hatte. Bis dahin waren vier Jahrhunderte lang ungezählte Frauen, Kinder und gelegentlich auch Männer ‹im Namen Jesu Christi› zu Krüppeln gefoltert und dann meist auf Scheiterhaufen lebendig verbrannt worden. Dabei wurde mitunter die Bevölkerung ganzer Landkreise dezimiert, und manche Gegenden, etwa im Bereich des Bistums Trier, verödeten dabei völlig.

Damit war es nun endgültig vorbei, und in Österreich hatte man 1775 sogar die Tortur weitgehend abgeschafft. Zumindest durften dort Untersuchungsgefangene, die beharrlich jede Schuld bestritten, nun nicht mehr, wie es bis dahin zur normalen Gerichtspraxis gehört hatte, durch nötigenfalls immer weiter verschärfte Folterungen zu einem Geständnis gebracht werden (sofern die Gepeinigten dabei nicht schon starben, in Wahnsinn verfielen oder Selbstmord begingen).

Diese in ihrer Bedeutung gar nicht hoch genug einzuschätzende Reform war indessen nur eine von vielen radikalen Neuerungen, die ein damals gerade Vierunddreißigjähriger bewirkt hatte, der in den Jahren zuvor unter dem Decknamen Graf Falkenstein kreuz und quer durch Österreich, Deutschland, Böhmen, Italien, Holland und Frankreich gereist war. Dabei und auch in der Folgezeit galt sein Interesse vor allem den Beschwerden der einfachen Leute sowie den Möglichkeiten der Staatsverwaltung, ihnen zu helfen.

Dieser meist sehr schlicht gekleidete, auf Prunk und größeres Gefolge verzichtende und, im Gegensatz zu den meisten Aristokraten seiner Zeit und ihrem Anhang, recht bescheiden und sparsam lebende ‹Graf Falkenstein› hatte schon zuvor einiges von sich reden gemacht:

Bereits mit dreiundzwanzig Jahren war er mit einer Denkschrift hervorgetreten, der er den seltsamen Titel «Rêveries», Träumereien, gegeben hatte. Bald darauf war er zu erheblichem Einfluß gelangt und hatte diesen dann dazu benutzt, sich zumindest einige seiner Träume zu erfüllen.

Nicht etwa, daß er nun, wie es bei Arrivierten damals üblich war, seine neue Macht mißbrauchte und sich eilig auf Kosten der Allgemeinheit die

Taschen gefüllt hätte! Im Gegenteil: Die ausgedehnten Ländereien, die sein verstorbener Vater zusammengekauft und ihm vererbt hatte, machte er sogleich und aus freien Stücken dem Staat zum Geschenk. Alsdann ließ er – ebenfalls vom Vater geerbte – Schuldscheine der Staatskasse im Wert von zweiundzwanzig Millionen Gulden einfach verbrennen.

Nachdem er so zur Sanierung der öffentlichen Finanzen wesentlich beigetragen hatte, kümmerte er sich zunächst um eine gründliche Reform der verlotterten Armee. Er setzte, gegen den heftigen Widerstand der adligen Offiziere, eine menschlichere Behandlung der einfachen Soldaten durch. Er unterband auch mit drastischen Maßnahmen die in der Armee, von der Generalität bis hinab zu den Korporalen, herrschende Korruption und den bis dahin üblichen Handel mit Offiziers- und Verwaltungsbeamtenstellen. Allein die Tüchtigkeit, so forderte er, dürfe künftig ausschlaggebend für Ernennungen und Beförderungen sein.

Es war sicherlich nicht reine Menschenliebe, die den ‹Grafen Falkenstein› dazu bewog, sich der Unterdrückten, Wehrlosen und Ausgebeuteten anzunehmen, ihr schreckliches Los etwas zu lindern und die Macht der großen und kleinen Tyrannen nach Kräften zu beschneiden. Wahrscheinlicher ist, daß er ganz einfach von der dringenden Notwendigkeit seiner Maßnahmen überzeugt war, weil er erkannt hatte, daß ohne tiefgreifende Reformen der ganze, durch und durch korrupte Staat über kurz oder lang zusammenbrechen würde.

Immerhin war dieser bemerkenswert einsichtige junge Mann, ganz so, wie er am 11. März 1767, kurz vor seinem sechsundzwanzigsten Geburtstag, an einen besorgten Verwandten geschrieben hatte, wirklich «*toujours animé de l'envie de faire justice*», stets erfüllt von dem Verlangen, Gerechtigkeit zu schaffen.

Als beispielsweise im Jahre 1770 in weiten Teilen Böhmens und Mährens eine große Hungersnot herrschte, die von den Großgrundbesitzern, Gutsverwaltern und Getreidegroßhändlern zu den wildesten Preissteigerungen ausgenutzt wurde, unterband er sofort diesen schamlosen Wucher, nicht allein durch Strafandrohungen, sondern auch durch wirksame Gegenmaßnahmen. Er ließ, teils auf eigene, teils auf Staatskosten, große Mengen Korn sowie sonstige Grundnahrungs- und Futtermittel aus dem Ausland einführen und in den Katastrophengebieten zu niedrigen Festpreisen an die Bevölkerung abgeben. Auch zwang er die Gutsherren, einen Teil ihrer weit über den Eigenbedarf hinaus gehorteten Getreidevorräte an die Behörden abzuliefern, die sie sogleich an besonders Bedürftige kostenlos zu verteilen hatten.

Er sorgte sodann für eine erhebliche Verminderung der von den Bauern den Gutsherren zu leistenden Frondienste und für eine gerechtere Abgabenordnung, schränkte die Privilegien der aristokratischen Großgrundbesitzer, aber auch die des niederen Landadels beträchtlich ein, ohne sich um deren Proteste zu kümmern, was bei der Bauernschaft unbeschreiblichen Jubel auslöste.

Später, von 1781 an, bewirkte er sogar die gänzliche Aufhebung der die Menschen zu bloßem Arbeitsvieh degradierenden Leibeigenschaft innerhalb des österreichischen Staatsgebiets, beseitigte die den Binnenhandel lähmenden Inlandszölle, setzte die volle Freizügigkeit durch und schließlich die rechtliche Gleichstellung aller Staatsbürger bei den Gerichten und Verwaltungsbehörden.

Auch verschaffte er den bis dahin stark benachteiligten, nahezu rechtlosen und willkürlich schikanierten religiösen Minderheiten, zumal den Protestanten und den Juden, wenn auch nur in den österreichischen Stammlanden, die weitgehende bürgerliche Gleichberechtigung. Dazu gehörten auch die Zulassung zu öffentlichen Schulen und Ämtern sowie zur Güterpacht und die freie Ausübung von Gewerben, die ihnen bislang durch die strengen Zunftordnungen verwehrt gewesen war.

Er gründete zahlreiche Krankenanstalten, Heime für Waisen, Blinde, Taubstumme, Geisteskranke und Obdachlose, führte die allgemeine Volksschulpflicht ein und sorgte dafür, daß es künftig in jeder Gemeinde eine öffentliche Schule gab. Dagegen hob er eine Reihe von Adels- und Ritterakademien auf, «*da sie dem Staate nichts nützten*», verwandelte ein halbes Dutzend von den Jesuiten beherrschter Seminare und Universitäten in staatliche Oberschulen und schaffte auch die militärischen Unterrichtsanstalten gänzlich ab – alles mit dem Ziel, Privilegien und kirchlichen Einfluß zu beseitigen und die Bildung sämtlicher Staatsbürgern möglichst gleichmäßig zuteil werden zu lassen.

Seine radikalsten und auf den heftigsten Widerstand stoßenden Reformen betrafen jedoch die katholische Kirche und deren Einrichtungen: Rund siebenhundert Klöster wurden aufgehoben, ihr Vermögen beschlagnahmt und an Schulen, Heime und andere staatliche Wohlfahrtseinrichtungen überwiesen.

Von den zahlreichen geistlichen Orden blieben nur jene erlaubt, die öffentliche Schulen oder praktische Wohltätigkeit betrieben; die Anzahl der Mönche und Nonnen verminderte sich so von rund 63 000 auf knapp 27 000. Auch wurde die Abhängigkeit des österreichischen Klerus von den Weisungen Roms erheblich eingeschränkt, die Annahme päpstlicher Ämter und Titel verboten, eine Vielzahl von Feiertagen abgeschafft und der Einfluß des Vatikans auf die öffentlichen Angelegenheiten unterbunden.

Diesen politischen Maßnahmen folgten tiefe Eingriffe in die inneren Angelegenheiten der katholischen Kirche: Zahlreiche Gesetze beschränkten den «*kirchlichen Flitterstaat*» sowie die Prozessionen, Wallfahrten und Ablässe. Jede Prunkentfaltung bei Gottesdiensten, auch an hohen Feiertagen, wurde unter Strafe gestellt. Und schließlich sollten – zur Vermeidung der für die Masse der Bevölkerung ruinös hohen Kosten

– Begräbnisse ohne Pomp durchgeführt und die Toten nur noch in Säcken ohne Kleider und in Kalkgruben bestattet werden.

Doch gerade mit dieser letzten, zum Wohl ärmerer Hinterbliebener gedachten Änderung stieß der bis dahin vom Volk bejubelte Reformer auf so heftigen Widerstand, auch und gerade bei den untersten Schichten, daß er die betreffende Verordnung, wie übrigens zuvor und besonders später noch manche andere, so eine, mit der die Todesstrafe gänzlich abgeschafft werden sollte, teilweise wieder zurücknehmen mußte.

Am 16. Januar 1785 schrieb er in der leidigen Bestattungsreform-Angelegenheit an den Grafen Kollowrath; der in französischer Sprache abgefaßte Brief lautet in deutscher Übersetzung:

«Da ich mit Bedauern sehe und durch fortwährende Erfahrung erkenne, daß die Gedanken der Lebenden noch so materiell sind, daß sie einen unendlichen Wert darauf legen, ihre Leiber nach dem Tode langsamer verfaulen und noch länger stinkende Kadaver – dieses Wort bedeutet im Deutschen Aas – bleiben zu lassen, ist es mir ziemlich gleichgültig, auf welche Weise die Menschen beerdigt zu werden wünschen.

Ich war von dem Nutzen und von der Möglichkeit dieser Art von Beerdigung überzeugt. Ich will aber niemanden zwingen, klug und verständig zu sein, der nicht davon überzeugt ist. Und was den Sarg betrifft, mag jeder die Freiheit haben, so zu verfügen, wie es ihm beliebt und wie er es für seine Leiche am angenehmsten findet.»

Der hier schon so deutlich resignierende Radikale im öffentlichen Dienst Österreichs, der in seiner Jugend als ‹Graf Falkenstein› herumgereist war und sich auch später gern unerkannt unters Volk gemischt hatte, war der älteste Sohn der Kaiserin Maria Theresia, seit 1765 ihr Mitregent, seit ihrem Tode im Jahre 1780 als Joseph II. alleiniger Herrscher über alle habsburgischen Lande und daneben, schon seit 1764, auch Kaiser des Heiligen Römischen Reiches Deutscher Nation (wobei anzumerken ist, daß zu Josephs II. Zeiten die kaiserliche Macht in Deutschland nur sehr gering und kaum noch der Rede wert war).

Indessen – und das trifft auch auf die allermeisten jener deutschen Dichter und Denker zu, mit denen wir uns noch beschäftigen werden – Josephs Einfluß auf die Entwicklung seiner Länder und ihrer Nachbarstaaten war, allen Widerständen zum Trotz, weit nachhaltiger, als man es damals für möglich gehalten hatte.

Zwar brach das von ihm geschaffene Regierungssystem schon vor seinem frühen, im Volk von vielen für heimlichen Mord gehaltenen Tod im Februar 1790 fast zusammen, und dies vor allem wegen Josephs wenig glücklicher Außenpolitik, die zu großen Prestigeverlusten und militärischen Niederlagen führte. Aber die wesentlichen Grundsätze seiner Reformpolitik setzten sich durch und blieben bestehen, so revolutionär sie auch zunächst gewirkt hatten und so sehr spätere, von reaktionärem Geist beherrschte Epochen daran Anstoß nahmen.

Umgekehrt gab es jedoch auch einige sehr fortschrittliche Gedanken Josephs II., deren Verwirklichung er dann doch nicht (oder nur in einem uns heute sehr gering erscheinenden Umfang) auszuführen wagte, beispielsweise die gänzliche Aufhebung der strengen Bücherzensur.

Schon Josephs Mutter, die frömmlerische und zeitweise völlig unter dem Einfluß ihrer geistlichen Ratgeber stehende Kaiserin Maria Theresia, hatte schließlich aus Gründen absolutistischer Staatsräson den bis dahin allein die Zensur ausübenden Jesuiten diese Macht entwunden und ihren Leibarzt, den Holländer Gerard van Swieten, 1759 an die Spitze der für die Kontrolle sämtlicher Druckerzeugnisse zuständigen Zensurkommission gestellt. Fortan waren nur noch höchstens die Hälfte der Mitglieder dieses Gremiums Geistliche, die zudem nun die Kaiserin selbst auswählte.

Van Swieten erreichte dann auch, daß eine Vielzahl in Österreich bislang verbotener wissenschaftlicher Werke endlich erscheinen durfte. Darunter waren sogar anatomische Atlanten, deren Veröffentlichung bis dahin die Kirche, wegen der in solchen Werken unvermeidlichen Abbildungen nackter Körper, streng verboten hatte.

Aber van Swieten war gezwungen, seine Siege im Bereich der Naturwissenschaften mit erheblichem Entgegenkommen auf anderen Gebieten, zumal auf denen der Philosophie und der schöngeistigen Literatur, teuer zu erkaufen: Die Schriften von Rousseau und Voltaire, selbst der Machiavel und der Ariost oder auch Grimmelshausens «Simplicissimus» blieben daher verboten, erst recht natürlich die Werke der damals Modernen, etwa Wielands «Sieg der Natur über die Schwärmerei», also den Aberglauben, oder Moses Mendelssohns «Phädon».

Gegen diese Zugeständnisse van Swietens an die Geistlichkeit hatte sich Joseph II. energisch gewandt, kaum daß er 1765 Mitregent seiner Mutter geworden war, aber er hatte sich nicht durchzusetzen vermocht. Der «Catalogus Librorum Prohibitorum», das gedruckte Verzeichnis der in der habsburgischen Monarchie verbotenen Bücher, das von 1754 bis 1780 in immer wieder ergänzten Neuauflagen erschien, enthielt in seiner Ausgabe von 1776, dem Jahr der Verkündung der unveräußerlichen Menschenrechte und der Unabhängigkeit der Vereinigten Staaten von Nordamerika, unter anderem das Verbot von Goethes erstem Roman, «Die Leiden des jungen Werthers», wie auch von Schriften Gotthold Ephraim Lessings. Und von 1777 an gehörte auch der «Catalogus» selbst zu den auf den Index gesetzten Büchern; er war fortan nur noch den für die Durchführung der Zensur zuständigen Beamten sowie einigen mit besonderer schriftlicher Genehmigung des päpstlichen Nuntius versehenen Gelehrten zugänglich, weil die Zensurkommission – reichlich spät! – erkannt hatte, daß das gefährlichste aller Bücher natürlich ihr eigenes, stets auf dem neuesten Stand gehaltenes Verzeichnis der verbotenen Literatur war.

Übrigens, auch nachdem Joseph II. im Jahre 1780 die Alleinherrschaft angetreten hatte, blieb die Zensur der Bücher und Zeitschriften, trotz einiger Versuche des Kaisers, sie zu lockern, in fast unverändertem Umfang bestehen. Und ein so staatsgefährdendes Werk wie das Schauspiel «Die Räuber», das ein bis dahin unbekannter junger Dichter, Friedrich Schiller, in Stuttgart auf eigene Kosten hatte drucken lassen, ließen die Wiener Zensurbehörden auch dann noch nicht ins aufgeklärte Josephinische Österreich, als das Stück 1782 in Mannheim mit sensationellem Erfolg uraufgeführt worden war.

Wenn sich Joseph II. auf dem Gebiet der Zensur auch nicht hatte durchsetzen können, so war man dennoch in Wien, nach Meinung vieler deutscher Schriftsteller, weit liberaler und toleranter als in den meisten anderen deutschen Residenzen. Schon 1769 schrieb Lessing, der allerdings mit seinen Büchern dann bald selbst ein Opfer der österreichischen Zensur wurde, an seinen Freund, den Berliner Buchhändler und Schriftsteller Friedrich Nicolai, der zwei Jahre zuvor Moses Mendelssohns – in Wien ebenfalls verbotenen – «Phädon» verlegt hatte:

«. . . Wien mag sein wie es will, der deutschen Literatur verspreche ich dort immer noch mehr Glück als in Eurem französierten Berlin. Wenn der ‹Phädon› in Wien konfisziert ist, so muß es bloß geschehen sein, weil er in Berlin gedruckt worden, und man sich nicht hat einbilden können, daß man in Berlin für die Unsterblichkeit der Seele schreibe. Sonst sagen Sie mir von Ihrer Berlinischen Freiheit zu denken und zu schreiben ja nichts! Sie reduziert sich einzig und allein auf die Freiheit, gegen die Religion so viel Sottisen zu Markte zu bringen, als man will. Und dieser Freiheit muß sich der rechtliche Mann nun bald zu bedienen schämen.

Lassen Sie es aber doch einmal einen in Berlin versuchen, über andere Dinge so frei zu schreiben, als Sonnenfels in Wien geschrieben hat; lassen Sie es ihn versuchen, dem vornehmen Hofpöbel so die Wahrheit zu sagen, als dieser sie ihm gesagt hat; lassen Sie einen in Berlin auftreten, der für die Rechte der Untertanen, der gegen Aussaugung und Despotismus seine Stimme erheben wollte, wie es itzt sogar in Frankreich und Dänemark geschieht: und Sie werden bald die Erfahrung haben, welches Land bis auf den heutigen Tag das sklavischste Land von Europa ist.

Ein jeder tut indes gut, den Ort, in welchem er sein muß, sich als den besten einzubilden . . .»

Der von Lessing erwähnte Schriftsteller Joseph von Sonnenfels, Sohn mährischer Juden, die zum Christentum übergetreten waren, hatte bis 1767 in Wien ein Wochenblatt mit dem Namen «Der Mann ohne Vorurteil» herausgegeben. Als Professor der politischen Wissenschaft und Hofrat Maria Theresias trug er dann wesentlich zu den Josephinischen Reformen, vor allem zur Abschaffung der Folter, bei. Aber auch Sonnenfels, der 1780 selbst Mitglied der Zensurkommission, daneben auch

Baron und Wirklicher Geheimer Rat wurde, hatte zuvor nicht selten unter den allzu strengen Zensoren zu leiden gehabt.

«Alle unsere Schriften haben das Gepräge unseres sklavischen Jahrhunderts, und die Zeitungen am meisten», so klagte am 20. Mai 1776 der Herausgeber der «Deutschen Chronik», um dann in seinem Leitartikel fortzufahren: *«Kann man unter diesen Umständen wohl was bessers tun, als wegschlüpfen über unsre entartete Halbkugel und sehen, was auf der andern Hälfte vorgeht? Dort gibt's doch noch Menschen, die's fühlen, daß ihre Bestimmung nicht Sklaverei sei; die mit edlem Unmute das Joch eines herrschsüchtigen Ministeriums vom Nacken schütteln und diesen Volkspeinigern bald zeigen werden, daß man ohne sie leben könne . . .»*

Der Verfasser dieses den Aufstand der nordamerikanischen Kolonien gegen die englische Krone preisenden Zeitungsartikels war der 1773 aus seiner württembergischen Heimat wegen Liederlichkeit und allzu dreistem Spott ausgewiesene Dichter und Publizist Christian Friedrich Daniel Schubart. Er hatte, nachdem seine «Deutsche Chronik» auch in Augsburg verboten worden war, in der freien Reichsstadt Ulm Zuflucht gefunden und gab nun dort, hart an der württembergischen Grenze, von 1775 an seine Zeitung heraus.

Als sich der nordamerikanische Unabhängigkeitskrieg auf die innerdeutschen Verhältnisse dann ganz anders auswirkte, als es sich Schubart und viele mit ihm erhofft hatten, machte er seinem Unmut darüber erneut in seiner «Deutschen Chronik» Luft. Es ging dabei um das schamlose Verhalten zahlreicher deutscher Fürsten, die Tausende ihrer Untertanen zum Heeresdienst preßten und sie dann regimenterweise an die englische Regierung verkauften, weil man in London es vorzog, gegen die Rebellen in Nordamerika keine englischen, sondern fremde Truppen einzusetzen.

«Hier ist eine Probe der neusten Menschenschatzung!» schrieb Schubart im Herbst 1776. *«Der Landgraf von Hessen-Kassel bekommt jährlich 450000 Taler für seine 12000 tapferen Hessen, die größtenteils in Amerika ihr Grab finden werden. Der Herzog von Braunschweig erhält 56000 Taler für 3964 Mann Fußvolk und 360 Mann leichter Reiterei, wovon ohnfehlbar sehr wenige ihr Vaterland sehen werden. Der Erbprinz von Hessen-Kassel gibt ebenfalls ein Regiment Fußvolk ab um den Preis von 25000 Taler. 20000 Hannoveraner sind bekanntlich schon nach Amerika bestimmt und 30000 Mecklenburger für 50000 Taler auch. Nun sagt man, der Kurfürst von Bayern werde ebenfalls 4000 Mann in englischen Sold geben. Ein fruchtbarer Text zum predigen für Patrioten, denen's Herz pocht, wenn Mitbürger das Schicksal der Negersklaven haben und als Schlachtopfer in fremde Welten verschickt werden . . .»*

Schon bald nach dieser harten Anklage, der noch so manche weitere folgte, wurde Schubart am 22. Januar 1777 auf Befehl des Herzogs Karl Eugen von Württemberg, dessen Beamter er früher gewesen war, auf württembergisches Gebiet gelockt und verhaftet. Als ein – so der Herzog – «*Mensch ohne Grenzen und Ehrfurcht und eine gefährliche Pest für das Volk, zumal er Wortmacht besitzt*», kam Schubart wegen «*freventlicher Antastung fast aller gekrönter Häupter*» auf die Festung Hohenasperg, die Bastille Württembergs.

Zehn Jahre lang blieb er dort, ohne Gerichtsurteil, ja ohne auch nur einmal verhört worden zu sein, «*als warnendes Exempel für alle Rebellen*» in strenger Isolierhaft, anfangs sogar in einem dunklen Verlies angekettet. Zwar wurden seine Haftbedingungen nach und nach etwas erleichtert, aber erst 1785, nach acht Jahren im Kerker, durfte er erstmals seine Frau und Kinder als Besucher für kurze Zeit wiedersehen und sprechen; ihre Gnadengesuche blieben indes unbeachtet.

Am 11. Mai 1787 ließ man Schubart, auf eine Intervention Friedrichs II. von Preußen hin, dem der gefangene Dichter eine dem König sehr schmeichelnde Ode gewidmet hatte, schließlich wieder frei. Herzog Karl Eugen geruhte sogar, den durch die lange Haft gebrochenen einstigen Radikalen zum Direktor der Hofmusik und des Hoftheaters seiner Haupt- und Residenzstadt Stuttgart zu ernennen. Vor seiner Amtsenthebung und Ausweisung aus Württemberg war Schubart Musikdirektor in Ludwigsburg gewesen.

Der so Rehabilitierte konnte nun auch seine «Sämtlichen Gedichte» herausgeben (von denen eins, das «Kaplied» auf die von Herzog Karl Eugen als Kanonenfutter an die holländische Kolonialverwaltung verkauften Württemberger, außerordentlich populär wurde). Schubart machte sich dann auch an die Niederschrift seiner Erinnerungen, doch da er bereits 1791 im Alter von erst 52 Jahren starb, wurden diese Memoiren von seinem Sohn vollendet und herausgegeben.

Indessen fehlte nicht allein diesem zweibändigen Werk, sondern auch den meisten der noch in Kerkerhaft oder danach geschriebenen Verse und Prosastücke jener kühne, revolutionäre Schwung, für den Schubart einst berühmt und gefürchtet gewesen war. Das Jahrzehnt auf dem Hohenasperg hatte aus dem radikalen, lebensfrohen und oftmals tollkühnen Dichter und Publizisten einen zum Mystizismus neigenden, kränklichen und wehleidigen Frömmler gemacht – ein wahrlich «*warnendes Exempel für alle Rebellen*»!

Der Fall des Christian Friedrich Daniel Schubart mag für das späte, vorrevolutionäre, aber sich schon sehr aufgeklärt gebende 18. Jahrhundert exzeptionell erscheinen, sowohl hinsichtlich der so willkürlichen und harten Bestrafung dieses gefährlichen Radikalen (wobei anzumerken ist, daß Herzog Karl Eugen immerhin der Ehefrau seines ‹gemaßregelten› Exbeamten während dessen gesamter Haftzeit stets eine hinlängliche Pension auszahlen und die Söhne des Eingekerkerten auf Staatskosten studieren ließ), als auch was die anschließende Einsetzung Schubarts in ein höheres Amt betraf.

Doch in mindestens drei Punkten stellt der Fall Schubart ganz gewiß keine Ausnahme dar: Fast alle deutschen Intellektuellen jener letzten Jahrzehnte vor der großen Französischen Revolution waren Radikale und entschiedene Gegner des herrschenden Systems eines angeblich aufgeklärten Despotismus; nahezu ausnahmslos standen sie in einem Beamtenverhältnis oder waren sonstwie abhängig von den Befehlen, der Gnade und dem Sold einer hohen Obrigkeit. Und wer dabei nicht in ernste Konflikte geriet, ‹gemaßregelt› wurde, mit seinen Werken der Zensur zum Opfer fiel, im Gefängnis landete, in den Wahnsinn oder gar Selbstmord getrieben wurde, der durchlitt – wie Franz Mehring es so treffend in bezug auf Johann Gottfried Herder geschildert hat – «*jenes Elend, worunter alle Größen unserer Literatur gelitten haben, jenes kleinstaatliche und kleinstädtische Elend, dessen schlimmste Eigenschaft nicht einmal die Finanzklemme war, die gewöhnlich zu seinen Begleiterscheinungen gehörte, sondern der lähmende Druck auf die Spannkraft des Geistes. Das Mäzenatentum der deutschen Fürsten bestand damals darin, irgendeinen bürokratischen Posten mit einem berühmten Namen zu schmücken, jedoch mit der Zumutung an den Träger dieses Namens, nun auch all den subalternen Dienst zu leisten, den ein treufleißiger Bürokrat an dieser Stelle hätte leisten müssen. Diese Potentaten spannten den Pegasus ins Ackergeschirr und werden dafür bis auf den heutigen Tag als Gönner von Kunst und Wissenschaft gefeiert.*»

Gotthold Ephraim Lessing, zum Beispiel, der sich, obwohl er damals bereits ein angesehener Dichter war, von 1760 bis 1765 als Sekretär des Generals Friedrich Bogislaw von Tauentzien, Gouverneurs von Schlesien, sein Brot verdienen mußte, konnte dann nicht einmal, wie es ihm in Aussicht gestellt worden war, königlicher Bibliothekar in Berlin werden. Friedrich II. lehnte seine Einstellung in den öffentlichen Dienst ab, und der angeblich so tolerante König grollte auch der Berliner Akademie, die Lessing zu ihrem Mitglied gewählt hatte, als Seine Majestät im Siebenjährigen Krieg für längere Zeit abwesend war; zur Strafe durfte die Akademie ihre Mitglieder fortan nicht mehr selbst ernennen, sondern mußte ihre Vorschläge dem König zur Entscheidung untertänigst vorlegen.

Lessings Lustspiel «Minna von Barnhelm» wurde in Berlin von der Zensur beanstandet, durfte zunächst überhaupt nicht, später nicht an der Hofbühne, sondern nur in einem kleineren Privattheater gespielt werden. Die Uraufführung des Stücks in Hamburg im September 1767 versuchte der dortige Vertreter Preußens, wenn auch vergeblich, zu verhindern. (Über die Gründe dieser Beanstandungen ist viel gerätselt worden: War es Tellheims Ausruf: «*Ich brauche keine Gnade, ich will Gerechtigkeit!*», der dem preußischen Zensor mißfallen hatte? Oder kontrastierten die Tellheimschen Vorstellungen von Offiziersehre, Ritterlichkeit und rücksichtsvoller Behandlung der Bürger eines okkupierten Nachbarlandes allzu stark mit den abscheulichen Praktiken der friderizianischen Kommandeure, die Sachsen ausgeplündert und verwüstet hatten?)

Als schlechtbezahlter Dramaturg am Hamburger Theater führte der in Berlin unerwünschte Lessing dann *«des Sperlings Leben auf dem Dach»*, fand in der Hansestadt für seine Stücke kaum Publikum, war schließlich gezwungen, die Stellung eines herzoglichen Bibliothekars in Wolfenbüttel anzunehmen, und hatte auch dort, zu allem Elend, noch erhebliche Schwierigkeiten, namentlich nach der von ihm zwischen 1774 und 1778 vorgenommenen Veröffentlichung von Teilen der nachgelassenen Schriften des 1768 verstorbenen Hamburger Radikalen und Freidenkers Hermann Samuel Reimarus, die er als «Fragmente eines Ungenannten» erscheinen ließ.

Gegen den Vorwurf, *«feindselige Angriffe gegen unsere allerheiligste Religion»* publiziert zu haben, konnte sich Lessing noch verteidigen und eine *«Nötige Antwort auf eine sehr unnötige Frage»* erteilen, die den ihn attackierenden orthodox-protestantischen Eiferern alle Lust an weiterer öffentlichen Auseinandersetzungen mit ihm nahm. Doch gegen ihre dann folgenden verleumderischen Denunziationen bei der Regierung jenes Ländchens, dessen unterbezahlter und miserabel behandelter Beamter er war, konnte er sich kaum mehr zur Wehr setzen.

Immerhin hatte der leidige Streit zur Folge, daß sich Lessing nun wieder mehr dem Theater zuwandte, und es entstand sein «Nathan der Weise», das großartigste Bekenntnis zur Toleranz und Humanität, das die klassische deutsche Dichtung hervorgebracht hat. Im Jahr darauf, 1780, vollendete Lessing noch die Gespräche von «Ernst und Falk», in denen seine radikal-republikanische Überzeugung besonders deutlich wird, und schrieb als seine letzte literarische Arbeit «Die Erziehung des Menschengeschlechts».

Wenige Wochen danach, am 15. Februar 1781, starb dieser große, jedoch im wesentlichen lediglich von den Zensurbehörden in Wien, Berlin und Hamburg, ansonsten vom offiziellen Deutschland seiner Tage kaum zur Notiz genommene Dichter und Vorkämpfer der Emanzipation im Alter von erst zweiundfünfzig Jahren auf einer Dienstreise nach Braunschweig.

Wie Lessing, so wurden auch die allermeisten anderen deutschen Geistesgrößen jener Epoche von ihren hohen Obrigkeiten, den in Luxus schwelgenden Zwergstaaten-Despoten, entweder mißachtet, schmählich ausgenutzt, schikaniert und schließlich außer Landes getrieben oder überhaupt nicht zur Kenntnis genommen. Im Preußen des als besonders aufgeklärt und tolerant gefeierten ‹Philosophen von Sanssouci›, Friedrichs II., konnte der 1724 in Königsberg geborene Sattlerssohn Immanuel Kant zwar zunächst an der Universität seiner Heimatstadt ein wenig Theologie studieren, daneben auch Philosophie und Naturwissenschaften. Doch dann mußte er sich erst einmal neun Jahre lang sein Brot recht kümmerlich als Hauslehrer verdienen. Und auch nachdem er sich 1755 habilitiert und mit zahlreichen Veröffentlichungen bereits einen Namen gemacht hatte, erhielt er noch längst nicht die ersehnte ordentliche Professur für Philosophie. Erst fünfzehn Jahre später, 1770, bekam der tiefste Denker seiner Epoche endlich einen schlechtbesoldeten Lehrstuhl.

Friedrich II., der seit 1740 das Königreich Preußen als absoluter Herrscher regierte und sich in seinem äußerst rückständigen Militär- und Junkerstaat um jeden Firlefanz persönlich kümmerte; der so manchen durchreisenden Windbeutel und Scharlatan als Ehrengast empfing und nicht nur mit – selbst drittklassigen – französischen Philosophen, sondern auch mit jedem Ausländer, der ihm ein schlechtes Gedicht oder ein gutes Fäßchen mit frischen Heringen geschickt hatte, in persönlichen Briefwechsel trat, dieser König würdigte in den ganzen sechsundvierzig Jahren seiner Regierungszeit den in seinen Diensten stehenden besten Kopf seines Reiches nicht eines Blickes, keiner noch so kleinen Aufmerksamkeit, keines Empfangs oder gar Besuchs. Ja, es ist ziemlich sicher, daß König Friedrich II. keine Zeile der vielen Veröffentlichungen seines Professors Kant je gelesen hat.

Doch vielleicht durfte der bahnbrechende Königsberger Philosoph am Ende sogar noch froh sein, daß sich ‹der Alte Fritz› nicht im geringsten um ihn kümmerte. Möglicherweise muß dieser Umstand sogar als Indiz für die außergewöhnliche Toleranz des Königs herhalten. Dessen Vater hatte ja noch den Philosophen Christian Wolff wegen vermeintlicher Unbotmäßigkeit kurzerhand amtsenthoben und mit Schimpf außer Landes gejagt, ja ihm *«bei Strafe des Stranges»* untersagt, jemals wieder preußischen Boden zu betreten. Und auch Friedrich II. selbst war nicht eben zimperlich mit willkürlichen Amtsenthebungen und Einkerkerungen, auch höchster Richter.

Jedenfalls hatte Kant unter der Nichtachtung, die ihm von Friedrich II. bezeigt wurde, weniger zu leiden als unter der Aufmerksamkeit, die ihm unter des Königs Nachfolger, Friedrich Wilhelm II., zuteil wurde. Zumal nachdem 1788 der recht liberale Minister von Zedlitz dem engstirnigen Exprediger und nunmehrigen Großkanzler Wöllner das Kulturressort hatte räumen müssen, wurde Kants Lehrtätigkeit von Berlin aus mit wachsendem Argwohn beobachtet. Am 1. Oktober 1794, nachdem Kant seine «Religion innerhalb der Grenzen der bloßen Vernunft» veröffentlicht, aber noch bevor er sich mit der Schrift «Zum ewigen Frieden» offen als Republikaner und Weltbürger bekannt hatte, ‹maßregelte› ihn die Regierung mit einem Reskript, worin der inzwischen weltberühmte Philosoph wie ein ungezogener Schuljunge heruntergeputzt wurde.

«*Unsere Höchste Person*», so hieß es in dem vom Großkanzler Johann Christoph Wöllner namens des Königs abgefaßten Schreiben, «*hat schon seit geraumer Zeit mit großem Mißfallen ersehen, wie Ihr Eure Philosophie zu Entstellung und Herabwürdigung mancher Haupt- und Grundlehren der Heiligen Schrift und des Christentums mißbrauchet; wie Ihr dieses namentlich in Eurem Buch: ‹Religion innerhalb der Grenzen der bloßen Vernunft›, desgleichen in anderen kleineren Abhandlungen getan habt. Wir haben Uns zu Euch eines bessern versehen, da Ihr selbst einsehen müsset, wie unverantwortlich Ihr dadurch gegen Eure Pflicht als Lehrer der Jugend und gegen Unsre Euch sehr wohl bekannte Landesväterliche Absichten handelt.*

Wir verlangen . . . Eure Gewissenhafteste Verantwortung und gewärtigen Uns von Euch bei Vermeidung Unserer Höchsten Ungnade, daß Ihr Euch künftighin nichts dergleichen werdet zu Schulden kommen lassen, sondern vielmehr Eurer Pflicht gemäß Euer Ansehen und Eure Talente dazu verwenden, daß Unsre Landesväterliche Intention ja mehr und mehr erreicht werde; widrigenfalls Ihr Euch bei fortgesetzter Renitenz unfehlbarer unangenehmer Verfügungen zu gewärtigen habt.»

Sodann wurde dem ‹renitenten› Professor Kant und allen anderen Dozenten der Königsberger Universität strengstens untersagt, über die beanstandeten Schriften Vorlesungen oder Seminare zu halten. Kant selbst sah sich gezwungen, dem König das Versprechen zu geben, daß er jede öffentliche Erörterung von Fragen der Religion künftig unterlassen werde, und er hielt sich auch daran, bis er sich nach dem Tode Friedrich Wilhelms II. davon entbunden fühlte und zudem nach der Entlassung Wöllners etwas liberalere Zeiten anzubrechen schienen.

Noch schlechter als Lessing und Kant erging es Moses Mendelssohn, der im friderizianischen Berlin, wo doch angeblich «*jeder nach seiner Fasson selig werden*» konnte, als ‹ausländischer› – weil mit vierzehn Jahren von Dessau aus zugewanderter – Jude nur ein auf jederzeitigen Widerruf geduldeter Fremder war und für die Behörde noch unter dem einheimischen Gesinde rangierte.

Daß sich Mendelssohn überhaupt in Berlin aufhalten durfte, verdankte er nur der Anstellung, zunächst als Hauslehrer, dann als Prokurist, bei einem wohlhabenden und mit einem königlichen Schutzbrief versehenen Glaubensgenossen, dem Seidenfabrikanten Bernhard. Erst als Mendelssohn schon fast zwei Jahrzehnte lang in der preußischen Hauptstadt gelebt hatte, mit zahlreichen Gelehrten und Schriftstellern eng befreundet und mit bedeutenden Schriften hervorgetreten war, erwirkte der Marquis d'Argens, der bei Hofe verkehrte, durch ein besonders witziges und freches Bonmot – «*Un philosophe mauvais catholique supplie un philosophe mauvais protestant de donner le privilège à un philosophe mauvais juif. Il y a trop de philosophie dans tout ceci, pour que la raison* *ne soit pas du côté de la demande.»* * – von Friedrich II. einen Schutzbrief für seinen Freund Moses, dessen Eingabe zuvor keine Antwort erhalten hatte.

Das war 1763, und bis dahin hatte der nicht nur von Lessing tief – *«auf den Knien meines Herzens»* – verehrte, ihm als Vorbild für seinen «Nathan» dienende Philosoph, dessen «Abhandlung über die Evidenz in den metaphysischen Wissenschaften» gerade von der Berliner Akademie einer Arbeit Kants vorgezogen und preisgekrönt worden war, jeden Tag gewärtig sein müssen, von der Polizei als lästiger Ausländer abgeschoben zu werden.

Doch auch das von Friedrich II. mürrisch gewährte königliche Privileg gab Moses Mendelssohn keinerlei Bürgerrechte, sondern nur die Niederlassungserlaubnis zu demütigenden Bedingungen. Es schützte ihn weder vor Verunglimpfung durch die Gassenjungen, die den kleinen, verwachsenen Mann ungestraft hänseln und sogar mit Steinen bewerfen konnten, noch gegen die Schikanen der Behörden. Als sich Mendelssohn 1764 als nunmehriger ‹Schutzjude› verheiraten konnte – mit Fromet Gugenheim aus Hamburg, einem bildschönen Mädchen, das ihren Moses als den geistigen Befreier der deutschen Juden tief bewunderte und innig liebte –, da war das Ehepaar gezwungen, die Ladenhüter der Berliner königlichen Porzellanmanufaktur – zwanzig lebensgroße, massive und bunt bemalte Affen – zu einem horrenden Preis zu kaufen. Der für seine Toleranz so berühmte König hatte sich diese für jede einem Juden gewährte ‹Gnade›, beispielsweise die Heiratserlaubnis, geltende Auflage erdacht, teils um seine Manufaktur zu fördern, teils um die jüdische Minderheit in Preußen noch mehr zu schröpfen. Denn er betrachtete die Erteilung selbst der bescheidensten Rechte an Juden ausschließlich als eine Möglichkeit, seine Finanzen aufzubessern.

Übrigens, auch wenn es in einer 1900 veröffentlichten Darstellung Adolf von Harnacks heißt, Friedrich II. habe sich mit Moses Mendelssohn *«mehrmals ... freundlich unterhalten»*, so darf man dem mit Mendelssohn ein Leben lang eng befreundeten Berliner Buchhändler, Verleger und Schriftsteller Friedrich Nicolai mehr Glauben schenken, der ausdrücklich darauf hingewiesen hat, daß der König auch diesen großen, in seiner nächsten geographischen Umgebung lebenden Gelehrten niemals eines Blickes oder gar Wortes gewürdigt hat.

Der ‹aufgeklärte› Monarch strich sogar Mendelssohns Namen sogleich wieder aus der Mitgliederliste der Berliner Akademie, die den Philosophen gerade einstimmig gewählt hatte. Und als Moses Mendelssohn

---

* Ein schlechter katholischer Philosoph erfleht von einem schlechten protestantischen Philosophen die Erteilung des Privilegs an einen schlechten jüdischen Philosophen. Es gibt in dieser ganzen Sache zuviel Philosophie, als daß die Vernunft nicht auf seiten des Bittstellers wäre.

1779 den König in einer Eingabe um eine Ausdehnung seiner Niederlassungserlaubnis auf seine Kinder bat – die älteste Tochter Dorothea, die spätere Ehefrau Friedrich Schlegels, war schon vierzehn, ihr Bruder Abraham, der der Vater des Komponisten Felix Mendelssohn-Bartholdy wurde, gerade drei Jahre alt –, da erfuhr dieses Gesuch eine brüske Ablehnung.

Erst nach dem Tode des ‹Alten Fritz› wurden 1787 der Witwe und den Kindern des bereits am 4. Januar 1786 verstorbenen Gelehrten von König Friedrich Wilhelm II. endlich die Schutzrechte bewilligt – «*wegen der bekannten Verdienste Ihres Mannes und Vaters*», wie es in der Urkunde heißt. Aber trotz dieser ja auch schon zuvor allen Gebildeten in Deutschland durchaus bekannten Verdienste hatte Moses Mendelssohn die Augen für immer schließen müssen, ohne die Beruhigung erhalten zu haben, daß seine Hinterbliebenen nun wenigstens ‹Schutzjuden› wären und nicht mehr bloß auf jederzeitigen Widerruf Geduldete jeweiliger preußischer Obrigkeit.

Daß auch die meisten anderen großen deutschen Dichter, Denker und Gelehrten des Friderizianischen und Josephinischen Zeitalters entweder – wie Johann Heinrich Voß und Adolph Freiherr Knigge – offene oder zumindest heimliche Radikale waren und, wenn sie aus ihrer Gesinnung kein Hehl machten, darunter zu leiden hatten, ist im Falle des aus Jena vertriebenen, in Berlin von der Zensur behelligten Philosophen Johann Gottlieb Fichte schon eingangs dargestellt worden und wird für die anderen noch geschildert werden.

Begnügen wir uns, was die Zeit vor der 1789 beginnenden, auf die Literatur und das Geistesleben Deutschlands mächtig ausstrahlenden Französischen Revolution betrifft, mit einem letzten Beispiel. Es handelt sich dabei um einen Dichter, der ebenfalls – zuerst als Justizbeamter in Altengleichen bei Göttingen, später als Dozent – im öffentlichen Dienst gestanden hat; der dem deutschen Bildungsbürgertum des 19. und 20. Jahrhunderts (und zu Lebzeiten auch seiner vorgesetzten Behörde sowie einem breiten Publikum) vornehmlich als unpolitischer Poet und Verfasser von volkstümlichen Liedern und Balladen, zumal der «Lenore», ansonsten durch seinen Versuch einer Ehe zu dritt bekannt geworden ist, hingegen seine radikale Gesinnung sein Leben lang verborgen gehalten hat: Gottfried August Bürger.

Während seine harmlosen Liedchen, seine Neufassung der «Wunderbaren Reisen des Freiherrn von Münchhausen» und seine (der Schwägerin gewidmeten) Liebesgedichte schon früh große Verbreitung fanden, wurden seine revolutionären Gesänge erst Jahrzehnte nach seinem Tod bekannt, manche erst 1874, als der demokratische Schriftsteller Adolf Strodtmann Bürgers Briefwechsel publizierte.

Vielleicht hätte Friedrich Schiller den zuletzt in Göttingen als unbesoldeter Honorarprofessor in sehr unglücklicher dritter Ehe und bitterer Armut lebenden, sich als Fabrik- und Gelegenheitsarbeiter durchschlagenden Kollegen Bürger milder beurteilt, wäre ihm beispielsweise dessen 1773 verfaßtes, 1789 überarbeitetes und erst 1823 postum veröffentlichtes Gedicht «Der Bauer an seinen durchlauchtigen Tyrannen» bekannt gewesen.

> «Wer bist du, Fürst, daß ohne Scheu
> zerrollen mich dein Wagenrad,
> zerschlagen darf dein Roß?
>
> Wer bist du, Fürst, daß in mein Fleisch
> dein Freund, dein Jagdhund, ungebläut
> darf Klau und Rachen haun?
>
> Wer bist du, daß durch Saat und Forst
> das Hurrah deiner Jagd mich treibt,
> entatmet wie das Wild?
>
> Die Saat, so deine Jagd zertritt,
> was Roß und Hund und du verschlingst,
> das Brot, du Fürst, ist mein!
>
> Du, Fürst, hast nicht, bei Egg' und Pflug,
> hast nicht den Erntetag durchschwitzt.
> Mein, mein ist Fleiß und Brot!
>
> Ha, du wärst Obrigkeit von Gott?
> Gott spendet Segen aus; du raubst!
> Du nicht von Gott, Tyrann!»

Schillers im Januar 1791 in der «Jenaer Allgemeinen Literatur-Zeitung» veröffentlichte Kritik, die Bürger, bei aller Anerkennung seines Talents, wahres Dichtertum mangels hehrer Ideale und Ausdrucksweise absprach, traf den so Getadelten tief; er starb bereits am 8. Juni 1794, von fast allen verlassen, verbittert und in armseligen Verhältnissen, an der Schwindsucht, bis zuletzt geplagt von der Furcht, daß man seine wahren Ideale und die politische Bedeutung seiner – von Schiller gerügten – volksnahen Sprache entdecken und ihn dafür ähnlich grausam bestrafen könnte wie Schubart, den Schiller so bewundert hatte.

Als Schubart noch als Staatsgefangener in strenger Haft auf der Festung Hohenasperg gewesen war, hatte Schiller, damals herzoglichwürttembergischer Regiments-Unterarzt mit kärglichen achtzehn Gulden Monatsgehalt, ihn besuchen dürfen, und mit dieser Begegnung hatte es seine besondere Bewandtnis: Des jungen Schillers erstes Bühnenwerk, das von ‹Sturm und Drang› erfüllte, ganz im Geiste Rousseaus geschriebene Drama «Die Räuber», war 1777 von dem damals knapp achtzehnjährigen Karlsschüler entworfen worden – nach einer Fabel Schubarts, der gerade eingekerkert worden war und dessen Schicksal Schiller und dessen Freunde zutiefst empört hatte. Im Januar 1782 war das mehrfach umgearbeitete Stück im ‹Ausland›, im kurpfälzischen Mannheim, zur Uraufführung gelangt und hatte beim Publikum – trotz erheblicher Zensurstriche und vom Intendanten Dalberg erzwungener Abänderungen – begeisterte Aufnahme gefunden. Die Gestalt des aus sittlicher Empörung und Verzweiflung zum Terroristen gewordenen Grafensohns Karl Moor verkörperte den ungestümen Freiheitsdrang der zeitgenössischen studentischen Jugend; Karls schurkischer und intriganter Bruder Franz entsprach ganz den Vorstellungen von höfischen Ränkeschmieden.

Als Friedrich Schiller zur zweiten Aufführung der «Räuber» im Mai 1782 wieder heimlich nach Mannheim gereist und dem Herzog Karl Eugen diese ‹unerlaubte Entfernung aus dem Dienst› zugetragen worden war, während gleichzeitig der schweizerische Kanton Graubünden gegen eine seine Bürger angeblich beleidigende, ganz nebensächliche Textstelle in dem – den meisten Herrschenden ohnehin suspekten – Bühnenstück beim Herzog von Württemberg heftig protestieren ließ, bestrafte dieser seinen dichtenden Regimentsmedikus mit zwei Wochen Arrest. Außerdem verbot er Schiller, andere als medizinische Schriften zu veröffentlichen, vor allem *«keine Komödien mehr»*!

Der zweiundzwanzigjährige Dichter, der schon ein weiteres Bühnenstück, das er *«ein republikanisches Trauerspiel»* nannte, betitelt «Die Verschwörung des Fiesko zu Genua», beinahe fertiggestellt und im Arrest ein drittes, das später den Namen «Kabale und Liebe» erhielt, entworfen hatte, war über das ihm vom Herzog erteilte Publikationsverbot zutiefst empört, zugleich fest entschlossen, sich darüber hinwegzusetzen. Und weil Karl Eugen solche meuterischen Absichten Schillers wohl spürte, ließ er es zu, daß der junge Mann zu seinem Paten, dem Festungskommandanten Rieger, auf den Hohenasperg fuhr und in dessen Begleitung den *«zum warnenden Beispiel für alle Rebellen»* dort eingekerkerten Schubart besuchte.

Doch weder die Tränen Schubarts noch die erschreckenden Eindrücke, die Schiller auf dem Hohenasperg empfing, konnten ihn zu dem bewegen, was man von ihm erwartete: Unterwerfung und Verzicht.

Zwar erkannte Schiller, daß er in herzoglichen Diensten keine literarischen Arbeiten mehr veröffentlichen konnte. Doch um so fester wurde sein Entschluß, sich dem Despotismus Karl Eugens zu entziehen. Noch im selben Jahr, in der Nacht vom 22. zum 23. September 1782, als sich in Stuttgart und Umgebung alle Aufmerksamkeit auf ein großes Fest bei Hofe richtete und ein befreundeter Offizier das Kommando über die

Wache am Eßlinger Tor führte, desertierte Schiller aus dem herzoglichen Dienst und floh, nur begleitet von einem treuen Freund, dem jungen Musiker Andreas Streicher, aus dem heimatlichen Württemberg.

Unter falschem Namen passierten die beiden die Grenze, begaben sich zunächst nach Mannheim, wo sie sich jedoch nicht sicher fühlten und wo der Baron Dalberg den Autor der «Räuber» wie einen lästigen Bettler behandelte. So reisten sie weiter nach Frankfurt am Main, dann wieder zurück in die Nähe von Mannheim. Im Gasthaus Zum Viehhof des pfälzischen Dorfes Oggersheim verbrachten sie sieben entbehrungsreiche Wochen, bis Schiller schließlich notgedrungen auf ein schon in Stuttgart erhaltenes Angebot einer Sympathisantin zurückgriff, die ihm Unterschlupf zu gewähren bereit war. Es war dies Frau von Wolzogen, die Mutter zweier Schulfreunde Schillers, und auf ihrem Gut Bauerbach im Herzogtum Sachsen-Meiningen konnte sich der landflüchtige Dichter, der unter dem Decknamen Dr. Ritter nach Thüringen reiste, einigermaßen sicher vor württembergischen Auslieferungsersuchen oder Entführungskommandos fühlen.

Daß er in Bauerbach Asyl fand, war ein großer Glücksfall. Denn für einen gefährlichen Radikalen, auch wenn er keine Gewaltverbrechen begangen, sondern nur – zumindest nach Ansicht der Obrigkeit – auf der Bühne oder in Büchern Aufruhr und Gewalt verherrlicht hatte, fand sich in Deutschland schon damals nur schwer ein Versteck. Die Bürger, auch wenn manche von ihnen heimlich mit den Verfolgten sympathisierten, fürchteten sich vor den überall lauernden Spitzeln ihrer despotischen Machthaber.

Allerdings, schon wenige Jahre später wendete sich das Blatt: Da begannen, zumal im Linksrheinischen, die Feudalherren und ihre Polizei vor den eigenen Untertanen zu zittern.

II. Sie und nicht wir!

«*Hätt' ich hundert Stimmen, ich feierte Galliens Freiheit!*» So lautet der Anfang einer Ode, die wenige Wochen nach dem Sturm auf die Bastille zu Ehren der Französischen Revolution verfaßt und Anfang 1790 veröffentlicht wurde.

Doch in diesem Gedicht ist nicht nur von Freude, sondern auch von tiefer Trauer die Rede: «*Ach, mein Vaterland! Viel sind der Schmerzen, doch lindert / sie die heilende Zeit, und sie bluten nicht mehr. / Aber es ist ein Schmerz, den sie nie mir lindert und kehrte / mir das Leben zurück, dennoch blutet' er fort! / Ach, du warst es nicht, mein Vaterland, das der Freiheit / Gipfel erstieg, Beispiel strahlte den Völkern umher – / Frankreich war's . . .!*»

Der Verfasser dieser die Revolution verherrlichenden Ode war Friedrich Gottlieb Klopstock, dem deutschen Bildungsbürgertum vornehmlich durch seinen «Messias» bekannt, hingegen kaum als politischer Dichter. Klopstock hatte schon die Unabhängigkeitserklärung der Vereinigten Staaten von Nordamerika und die Einberufung der französischen Generalstände in Gedichten gefeiert, und 1792 wurde er, zusammen mit anderen berühmten revolutionsfreundlichen Gelehrten, Dichtern und Staatsmännern, darunter Pestalozzi und Washington, zum Ehrenbürger der Französischen Republik ernannt.

Unter den so geehrten deutschen Radikalen, von denen die Mehrzahl im öffentlichen Dienst stand, war auch Friedrich Schiller, dem Goethe eine – leider unbesoldete – Professur in Jena verschafft hatte. Diese Anstellung brachte Schiller indessen zunächst «*nichts als Händel*» mit der überwiegend konservativen, dem aus Württemberg geflüchteten Militärarzt und Dichter wenig freundlich gesinnten Fakultät ein. Durch Professor Schillers Antrittsrede – «*Ich nannte mich darin in aller Unschuld einen Professor der Geschichte*» – wurden die Schwierigkeiten, die man ihm von seiten der Universitätsbehörde und der Kollegenschaft machte, noch größer.

«*Gebe der Himmel*», schrieb er darüber am 10. November 1789, seinem dreißigsten Geburtstag, an seinen Freund Gottfried Körner, «*daß ich Dir in dem nächsten halben oder ganzen Jahr möge Nachricht geben können, daß ich irgend anderswo angestellt bin. An meiner Thätigkeit fehlt es nicht, diese Crisis zu beschleunigen . . .*», und er dachte dabei – und sogar noch drei Jahre später – ernstlich an eine Auswanderung nach Frankreich, wo sich das Volk endlich von der Despotie befreit und die reaktionäre Bürokratie ebenso beseitigt hatte wie die Vorrechte des Adels.

Bevor Schiller nach längeren Aufenthalten in Bauerbach, Mannheim, Leipzig, Dresden und Weimar im Revolutionsjahr 1789 nach Jena gekommen war, hatte er sein großes Gedicht «Die Künstler» vollendet, in dessen erster Strophe *der reifste Sohn der Zeit, frei durch Vernunft, stark durch Gesetze* gepriesen und damit der absolutistischen Willkürherrschaft eine entschiedene Absage erteilt wird. An dieser Arbeit hatte der Dichter Christoph Martin Wieland, der als Professor und Hofrat in Weimar ebenfalls Beamter war, lebhaften Anteil genommen. Als sich wenig später, am 17. Juni 1789, in Frankreich der Dritte Stand zur Verfassunggebenden Nationalversammlung erklärte und damit dem Absolutismus den Todesstoß versetzte, schrieb Wieland voller Enthusiasmus in dem von ihm herausgegebenen «Teutschen Merkur»: *«Nie hat eine Nationalversammlung ... der ganzen Menschheit so viel Ehre gemacht als diese!»*

Wie Klopstock und Wieland, erst recht der weit jüngere Schiller, so waren damals die allermeisten deutschen Intellektuellen, obgleich in überwältigender Mehrzahl Beamte des einen oder anderen deutschen Zwergstaats und somit eigentlich zu Rücksichten verpflichtet, offene Anhänger der Ideen, denen die Revolution in Frankreich zum Durchbruch verholfen hatte.

«Wer leugnet es wohl, daß hoch sich das Herz ihm erhoben,
ihm die freiere Brust mit reineren Pulsen geschlagen,
als sich der erste Glanz der neuen Sonne heranhob,
als man hörte vom Rechte der Menschen, das allen gemein sei,
von der begeisternden Freiheit und von der löblichen Gleichheit!
Damals hoffte jeder, sich selbst zu leben; es schien sich
aufzulösen das Band, das viele Länder umstrickte,
das der Müßiggang und der Eigennutz in der Hand hielt.»

Mit diesen Versen erinnerte Johann Wolfgang von Goethe, als Verfasser des Romans «Die Leiden des jungen Werthers» und des Schauspiels «Götz von Berlichingen» selbst einst ein Radikaler der ‹Sturm und Drang›-Zeit, in seinem 1796/97 entstandenen bürgerlichen Epos «Hermann und Dorothea» an die Wogen der Begeisterung, die die siegreiche Französische Revolution überall in Deutschland ausgelöst hatte. Goethe, inzwischen zum hohen weimarischen Staatsbeamten avanciert und sogar geadelt, hatte sich zu einem gemäßigten Konservativen entwickelt. Doch noch 1824 bekannte er im Gespräch mit Eckermann, daß die blutige Abrechnung der Franzosen mit ihren aristokratischen Ausbeutern eine *«große Notwendigkeit»* gewesen sei.

Dies hatten sehr viele Menschen in Deutschland empfunden, als die Nachricht von der allgemeinen Volkserhebung in Paris die Welt in Staunen versetzte. Ganz besonders begeisterte sich damals die deutsche studentische Jugend, deren Sympathien vor allem denen galt, die die Revolution vorwärtstreiben und die Monarchie gänzlich abschaffen, nicht bloß in ihren angemaßten Rechten einschränken wollten.

Diese revolutionäre Avantgarde nannte man damals Klubisten oder Jakobiner, denn der wichtigste politische Klub der Französischen Revolution, die «Gesellschaft der Verfassungsfreunde», hatte seine Tagungsstätte in dem Pariser Dominikanerkloster St. Jakob. Nach dem Ausscheiden der gemäßigten Mitglieder, die sich mit einer durch Verfassung und Parlament kontrollierten Monarchie begnügen wollten, wurde der Jakobinerklub vom Sommer 1791 an zum Stoßtrupp der Revolution und vereinigte die Elite der radikalen Republikaner, bis er im Herbst 1794, bald nach dem Sturz Robespierres und dem Sieg des konterrevolutionären Besitzbürgertums, aufgelöst wurde.

Auch in Deutschland entstanden schon bald nach dem Ausbruch der Französischen Revolution an vielen Orten mehr oder weniger geheime politische Klubs und Zirkel, die zunächst gemäßigt liberalen, dann zunehmend radikaleren, schließlich eindeutig jakobinischen Idealen huldigten. Sie schienen ganz plötzlich, sozusagen aus dem Nichts heraus, entstanden zu sein. Aber in Wirklichkeit hatte es schon vor 1789, dem Jahr des Revolutionsbeginns in Frankreich, mancherorts in Deutschland Wegbereiter und Propheten dessen gegeben, was man später Jakobinismus nannte.

Da ist zunächst Wilhelm Ludwig Wekhrlin zu nennen, geboren 1739 in Botnang, ein vielseitig gebildeter, stark von Voltaire beeinflußter Journalist. Seine scharfen, zeitkritischen Satiren, die er zunächst von Wien aus veröffentlichte, brachten ihm dort, dann auch in Regensburg, Augsburg und Nördlingen, wo er nacheinander Zuflucht fand, viel Ärger mit den Behörden, Haft und Landesverweisung ein. Von 1779 an gab er Zeitschriften heraus, von denen eine mit dem Titel «Das Graue Ungeheuer» besonders populär wurde. 1788 nahm ihn der Fürst von Oettingen-Wallerstein, in dessen Dörfchen Baldringen Wekhrlin sich geflüchtet hatte, vier Jahre lang in Arrest. Danach gewährte der nachmalige preußische Minister Hardenberg, damals Verwaltungschef der Markgrafschaft Bayreuth, dem Verfolgten in Ansbach Asyl und ließ ihn die «Anspachschen Blätter» herausgeben. Doch 1792, als französische Truppen nach Deutschland vorstießen, wurde Wekhrlin wieder in Schutzhaft genommen und starb an diesen Aufregungen, wenngleich in dem Bewußtsein, den Idealen der Französischen Revolution in Deutschland den Weg mitbereitet zu haben. Selbst die «Allgemeine deutsche Real-Encyklopädie für die gebildeten Stände» aus der Zeit der finstersten Reaktion rühmte ihm nach, er habe *«zur Reinigung und Besserung der höchst verrotteten Zustände in dem damaligen Süddeutschland viel beigetragen»*, fügte aber vorsichtig hinzu, daß *«der Werth seiner Schriften kein bleibender»* sei.

Zu denen, die dem Jakobinismus in Deutschland den Boden bereiteten, darf auch Adam Weishaupt, geboren 1748 in Ingolstadt, gerechnet werden. Er studierte in seiner Heimatstadt und wurde dort schon 1772 Professor. Obwohl selbst Jesuitenzögling, wurde er bald nach der Aufhebung der Gesellschaft Jesu in Bayern deren entschiedenster Gegner. Er gründete 1776 den Illuminatenorden, der durch Verbreitung aufklärerischer Ideen der kirchlichen Bevormundung entgegenwirken und der Vernunft zur Herrschaft verhelfen sollte. Die Illuminaten («Erleuchteten») bekämpften auch das monarchische Prinzip, wenngleich ihre republikanischen Ideen noch recht verschwommen waren, und bezeichneten sich als aufgeklärte Weltbürger.

Der Orden, ein über das Freimaurertum hinausgehender Geheimbund, breitete sich unter Weishaupts Führung zunächst in Bayern, dann auch in Mittel- und Norddeutschland rasch aus. Es gelang den Illuminaten sogar, einige Landesfürsten wie den Herzog Ernst II. von Gotha und den Herzog Ferdinand von Braunschweig als Mitglieder zu gewinnen, aber auch jüngere adlige Beamte mit großer Zukunft wie Karl Theodor von Dalberg, Karl August von Hardenberg und der spätere bayerische Minister Graf Montgelas gehörten dem Orden an. Ein besonders eifriger Anhänger wurde Adolph Freiherr Knigge, der nachmalige Verfasser des Buches «Über den Umgang mit Menschen», von dessen Rolle als Jakobiner noch die Rede sein wird, und mindestens zeitweise sollen auch Goethe und Herder zu den Illuminaten gehört haben.

Nachdem Weishaupt 1785 auf Betreiben der katholischen Geistlichkeit hin seine Professur in Ingolstadt verloren hatte – der Illuminatenorden war schon ein Jahr zuvor in Bayern verboten und seitdem als «kriminelle Vereinigung» verfolgt worden –, ging er als Beamter nach Gotha, wo er bis zu seinem Tode im Jahre 1830 zurückgezogen lebte.

Der bedeutendste Wegbereiter des Jakobinertums in Deutschland aber war, Wekhrlin und Weishaupt weit überragend, ein evangelischer Theologe: Karl Friedrich Bahrdt, 1741 in Bischofswerda in der sächsischen Oberlausitz geboren. Als Sohn eines lutherischen Pfarrers und späteren Hochschullehrers erhielt er eine sorgfältige Ausbildung, schlug die akademische Laufbahn ein und hielt schon mit neunzehn Jahren die erste Vorlesung an der Universität Leipzig. Dort und danach in Gießen und Erfurt lehrte er Theologie, kam jedoch zunehmend in Konflikt mit den von ihm als «Dunkelmänner» und «Finsterlinge» bezeichneten, sich jeder Aufklärung oder gar «Vernunftreligion» widersetzenden Autoritäten. So gab er seine Professur auf, widmete sich einige Jahre lang in der Schweiz und in der Pfalz der Jugenderziehung, unternahm Reisen nach Holland und England, entwickelte sich dabei zum radikalen Aufklärer und erhielt 1779 vom Reichshofrat, weil er das Menschenrecht der Gewissensfreiheit gefordert hatte, Schreib- und Lehrverbot. Vor den Nachstellungen der von Wien abhängigen Reichsbehörden flüchtete

Bahrdt ins friderizianische Preußen, wo man ihm gnädigst gestattete, sich als unbesoldeter Dozent in Halle niederzulassen.

Als 1787 auch in Preußen der Kampf gegen die Ideen der Aufklärung einsetzte und verschärfte Zensurbestimmungen angekündigt wurden, gab Bahrdt, schon damals wegen seiner mutigen Sprache ein Idol der Studentenschaft von Halle, jede Zurückhaltung auf. Er veröffentlichte ein Buch, «Über Pressefreiheit», das erhebliches Aufsehen erregte und das bis heute seine Aktualität und Frische bewahrt hat. Darin warnte er nachdrücklich vor jeder Beschränkung der Informations- und Meinungsfreiheit, protestierte scharf gegen jede Unterdrückung des Rechts auf Kritik, die jedem Bürger, auch an seinem Landesherrn, erlaubt sein müsse, und erklärte: «*Die Freiheit, seine Einsichten und Urteile mitzuteilen – es sei mündlich oder schriftlich –, ist, eben wie die Freiheit zu denken, ein heiliges und unverletzliches Recht des Menschen*»; es gebe nur eine Schranke der Kritik: die Wahrheit.

Das waren im damaligen, noch ganz vom Feudalismus beherrschten Deutschland und zumal im Königreich Preußen, dem – nach Lessing – «*sklavischsten Land von Europa*», bis dahin unerhörte, bei den Bürgern teils heimliche Begeisterung, teils Staunen und Kopfschütteln auslösende Worte. Und als Bahrdt dann auch noch aus der Naturrechtslehre die revolutionäre Folgerung zog, daß «*Menschenrecht vor Fürstenrecht*» gehe, und damit die Volkssouveränität postulierte, da hätte er – wie in Frankreich achtzehn Monate später, im Januar 1789, der Abbé Sieyès mit seiner Schrift «Qu'est-ce que le tiers-état?», Was ist der Dritte Stand? – auch in Deutschland die Revolution einleiten können, nur fehlte es hier an einem geistigen und politischen Zentrum; die Zerrissenheit des Landes, die unterschiedliche Lage in den einzelnen Kleinstaaten und der mangelnde Zusammenhang zwischen den vorhandenen oppositionellen Strömungen verhinderten eine solche Entwicklung.

Bahrdt scheint dies bald erkannt zu haben; jedenfalls deutet sein weiteres Verhalten darauf hin: Zunächst stellte er seine Vorlesungen an der Universität Halle ein, zog sich auf ein kleines Weingut vor der Stadt, am Westufer der Saale, zurück und begann hier in aller Heimlichkeit mit der Schaffung der organisatorischen Grundlagen für ein Bündnis der Demokraten in ganz Deutschland.

Nach außen hin trat er nun als freischaffender Autor auf. Da die Schriftstellerei, nicht zuletzt durch den zermürbenden Kampf mit der Zensur, keine wirtschaftliche Sicherheit bot, machte er aus seinem Refugium ein Ausflugslokal, das sich bald außerordentlicher Beliebtheit erfreute. «*Sein Weinberg war das angenehmste und eleganteste Kaffeehaus um Halle*», heißt es in einer zeitgenössischen Darstellung; es hatte «*oft bis zu fünfhundert Gäste*», sicherte damit Bahrdt und seiner Familie den Unterhalt und wurde zum Treffpunkt der radikalen Opposition von Halle und Umgebung. Bürger, Studenten, Reisende, aber auch wandernde Handwerksburschen und sogar einfache Bauern fanden sich ein, ließen sich bewirten und lauschten den ebenso interessanten wie witzigen Vorträgen des redegewandten «Doktor Bahrdt».

Zwar bot der *«heruntergekommene Professor hinter dem Schanktisch»* damit seinen Gegnern willkommene Gelegenheit, ihn zu verspotten und anzuschwärzen, ja seine Gastwirtschaft als eine Art Bordell hinzustellen. Aber zugleich war das Ganze auch eine hervorragende Tarnung für die Untergrundorganisation, die Bahrdt und seine Freunde nun aufbauten.

Der Geheimbund, dem zunächst sechzehn Studenten und sechs Bürger angehörten, nannte sich «Deutsche Union» und entwickelte sich binnen weniger Monate zu einer ausgedehnten Organisation, die in ganz Deutschland, aber auch in Holland, Dänemark, den baltischen Provinzen, der Schweiz sowie in allen österreichischen Ländern, von Böhmen bis zur illyrischen Küste, Zellen und Stützpunkte hatte. Um die Tarnung komplett zu machen, umgab sich die «Deutsche Union» nach Art der damals aufblühenden Freimaurerlogen mit allerlei mysteriösem Brauchtum, hinter dem sich das eigentliche Ziel, die Sammlung aller oppositionellen Kräfte und ihre politische Koordinierung, geschickt verbarg. Doch gerade diese Anlehnung an freimaurerische Gebräuche wurde Bahrdt und seinen Freunden zum Verhängnis: Die echten Logen begannen, sich gegen die vermeintliche Konkurrenz publizistisch zur Wehr zu setzen, und enthüllten dabei den bis dahin arglosen Behörden die Existenz und den staatsgefährdenden Charakter der «Deutschen Union». Als dann noch durch einen Spitzel nach Berlin gemeldet wurde, Bahrdt sei der seit langem gesuchte Verfasser einer anonymen Satire, in der Friedrich Wilhelm II., dessen Mätressenwirtschaft und die Heuchelei seines frömmlerischen Ministers Wöllner kräftig verspottet wurden, erging ein Haftbefehl gegen den Exprofessor und Gastwirt. Man sperrte Bahrdt in ein finsteres Verlies, belegte ihn mit Besuchs- und Schreibverbot und erhob schließlich gegen ihn Anklage wegen Majestätsbeleidigung und Geheimbündelei.

Das Berliner Kammergericht verurteilte ihn dann zu Festungshaft, die er in Magdeburg verbüßte. Als er 1790 nach fünfzehnmonatiger Gefangenschaft entlassen wurde, war er gesundheitlich ruiniert. Wohl machte er sich sogleich wieder an die Arbeit, veröffentlichte unter anderem 1791 eine Schrift mit dem für die damalige Zeit erstaunlichen Titel «Welche Aussichten eröffnet die Französische Revolution für Deutschlands Töchter?», worin sich Gedanken finden, die erst ein Jahrhundert später von den Vorkämpferinnen der Frauenemanzipation wiederaufgegriffen wurden, und er konnte auch noch sein publizistisches Werk mit einer 1792 erschienenen Staatstheorie krönen, die ihn als ungebrochenen Kämpfer für die Menschenrechte und zum tiefen politischen Denker gereiften Vorkämpfer der Demokratie ausweist. Doch er erholte sich nicht mehr von den Leiden, die er sich im Kerker zugezogen hatte. Im April 1792 starb er im Alter von erst fünfzig Jahren.

Seine «Deutsche Union» nahm er mit sich ins Grab. Ihre Zentrale war schon durch die Verhaftung Bahrdts und seiner wichtigsten Mitarbeiter vernichtet worden, und der führungslose Geheimbund zerfiel ebenso rasch, wie er entstanden war. Überhaupt wäre Karl Friedrich Bahrdt, dieser ungewöhnliche, seiner Zeit weit vorausdenkende Vorkämpfer der Demokratie in Deutschland, heute so gut wie unbekannt, hätte ihn nicht Günter Mühlpfordt in Halle (DDR), der bedeutendste lebende Bahrdt-Forscher, der Vergessenheit entrissen.

Doch wenn Bahrdt auch für lange Zeit verfemt, verleumdet und schließlich aus der Erinnerung gelöscht war, so wirkten seine Ideen schon damals weiter. Allen Nachstellungen und Schikanen der Obrigkeiten zum Trotz breitete sich das, was man bald Jakobinismus nannte, in Deutschland aus, zumal unter den aufgeklärten Bürgern und bei der für freiheitliche Gedanken besonders empfänglichen studentischen Jugend.

Dafür, daß der revolutionäre Geist bald bis in die allerstillsten Winkel despotisch regierter Kleinstaaten drang, liefert uns das Tübinger Stift ein bemerkenswertes Beispiel:

In der kleinen württembergischen Universitätsstadt mit damals kaum sechstausend Einwohnern gab es, neben der Hochschule, eine herzogliche Vorbereitungsanstalt für den evangelischen Theologennachwuchs des Landes.

Die in strengster Disziplin und klösterlicher Abgeschiedenheit gehaltenen Stipendiaten dieses landesherrlichen Internats, «Stiftler» genannt, lebten scheinbar völlig isoliert von den Geschehnissen in der Welt, auch vom Treiben der übrigen Tübinger Studenten. Und doch bildete sich unter ihnen ein politischer Zirkel, der die Nachrichten aus dem revolutionären Frankreich mit brennendem Interesse aufnahm und debattierte, am Jahrestag des Bastillesturms, dem 14. Juli, heimlich einen Freiheitsbaum pflanzte, die Siege der Französischen Republik feierte und begeistert ihre Lieder sang.

Aus diesem Kreis revolutionärer «Stiftler» ragten drei heraus: Friedrich Wilhelm Joseph Schelling, der damals zur Melodie der «Marseillaise» einen deutschen Text verfaßte; Georg Wilhelm Friedrich Hegel, der noch Jahrzehnte später die Kühnheit besaß, als beamteter Professor im reaktionären Berlin Friedrich Wilhelms III. in seinen Vorlesungen die Französische Revolution als den *herrlichen Sonnenaufgang* zu rühmen, und schließlich der junge Friedrich Hölderlin, der damals – inspiriert von Schubart und Schiller – in wohlgesetzten Versen den Tod der Despoten forderte.

Die jakobinischen Tübinger «Stiftler» brachten es später sogar fertig, einen gefangenen und arg mißhandelten französischen Spion, der von Mainz nach Württemberg geschickt worden war, um das Treiben der dort untergebrachten aristokratischen Emigranten zu beobachten, aus dem schmutzigen Loch, in das man ihn gesperrt hatte, heimlich zu befreien, diesen «Märtyrer der Freiheit» innerhalb des Stifts eine Weile lang zu verstecken, gesundzupflegen und ihn dann eines Nachts aus der Gefahrenzone herauszuschmuggeln.

Nicht nur im Tübinger Stift entstanden deutsche Nachdichtungen französischer Revolutionslieder; allein die «Marseillaise» ist vielerorts und wohl noch dutzendfach ins Deutsche übertragen worden. Eine Fassung – *«Sei uns gegrüßt, du holde Freiheit! Zu dir ertönt froh der Gesang!»* – wurde besonders populär. Ihr Autor war der Eutiner Schulrektor, Hofrat und spätere Universitätsprofessor Johann Heinrich Voß, der damals den «Hamburger Musenalmanach» herausgab und wegen seiner 1781 erschienenen, später noch verbesserten Übertragung der Werke Homers ins Deutsche schon sehr berühmt war.

An nicht wenigen Orten Deutschlands wagten sich die radikalen Jakobiner auch schon mit Appellen, es endlich den Franzosen gleichzutun, an die Öffentlichkeit. Nicht allein in Mainz, wo man 1793 mit französischer Rückendeckung die erste auf Volkssouveränität beruhende deutsche Republik ausrief, sondern beispielsweise auch in Altona, Göttingen, Köln, Koblenz und Nürnberg erschienen jakobinische Flugblätter und Zeitschriften, die die Aufrufe, Nachrichten, Kommentare und Revolutionslieder der deutschen Freiheitsfreunde veröffentlichten.

Unter diesen ragten neben einigen bereits Genannten, besonders Eulogius Schneider, Georg Forster, Georg Friedrich Rebmann, Friedrich Wilhelm von Schütz, Carl Clauer, Friedrich Cotta, Andreas Josef Hofmann, Adolph Freiherr Knigge, Joseph Görres und der – dem heutigen Publikum nur als Abenteurer und Ausbrecherkönig bekannte – Friedrich Freiherr von der Trenck, in Wien Franz Hebenstreit von Streitenfeld und Baron Andreas von Riedel hervor. Ihre und ihrer Freunde Namen sind von reaktionären Geschichtsschreibern und Literaturhistorikern entweder in völlige Vergessenheit, zumindest aber in gänzlich unpolitische Bereiche gedrängt oder gar, wie bei Joseph Görres, mit falschem, weil nur für einen späteren Abschnitt seines Lebens, als er zu Kreuze gekrochen war, zutreffendem Etikett versehen worden. Deshalb soll ihrer hier gedacht werden und mit ihnen einiger der zahlreichen weiteren Vorkämpfer der Freiheit, die man noch gründlicher verscharrt hat.

Eulogius Schneider, ein ehemaliger Franziskaner aus dem Würzburgischen, war mit knapp dreißig Jahren 1786 Hofprediger des – uns von Schubart und Schiller her schon unrühmlich bekannten – Herzogs Karl Eugen von Württemberg geworden, hatte aber, wegen allzu freisinniger Äußerungen, seine Stellung bald wieder verloren. Er war dann, hauptsächlich wegen seines beachtlichen dichterischen Talents, an den Kölner kurerzbischöflichen Hof berufen und zum Professor für griechische Literatur an der Universität Bonn ernannt worden. Dort entfaltete er eine überaus rege literarische und politische Tätigkeit und galt bald als das Haupt der rheinischen Demokraten.

Als im Februar 1790 in Wien der radikale Reformer auf dem Kaiserthron, Joseph II., gestorben war, wurde Professor Schneider, der im Jahr zuvor den Ausbruch der Französischen Revolution mit einer Ode jubelnd begrüßt hatte, damit beauftragt, vor dem Reichskammergericht zu Wetzlar die Trauerrede zu halten. Er rühmte bei dieser Gelegenheit den Verstorbenen, weil dieser die Schranken gesprengt habe, *«welche unbefugte und eigennützige Despoten dem menschlichen Verstand gesetzt hatten».*

Wenig später veröffentlichte Schneider eine Gedichtsammlung, die einiges Aufsehen erregte, teils wegen der Erotik seiner Liebeslieder, teils wegen seiner heftigen Angriffe auf Papsttum, Orthodoxie und Absolutismus, doch vor allem wegen seines offenen Bekenntnisses zur Revolution, für die er in einem der Gedichte sogar sein Leben einzusetzen sich bereit erklärte:

«Dem Fanatismus Hohn zu sprechen, / der Dummheit Zepter zu zerbrechen, / zu kämpfen für der Menschheit Recht, / ha! Das vermag kein Fürstenknecht! / Dazu gehören freie Seelen, / die lieber Tod als Heuchelei / und Armut vor der Knechtschaft wählen. / Und wisse, daß von solchen Seelen / die meine nicht die letzte sei!»

Mit diesen Herausforderungen der Feudalherren und der orthodoxen Geistlichkeit machte sich Eulogius Schneider auch im liberalen Köln viele Feinde, und diese behielten schließlich die Oberhand: Im Juni 1791 wurde Schneider seiner Professur enthoben; der Kurfürst ließ ihn von seinen Lakaien aus dem Palais hinauswerfen. Um einer Verhaftung zu entgehen, floh Schneider in das von der Revolution bereits befreite Elsaß.

In Straßburg, dem damals wichtigsten Zentrum deutscher Freiheitsfreunde, traf er viele Gleichgesinnte. Zu den prominentesten Deutschen, die in der elsässischen Hauptstadt Zuflucht gefunden hatten, gehörten der Schriftsteller und Staatstheoretiker Carl Clauer aus Berlin und der ehemalige Lehrer an der Stuttgarter Karlsschule Friedrich Christoph Cotta. Gleich diesen entwickelte sich Professor Schneider unter dem Eindruck der Ereignisse, besonders der Kriegserklärung Österreichs an das revolutionäre Frankreich im April 1792, zu einem radikalen Jakobiner. Er wurde zum entschiedenen Gegner aller Kompromißler und Geschäftemacher, ja zum eigentlichen Wortführer der revolutionären Massen im Elsaß. Als Zivilkommissar bei der Rheinarmee und sodann als öffentlicher Ankläger im elsässischen Revolutionstribunal setzte er sich mit aller Kraft für die Verteidigung des Landes und die Bekämpfung von Korruption, Defätismus und konterrevolutionärer Umtriebe ein (wobei die relativ wenigen von ihm erwirkten Todesurteile vornehmlich Wucherer und Schwarzhändler trafen). Daneben gab er seine eigene Zeitschrift heraus, «Argos oder der Mann mit hundert Augen», und veröffentlichte darin auch seine revolutionären Lieder und Gedichte, darunter den von ihm verfaßten, wahrscheinlich ersten deutschen Text zur Melodie der «Marseillaise» mit dem Refrain: *«Zu Waffen, edles Volk! Mit echtem Frankenmut / zerstört die Despotie und der Verräter Brut!»*

Doch die wachsenden Konflikte zwischen den deutschsprachigen, kosmopolitisch gesinnten und mit Entschiedenheit für die Rechte der Besitzlosen eintretenden Jakobiner um Eulogius Schneider und den aus Paris eingetroffenen Sendboten Robespierres, die in den Deutschen «verdächtige Ausländer» sahen, führten schließlich zu Schneiders Sturz. Er wurde verhaftet, nach Paris gebracht und dort am 1. April 1794 guillotiniert. Bis zuletzt blieb er seinen Überzeugungen treu, prophezeite Robespierre und dessen Blutrichtern, daß sie ihm in kurzer Zeit nachfolgen würden, und rief aus: *«Ihr konntet Frankreichs Feinden keinen größeren Gefallen tun, als daß ihr mich zum Tode verdammtet!»* Er starb als ungebrochener Jakobiner, und er war nicht der letzte deutsche Demokrat, der an den Entartungen der Französischen Revolution scheiterte und elend zugrunde ging.

Carl Clauer, der schon 1791 mit einem «Sendschreiben, an alle benachbarte Völker Frankreichs, zum allgemeinen Aufstand», besonders seiner deutschen Landsleute, aufgerufen und darin die Landesfürsten und Feudalherren als einen *«Haufen nichtswürdiger, aufgedunsener, trotziger, barbarischer Tagediebe»* bezeichnet hatte, *«die sich von anderm Blut entsprossen, aus besserm Leim gebildet zu sein dünken, und die euch daher für ihre Sklaven, für ihr Vieh halten, bloß weil ihr wollet, daß sie nur immer fortfahren, euch zu meistern, zu placken, zu verhöhnen und zu schinden – denen wollet ihr noch ferner eure Nacken darhalten und den Staub von ihren Füßen lecken?»*, auch dieser entschiedene Jakobiner wurde nach Schneiders Sturz verdächtigt, ein Konterrevolutionär und österreichischer Agent zu sein. Clauer entging nur dadurch seiner Einkerkerung und Aburteilung, daß er sterbenskrank darniederlag und nicht mehr transportfähig war.

Friedrich Christoph Cotta, der ein Bruder des Stuttgarter Verlegers der Werke Schillers und Goethes war und an der durch Schiller berühmten Karlsschule gelehrt hatte, war bald nach dem Ausbruch der Französischen Revolution nach Straßburg gekommen, um am Befreiungskampf aktiven Anteil zu nehmen. Von 1792 an gab er dort sein «Strasburgisches politisches Journal, eine Zeitschrift für Aufklärung und Freiheit» heraus, wurde dann, zusammen mit Carl Clauer, im November 1792 von den Straßburger Jakobinern nach Mainz entsandt und im Sommer 1793, wiederum gemeinsam mit Clauer, zum Kommissar für die Organisation der Landesverteidigung im Elsaß bestellt. Nach Schneiders Sturz wurde Cotta ebenfalls verhaftet und nach Paris gebracht. Dort entging er eben noch der Guillotine, aber er blieb bis September 1794 in der Conciergerie eingekerkert. Nach seiner Freilassung kehrte er ins Elsaß zurück, wo er ein zurückgezogenes Leben führte. Von seinem reichen und berühmten Bruder erhielt er nicht die geringste Unterstützung. 1838 starb er in Trippstadt in größter Armut.

Georg Forster, der an Bedeutung auch Eulogius Schneider noch überragt, war 1754 in einem Dörfchen bei Danzig zur Welt gekommen und beim Ausbruch der Französischen Revolution bereits ein berühmter Kulturphilosoph, Naturwissenschaftler und wegen seines hervorragenden Stils geschätzter Schriftsteller, der nicht zuletzt auch die Brüder Humboldt sehr stark beeinflußt hat.

Forster war vor allem durch seine sehr lebendigen Reisebeschreibungen bekannt geworden. Schon von seinem zwölften Lebensjahr an hatte er seinen Vater, den Naturforscher Johann Reinhold Forster, auf dessen weiten Reisen durch Rußland begleitet und darüber geschrieben. Er war dann mit seinem Vater nach England gegangen, hatte als junger Botaniker an der zweiten Expedition des Kapitäns James Cook teilgenommen und dessen Weltumseglung zur Erforschung des vermuteten «Südlands» mitgemacht, beherrschte ein halbes Dutzend Sprachen und war mit den führenden Geistern Europas und Amerikas bekannt geworden. Er hatte später eine Professur, erst in Kassel, dann in Wilna, angenommen und war schließlich 1788 als Universitätsbibliothekar nach Mainz berufen worden. Die Eindrücke, die Forster an dem verlotterten Hof des geistlichen Fürstentums gewann, bestärkten ihn erst recht in seinen demokratischen Ansichten.

Nach der Eroberung von Mainz durch die französische Revolutionsarmee wurde Georg Forster einer der entschiedensten Republikaner und der Führer der rheinischen Jakobiner. Mit dem Mainzer Universitätsprofessor Andreas Josef Hofmann zusammen trat Forster 1792 an die Spitze der Regierung der rheinisch-deutschen Republik, gab die «Neue Mainzer Zeitung oder Der Volksfreund» heraus und wurde 1793 nach Paris entsandt, um dort für die Vereinigung aller von den Franzosen eroberten deutschen Gebiete links des Rheins, von Landau bis Bingen, mit der Französischen Republik zu wirken.

Nachdem die Reichsarmee die Festung Mainz nach viermonatiger Belagerung wieder zurückerobert hatte, lebte Georg Forster, von Frau und Kindern getrennt und vom Reichstag als Verräter geächtet, in Paris, wo er am 10. Januar 1794 starb. In seinem letzten Brief an seine Frau, sechs Tage vor seinem Tod geschrieben, bekannte er sich noch einmal zu den revolutionären Idealen und schloß zuversichtlich: *«Wir haben überall ganz löwenmäßig gesiegt . . . Ich bin neugierig zu erfahren, wie sich der öffentliche Geist jenseits des Rheins äußern wird . . .»*

Der demokratische «öffentliche Geist» hatte es zu dieser Zeit im rechtsrheinischen Deutschland sehr schwer, wenn er sich äußern wollte.

Die Volksaufstände, die seit dem Sommer 1789 überall im Reich, mal hier, mal dort, aufgeflackert waren, hatten keinen organisatorischen Zusammenhang, nur lokale Bedeutung und keinerlei Erfolg gehabt. Die bedeutendste revolutionäre Massenbewegung, die 1793 in der preußischen Provinz Schlesien aufflammte, war gleichfalls ziemlich rasch unterdrückt worden – wie, darüber gibt ein Brief Friedrich Wilhelms II. an seinen Minister Freiherrn von Danckelmann Auskunft. Der König befahl darin, den Aufstand rücksichtslos zu unterdrücken, «*auch die Rädelsführer ohne alle prozeßualische Förmlichkeiten aufs schleunigste zu Spitzruthen und Vestung zu condemniren oder sie auch wohl des nöthigen Eindrucks wegen mit der Strafe des Stranges zu belegen . . .*» Die bloßen Mitläufer aber wurden zum Militärdienst gepreßt, vornehmlich zur Verstärkung der Interventionstruppen, mit deren Hilfe man der revolutionären Bewegung, die von Frankreich her das morsche Deutsche Reich bedrohte, Herr zu werden trachtete.

> «*Für wen, du gutes deutsches Volk,*
> *behängt man dich mit Waffen?*
> *Für wen läßt du von Weib und Kind*
> *und Herd hinweg dich raffen?*
> *Für Fürsten und fürs Adelspack*
> *und fürs Geschmeiß der Pfaffen!*»,

hatte 1793 der Dichter Gottfried August Bürger geschrieben, diese Verse aber nicht zu veröffentlichen gewagt. Andere hingegen zögerten nicht, sich in ähnlich deutlicher Sprache an das deutsche Volk zu wenden, und dies nicht nur von Straßburg oder Mainz aus. So gab, um nur ein Beispiel zu nennen, ein Mann, der rund ein Jahrzehnt als Staatsgefangener eingekerkert gewesen war, von 1792 an ungebrochenen Mutes eine jakobinische Zeitschrift heraus, deren letzte, 1793 erschienene, Ausgabe den seltsamen Titel «Proserpina» führte – nach jener griechischen Göttin, denen die Mystiker zuschrieben, alles Neue hervorzubringen und alles Überlebte zu töten.

Das Blatt erschien im damals dänischen Altona, wo die Zensur recht locker gehandhabt wurde, und ihr Herausgeber war kein anderer als jener berühmt-berüchtigte Friedrich Freiherr von der Trenck, der – angeblich wegen einer Liebschaft mit der Schwester König Friedrichs II. von Preußen, Prinzessin Amalie, die Trenck in Wahrheit kaum gekannt hat – ein Opfer des übertriebenen Mißtrauens und der schrankenlosen Willkür des angeblich so ‹aufgeklärten› Monarchen wurde.

Friedrich von der Trenck, Sohn eines preußischen Generals und Rittergutsbesitzers, war 1726 in Königsberg zur Welt gekommen, hatte in seiner Vaterstadt – zusammen mit Immanuel Kant – studiert, war dann 1743 auf Befehl Friedrichs II. hin Offizier und ein Jahr später Adjutant des Königs geworden. Aus nicht völlig aufgeklärten Gründen, wobei die Korrespondenz des jungen Trenck mit seinem ungarischen Vetter wohl nur als Vorwand diente, ließ ihn der König 1745 auf der Festung Glatz einkerkern. Dort gelang dem von seinen Zeitgenossen als überdurchschnittlich intelligent und tatkräftig geschilderten Offizier nach mehreren gescheiterten Versuchen 1746 eine abenteuerliche Flucht, um die sich bald zahlreiche Legenden woben.

Er trat dann als Rittmeister erst in russische, dann als Regimentskommandeur in österreichische Dienste, besuchte 1754 wegen einer Erbschaftsangelegenheit das damals polnische Danzig, wo man ihn auf Betreiben Friedrichs II. hin festnahm und unter Bruch der Neutralität an Preußen auslieferte.

Er wurde dann – so beschreibt es das «Allgemeine deutsche Conversations-Lexikon für die Gebildeten eines jeden Standes» von 1837 – «*nach Magdeburg gebracht, wo er in einem eigens für ihn eingerichteten Gefängnisse, welches noch jetzt gezeigt wird, aufbewahrt wurde. Seine öfteren Versuche, sich zu befreien, wußte man dadurch zu verhindern, daß man ihn in ein immer festeres Gefängnis brachte und ihn am Körper, an Händen und Füßen mit 68 Pfund schweren Fesseln anschmiedete, welche beim Beginne des Siebenjährigen Krieges noch vermehrt wurden. Er hatte indeß den Plan entworfen, die Garnison von Magdeburg mit Hülfe der zahlreichen dort aufbewahrten östrichischen Kriegsgefangenen zu überrumpeln und die Festung an den Kaiser auszuliefern; allein, sowohl dieses Vorhaben, als auch die vielen, mit der größten Schlauheit und dem bewunderungswürdigsten Scharfsinne gemachten Entwürfe zu seiner Befreiung mißlangen sämmtlich, und er wurde erst im December 1763 nach einer Gefangenschaft von 9 Jahren und 5 Monaten aus der Festung entlassen und nach Prag gebracht. Sowohl hier, als auch in Wien, Aachen, Spaa, Mannheim und an anderen Orten, wo er sich wechselweise aufhielt, zog er sich durch freimütige, mündliche und schriftliche Äußerungen vielfache Verfolgungen und den Verlust des größten Theils seines Vermögens zu.*

Nachdem er in Aachen sich mit literarischen Arbeiten beschäftigt und nebenbei einen Weinhandel betrieben hatte, bereiste er 1774–1777 England und Frankreich, wo ihm Franklin, den er dort kennenlernte, rieth, eine Niederlassung in Nordamerika zu gründen. Statt dessen aber kehrte er nach Deutschland zurück . . . und begab sich 1787 nach dem Tode Friedrichs II. wieder nach Berlin, erhielt von Friedrich Wilhelm II. seine eingezogenen Besitzungen zurück, reiste 1791» – obwohl er doch nun, wenn man diesen lexikalischen Angaben Glauben schenken dürfte, ein Junkerleben hätte führen können – «*nach Paris, wo er in drückenden Verhältnissen lebte, und wurde daselbst 1794 unter Robespierre's Herrschaft als angeblicher Geschäftsträger fremder Mächte guillotiniert.*»

Soweit die Mitteilungen des «Allgemeinen deutschen Conversations-

Lexikons» von 1837, das – wie andere Nachschlagewerke bis auf den heutigen Tag – viele Rätsel aufgibt, weil es beispielsweise die Gründe verschweigt, die den angeblich wieder begüterten Baron von der Trenck ins revolutionäre Frankreich reisen ließen; oder auch, weil alle Angaben über die Rolle Trencks als Herausgeber der Zeitschrift «Proserpina» fehlen, ebenso jeder Hinweis, der erklären könnte, wieso dieser Märtyrer des Absolutismus in Paris zur selben Zeit wie andere Deutsche, die zweifellos Jakobiner waren, eingekerkert und dann aufgrund einer ganz ähnlichen Anschuldigung wie Eulogius Schneider hingerichtet wurde, wenngleich erst knapp vier Monate später, am 25. Juli 1794, wenige Tage vor dem Sturz Robespierres.

Tatsächlich hatte Trenck nach dem Tode Friedrichs II., seines Peinigers, von dessen Nachfolger nicht die Familiengüter, sondern eine Anzahlung auf die in Aussicht gestellte Entschädigung sowie das Versprechen einer Offizierspension erhalten. Er hatte auch eine erste Begegnung mit Prinzessin Amalie, der Schwester Friedrichs II., die ihm angeblich versprach, ihn – zur Wiedergutmachung des ihm vom König einst zugefügten Unrechts – testamentarisch zu bedenken; Amalie starb wenig später, ohne daß Trenck oder dessen Familie – er hatte in Aachen die Patriziertochter Dorothea von Broe geheiratet und mit dieser acht Kinder, drei Söhne und fünf Töchter – einen Pfennig erbte.

Bald darauf, im Jahre 1788, publizierte Trenck die ersten drei Bände seiner Lebensgeschichte und wurde dadurch mit einem Schlag berühmt. Allein in deutscher Sprache erreichten diese Memoiren noch zu seinen Lebzeiten die für damalige Begriffe enorme Auflage von vierzigtausend Exemplaren, wobei am Rande anzumerken ist, daß sie eine Mischung aus Dichtung und Wahrheit waren; seine tatsächlich erlittene lange Haft in Glatz und Magdeburg erfuhr manche phantastische Ausschmückung, und der angebliche Haftgrund, die Liebschaft mit der Prinzessin Amalie, war frei erfunden. Aber gerade diese Legende vom grausam zerstörten Liebesglück machte ihn populär, seine Memoiren wurden ein großer Erfolg, der Trenck rasch zu Kopf stieg.

Schon im Februar 1789 – nicht erst 1791, wie das Lexikon behauptet – reiste Trenck, dessen romantische Geschichte inzwischen auch in französischer Übersetzung erschienen war, unter Zurücklassung seiner Familie ins vorrevolutionäre Paris, wo man ihn als Opfer des preußischen Despotismus stürmisch feierte. Er erlebte den Ausbruch der Revolution mit, auch den Sturm auf die Bastille, kehrte aber im August 1789 nach Wien zurück, prozessierte dann in Ungarn um die Güter seines Vetters, des verstorbenen Pandurenobersten von der Trenck, und wurde auf Befehl Kaiser Leopolds II. festgenommen und nach Wien zurückgebracht, wo er im September 1791 unter der Bedingung freigelassen wurde, sich nicht mehr in die politischen Angelegenheiten der Habsburger-Monarchie einzumischen. Was der wirkliche Anlaß seiner erneuten Verhaftung war, mag dahingestellt bleiben; gewiß spielten Denunziationen seiner Prozeßgegner eine Rolle, und als gesichert darf gelten, daß Trenck gute Beziehungen zu ungarischen Jakobinerzirkeln angeknüpft hatte.

Jedenfalls war der damals bereits sechsundsechzigjährige Trenck entschlossen, sich nicht den Mund verbieten zu lassen. Als 1792 der Krieg Österreichs gegen Frankreich begann, wollte er zum Sieg der Freiheitskämpfer über den Despotismus beitragen und suchte dazu einen «von Ministerialränken und Priesterrache gesicherten Raum». Er fand ihn in Altona, der damals dänischen Nachbarstadt Hamburgs. Dort gab er vom Juli 1792 an die – vierzehntäglich erscheinende – «Monatschrift» heraus, in der er seinem Haß auf die Privilegierten freien Lauf ließ:

«Zivilisierte Kannibalen fahren bei uns in prächtigen Kutschen und Livreen, mit Ordensbändern behängt, nach Hofe, und die von ihnen geschundenen Menschen bücken sich demütigst vor seiner Exzellenz, ohne daß sie murren und sagen dürfen: Schurke! heraus! Ich gehöre in diesen Wagen, den du von dem Schweiße unseres Dorfes bezahlt hast!»

«Unter dem Eindruck der fortschreitenden Radikalisierung der Französischen Revolution entwickelte sich Trenck zu einem kompromißlosen Jakobiner», bemerkte dazu Walter Grab, der die Rolle Trencks in Altona als erster gründlich erforscht hat. Er konnte darauf hinweisen, daß auch der Untergang des französischen Königtums und der Beginn der sogenannten ‹Schreckensherrschaft› in Paris Trencks volle Zustimmung fanden.

«Die Schlachten bei Kolin, Prag, Zorndorf waren weit blutiger als die Erstürmung der Tuilerien», heißt es dazu in Trencks «Monatschrift». *«Wenn wir die Sache im wahren Licht betrachten, so ist der Verlust von dreitausend Menschen in der Masse der Nation von vierundzwanzig Millionen eben kein so wichtiger Vorfall bei einem so wichtigen Gegenstande, das ehemalige Joch abzuschütteln . . . Wenn ein Monarch sich die verabscheuungswürdige Grille von einer Universalmonarchie in den Kopf setzt, einen ungerechten Krieg anfängt, zweihunderttausend Männer verliert, so schweigt alles vor Bewunderung und Ehrfurcht; niemand wagt es, den Eroberer einen Tyrannen zu heißen. Aber wenn bei einer Revolution, durch welche sich ein niedergedrücktes Volk wieder in Freiheit zu setzen und sich seine geraubten Rechte wiederzuschaffen sucht, einige Despoten, Schurken und Volksbüttel bluten, dann schreit man über Grausamkeit und Gewalttätigkeit aus vollem Halse.»*

Nach der Errichtung der Französischen Republik forderte Trenck, überall in Europa, besonders aber in Deutschland, wo es den Menschen *«nicht besser als den Negern»* gehe, die Fürsten gewaltsam zu beseitigen. So war es kein Wunder, daß seine «Monatschrift» in fast allen deutschen Staaten beschlagnahmt und verboten wurde. Und schließlich fanden auch die dänischen Behörden, daß der Baron es zu bunt triebe; im März 1793 legten sie ihm nahe, seine in «Proserpina» umbenannte Zeitschrift

Trencks

Monatschrift

für

das Jahr 1792.

———

Erstes Heft.

Altona.

Titelseite von Trencks «Monatschrift»

anderswo herauszugeben und aus Altona zu verschwinden.

In Paris, wohin er sich nun wieder begab und wo er mit deutschen Jakobinern, unter ihnen Georg Forster, Verbindung aufnahm, fand er sehr veränderte politische Verhältnisse vor. Sein Weltbürgertum galt dort nicht mehr als Tugend; man führte einen nationalfranzösischen Verteidigungskampf, und der preußische Baron, der sich so wild jakobinisch gebärdete, stieß überall auf Mißtrauen. Als er dann noch die Machenschaften zweier Dunkelmänner, der Brüder Frey, und ihre Protektion durch ein Mitglied des Sicherheitsausschusses, François Chabot, aufzudecken versuchte, wurde er am 11. September 1793 als der Spionage verdächtig in Untersuchungshaft genommen.

Diese dritte und letzte Kerkerzeit des Rebellen Trenck dauerte mehr als zehn Monate. Sechzehn Gesuche, die er an den Sicherheitsausschuß richtete, sind erhalten geblieben und machen in allen Einzelheiten deutlich, wie beharrlich der fast Siebzigjährige um seine Freiheit und schließlich um sein Leben kämpfte. Man würdigte ihn keiner Antwort, und auch nachdem Chabot und die Brüder Frey als Betrüger entlarvt und hingerichtet worden waren, blieb der vermeintliche Spion in Untersuchungshaft.

Am 7. Thermidor, dem 25. Juli 1794, zwei Tage vor dem Sturz Robespierres, als die ‹Schreckensmänner› letzte, verzweifelte Anstrengungen machten, sich durch gesteigerten Terror an der Macht zu halten, wurde Trenck, zusammen mit 29 anderen Gefangenen, dem Revolutionstribunal vorgeführt. Die Anklage lautete auf Spionage zugunsten Preußens, wobei Fouquier-Tinville, der öffentliche Ankläger, zur Begründung des Verdachts auf die adlige Herkunft des Beschuldigten hinwies. Trenck verteidigte sich, indem er seine Handgelenke vorzeigte; die tiefen Narben, die die Ketten, mit denen er jahrelang in Preußen gefesselt gewesen war, dort hinterlassen hatten, entkräfteten besser, als Worte es vermocht hätten, den Verdacht geheimer Sympathie für den Junkerstaat.

Doch nun brachte Fouquier-Tinville den zweiten Anklagepunkt vor: Aufstachelung der Mitgefangenen zu gemeinsamem Ausbruchsversuch. Darauf erklärte Trenck, Flucht sei das natürliche Recht jedes Eingekerkerten, woraufhin das Gericht ihn für schuldig erklärte und zum Tode verurteilte. Noch am selben Tage wurde er hingerichtet. Er blieb bis zum letzten Atemzug ein aufrechter Jakobiner, an dem sich erfüllt hatte, was sein im vierten Band seiner Lebenserinnerungen geäußerter Wunsch gewesen war: «Mein forschendes Auge ist längst müde, die Menschen und alle Weltvorfälle zu sehen, und der wünscht Ruhe im Schatten des Grabes, der des Schicksals Sonnenglut so rastlos wie ich empfunden hat.»

Friedrich Freiherr von der Trenck und seine deutschen Gesinnungsgenossen in Paris waren von 1793 an in eine aussichtslose Lage geraten, weil sie für ihre kosmopolitischen Ideale kein Verständnis mehr fanden, vielmehr als willkommene Sündenböcke bei der Austragung innerfranzösischer Klassenkonflikte herhalten mußten. Robespierre verfolgte sie gnadenlos als vermeintliche Spione.

Den Girondisten aber, den liberalen Besitzbürgern, deren Generale die Niederlagen verschuldet hatten, erst recht den zahlreichen Spekulanten, Schwarzmarktschiebern und Kriegsgewinnlern, die dann den Sturz Robespierres bewirkten, waren die jakobinischen Radikalen und deren revolutionäre Ideale erst recht verhaßt. In Deutschland jedoch hatte, zumal nach dem Fall von Mainz, die Konterrevolution wieder Oberwasser. Ihre Interventionstruppen und besonders die diese begleitenden, zuvor verjagten Aristokraten nahmen an den Revolutionären, die ihnen in die Hände fielen, grausame Rache. Zu Hunderten wurden sie eingekerkert; nicht wenige starben unter den Mißhandlungen oder wurden in den Selbstmord getrieben. Und wer den brutalen Häschern durch rasche Flucht entkommen konnte, mußte fortan versteckt und unter Entbehrungen das Leben eines Gehetzten führen.

Die Rache der Konterrevolution, stets um ein Vielfaches blutiger und brutaler als die angeblich ungesetzliche Gewalt der Revolution, der sie gerade im Namen von ‹Recht und Ordnung› den Garaus gemacht hat, wird die deutschen Radikalen wieder und wieder mit wachsender Grausamkeit treffen, aber auch mit zunehmender Zwecklosigkeit, weil sich die Uhrzeiger der Geschichte nicht zurückstellen, sondern allenfalls verbiegen oder verdecken lassen; weil man den Fortschritt auf Dauer nicht aufhalten und das revolutionäre Feuer niemals völlig ersticken kann. Und jedesmal, wenn an deutschen Freiheitskämpfern blutige Rache genommen wurde, haben führende, der Revolution bis dahin abholde oder ihr mit gemischten Gefühlen gegenüberstehende Intellektuelle für die Geschlagenen Partei ergriffen und so dazu beigetragen, die erlöschende Flamme den kommenden Generationen wieder aufflackern zu lassen und den Triumph der Unterdrücker zu schmälern.

Damals war es Goethe, der in seinem Tagebuch der Belagerung von Mainz tiefer Empörung über den Terror der Konterrevolution und die Mißhandlung der gefangenen Republikaner Ausdruck gegeben und geschildert hat, wie er einzelne von ihnen zu schützen suchte.

Immanuel Kant verteidigte nachdrücklich «*die Revolution eines geistreichen Volkes, die wir in unseren Tagen haben vor sich gehen sehen*», und fügte hinzu: Sie «*mag gelingen oder scheitern; sie mag mit Elend und Greueltaten dermaßen angefüllt sein, daß ein wohldenkender Mensch sie, wenn er sie zum zweitenmale unternehmend glücklich auszuführen hoffen könnte, doch das Experiment auf solche Kosten zu machen nie beschließen würde, – diese Revolution, sage ich, findet doch in den Gemütern aller Zuschauer . . . eine Teilnehmung dem Wunsche nach, die nahe an Enthusiasmus grenzt, und deren Äußerung selbst mit Gefahr verbunden war, die also keine andere als eine moralische Anlage im Menschengeschlecht zur Ursachen haben kann. Diese moralisch einfließende Ursache ist zweifach: erstens die des Rechts, daß ein Volk von anderen Mächten nicht gehindert werden müsse, sich eine bürgerliche Verfassung zu geben, wie sie ihm selbst gut zu sein dünkt; zweitens die des Zwecks (der zugleich Pflicht ist), daß diejenige Verfassung eines Volks allein an sich rechtlich und moralisch gut sei, welche ihrer Natur nach so beschaffen ist, den Angriffskrieg nach Grundsätzen zu meiden, welche keine andere als die republikanische Verfassung, wenigstens der Idee nach, sein kann . . .»*

Zwar sicherte sich Kant – er lebte ja nicht unter dem ‹geistreichen Volk› in Paris, sondern als königlich preußischer Beamter in Königsberg! – an dieser Stelle eilig durch eine Fußnote ab, in der er erklärte, er habe mit alledem natürlich nicht gemeint, daß ein Volk mit monarchischer Verfassung das Recht habe oder auch nur den Wunsch hege, diese zu ändern; nicht einmal das laute Murren gegen die eigene Regierung, wenn diese gegen Nachbarvölker vorgehe, um sie an der Errichtung ihrer eigenen Republik zu hindern, sei ein Beweis für Unzufriedenheit mit den heimischen Verhältnissen, und mit *«Jacobinerei»* habe das alles nicht das mindeste zu tun.

Aber Immanuel Kant hatte sich bereits acht Jahre vor dem Sturm auf die Bastille und der Gründung des Jakobinerklubs mit seiner 1781 erschienenen, damals kaum beachteten und erst nach dem Ausbruch der Französischen Revolution von 1789 allgemein bekanntgewordenen «Kritik der reinen Vernunft» deutlich als Revolutionär ausgewiesen, ja als der eigentliche Vernichter der alten Mächte im Reich des Geistes, wobei er – wie Heinrich Heine erkannt hat – *«an Terrorismus den Maximilian Robespierre weit übertraf»*, nicht durch Blutvergießen, vielmehr *«mit seinen zerstörenden, weltzermalmenden Gedanken! Wahrlich, hätten die Bürger von Königsberg die ganze Bedeutung dieses Gedankens geahnt, sie würden vor jenem Manne eine weit grauenhaftere Scheu empfunden haben als vor einem Scharfrichter, vor einem Scharfrichter, der nur Menschen hinrichtet – aber die guten Leute sahen in ihm nichts anderes als einen Professor der Philosophie, und wenn er zur bestimmten Stunde»* – Kant war in seinen Gewohnheiten von legendärer Pünktlichkeit – *«. . ., grüßten sie freundlich und richteten etwa nach ihm ihre Taschenuhr.»*

Auch Immanuel Kants ostpreußischer Landsmann Johann Gottfried Herder, der große Theoretiker des ‹Sturm und Drang›, Wiederentdecker der in Vergessenheit und Mißachtung geratenen Volksdichtung und Erwecker des geschichtlichen Bewußtseins der deutschen Bürger, setzte sich, obwohl auch er Beamter war – Goethe hatte ihm den Posten eines

Vizepräsidenten des Oberkonsistoriums in Weimar verschafft –, nachdrücklich für die Rechtmäßigkeit der Erhebung des französischen Volkes ein und verurteilte die Intervention der alten Mächte.

Und der schon erwähnte Adolph Freiherr Knigge schrieb 1792: «*Nichts kommt mir alberner vor, als wenn man sich in moralischen und politischen Gemeinsprüchen über die Befugnisse und Nichtbefugnisse einer großen Nation, ihre Regierungsform zu ändern, ergießt; wenn man darüber räsoniert, was ein Volk, wenn es sich empört, hätte tun sollen, und wie es hätte besser und gelinder hätte handeln können und sollen, und ob zu viel oder zu wenig Blut dabei vergossen worden . . .*

Wenn ein ganzes Volk durch eine lange Reihe von wirkenden Ursachen dahin gebracht ist, seine bisherige Regierungsform, die nicht genügte, die nicht in die jetzigen Zeiten, nicht zu dem gegenwärtigen Grade der Kultur paßte, in welcher sich der große Teil der Bürger unglücklich fühlte, mit Gewalt über den Haufen zu werfen . . . – wer kann da Ordnung fordern? Wer wird es dann auch dem Sanftmütigsten zum Verbrechen machen wollen, daß er, statt sich geduldig schinden zu lassen, mit dreinschlägt . . .?»

Knigge, der sich vom Illuminaten zum entschiedenen Jakobiner entwickelt hatte, war, als er dies schrieb, ebenfalls Staatsbeamter. Zwar hatte er 1790 seine Stellung als sächsischer Kammerherr aufgeben müssen, aber noch im selben Jahr war er wieder im öffentlichen Dienst untergekommen, sogar als Landrat und Verwaltungschef, dem auch die Schulbehörde unterstand. «*Morgen gehe ich auf immer nach Bremen*», hatte er am 3. November 1790 seinem Freund Großmann berichtet und hinzugefügt: «*Die Stelle ist ehrenvoll, angenehm; ich habe Gelegenheit, nützlich zu werden, habe es allein mit der Regierung in Stade zu thun, die aus edeln und thätigen, mir sehr angenehmen Männern besteht – und so hoffe ich denn, glücklich zu leben . . .*» Der Empfänger dieser Nachricht seines Freundes Knigge, der Schauspieler, Theaterdirektor und Bühnenautor Gustav Friedrich Wilhelm Großmann, 1744 in Berlin geboren, darf als weiteres Beispiel dafür gelten, wie sehr sich auch scheinbar unpolitische Menschen im besten Sinne des Wortes ‹radikal› verhielten und im jakobinischen Geiste wirkten.

Großmann, der eine ausgezeichnete Bildung genossen hatte und zunächst preußischer Legationssekretär in Danzig geworden war, hatte 1772 aus dem Staatsdienst ausscheiden müssen, vermutlich wegen allzu freiheitlicher Gesinnung. 1774 schloß er sich der Seylerschen Schauspielertruppe an, nahm 1777 an der Aufführung des Klinger-Dramas «Sturm und Drang» in Leipzig teil, führte in den folgenden Jahren mit einer eigenen Theatergesellschaft einen unablässigen Kampf mit der Zensur, ergriff energisch Partei für seinen verehrten Freund Lessing in dessen Streit mit der reaktionären Orthodoxie, setzte sich für Bürger ein, verteidigte Goethes «Götz» gegen seine Kritiker und schrieb darüber 1775: «*Es*

ist ein Skandal, was Leute, die doch Hirn haben wollen, oft für unge-
hirnte Urteile fällen! Da formalisieren sie zum Exempel über die Sprache
im ‹Götz› und meinen, die Barbarei soll nun wieder einreißen, seit Götz
den Hauptmann im Arsch lecken heißt! Possen! Götz müßte nicht Götz
sein, wenn er anders spräche ...!»

Großmann begeisterte sich auch für Schiller und dessen «Räuber»,
brachte 1783 «Die Verschwörung des Fiesko zu Genua» in Bonn zur
Uraufführung, und zwar in der von Dalberg abgelehnten Fassung des von
Schiller «ein republikanisches Trauerspiel» genannten Stückes. Ein Jahr
später, nachdem er Schiller besucht und sich mit ihm angefreundet hatte,
brachte er «Kabale und Liebe», zwei Tage vor der Mannheimer Premiere
des Schauspiels, in Frankfurt am Main zum erstenmal auf die Bühne – in
Anwesenheit der Frau Rat Goethe, die mit Großmann eng befreundet
und die Patin seiner Kinder war.

Nach Ausbruch der Revolution in Frankreich zeigte Großmann offen
seine Sympathie für die Sache der Freiheit und trat mit bemerkenswer-
tem Mut im reaktionären Hannover für die Menschenrechte ein, auch
für «jene literarisch tollen Hunde», die der hannoversche Geheime Kanz-
leisekretär Friedrich Arnold Klockenbring 1791 empfahl, «rechtlich oder
literarisch totzuschlagen, wie die physisch tollen Hunde würklich ertötet
werden».

Es kam dann zwischen dem in ganz Deutschland berühmten Theater-
mann und den hannoverschen Behörden zu immer härteren Konflikten,
die Anfang Februar 1795 ihren Höhepunkt erreichten, als Großmann –
wie es in einem amtlichen Schreiben heißt – «bei einem Lustspiele allerlei
ärgerliche Reden eingestreut, mehrere noch lebende Personen mit An-
züglichkeiten und Injurien verunglimpft» hatte – und dies in Anwesenheit der Herzogin Augusta von Braunschweig! Tatsächlich war Großmann so weit gegangen, die Aushebung hannoverscher Rekruten für den
Krieg gegen das revolutionäre Frankreich öffentlich anzuprangern, König Georg III. und dessen Kronprinzen, den späteren Georg IV., durchaus
zutreffend als nur ihren Ausschweifungen lebende Trunkenbolde hinzustellen und in einer glänzenden schauspielerischen Darstellung, auf offener Bühne extemporierend, den Feudalabsolutismus in einer Weise verächtlich zu machen, wie man es bis dahin in Deutschland noch nicht
erlebt hatte.

Natürlich wurde er nun verhaftet; man bemühte sich, ihn als Opfer
einer plötzlich aufgetretenen Geistesverwirrung hinzustellen, entließ
ihn, als sich bei ihm nach monatelanger Haft die Symptome unheilbarer
Schwindsucht zeigten, aus dem Gefängnis, doch blieb er in Hausarrest
und unter strenger Polizeiaufsicht, bis er am 20. Mai 1796 starb.

Ein anderer, von den konservativen Geschichtsschreibern und Literaturhistorikern sorgsam verscharrter, radikal-demokratischer Vorkämpfer

jener Epoche war Georg Friedrich Rebmann, ein Publizist von hohem Rang, der stets mit Nachdruck für die Rechte des Volkes eintrat. Nach der Eroberung von Mainz durch die konterrevolutionären Interventionstruppen schilderte er mit großer Anteilnahme das Elend der gefangenen Republikaner, die man zunächst unter viehischen Mißhandlungen auf Ehrenbreitstein gegenüber Koblenz, dann auf die am östlichsten gelegene kurmainzische Festung Petersburg bei Erfurt abgeführt hatte.

Der 1768 geborene, beim Fall von Mainz gerade fünfundzwanzigjährige Rebmann hat ferner mit historischer Genauigkeit und tiefem Mitgefühl beschrieben, was auch diejenigen Mainzer bei der Rückeroberung ihrer Stadt von der konterrevolutionären Soldateska zu erdulden hatten, die am bewaffneten Widerstand nicht beteiligt gewesen waren. In seiner Schrift «Die Deutschen in Mainz. Beiträge zur Geschichte der Partheisucht unserer Tage aus gerichtlichen Akten gezogen, Mainz, 1799» schilderte er beispielsweise, wie *«ein achtzehnjähriges blühendes Mädchen, welcher für ihre Person nichts zur Last fiel, als daß sie auf einem meist aus Klubisten bestandenen Liebhabertheater einigemal aufgetreten war»*, von den Soldaten vergewaltigt, geschlagen und getreten wurde, ebenso ihre beiden Schwestern; alle drei Mädchen starben an den erlittenen Mißhandlungen. (Später aufgefundene Akten bestätigten, daß alle drei Töchter des Mainzer Lebkuchenbäckers Gaul im Zusammenhang mit den Jakobiner-Verfolgungen nach dem Fall der Stadt ums Leben kamen.)

Die damals von Rebmann herausgegebene Zeitschrift mit dem Titel «Das Neue Graue Ungeheuer» – sie setzte die Tradition des von dem 1792 verstorbenen Präjakobiner Wilhelm Ludwig Wekhrlin redigierten Blatts «Das Graue Ungeheuer» fort – erfreute sich großer Beliebtheit beim Publikum. Doch als sich Rebmann darin immer leidenschaftlicher für die verfolgten deutschen Jakobiner und gegen die Aufstellung von Interventionstruppen einsetzte, erging gegen ihn ein Haftbefehl.

Er konnte noch rechtzeitig aus Deutschland fliehen. In Paris, wo er Asyl fand, hatte aber auch schon die Konterrevolution eingesetzt. Er mußte den Verrat der Freiheits- und Gleichheitsideale und die Gewaltpolitik des neuen, von den Besitzbürgern gebildeten Direktoriums, das nach Robespierres Sturz die Macht übernommen hatte, schmerzerfüllt miterleben.

In einer Diskussion, die er dann zwei Jahre später mit dem in Hamburg gebliebenen Jakobiner Friedrich Wilhelm von Schütz, dem Herausgeber des «Niedersächsischen Merkur», später der «Schildwache», publizistisch führte, ging es um die Frage, wer die Befreiung Deutschlands zu übernehmen habe: das französische Volk und sein Revolutionsheer oder die Deutschen selbst. Während Schütz für die Zerschlagung des deutschen Feudalabsolutismus durch die Armeen des republikanischen Frankreichs eintrat, rief Rebmann seine deutschen Landsleute dazu auf, sich gegen ihre

weltlichen und geistlichen Unterdrücker zu erheben und das Vaterland
selbst zu befreien. In dem betreffenden Aufsatz heißt es:

*«Ihr selbst müßt eure Freiheit erkämpfen – oder ihr verdient das
Schicksal, das sonst euer wartet! Wir brauchen die Hilfe Frankreichs
nicht! Pfui, die Schande für die große deutsche Nation, wenn sie sich frei
machen ließe! Ein Volk muß seine Freiheit selbst erobern, nicht zum
Geschenk erhalten!»*

Indessen hat Rebmann schon bald und mit ungewöhnlicher Klarheit
erkannt, warum es im Deutschland des späten 18. und frühen 19. Jahr-
hunderts, also in dem am 6. August 1806 auch formell aufgelösten
Heiligen Römischen Reich Deutscher Nation, nicht wie im Nachbarland
Frankreich zu einer allgemeinen Erhebung des Volkes kommen konnte
und worin die wichtigsten Unterschiede zwischen der revolutionären
Situation im Königreich Frankreich und der im feudalabsolutistischen
Deutschen Reich zu suchen waren:

«In Frankreich», so erklärte Rebmann, *«waren nur zwei Hauptinter-
essen: das Interesse des Hofs, dessen, was zum Hof gehört, des Adels, der
Geistlichkeit – und das Interesse des Volkes, der Bürger . . . In Deutschland hingegen haben wir dreihundert kleine Höfchen, zweierlei Religio-
nen und statt einer gleich leidenden Nation mehrere ungleichartige,
durch Religion, Sitten, Regierungsform getrennte, hie und da ganz
leidlich regierte Völker, die nie gleichen Schritt halten können und
werden, ehe die gänzliche, jetzt noch nicht zu erwartende Konsolidation
erfolgt.»*

Nach Georg Friedrich Rebmann und so manchen anderen führenden
deutschen Jakobinern, etwa nach Rebmanns Hamburger Diskussions-
partner Friedrich Wilhelm von Schütz oder nach Carl Clauer, nach
Friedrich Christoph Cotta, nach dem Philosophie- und Geschichtsprofes-
sor Andreas Josef Hofmann – der doch immerhin zu Mainz eine Zeitlang
das Staatsoberhaupt der ersten, auf Volkssouveränität beruhenden rheinisch-deutschen Republik gewesen ist! – oder auch nach Hofmanns
Mainzer Jakobinerfreunden und Professorenkollegen Felix Blau, Matthias Metternich und Georg Wedekind wird man in den heutigen Schulbüchern, Konversationslexika und populären Literaturgeschichten vergeblich suchen.

Man findet ihre Namen, Lebensdaten sowie einige spärliche Proben
aus ihren Zeitungsartikeln, Aufrufen und revolutionären Dichtungen
allenfalls in der einen oder anderen neueren und besonders fortschrittlichen Anthologie, ihre oftmals sehr aufschlußreichen, wechselvollen und
mitunter geradezu abenteuerlichen Lebensläufe höchstens in einigen
wenigen, oftmals nur im Ausland publizierten fachwissenschaftlichen
Abhandlungen aus jüngster Zeit.

Und während man sich – wie Nachschlagewerke aus der Zeit des

Biedermeier und selbst noch aus der Wilhelminischen Epoche zeigen – im 19. und frühen 20. Jahrhundert gelegentlich noch an den «*bekannten Schauspieler und Schauspieldichter, Bühnenleiter und Freund der Familie Goethe*» Gustav Friedrich Wilhelm Großmann und sogar an dessen «*merkwürdigen Proceß*» gelegentlich erinnert hat, mitunter noch des «*für seine Rednergabe, sein dichterisches Talent*» und vor allem für seine erotischen Liebeslieder «*bekannten Rokoko-Poeten*» Eulogius Schneider gedachte, von nahezu allen Mitgliedern der «*verdienstvollsten und kenntnißreichsten Buchhändler-Familie Cotta*», nachmalige Freiherren Cotta von Cottendorf, dem «*hervorragenden Homer-Übersetzer, geistreichen Erklärer und Forscher des Alterthums, Kritiker und einer der ersten literarischen Zierden Deutschlands*» Johann Heinrich Voß und dem «*Weltreisenden und klassischen Schriftsteller*» Georg Forster wußte oder den geradezu «*sprichwörtlichen Verfasser von Anstandsregeln*» Adolph Freiherrn Knigge zitierte, ignorierte man die politische Rolle und Bedeutung dieser Männer meist völlig. So wie man auch heute noch die sich um den «*friderizianischen Offizier, Abenteurer und Ausbrecher-König*» Friedrich Freiherrn von der Trenck rankenden Legenden, unter sorgfältiger Aussparung seines Jakobinertums und seiner revolutionären Publikationen, zu einer Fernsehserie verarbeitet hat und über Joseph Görres, den Herausgeber des radikal-jakobinischen «Rothen Blattes», von dem im folgenden noch die Rede sein wird, stets nur erfährt, welch braver, kirchentreuer Katholik und reaktionärer Publizist bald aus ihm geworden sei.

Sind von diesen Radikalen des 18. und frühen 19. Jahrhunderts immerhin noch die Namen überliefert, so wurden die anderen führenden deutschen Jakobiner völlig vergessen, richtiger: der Nachwelt mit Geschick verborgen. Wie gründlich die Herrschenden und ihre beflissenen Helfer jede Spur der deutschen Radikalen aus der Zeit der Französischen Revolution auszulöschen, zumindest aber vor der Öffentlichkeit und zumal der Jugend geheimzuhalten trachteten, wird besonders deutlich am Beispiel der österreichischen Jakobiner um den Baron Andreas von Riedel und den Oberleutnant Franz Hebenstreit von Streitenfeld: Alle sie betreffenden Akten und sonstigen Dokumente wurden sofort nach ihrer Aburteilung auf Befehl des damaligen Kaisers Franz II. zum Staatsgeheimnis erklärt und in den kaiserlichen Gemächern der Wiener Hofburg unter Verschluß genommen. So blieben sie rund hundertzwanzig Jahre lang jeder Forschung entzogen, denn auch als Kaiser Franz Joseph die umfangreichen Archivalien im Jahre 1878 an das k. k. Haus-, Hof- und Staatsarchiv übergeben ließ, befahl er ausdrücklich, sie nicht zu durchsuchen. Und nach dem Zusammenbruch der habsburgischen Monarchie im November 1918 war dieses besondere Kapitel des österreichischen Freiheitskampfes entweder bereits so weit in Vergessenheit geraten, daß selbst die Historiker nichts mehr davon wußten, oder sie wollten – aus welchen Gründen auch immer – gar nichts davon wissen. Jedenfalls kümmerten sie sich weitere Jahrzehnte lang kaum darum.

Der erste Wissenschaftler, der die Wiener Jakobiner-Akten gründlich erforscht und 1959 auszugsweise veröffentlicht hat, ist Ernst Wangermann, ein vor dem Faschismus nach England geflüchteter Historiker. Und bezeichnenderweise war es ebenfalls ein Emigrant, Walter Grab aus Wien, heute Direktor des Instituts für deutsche Geschichte an der Universität Tel Aviv, der die norddeutschen Jakobiner aus der Vergessenheit gerissen und gründlich erforscht hat. Walter Grab und seinem Institut ist überhaupt ein bemerkenswert großer Teil des heutigen Wissensstandes über die zuvor kaum beachteten deutschen Freiheitskämpfer des späten 18. und des 19. Jahrhunderts zu verdanken, und Professor Grab hat auch, was die Wiener Jakobiner betrifft, durch die Herausgabe der Arbeiten von Alfred Körner und Franz-Josef Schuh wesentlich zur Erhellung dieses Kapitels beigetragen.

In Wien hatten sich, nachdem Joseph II. im Februar 1790 gestorben war und auch dessen Bruder, Leopold II., der als klug, aufgeklärt und reformfreudig galt, bereits am 1. März 1792 vom jähen Tod ereilt wurde, einige Jakobiner-Zirkel gebildet. Ihre zusammen etwa vierzig Mitglieder – Beamte, Offiziere, Ärzte, Advokaten und Kaufleute – wollten nicht nur dem reaktionären Kurs entgegenwirken, der unter Leopolds Sohn und Nachfolger, Franz II., eingesetzt hatte; sie schmiedeten vielmehr Pläne zur Revolutionierung der breiten Unterschicht und für einen allgemeinen Volksaufstand in der habsburgischen Monarchie und im Deutschen Reich.

Zu den Wortführern dieser geheimen Zirkel gehörten der Platzoberleutnant Franz Hebenstreit von Streitenfeld, der Major Cajetan von Gilowsky, der Magistratsbeamte Martin Prandstätter und vor allem der Baron Andreas von Riedel, der ehedem der Mathematiklehrer des toskanischen Prinzen und nunmehrigen Kaisers Franz und ein Berater Leopolds II. gewesen war. Wie schon Kaiser Joseph II., der seinen Neffen Franz einen «Holzkopf» zu nennen pflegte, so hatte auch der Baron Riedel keine gute Meinung von seinem ehemaligen Schüler und dessen Fähigkeiten, das Reich zu regieren; umgekehrt war dem jungen Kaiser der Baron Riedel, vor dem er sich so blamiert hatte, herzlich zuwider, und wie weit sein Haß ging, sollte sich noch zeigen.

Die Wiener Jakobiner entfalteten schon bald eine rege Tätigkeit: Sie verfaßten Flugblätter, worin in volkstümlicher Sprache der Krieg gegen die französischen Revolutionäre verurteilt und als der Quell allen Übels dargestellt wurde; sie versandten auch nach Deutschland einen «Aufruf zu einem antiaristokratischen Gleichheitsbund»; sie knüpften Verbindungen zu Gleichgesinnten in anderen Teilen der habsburgischen Monarchie an, und sie entwarfen Pläne zur Demokratisierung Österreichs.

Der Oberleutnant Hebenstreit schrieb – neben einem langen lateinischen Gedicht, betitelt «Homo hominibus», Mensch unter Menschen, das zum Glaubensbekenntnis des ganzen Zirkels wurde – das revolutionäre «Eipeldauerlied», das in derb-naiver Manier und in wienerischem Dialekt die jakobinischen Ideen populär machen sollte, die Hinrichtung Ludwigs XVI. und der Aristokraten in Paris ausdrücklich billigte, die Intervention der österreichischen Truppen in Frankreich verurteilte und allen Bauern und Handwerksleuten empfahl, der reaktionären Herrschaft im eigenen Land schleunigst ein Ende zu machen. Die letzte Strophe dieses Liedes lautete:

> «Drum schlagt die Hundsleut' alle tot,
> nit langsam wie d' Franzosen,
> sonst machen s'enk noch tausend Not –
> 's ist nimmer auf sie z'losen.»

Im Sommer 1794 wurden die Wiener Jakobiner durch einen Spitzel an die Polizei verraten. Am 24. Juli, wenige Tage vor dem Sturz Robespierres in Paris, konnten die Sicherheitsorgane bereits zuschlagen und die meisten Mitglieder der ‹Riedel-Hebenstreit-Bande› in Wien und in anderen Teilen der Monarchie verhaften.

Vierzehn Tage später meldete die «Frankfurter Kaiserliche Reichsoberpostamtszeitung» aus Wien unter dem Datum vom 28. Juli 1794: «Vor einigen Tagen hat man unterschiedene Personen von allerlei Ständen eingezogen, welche teils unvorsichtig im Reden waren, teils für die Ruhe des Staats höchst schädliche Zusammenkünfte gehalten haben. Und da man von diesem Augenblick an alle Posten mit Wachen besetzt, manche Wachen verstärkt, die Schildwachen mit scharfen Patronen versehen hat und 200 Mann bei Nachtzeit die Stadt und Vorstädte patrouillieren müssen, so läßt sich annehmen, daß diese Menschen nichts Gutes im Schilde geführt haben und Unordnungen anstiften wollten. Unter den Inhaftierten befinden sich Männer, mehrenteils von zerrütteten Vermögensumständen, die durch ein sträfliches Einverständnis mit unsern Feinden dasselbe auf Unkosten ihrer bemittelten Mitbürger verbessern wollten. Allein in Österreichs Staaten hat man im ganzen wenig zu fürchten. Der Gutgesinnten gibt es Gottlob noch zu viel, der Ursachen zur gerechten Klage sind wenige, und die mancherlei hier befindlichen Nationen, wo jede andere Gesetze, andere Meinungen und Gesinnungen hat, zu einer Stimmung zu bringen, ist pure Unmöglichkeit.»

Außer solchen stark gefärbten, von den Zeitungen der Thurn-und-Taxisschen Post verbreiteten ‹Informationen› erfuhr das Publikum wenig. Das Verfahren gegen die verhafteten Jakobiner wurde als geheimer Inquisitionsprozeß, ohne öffentlichen Ankläger, ohne Verteidiger und erst recht ohne Zuhörer, durchgeführt und dauerte fast ein Jahr. Major von Gilowsky beging bereits im September 1794, nach vielen qualvollen Verhören, in seiner Zelle Selbstmord; der Platzoberleutnant Hebenstreit von Streitenfeld wurde als Militärperson von einem Kriegsgericht zum Tode verurteilt. Er stand bis zuletzt mutig zu seinen politischen Überzeugungen, leugnete auch nicht, einen ‹Kriegswagen› entworfen zu haben, der den von der überlegenen österreichischen Reiterei bedrängten Volksarmeen Frankreichs Entlastung bringen sollte, und zeigte keinerlei Reue, auch wenn die Zeitungen natürlich Gegenteiliges berichteten. Er wurde am 8. Januar 1795 öffentlich «mit dem Schnellgalgen» hingerichtet, und man weiß aus Briefen von Augenzeugen, daß seine letzten Worte – *«Solventur vincula populi»*, die Fesseln des Volkes werden gesprengt werden – auf diplomatische Beobachter starken Eindruck machten.

Baron Riedel, Prandstätter und weitere Mitglieder des Wiener Zirkels sowie eine Anzahl Jakobiner aus der Steiermark, die sogenannte «steirische Komplizität», kamen – entgegen den Wünschen des Kaisers, der sie samt und sonders gehenkt wissen wollte – mit dem Leben davon, weil seit den Reformen Josephs II. die Todesstrafe für Zivilisten abgeschafft war und die Juristen sich weigerten, einer Rechtsbeugung zuzustimmen.

Immerhin erhielten sie schwerste Kerkerstrafen; sie wurden zunächst in die Festung Kufstein eingeliefert und dort in dunklen Löchern an Armen und Beinen angeschmiedet. Später kamen sie aus Sicherheitsgründen nach Graz, schließlich in die Verliese der karpathoukrainischen Bergfestung Munkacz. Zwei Häftlinge, darunter Prandstätter, starben dort; die übrigen wurden 1802 amnestiert. Von dieser Begnadigung nahm Kaiser Franz II. lediglich seinen einstigen Lehrer Baron Riedel aus, der bis 1806 im Munkaczer Kerker, danach bis 1809 in Brünn gefangengehalten wurde. Sicherlich hätte ihn Kaiser Franz auch dann noch nicht freigelassen, doch waren zu dieser Zeit weite Teile Österreichs und Böhmens von napoleonischen Truppen besetzt, und in Brünn hatte Marschall Davout sein Hauptquartier errichtet.

Es gelang Baron Riedel, dem Marschall einen Brief zukommen zu lassen, und Davout ermöglichte ihm die Flucht, versteckte ihn vor der österreichischen Polizei und verhalf ihm zur heimlichen Ausreise nach Frankreich. Riedel lebte fortan in kümmerlichen Verhältnissen und in ständiger Furcht vor einer Auslieferung an Österreich in Paris, wo er im Alter von 89 Jahren 1837 starb.

Gewiß sind Österreich durch die brutale Unterdrückung schon dieser wenigen Jakobiner wertvolle Kräfte verlorengegangen, die bei einer Fortsetzung der Josephinischen und Leopoldinischen Reformen zweifellos in hohe Staatsämter hätten aufsteigen können. Wie sich in weniger spektakulären Fällen die Radikalenhatz auswirkte, sei an einem letzten Beispiel aus dem Österreich der vornapoleonischen Zeit dargestellt: Der am 18.

November 1776 zu Klagenfurt geborene Arztsohn Lorenz Chrysanth Edler von Vest hatte schon auf dem Gymnasium zu Salzburg ein bemerkenswertes dichterisches Talent an den Tag gelegt. Er vollendete dann seine medizinischen Studien 1798 an der Universität Freiburg im Breisgau und wurde dort, wie die meisten seiner Kommilitonen, zu einem begeisterten Republikaner. Er verfaßte damals eine Reihe von Gedichten, von denen ernst zu nehmende Kritiker meinten, sie ständen denen Schillers an Ausdruckskraft nicht nach.

Als der junge Dr. von Vest im Herbst 1798 nach Wien zurückkehrte, wurde er aus ihm zunächst unerfindlichen Gründen verhaftet. Polizeispitzel hatten ihn wegen seiner «freiheitdurchwehten Poesie» des «Staatsverrats» beschuldigt. Nur seiner Jugend und dem hohen Ansehen seines Vaters hatte er es zu verdanken, daß er nicht zu einer langen Kerkerstrafe verurteilt wurde, sondern zu – Militärdienst auf Lebenszeit.

Auf diese Weise kam Vest zur österreichischen Armee nach Italien, machte die Schlacht bei Magnano und die Belagerung von Mantua mit, blieb dann krank in Venedig zurück, und seine Familie konnte schließlich durch gute Beziehungen seine Entlassung aus dem Heer erwirken.

Danach ließ sich Vest in Klagenfurt als Augenarzt, Chirurg und Geburtshelfer nieder, studierte daneben Botanik, wurde bereits 1804 Professor der Medizin, dann auch der Botanik und Chemie, übernahm später die Leitung des Gesundheitswesens der Steiermark und bewies auf zahlreichen anderen Gebieten seine hohe und vielseitige Begabung. Jedoch als Dichter ist er – von einer Ausnahme abgesehen – nicht mehr hervorgetreten. Die gewiß nicht besonderer Vorliebe für Radikale verdächtige «Allgemeine Deutsche Biographie» von 1895 bescheinigt dem Arzt und Botaniker Vest zwar ein *bemerkenswerthes dichterisches Talent*» und erwähnt ein in der Zeitschrift «Carinthia» erschienenes Werk, nämlich Vests Epilog zur Vorstellung der «Ariadne auf Naxos», fügt aber hinzu: *«Eine Sammlung dieser Dichtungen ist übrigens nicht erschienen.»* So ist vielleicht den Deutschen in Vest ein zweiter Schiller verlorengegangen – dank der Zuverlässigkeit der damaligen Sicherheitsorgane, wenn es um die Unterdrückung jeder freiheitlichen Regung ging.

Aber nicht nur in Österreich, sondern auch in den meisten anderen deutschen Staaten ging man damals mit äußerster Brutalität gegen alle demokratischen Strömungen vor, während gleichzeitig Interventionsarmeen gegen das sich mit wachsendem Erfolg verteidigende Frankreich aufgeboten wurden. Auf wessen Seite dabei die Sympathien der meisten deutschen Intellektuellen, aber auch des Großteils der Bauern und Handwerker standen, konnten selbst die reaktionärsten Geschichtsschreiber nicht völlig verfälschen, wenngleich sie solche Revolutionsbegeisterung meist als ‹vorübergehende Irrungen› abzutun versuchten. Leichter dem Volk zu verbergen war die demokratische und frankreichfreundliche Gesinnung derer, die sie erst in ihren nachgelassenen Schriften offenbarten – so wie Gottfried August Bürger oder auch wie Friedrich Hölderlin, der im Juni 1792 seiner Schwester schrieb:

«*Nun wirds sich bald entscheiden zwischen Frankreich und den Östreichern . . . Glaube mir, liebe Schwester, wir kriegen schlimme Zeit, wenn die Östreicher gewinnen. Der Mißbrauch fürstlicher Gewalt wird schröklich werden. Glaube das mir! Und bete für die Franzosen, die Verfechter der menschlichen Rechte . . .*»

Als dann am 21. Januar 1793 König Ludwig XVI. in Paris hingerichtet worden war, da packte die deutschen Zwergstaaten-Tyrannen Angst und Entsetzen. Der Immerwährende Reichstag zu Regensburg, der sich im allgemeinen unter dem Vorsitz des kaiserlichen Prinzipalkommissars, des jeweiligen Fürsten von Thurn und Taxis, nur selten mit anderen als sehr komplizierten Fragen der Rangordnung befaßte und sonst zu Beschlüssen Jahre benötigte, erließ bereits fünf Wochen nach der ‹Schrekkenstat von Paris›, am 25. Februar 1793, ein – noch heutzutage aktuell und in der Argumentation uns recht vertraut erscheinendes – «Reichsgutachten», um «*die deutschen Reichs-Eingesessenen ihrer Treue und Pflicht gegen das deutsche Reich, ihr Vaterland und ihre Obrigkeiten aufs neue zu erinnern und sie besonders vor der gefährlichen Klasse der jetztmaligen Volksverführer, die meistens nichts zu verlieren haben und nur auf das Unglück ihrer Mitbürger eine ehr- und habsüchtige Existenz für sich zu gründen trachten, zu warnen und überhaupt alle reichsväterlich zu ermahnen, daß sie sich zu treulosen Werkzeugen der Volksaufwiegelungen ganz nicht gebrauchen, noch auch zu irgendeiner wirksamen Teilnahme an solchen Unruhen, es sei nun mit eigenmächtiger Abänderung der herkömmlichen Verfassungen, schriftlicher oder mündlicher Verbreitung der törichten Freiheits- und Gleichheitsgrundsätze, Anrichtung der Freiheitsklubs, Anstellung neuer Munizipalitäten, Repräsentanten und Administratoren, Annehmung von Stellen dabei und was dergleichen Neuerungen und Handlungen noch mehr sein mögen, verleiten lassen*».

Tatsächlich wandten sich, wenn auch wohl weniger auf solche Ermahnungen hin als unter dem Eindruck der in Paris nun beginnenden ‹Schreckensherrschaft› (unter der indessen weit weniger Unschuldige zu leiden hatten als unter der Tyrannei der Bourbonen), viele deutsche Dichter und Gelehrte, die bis dahin begeisterte Anhänger der Revolution gewesen waren, wieder von ihr ab, teils aus Abscheu, teils verzagend vor den Schwierigkeiten, ihre Ideale durchzusetzen. Sie gaben damit – wie Friedrich Engels es treffend formuliert hat – «*ihrem alten ruhigen heiligen römischen Dunghaufen den Vorzug vor der gewaltigen Aktivität eines Volkes, das die Ketten der Sklaverei mit starker Hand abwarf und allen Despoten, Aristokraten und Priestern seine Herausforderung ins Gesicht schleuderte».*

Eine stattliche Anzahl von deutschen Intellektuellen ließ sich indessen durch die blutigen Ereignisse in Paris keineswegs abschrecken oder in ihrem revolutionären Schwung bremsen, schon gar nicht von «Reichsgutachten» und anderen fürstlichen Ermahnungen. Als echte Jakobiner vertraten sie vielmehr mit Entschiedenheit den Standpunkt Marats, wonach nur der *«Despotismus der Freiheit»* die Sicherung der revolutionären Errungenschaften gewährleiste.

Georg Forster erklärte zum Beispiel, die Hinrichtung Ludwigs XVI. sei eine notwendige *«Sicherheitsmaßregel»* gewesen, und selbstverständlich habe des Königs *«Verurteilung nicht nach Gesetzbüchern, sondern nach dem Naturrecht»* geschehen müssen, dessen Rechtmäßigkeit niemand in Zweifel ziehen könne.

Während den anderen, den Enttäuschten und Entsetzten, nur noch die – nach ihrer Meinung nun besudelten – Ideale der großen Volkserhebung von 1789 verblieben, von denen sie jetzt annahmen, daß sie nie zu verwirklichen wären und daß es – wie Friedrich Schiller schrieb – *«Freiheit nur im Reich der Träume»* gäbe, setzten die deutschen Jakobiner weiterhin, auch nach dem Sturz Robespierres und dem Verebben der revolutionären Flut, ihre ganze Hoffnung auf Frankreich.

Nachdem die französischen Armeen bald darauf das Rheinland erobert hatten, da glaubten sich viele dieser Unerschütterlichen dem großen Ziel, der vollständigen Befreiung Deutschlands vom feudalistischen Joch, schon greifbar nahe. Aber die neuen Machthaber in Paris dachten, wie wir bereits feststellen mußten, längst nicht mehr an die Errichtung einer freien und geeinten deutschen Republik; mit den ursprünglichen Trägern der Revolution war auch der große Schwung dahin und die völkerbefreiende revolutionäre Mission vergessen. Die Herren Bankiers, Heereslieferanten und anderen neureichen Kriegsgewinnler, die nun die Französische Republik regierten, waren nur noch an Profit interessiert und somit nicht mehr an der Befreiung, sondern allein an der Ausbeutung der eroberten Gebiete.

Diese traurige Erkenntnis dämmerte den deutschen Jakobinern, als sich Frankreich bei den Friedensverträgen von Basel im Frühjahr 1795 mit Preußen und zwei Jahre später in Campo Formio mit dem mindestens ebenso reaktionären Österreich arrangierte, erst recht, als die Franzosen auf dem Rastatter Kongreß von 1798/99 von dem revolutionären Grundsatz der nationalen Selbstbestimmung zugunsten nackter Machtpolitik abwichen, ohne sich auch nur die Mühe zu machen, diesen Verrat mit ein paar hübschen Phrasen zu beschönigen.

Und schließlich zog Ende 1799 General Napoléon Bonaparte den Schlußstrich, indem er, zusammen mit den demokratischen Idealen der Revolution, auch die republikanische Verfassung praktisch liquidierte.

Sein rascher Aufstieg zum Diktator und die Errichtung einer neuen Monarchie ließ die deutschen Jakobiner verzweifeln. Zwar fegte der neue Herrscher über Europa das morsche Heilige Römische Reich Deutscher Nation auf den Kehricht und mit diesem auch die Souveränität der allermeisten deutschen Zwergstaaten-Tyrannen; er schuf auch Gleichheit vor einem neuen Gesetz, das den alten, feudalistischen Gesetzbüchern weit überlegen war, und zerstörte ohne langes Federlesen die rückständige alte Ordnung. Doch zugleich schloß er Kompromisse mit den noch verbliebenen Häuptern der Feudalgesellschaft, paßte seine Hofhaltung der ihren an, heiratete gar eine Tochter des Kaisers von Österreich und war peinlich bemüht, sich den Schein der Legitimität zu geben.

Die tiefe Enttäuschung der deutschen Jakobiner, die sich noch bis weit ins 19. Jahrhundert hinein auswirkte, hat niemand treffender beschrieben als Heinrich Heine in seinen Bemerkungen «Zur Geschichte der Religion und Philosophie in Deutschland»:

«Ach, unsere armen Vorgänger in Deutschland mußten für jene Revolutionssympathie sehr arg büßen! Junker und Pfäffchen übten an ihnen ihre plumpsten und gemeinsten Tücken. Einige von ihnen flüchteten nach Paris und sind hier in Armut und Elend verkommen und verschollen. Ich habe jüngst einen blinden Landsmann gesehen, der noch seit jener Zeit in Paris ist . . . Auch die Dachstube habe ich gesehen, wo der Bürger Georg Forster gestorben. Den Freiheitsfreunden, die in Deutschland blieben, wäre es aber noch weit schlimmer ergangen, wenn nicht bald Napoleon und seine Franzosen uns besiegt hätten. Napoleon hat gewiß nicht geahnt, daß er selber der Retter der Ideologie gewesen. Ohne ihn wären unsere Philosophen mitsamt ihren Ideen durch Galgen und Rad ausgerottet worden.

Die deutschen Freiheitsfreunde jedoch, zu republikanisch gesinnt, um dem Napoleon zu huldigen, auch zu großmütig, um sich der Fremdherrschaft anzuschließen, hüllten sich seitdem in ein tiefes Schweigen. Sie gingen traurig herum mit gebrochenem Herzen, mit geschlossenen Lippen.»

Aber die Geschichte des eng mit der Französischen Revolution verbundenen Freiheitskampfes der deutschen Jakobiner war damit keineswegs zu Ende, und auch das angeführte Heine-Zitat geht, wie wir bald sehen werden, noch weiter. Die Jakobiner, also die vernunftgläubigen, radikaldemokratischen und von der Idee der menschlichen Freiheit, Gleichheit und Brüderlichkeit besessenen Republikaner, waren zwar vernichtend geschlagen, doch ihre Ideen erwiesen sich, einmal geboren, als unaustilgbar.

III. Von gelegentlichen Schwierigkeiten, gefährliche Radikale zu erkennen

Bis zu einem bestimmten Zeitpunkt um die Wende vom 18. zum 19. Jahrhundert, den auf das Jahr genau festzulegen nicht eben leicht ist, war für die deutschen Machthaber und ihre Polizei alles erfreulich klar: Es gab viele brave, will heißen: unterwürfige, willenlos gehorchende, allenfalls die Faust in der Tasche ballende Untertanen; sodann eine Gruppe von Leuten mit allerlei neumodischen Ideen, die nicht weiter ernst zu nehmen waren, solange diese Herrschaften – es waren zumeist beamtete Akademiker – bei der Diskussion ihrer Theorien, ansonsten aber treue Diener ihres allergnädigsten Landesherrn blieben. Und schließlich hatte man es hie und da mit zersetzenden Elementen zu tun, die es unschädlich zu machen galt, nicht etwa, weil man sie für ernsthaft gefährlich hielt – die Masse des Volkes war dumpf und dachte nicht im Traum an Rebellion, und zur Not gab es genug Soldaten, die rasch wieder ‹Ruhe und Ordnung› hätten herstellen können! –, sondern weil es sicherer war, auch den kleinsten Anfängen eines Umsturzes entgegenzuwirken und abschreckende Exempel zu statuieren.

Wer also das despotische, ausbeuterische, durch und durch korrupte, völlig überlebte und morsche Regime der etlichen hundert deutschen Feudalherren offen kritisierte, allzu dreiste politische Forderungen erhob oder die Autorität seines Landesvaters, der Kirche oder einer anderen hohen Obrigkeit in Wort oder Schrift anzutasten sich erkühnte, war ein Volksverführer, ein Umstürzler, ein Radikaler, also ein Staatsfeind.

Je nach der innen- und außenpolitischen Lage, den besonderen Umständen des Falls, der gesellschaftlichen Stellung des Übeltäters, seiner Einsicht und Reue, vor allem aber: je nach der Laune des Herrschers und den Wünschen seiner gerade bevorzugten Mätressen oder Günstlinge fiel dann die Strafe aus: Amtsenthebung und Verbannung, Prügel und Arrest; erforderlichenfalls walteten erst die Folterknechte, dann die Henker ihres Amtes, oder die Übeltäter verschwanden in den Verliesen einer abgelegenen Festung, wo man sie schmachten ließ, bis sie entweder starben oder als nunmehr ungefährlich, weil gebrochen, begnadigt werden konnten.

So blieb es auch, nachdem im Sommer 1789 die Nachricht von der Volkserhebung in Frankreich wie ein Donnerschlag in die Friedhofsruhe jenes dahinmodernden, aus weiß Gott wie vielen Königreichen, Kurfürsten-, Erz- und Großherzog-, Herzog-, Fürsten- und Bistümern, Graf- und Herrschaften, Reichsabteien, -stiften, -städten und selbst -dörfern bestehenden Heiligen Römischen Reiches Deutscher Nation gefahren war. Denn wenn auch die Anzahl der ‹Demagogen› und Freiheitsapostel nun rapide zunahm, besonders unter den Studenten und beamteten Intellektuellen, so vermochten sie doch nicht, zu der Masse der ausgebeuteten Untertanen, zumal zur Bauernschaft, genügend Kontakte herzustellen. Wo wegen Preiswuchers, Übergriffen und Schikanen der Feudalherren, Hungersnot oder ähnlicher Ursachen ein örtlicher Aufruhr entstand, konnte das Militär in gewohnter Weise rasch die Ordnung wiederherstellen.

Außerdem lernten die zuständigen Behörden bald zu unterscheiden zwischen den bloßen Schwärmern unter den Freiheitsfreunden, also Leuten, die nur heimlich Gedichte schrieben, worin sie die Ereignisse in Frankreich verherrlichten, oder auf nächtlichem Heimweg vom Gasthaus die «Marseillaise» pfiffen, sonst aber keinen Ärger machten, und den aktiven Klubisten und radikalen Demokraten. Diese Leute, darunter auch Honoratioren, versuchten ernstlich, ihren Mitbürgern einzureden, ein Schuster, Maurer oder Besenbinder sei genauso ein Mensch wie ein Graf und hätte auf Erden die gleichen Rechte! Er brauchte sie sich nur zu nehmen, wie es die Franzosen getan hätten. Solchen Jakobinern, Gottesleugnern und Freiheitsschwindlern mußte die Polizei natürlich das Handwerk legen.

Vom Frühjahr 1793 an, nachdem in Paris ein König von Gottes Gnaden sein gesalbtes Haupt unter dem Fallbeil verloren hatte, hörten in Deutschland die bloß schwärmerisch-theoretischen Revolutionsfreunde damit auf, Hymnen auf die Revolution zu dichten oder durch nächtliches Pfeifen verbotener Lieder unliebsam aufzufallen. Vielmehr beeilten sie sich, jedem, der es hören wollte, zu versichern, wie erfüllt von Abscheu sie wären und wie grausam die Franzosen sie enttäuscht hätten.

Wer jedoch vom Frühjahr 1793 an noch Verständnis für die ‹Königsmörder› jenseits des Rheins bekundete oder gar, wie es bei etlichen ‹subversiven Elementen› tatsächlich der Fall war, Demokrat blieb und an den jakobinischen Idealen festhielt, der konnte mit keinerlei Nachsicht mehr rechnen. Mit solchen ‹Sympathisanten terroristischer Gewaltverbrecher› wurde, wenn man ihrer habhaft werden konnte, kurzer Prozeß gemacht. Zudem befanden sich ja nun die meisten deutschen Staaten mit Frankreich im Kriegszustand; Kollaboration mit dem Feind war Verrat – kurz, es herrschten für die Sicherheitsorgane angenehm klare Verhältnisse.

Daran änderte zunächst auch die Tatsache nichts, daß von manchen deutschen Feudalherren die Situation ansonsten als gar nicht sehr angenehm empfunden wurde. Je weiter diese Aristokraten und Kirchenfürsten im Westen des Reiches zu Hause waren, desto häufiger kam es vor, daß sie sich nervös an ihren erlauchten Nacken griffen und ihren Mätressen rieten, Bargeld, Schmuck und kostbare Garderobe immer reisefertig gepackt und griffbereit zu halten. Die hohen Herrschaften beruhigten sich erst wieder, wenn sie von ihren Höflingen an das vorzügliche Militär erinnert wurden, mit dessen Hilfe man die revolutionären Franzosenhorden jederzeit in Schach halten könnte. Vor allem hatte man ja die Armeen Österreichs und das in hundert Schlachten erprobte, unbesiegbare Heer des Preußenkönigs auf seiner Seite!

Aber im Herbst 1793, nachdem das revolutionäre Frankreich die *levée en masse*, das Massenaufgebot und die Aufstellung eines Volksheeres durchgeführt hatte, wendete sich das Kriegsglück der alten Mächte, die nur gepreßte, zusammengeprügelte und bei jeder sich bietenden Gelegenheit desertierende Soldaten ins Feld führen konnten: Bei Dünkirchen wurden die Engländer samt ihren hessischen und hannoverschen Hilfstruppen, an der Sambre die Österreicher geschlagen, und die französische Moselarmee drang tief in die Pfalz ein. Im Frühsommer 1794 brach die Front der Interventionstruppen vollends zusammen; die Heere der Französischen Republik besetzten bald darauf das ganze linke Rheinufer. Und sogleich begann man an den Höfen aller deutschen Staaten eilig darüber nachzudenken, wie man für sich den Krieg beenden, zu separaten Abmachungen mit den – ja nun nicht mehr jakobinischen, sondern unter großbürgerlicher Führung stehenden – Republikanern in Paris kommen und so die eigene Souveränität retten könnte.

Als erster Staat zog sich Preußen aus dem Interventionskrieg gegen Frankreich zurück und ging – sozusagen ersatzweise – an die Eroberung und Zerstückelung des Königreichs Polen (womit deutlich wurde, wie wenig man in Wahrheit die angeblich ‹heiligsten Rechte› gesalbter Souveräne achtete, für die man doch bis dahin gekämpft zu haben vorgab!). Wenig später, nach französischen Einfällen bis tief in die süddeutschen Länder hinein, machten auch Baden, Württemberg und Hessen-Kassel ihren Separatfrieden mit den Franzosen.

Nun war es für die Sicherheitsbehörden der deutschen Klein- und Mittelstaaten plötzlich wieder sehr problematisch, jemanden, der auf nächtlichem Heimweg die «Marseillaise» pfiff, als Staatsfeind einzuordnen; vielleicht wollte dieser Mann ja nur seiner Zufriedenheit mit dem allergnädigsten Landesherrn Ausdruck geben, der zum Wohl des Staates und im Interesse von Ruhe und Ordnung soeben Frieden mit den Franzosen geschlossen hatte . . .

Etwa von 1796 an wurde auch immer deutlicher, daß die französischen Eroberer zwar gewisse revolutionäre Errungenschaften – beispielsweise die Abschaffung von Leibeigenschaft und Fron, die rechtliche Gleichstellung aller Bürger, auch der Juden, die Aufhebung der weltlichen Macht der Kirche sowie manches andere – auf die von ihnen annektierten Gebiete Deutschlands ausdehnten. Aber für die deutschen Demokraten und deren republikanische und kosmopolitische Forderungen hatten sie nichts übrig.

Als führende badische und pfälzische Jakobiner einen Aufruf erließen, worin das deutsche Volk ermuntert wurde, seine Fürsten zu stürzen – einen Aufruf, den der aus Durlach nach Basel geflüchtete Jakobiner und ehemalige kurpfälzische Hofkammerrat Georg Friedrich List abgefaßt hatte –, da erklärte der französische Befehlshaber, General Moreau, solche Pläne für groben Unfug und begründete dies mit der bündigen Feststellung: «*Im Rücken der Armee duldet man keine Revolution!*»

Solche und ähnliche, vom Standpunkt der deutschen Feudalherren aus gesehen sehr erfreuliche Übereinstimmungen zwischen den Vertretern der Französischen Republik und den Interessen der alten Mächte führten zu einem immer herzlicheren und innigeren Verhältnis; von jetzt an plagte die deutschen Duodezfürsten nicht mehr die Angst vor der Guillotine, sondern nur noch die Sorge, mit den immer mächtiger werdenden Franzosen vielleicht nicht ganz so gut befreundet zu sein wie der eine oder andere Nachbar und deshalb für die eigenen linksrheinischen Gebietsverluste etwas weniger reich entschädigt zu werden.

Denn inzwischen war das eben noch so gefürchtete Frankreich zum umschmeichelten Futtermeister der deutschen Feudalherren geworden, und daran änderte auch der Zweite Koalitionskrieg nichts, den Großbritannien, Österreich, Rußland, Portugal und die Türkei gemeinsam gegen die Französische Republik im Jahre 1798 begannen, um die alte Ordnung, die verletzte Legitimität und die ‹heiligen Rechte› der Feudalherren endlich wiederherzustellen – diesmal ohne die deutschen Fürsten.

Und während nun Österreich und seine mächtigen Verbündeten abermals von den französischen Volksarmeen geschlagen wurden und sich gezwungen sahen, einer nach dem anderen mit Frankreich Frieden zu schließen; während der Stern des erfolgreichen Revolutionsgenerals Napoléon Bonaparte aufging und bald alle anderen überstrahlte, da begannen die deutschen Landesherren, unter Aufsicht der Franzosen und des Zaren von Rußland, der bezeichnenderweise nun auch in diesen Dingen mitzureden hatte, mit der Liquidierung des Heiligen Römischen Reiches, dem Ausverkauf von einigen hundert mittleren, kleinen und winzigen Souveränitäten sowie mit der weitgehenden Auflösung dessen, was sie bislang mit Zähnen und Klauen verteidigt und für gottgegeben, geheiligt und unverletzlich erklärt hatten: der alten Feudalordnung. Nun mußte auch der letzte Dorfgendarm merken, daß die gefürchteten und von der Polizei gehetzten Jakobiner nicht gar so schreckliche Staatsfeinde sein konnten, da doch der allergnädigste Landesherr just das erfüllte, was diese Radikalen eben noch zum Erfordernis erklärt hatten.

Es war indessen nicht nur der Zusammenbruch der von allen, ausgenommen die Jakobiner, für unabänderlich und weise gehaltenen alten Ordnung, der jeden denkenden Deutschen stutzig machen mußte. Auch der Länderschacher, der 1803, nach dem neuerlichen Sieg Frankreichs, durch den «Reichsdeputationshauptschluß» vorläufig beendet wurde, verdient hier besondere Erwähnung – zum einen, weil die von den Radikalen zur Zielscheibe ihres Spottes gemachte Souveränität kleinster Ländchen und die verhaßte Herrschaft einiger Dutzend Mönchs- und Nonnenklöster über Dörfer, Städtchen und halbe Provinzen ihr unbetrauertes Ende fanden; zum andern, weil dabei etliche Millionen deutsche ‹Untertanen› ihre Staatsangehörigkeit wechseln und zigtausend Beamte – vom Minister abwärts bis zum fürstlich Thurn-und-Taxisschen Gefängniswärter und zum gräflich Castell-Rüdinghausenschen Hundefänger – einem neuen Landesherrn die Treue schwören mußten.

Und in den auf die Entthronung der Zwergstaaten-Tyrannen und die Verjagung der Mönche folgenden anderthalb Jahrzehnten gab es weitere große Veränderungen, so daß mancher Beamte im Verlauf von weniger als zwanzig Dienstjahren von einer Treuepflicht in die andere geriet, oft schneller, als er sich auf die gerade verlangte Loyalität umzustellen vermochte.

So wurde beispielsweise ein fürstbischöflich fuldaischer Gendarm in Hammelburg 1803 plötzlich Beamter des aus Holland von den Franzosen vertriebenen, mit dem katholischen Bistum Fulda entschädigten Prinzen von Oranien, eines Calvinisten; schon 1806 mußte derselbe Gendarm, der eben noch Franzosenfreunde gejagt hatte, den Eid auf den zwei Jahre zuvor zum Kaiser der Franzosen gekrönten Revolutionsgeneral Napoléon Bonaparte leisten, der Fulda samt Hammelburg dem Oranier wieder abgenommen und Frankreich einverleibt hatte. 1810 bekam der Gendarm den Baron Karl Theodor von Dalberg – Bruder des Mannheimer Intendanten, der Schillers «Räuber» uraufgeführt hatte – zum neuen Landesherrn, denn Dalberg war Großherzog von Frankfurt geworden, zu dessen Staatsgebiet auch das einstige Fürstbistum Fulda nun gehörte. 1813 dankte der Großherzog ab – zugunsten des Herzogs von Leuchtenberg, Eugène de Beauharnais, des Stiefsohns Napoléons, der aber noch im selben Jahr dem Prinzen von Hessen-Homburg das Feld räumen mußte. Alsdann wurde Hammelburg zwei Jahre lang österreichisch; im Juli 1815 bekam der Gendarm den achten Landesherrn innerhalb von zwölf Jahren, denn Hammelburg gehörte nun zum Königreich Preußen, und 1816 durfte er den neunten Treueid schwören, weil das Städtchen bayerisch geworden war.

Ein bischöflicher Geheimpolizist im niedersächsischen Peine hingegen, vereidigt auf Egon Freiherrn von Fürstenberg, Staatsoberhaupt des katholischen Bistums Hildesheim, eines bis dahin selbständigen Ländchens, wurde 1803 Beamter des protestantischen Königs von Preußen. 1806 mußte auch er den Eid auf Napoléon leisten, denn nun war Peine französisch, wenn auch nur für ein Jahr, weil 1807 bereits ein neuer Souverän kam, nämlich Jérôme, der jüngere Bruder Kaiser Napoléons und nunmehrige König von Westfalen. Für diesen mußte der Geheimpolizist nun sechs Jahre lang deutsche Oppositionelle, Werber der hannoverschen Legion und englische Spione aufspüren – bis 1813, als Peine an die Krone des Vereinigten Königreichs von Hannover und Großbritannien fiel.

Ein kurerzbischöflich mainzischer Polizeirat schließlich, der vor den Jakobinern und Franzosen in das zum Erzbistum gehörende Odenwald-Städtchen Miltenberg geflohen war, bekam 1802 einen neuen Dienstherrn, den liberalen und frankreichfreundlichen Baron Karl Theodor von Dalberg, späteren Großherzog von Frankfurt. Kaum hatte er sich an diesen gewöhnt, mußte er sich 1803 auf einen neuen Souverän vereidigen lassen: den Fürsten von Leiningen, einen Feudalherrn alten Stils und Emigranten aus dem Elsaß, zu dessen Entschädigung für linksrheinische Verluste Miltenberg gehörte. Doch bereits 1806 verlor der Leininger seine Souveränität; der Polizeirat wurde nun großherzoglich badischer, 1810 hessischer Beamter, bis 1816 Miltenberg an Bayern fiel und er auf König Maximilian I. vereidigt wurde.

In diesen chaotischen Jahren brach in Deutschland die alte Feudalordnung zusammen, erst unter den Schlägen der Französischen Revolution, dann unter den Marschtritten der Napoleonischen Armeen. Die paar übriggebliebenen Fürsten, die sich schamlos jene ‹heiligsten Rechte›, erst der Bistümer und Klöster, dann der kleineren Souveräne, aneigneten, für deren Erhaltung sie doch angeblich gekämpft hatten, unterwarfen sich willig dem Diktat des von ihnen heimlich verachteten Emporkömmlings Bonaparte, bei dem sie sich gleichzeitig auf jede erdenkliche Weise lieb Kind zu machen suchten.

Soweit Napoléon die Errungenschaften der Französischen Revolution aufrechterhielt, bemühten sich notgedrungen auch seine deutschen Vasallen, ihre Länder entsprechend zu reformieren, ausgenommen – zumindest bis 1806 – das Königreich Preußen. Dieses wurde seit 1797 von König Friedrich Wilhelm III. regiert, den Friedrich Engels treffend beschrieben hat als «*einen der größten Holzköpfe, die je einen Thron regiert. Er war zum Korporal und zum Inspektor der Uniformknöpfe geboren; er war liederlich, ohne Leidenschaft, und gleichzeitig ein Moralprediger; er war unfähig, anders als im Infinitiv zu sprechen, und wurde als Schreiber von Proklamationen nur von seinem Sohn übertroffen; er kannte nur zwei Gefühle – Furcht und feldwebelhafte Anmaßung. Während der ersten Hälfte seiner Herrschaft war sein vorherrschender Geisteszustand die Furcht vor Napoleon . . .*»

Preußen war gerade noch so rechtzeitig aus dem Koalitionskrieg gegen Frankreich ausgeschieden, daß dieser Junkerstaat seine Armee und sein besonders rückständiges Feudalsystem über den Zusammenbruch des Heiligen Römischen Reiches hinwegretten konnte. Seitdem sah Friedrich Wilhelm III. sein Heil in der Neutralität und kam damit ungewollt den Wünschen des von ihm so gefürchteten Franzosenkaisers entgegen, der seine Opfer gern einzeln und schön der Reihe nach verschlang. Als 1805 Großbritannien, Österreich und der Zar von Rußland einen neuen Koalitionskrieg gegen Napoléon begannen, bot dieser dem Preußenkönig das englische Hannover für den Fall an, daß sich die preußische Armee den Truppen Frankreichs und seiner süddeutschen Verbündeten anschlösse.

Diese verlockende Offerte genügte zwar nicht, Preußen an Napoléons Seite in den Krieg zu ziehen; man fürchtete sich in Berlin vor dem dann unvermeidlichen Konflikt mit England und erst recht vor dem Zaren, der Preußen dessen polnische Eroberungen wieder abnehmen könnte. Aber Napoléons Angebot reichte aus, Friedrich Wilhelm III. weiter zögern, neutral bleiben und so die letzte Chance verpassen zu lassen, im Verein mit den Großmächten den ländergierigen Franzosenkaiser in seine Schranken zu weisen und möglicherweise sogar zu besiegen.

Erst nachdem Napoléon die vereinigten Armeen Österreichs und Rußlands am 2. Dezember 1805 bei Austerlitz vernichtend geschlagen hatte, kam der Preußenkönig verspätet auf das französische Angebot zurück. Dies benutzte Napoléon, zunächst die österreichischen Friedensbedingungen erheblich zu verschärfen, denn nun brauchte er die Preußen im Rücken nicht mehr zu fürchten, dann aber dem Preußenkönig den Preis für die Überlassung Hannovers zu diktieren, nämlich die Abtretung aller noch preußischen Gebiete in Westdeutschland an Frankreich und die Ansbach-Bayreuths an Bayern.

Zu allem Überfluß ließ sich Friedrich Wilhelm III., trotz seiner hoffnungslosen Lage, zu einem Ultimatum an Frankreich provozieren; er forderte den sofortigen Abzug der französischen Truppen aus Süddeutschland, weil er endlich merkte, daß er zum nächsten Opfer Napoléons auserkoren sein könnte.

Der Franzosenkaiser nahm die Herausforderung dankbar an; er hatte nicht gehofft, so rasch einen Vorwand zu erhalten, Preußen den Garaus zu machen. Und er handelte blitzschnell:

Am 8. Oktober 1806 lief die Frist des preußischen Ultimatums ab; am 14. Oktober wurden die Preußen bei Jena und Auerstedt so vernichtend geschlagen, daß von Friedrich Wilhelms bis dahin für unbesiegbar gehaltener Armee so gut wie nichts mehr übrigblieb; am 25. Oktober besetzten die Franzosen bereits die preußische Hauptstadt Berlin, aus der der König nach Ostpreußen geflohen war, wo er auf Hilfe vom russischen Zaren hoffte. Nur weil dieser dann tatsächlich eingriff, verzögerte sich der Untergang Preußens noch bis zum Sommer 1807. Jetzt schlossen Rußland und Frankreich Frieden, wobei Friedrich Wilhelm III. mehr als die Hälfte seines Staatsgebiets abgenommen wurde. Nur «aus Achtung für den Kaiser aller Reußen», den Zaren, so erklärte Napoléon, ließ er dem Preußenkönig einen Rest von Souveränität, einen Puffer-Zwergstaat zwischen seiner Machtsphäre und der des Zaren. Zudem blieb das übriggebliebene Preußen unter französischer Besatzung und mußte gewaltige Kriegsentschädigungen an Frankreich leisten – alles dank der feigen, stümperhaften und zugleich herausfordernden Politik des Preußenkönigs, der – wie Franz Mehring es beschrieben hat – «*auf der langen Fluchtreise von Jena bis Memel, auf einer Straße, auf der jeder Meilenstein eine neue Niederlage gesehen hatte, auf der alles verlorengegangen war und zuerst die Ehre, doch ein köstliches Kleinod unversehrt und unverstümmelt gerettet hatte: die ganze strahlende selbstzufriedene Borniertheit des Gottesgnadentums*».

Tatsächlich hatte Friedrich Wilhelm III. aus dem ganzen Elend, das durch ihn über Preußen gekommen war, so gut wie nichts gelernt; er war dazu wohl auch gar nicht imstande. Noch am 3. Januar 1807 hatte er seinen Staatsminister Karl Freiherrn vom und zum Stein, einen der ganz wenigen klugen, weitsichtigen und auf grundlegende Reformen des rückständigen Junkerstaats drängenden Männer in seiner Umgebung, als «*widerspenstigen, trotzigen, hartnäckigen und ungehorsamen Staatsdiener*» beschimpft und am nächsten Tag in Ungnaden entlassen.

Vielleicht hätte der König den Rebellen Stein sogar verhaften und auf eine Festung bringen lassen, nur gab es kaum noch irgendwelche preußischen Festungen, die nicht bereits vor den Franzosen, zumeist kampflos, kapituliert hatten. Und wo noch Widerstand geleistet wurde – wie in Cosel, Danzig, Graudenz und vor allem Kolberg –, da waren es zumeist nicht minder ‹widerspenstige, trotzige, hartnäckige und ungehorsame Staatsdiener›, die die Verteidigung organisierten und gegen den Willen der preußischen Generale und Junker fortsetzten, so in Kolberg der Bürger-Repräsentant Joachim Nettelbeck und der Secondeleutnant Ferdinand Baptista von Schill, zu denen wenig später noch der Major August Neidhardt von Gneisenau stieß.

Und damit sind wir bei jenem neuen Typ von gefährlichen Radikalen im öffentlichen Dienst deutscher Staaten angelangt, die von ihren obersten Dienstherren wiederholt ‹gemaßregelt› werden mußten und die den zuständigen Sicherheitsorganen die Arbeit so außerordentlich schwer machten. Denn diese neuen Radikalen, die weder jakobinische Flugblätter noch Revolutionshymnen verfaßten, nicht einmal heimlich die «Marseillaise» pfiffen und keinerlei Sympathien für Frankreich an den Tag legten, gaben sich äußerst pflichtbewußt und loyal. In Wahrheit aber zerstörten sie weit gründlicher die Fundamente des absolutistischen Staats und der in Preußen bis dahin unerschütterlich aufrechterhaltenen Feudalordnung, als alle jene jakobinischen Volksaufwiegler es vermocht hatten.

Die Radikalen, die nach den katastrophalen Niederlagen des preußischen Staates und dem Tilsiter Frieden von 1807 in höchste Staatsämter aufrücken konnten und sofort mit der Demontage der alten Ordnung begannen, waren nicht die ersten Beamten in preußischen Diensten, die seit der

Französischen Revolution für gründliche Reformen und die Beseitigung der Grundübel gekämpft hatten. Schon 1796 hatte beispielsweise der schlesische Kriegsrat Zerboni in einem Schreiben an die Regierung in Berlin leidenschaftlich gegen die Mißwirtschaft des Adels und der Bürokratie protestiert. Er wurde daraufhin, zusammen mit einer Reihe von gleichgesinnten Beamten und Offizieren, ohne gerichtliche Untersuchung «auf des Königs Gnade» eingekerkert. Ein Freund Zerbonis, der Verwaltungsbeamte Hans von Held, wandte sich 1801 mit einer Denkschrift an die Öffentlichkeit und geißelte darin die preußische Willkürherrschaft in Schlesien und die schamlosen Räubereien in den annektierten polnischen Gebieten. Diese Schrift trug den bemerkenswerten Titel: «Die wahren Jakobiner in Preußen oder Aktenmäßige Darstellung der bösen Ränke und betrügerischen Dienstführung zweier preußischer Staatsminister.» Auch Held wurde sofort verhaftet, nach Berlin gebracht und in der Hausvogtei gefangengesetzt. Dort verfaßte er während seiner langen Haft weitere Schriften. In einem dieser leidenschaftlichen Pamphlete gegen die Adelsvorrechte und die korrupte Verwaltung hieß es:

«Die arbeitsamen Tagelöhner, Bauern und Bürger sind die wahre Nationalbasis, die eigentliche Volksmasse, auf der die Schreiberzunft nur als Schmarotzerpflanze sich einnistet.»

Genauso empfanden es die radikalen Reformer, an ihrer Spitze Karl vom Stein, als sie 1807 den Trümmerhaufen besahen, der von der einstigen Großmacht Preußen übriggeblieben war. Der Friede von Tilsit hatte die Einwohnerzahl auf weniger als fünf Millionen reduziert; im Westen lag die Grenze an der Elbe, im Osten waren fast alle bei den räuberischen Teilungen Polens erzielten Gewinne wieder verlorengegangen. Die Armee war zerschlagen und demoralisiert, das Land vom Feind besetzt und ausgeplündert. Was aber das Schlimmste war: Die Volksmassen nahmen diese nationale Katastrophe ungerührt und völlig teilnahmslos hin, denn es interessierte sie einfach nicht, ob das Königreich nun gewonnen oder verloren hatte, ob die Armee siegreich oder geschlagen war und ob dadurch die Ehre Preußens noch heller erstrahlte oder sich in tiefe Schande verwandelt hatte.

Denn für die ausgebeutete, schikanierte und von den Herren verachtete preußische Landbevölkerung und das städtische Proletariat, also für die überwältigende, mindestens 95 Prozent aller ‹Untertanen› ausmachende Mehrheit der Bevölkerung Preußens, war dieser Staat alles andere als *ihr* Staat, vielmehr nur das verabscheute bürokratische Machtinstrument einer sie bis aufs Blut peinigenden, habgierigen und korrupten Obrigkeit. Der König war irgendeine ferne, erhabene Majestät, für die man sonntags beten mußte, etwa so, wie man Steuern zu zahlen und Frondienste zu leisten hatte. Und des Königs Armee, dieser zusammengeprügelte, mit Spießruten und Galgen in Kadavergehorsam gehaltene

Moloch, der das Land kahlfraß, war ihnen ebenso verhaßt wie jede andere Armee; man fürchtete diese Horden von uniformierten Strolchen, Dieben und Mädchenschändern mehr als die meisten anderen Übel und wünschte allen Soldaten die Pest an den Hals. Und was deren, ihres Königs oder gar des preußischen Staates unbefleckte oder besudelte Ehre betraf, so war diese und ihr Zustand den allermeisten preußischen ‹Untertanen› etwa so bedeutsam wie die Farbe der Karnickel, die sie mit der Schlinge fingen, damit sie und ihre Angehörigen auch einmal einen Braten hatten.

Auf einer solchen ‹wahren Nationalbasis› wollten nun die preußischen Reformer, die radikalen Erneuerer von 1807, einen modernen, auf Mitverantwortung, Vaterlandsliebe und Opferbereitschaft freier und selbstbewußter Bürger und Bauern beruhenden Staat aufbauen, wobei anzumerken ist, daß diese Baumeister eines neuen Preußen durchweg selbst keine Preußen, sondern Hannoveraner, Hessen oder Österreicher waren.

So stammte Heinrich Friedrich Karl Reichsfreiherr vom und zum Stein, 1757 in Nassau geboren, aus einem hessischen Rittergeschlecht. Er hatte in Göttingen studiert, eine Zeitlang am Reichskammergericht in Wetzlar gearbeitet und nebenher fast alle Länder Europas bereist, dabei erkannt, wie überlebt und schädlich die deutsche Feudalordnung und Kleinstaaterei war, sich auch selbst frei gemacht von jener – wie seine Mutter es nannte – «Epidemie» der verarmten und entmachteten Reichsritterschaft, die sich immer noch «über die anderen erhaben» dünkte, «weil sie einige chimärische Privilegien und Prärogativen» behalten hatte.

Der junge Baron vom Stein war dann, entgegen allen Traditionen seiner Familie, in den preußischen Staatsdienst eingetreten. 1780 wurde er Bergrat in Wetter an der Ruhr, und bis 1796 stieg er zum westfälischen Oberpräsidenten auf. Dann, im Oktober 1804, berief ihn Friedrich Wilhelm III. in sein Kabinett.

Als zuständiger Minister für Verbrauchssteuern, Zölle, Handel und Gewerbe setzte Stein gegen heftigen Widerstand die Aufhebung der Binnenzölle durch. Als er aber dann, schon nach der Katastrophe von Jena und Auerstedt, den König dazu zu bewegen versuchte, endlich die bisherige geheime Kabinettspolitik, die von Einflüsterungen, Intrigen und Launen nichtverantwortlicher, verwaltungsfremder Höflinge bestimmt wurde, aufzugeben und eine selbständige, moderne Zentralregierung zu schaffen, kam es zum Eklat.

Im Januar 1807 wurde Stein vom König beschimpft und entlassen, doch schon im Juli desselben Jahres wieder zurückgerufen. Der eigentliche Grund seiner Wiederernennung war, daß niemand sonst fähig oder willens gewesen wäre, jene gewaltigen Summen aus dem verarmten und zusammengeschrumpften Staat herauszuwirtschaften, die Napoléon sich im Tilsiter Frieden als Kriegsentschädigung ausbedungen hatte. Und Friedrich Wilhelm III. mußte fürchten, daß ihn der Franzosenkaiser kurzerhand absetzen und aus dem Lande jagen würde, falls er seinen Verpflichtungen nicht nachkäme.

Im September 1807 trat Stein sein Ministeramt wieder an, jetzt sogar als Premier. Er hatte sich erhebliche Vollmachten geben lassen, und bereits am 9. Oktober führte er den ersten Schlag gegen die alte Feudalordnung: An diesem Tag erging ein Gesetz, das sogenannte «Oktober-Edikt», das für ganz Preußen den Besitz gutshöriger Bauern in freies Eigentum verwandelte, jedem das Recht auf Grunderwerb und auf freie Wahl des Gewerbes gewährte und in Paragraph 12 bestimmte: *«Mit dem Martinitage 1810 hört alle Gutsuntertänigkeit . . . auf. Nach dem Martinitage 1810 gibt es nur freie Leute.»*

Das war, zumindest für Preußen, revolutionär! Es gab flammende Proteste von seiten der Junker, die dann auch die Durchführung des «Oktober-Edikts» nach Kräften sabotierten, ja es ihren Bauern sogar verheimlichten. Und später fand der Landadel Mittel und Wege, die befreiten Bauern in die Städte abzudrängen, mit ihrem Land die Rittergüter gewaltig zu vergrößern und so den Sinn der Reform in sein Gegenteil zu verkehren. Doch zunächst hatte das «Oktober-Edikt» den gewünschten Erfolg, nämlich das Selbstbewußtsein der Bauern zu heben und erstmals ihr Interesse am politischen Geschehen wachzurufen.

Der nächste Schritt wurde mit der Städteordnung vom 19. November 1808 getan. Bis dahin gab es in Preußen – wie Franz Mehring es ausgedrückt hat – *«keine Städte im historischen Sinne des Wortes: Die Gemeinwesen, die sich so nannten, waren zur einen Hälfte Domänen und zur anderen Hälfte Garnisonen»*; die Tätigkeit der Magistrate hatte sich darin erschöpft, die Befehle der Regierung, der Grundherren und der Militärbefehlshaber auszuführen.

Die neue Städteordnung gab dem Staat nur noch das oberste Aufsichtsrecht. Die Magistrate erhielten weitgehende Selbstverwaltungsaufgaben und wurden künftig nicht mehr vom König ernannt, sondern von Stadtverordneten gewählt, die ihrerseits von den Bürgern in gleicher und geheimer Wahl für ihr Amt bestimmt worden waren. Allerdings blieb es bei der mittelalterlichen Unterscheidung zwischen vollberechtigten Bürgern und bloß geduldeten, kein Wahlrecht besitzenden «Schutzverwandten», so daß die Mehrheit der Stadtbewohner noch nicht an der Selbstverwaltung beteiligt war. Aber es war immerhin ein erster Schritt auf dem Weg zur kommunalen Mitbestimmung, und das Selbstbewußtsein der Bürger wuchs dadurch beträchtlich.

Das dritte große Reformwerk, das unter Stein in Angriff genommen wurde, betraf das preußische Heer, die wichtigste Säule des preußischen Staates. Nach der Katastrophe von 1806 war eine grundlegende Änderung unvermeidlich geworden, aber die Radikalität, mit der diese «Reform an Haupt und Gliedern» dann durchgeführt wurde, übertraf die kühnsten Erwartungen und kam einem Staatsstreich nahe.

Dutzende von Marschällen, Generalen und Obristen wurden entlassen oder strafversetzt, einige auch wegen Feigheit oder Verrats vor ein Kriegsgericht gestellt. Von den insgesamt 143 preußischen Generalen, die 1806 ein Kommando führten, waren bis 1813 noch zwei, Blücher und Tauentzien, übrig.

Sodann wurden die Prinzipien der Offiziersauswahl gründlich verändert: Künftig wurden Bildung, Führungsqualitäten und vorbildliches Verhalten gefordert; die Adelsvorrechte sollten nach und nach beseitigt werden; die korrumpierende Kompaniewirtschaft wurde gänzlich abgeschafft.

Hinzu kam eine Neueinteilung des Heeres nach französischem Vorbild, eine Modernisierung der Bewaffnung und Ausrüstung sowie als Wichtigstes die Abschaffung der Körperstrafen. Es wurde «die Freiheit des Rückens» proklamiert, und künftig sollten nur noch freiwillig Längerdienende und viele zu kurzen Ausbildungskursen einberufene Reservisten die Streitmacht bilden. *«Das ganze Militärsystem, das ... in Preußen eingeführt wurde»*, schrieb dazu Friedrich Engels, *«war der Versuch, einen Volkswiderstand gegen den Feind zu organisieren, soweit dies in einer absoluten Monarchie überhaupt möglich war.»*

Steins unermüdlicher Mitstreiter auf dem Gebiet der Heeresreform war Gerhard Johann David Scharnhorst, der aus einer nichtadligen niedersächsischen Bauernfamilie stammte, als hannoverscher Offizier am Ersten Koalitionskrieg teilgenommen hatte und erst 1801 in preußische Dienste getreten war. Er wurde 1807 an die Spitze der Kommission berufen, die die völlige Umgestaltung der preußischen Armee durchzuführen hatte. Scharnhorsts wichtigste Mitarbeiter waren der geniale Militärtheoretiker Carl von Clausewitz, der spätere Kriegsminister Hermann von Boyen und der gebürtige Sachse August Wilhelm Anton Neidhardt von Gneisenau aus österreichischem Adelshaus.

Mit einem Regiment, das der Markgraf von Ansbach-Bayreuth an die Engländer verkauft hatte, war Gneisenau als junger Leutnant nach Amerika gekommen und hatte dort die überlegene Kampfesweise der freiwillig und für ein lohnendes Ziel, die Unabhängigkeit ihrer Heimat, kämpfenden Kolonisten kennengelernt. Später war er preußischer Offizier geworden und hatte 1807, nach der Katastrophe von Jena und Auerstedt und der kampflosen Übergabe fast aller anderen preußischen Festungen, wie schon zuvor kurz erwähnt, die Verteidigung von Kolberg geleitet, zusammen mit dem – einst vor preußischen Rekrutenfängern geflüchteten – Bürger-Repräsentanten Joachim Nettelbeck und dem Leutnant von Schill. In Kolberg hatte die Bürgerschaft die Hauptlast des Kampfes getragen; seitdem war Gneisenau zu einem leidenschaftlichen Verfechter des Gedankens der Volksbewaffnung geworden, und er versuchte, diese Idee gegen den heftigsten Widerstand der reaktionären Kräfte und des Königs durchzusetzen.

In späteren Zeiten haben die preußisch-deutschen Geschichtsschreiber, Militärhistoriker und besonders die Verfasser von Schulbüchern die Dinge stets so darzustellen versucht, als habe ‹man› in Preußen aus den Niederlagen von 1806/07 rasch und zielstrebig die Konsequenzen gezogen, die Reformer im großen und ganzen tatkräftig unterstützt und die Notwendigkeit der grundlegenden Neuerungen entweder sofort erkannt oder sie doch aus Patriotismus und Pflichtgefühl als unvermeidbar hingenommen. Tatsächlich waren die führenden Kreise Preußens damals alles andere als einverstanden mit dem, was die ‹landfremden Neuerer› da in die Wege leiteten. Jeder sah die eigenen Interessen in Gefahr und verteidigte diese mit allen Mitteln:

Die Junker wollten keines ihrer schönen Vorrechte preisgeben; die Offiziere sahen ihre Nebeneinkünfte schrumpfen und bangten seit dem Wegfall der Prügelstrafe um ihre Autorität, und der König wollte sich nicht in seiner absolutistischen Allmacht beschränken lassen. Außerdem fürchteten sich alle Privilegierten, besonders aber Friedrich Wilhelm III., vor einer Bewaffnung der Untertanen, vor einer höchst ungewissen Zukunft und vor allem vor Napoléon, der mit einem Federstrich Preußen aufteilen, die Hohenzollern-Monarchie beseitigen und Gesetze nach französischem Vorbild einführen konnte. Und aus diesem Gemisch von Egoismus, Habgier und Angst entstanden starke oppositionelle Strömungen gegen Stein, Scharnhorst und die anderen Reformer.

Zunächst widersetzten sich die reaktionären Gruppen nur dem allmählichen Abbau der Feudalordnung; sie sabotierten die Verordnungen, intrigierten bei Hofe gegen Stein oder riefen, wenn sie keinen anderen Ausweg sahen, sogar den Feind herbei: Als beispielsweise im April 1808 im Kreis Schweidnitz einige Bauern ihrem Gutsherrn, unter Hinweis auf das «Oktober-Edikt», die Frondienste verweigerten, bat der Junker eine Abteilung französischer Besatzungstruppen um Hilfe und ließ sie die ‹Ordnung› wiederherstellen.

Doch dann wurde den Reaktionären klar, daß mit hinhaltendem Widerstand den radikalen Reformern nicht beizukommen war. Sie entwickelten daher ein neues Konzept, das von einer für ostelbische Junker erstaunlichen Erkenntnis zeugt:

Sie gingen davon aus, daß Stein und seine Freunde einen als Volkskrieg geführten Angriff auf das französische Kaiserreich führen und ganz Deutschland vom napoleonischen Joch befreien wollten. Da hierzu eine Mobilisierung der Bauernschaft und der Kleinbürger nach dem Vorbild der *levée en masse* notwendig war und dafür wiederum die Adaption einiger Grundsätze der Französischen Revolution die Voraussetzung bildete, opferten die Reformer eben ihrem Ziel, dem Befreiungskrieg, Stück für Stück die alte Feudalordnung.

Wollten nun umgekehrt die Junker die für sie so vorteilhafte alte Ordnung voll aufrechterhalten, so würde dies nur möglich sein, wenn man auf das Ziel der Reformen, den – in seinem Ausgang ohnehin ungewissen – Volkskrieg gegen Napoléon, verzichtete. Also mußte jeder, dem die Erhaltung der Feudalordnung am Herzen lag, den Krieg verhindern und Napoléon als Verbündeten zu gewinnen versuchen. Dazu war es nötig, alle Übergriffe der französischen Besatzungsmacht zu dulden, jede ihrer Forderungen zu erfüllen und ihr klarzumachen, daß ihre Gegner nicht die Junker seien, sondern der ‹Jakobiner› Stein und die revolutionären Militärs um Scharnhorst.

Dies alles durfte man allerdings nicht offen aussprechen, weil es bereits – soweit, seufzten die Junker, war es leider schon gekommen! – als ‹unpatriotisch› galt, der Erhaltung der feudalen Vorrechte alles andere unterzuordnen. Also mußten die Junker ihre Absprachen mit der Besatzungsmacht heimlich treffen, sodann dem ohnehin furchtsamen König klarmachen, daß ihn die geringste Feindseligkeit gegen Napoléon den Thron kosten könnte und daß nur die vollständige Unterwerfung die Monarchie noch zu retten imstande wäre.

Unterdessen planten Stein und seine Freunde schon für den Herbst 1808 einen Krieg Preußens an der Seite Österreichs gegen die Franzosen und ihre deutschen Verbündeten. Scharnhorst erklärte bereits: «*Der Krieg muß geführt werden zur Befreiung Deutschlands durch Deutsche!*» Und Gneisenau drohte den frankreichtreuen Rheinbund-Fürsten mit Entthronung, dem verräterischen Adel mit Enteignung aller Güter, und er verhieß allen Bauern für den Fall des Sieges über die Franzosen vollständige Befreiung von allen Lasten, allen Deutschen eine Garantie ihrer Grundrechte durch eine fortschrittliche, politische Mitspracherechte gewährende Verfassung.

Damit spornten die Reformer jedoch auch ihre Gegner zu verdoppelten Anstrengungen an, was zur Folge hatte, daß sich nun die Junker durchsetzen konnten. Im September 1808 siegten am Hof Friedrich Wilhelms III. jene reaktionären Kreise, die von weiteren Kriegsvorbereitungen (und Reformen) dringend abrieten und strikteste ‹Erfüllungspolitik› predigten. Der König unterzeichnete einen neuen Freundschaftsvertrag mit Frankreich, wobei er den Reformern gegenüber beteuerte, daß er sich nur widerwillig dem französischen Druck beuge.

Damit war an einen Kriegseintritt Preußens vorerst nicht zu denken, und als wenig später ein unvorsichtiger Brief des Freiherrn vom Stein, worin dieser das Beispiel des spanischen Volksaufstands gegen die Franzosenherrschaft rühmte und Vorschläge zur Verstärkung des Widerstands in Deutschland machte, der französischen Besatzungsmacht zugespielt wurde, da verlangte Napoléon von Friedrich Wilhelm III. die sofortige Entlassung des frankreichfeindlichen Premierministers.

Am 24. November 1808 – Stein war gerade damit beschäftigt, die Abschaffung der richterlichen Gewalt der Junker vorzubereiten – kam der König dem Befehl aus Paris nach; der lästige Reformer wurde kühl verabschiedet. Die Junker jubelten, und General Ludwig von Yorck, einer der Wortführer der reaktionären Fronde, erklärte zufrieden: *«Ein unsinniger Kopf ist schon zertreten; das andre Natterngeschmeiß wird sich in seinem eigenen Gift auflösen!»*

Er sollte mit dieser Einschätzung der Lage allerdings nur teilweise recht behalten; zwar wurde nun auch Gneisenau entlassen, aber der von den Junkern gehaßte Armeereformer Scharnhorst blieb im Amt, und auch die Steinschen Reformen waren nicht sofort und ohne weiteres rückgängig zu machen. Außerdem sollten sich General Yorck und die von ihm als ‹Natterngeschmeiß› bezeichneten Verfechter des Gedankens der Volksbewaffnung schon wenige Jahre später unter seltsamen Umständen als Verbündete wiederfinden.

Zunächst jedoch waren die preußischen Junker den Anführer der ihnen verhaßten Reformer los. Der Freiherr vom Stein mußte aus Preußen flüchten, weil man ihn sonst verhaftet und an Napoléon ausgeliefert hätte; er ging zunächst nach Böhmen, später nach St. Petersburg an den Hof des russischen Zaren. In allen von Frankreich besetzten oder abhängigen Gebieten war er fortan ein steckbrieflich gesuchter Hochverräter, auf dessen Ergreifung eine hohe Belohnung ausgesetzt war. Seine im Königreich Westfalen gelegenen Güter verfielen dem Staat; sein übriges Vermögen wurde ebenfalls eingezogen.

So war der Reichsfreiherr vom und zum Stein plötzlich in ganz ähnlicher Lage wie jene jakobinisch gesinnten Beamten, die man anderthalb Jahrzehnte zuvor aus dem Staatsdienst entfernt und zur eiligen Flucht ins Exil gezwungen hatte; oder wie jene Intellektuellen, die, *«zu republikanisch gesinnt, um dem Napoleon zu huldigen, auch zu großmütig, um sich der Fremdherrschaft anzuschließen»*, sich seitdem in Schweigen hüllten, als Verfemte meist in großer Armut lebten und nicht selten verhungerten – wie schon 1794 Gottfried August Bürger, 1796 Gustav Friedrich Wilhelm Großmann, wie später Friedrich Cotta oder wie 1810 der häufig verkannte Dichter, politische Schriftsteller und radikale Demokrat Johann Gottfried Seume, der siebenundvierzigjährig in Teplitz elend zugrunde ging, noch als Sterbender buchstäblich auf die Straße gesetzt. Aus eigener bitterer Erfahrung als Kind armer Landleute, als gepreßter, mit seinen Leidensgefährten nach Übersee verkaufter Soldat, als Zeuge der russischen Gewaltherrschaft in Polen und als genauer Kenner der Lage der deutschen Unterschicht, dessen Kritiken an den bestehenden Verhältnissen häufig – wie 1806 sein Reisebuch «Mein Sommer 1805» – von der Zensur verboten wurden, hatte Seume über die ersten Bemühungen in Deutschland, einen Volkskrieg gegen Napoléon zu entfachen, an einen Freund geschrieben:

«. . . Der Landmann soll nun fechten. Für wen denn? Schlägt er für sich? Wird ihm der Sieger nicht noch mehr aufbürden? Ein Grenadier soll sich in die Bajonette stürzen, dessen Schwester oder Geliebte zu

Hause bei dem gnädigen Krautjunker für jährlich acht Gulden zu Zwan-
ge dient; dessen Mutter oder alte Muhme, die selten satt Brot und Salz
hat, ihre halbblinden Augen noch damit verderben muß, daß sie zur
Frohne für den Hof ihre nicht kleine Quantität Garn abspinnt; dessen
kleiner Bruder für einen Groschen von der Herrschaft wöchentlich einige
Male Boten gejagt wird? . . . Ein Deutscher soll schlagen, damit ihn,
wenn er nicht in der Schlacht bleibt, sodann der Edelmann wieder hübsch
frohnmäßig in der Zucht habe . . . Wo man den Landmann als Halbskla-
ven und den kleinen Bürger als Lastthier ansieht und behandelt, da habe
ich weder etwas zu sprechen noch zu singen . . .» Mit ähnlicher Begründung lehnte Seume es auch ab, von Verlegern bestellte patriotische
Gesänge zu liefern.

Just zu solcher Junker-Glückseligkeit, wie Seume sie in seinem Brief
beschrieb, wollte man in Preußen nach der Entlassung Steins zurückkehren (wobei am Rande vermerkt sei, daß Stein zwar wie ein Jakobiner
davongejagt und ins Exil getrieben worden war, in seinen Anschauungen
aber mit den demokratischen Republikanern wenig gemein hatte, sonst
wäre er kaum an den Zarenhof gegangen und hätte sich nicht ausgerechnet von Rußland die Befreiung Deutschlands erhofft; er war allenfalls ein
früher Nationalliberaler mit Weitblick und modernen Reformvorstel-
lungen).

Nach seinem Abgang übernahm in Preußen eine reaktionäre Gruppe, das Ministerium Dohna-Altenstein, die Regierung und bemühte
sich, es sowohl den Junkern wie der französischen Besatzungsmacht
nur ja recht zu machen. Da diese neuen Minister aber dann gänzlich
versagten, die finanziellen Forderungen der Franzosen nicht zu erfüllen vermochten und deshalb dem König vorschlugen, ersatzweise die
ganze Provinz Schlesien an Frankreich abzutreten, wurde dies selbst
Friedrich Wilhelm III. zuviel. Im Juni 1810 entließ er Graf Dohna und
Baron Altenstein und ernannte Karl August Freiherrn von Hardenberg
zum neuen Staatskanzler.

Der aus dem Hannoverschen stammende Hardenberg, seit 1791, zunächst als Gouverneur von Ansbach-Bayreuth, in preußischen Diensten
und einst Mitglied von Weishaupts und Knigges Illuminaten-Orden, war
als ein aufgeklärter Liberaler bemüht, die Steinschen Reformen in etwas
gemäßigter, einem Teil der Junker eben noch genehmer Form fortzuset-
zen und gleichzeitig eine Aussöhnung mit Frankreich herbeizuführen.

Seine Nachgiebigkeit gegenüber allen Forderungen Napoléons stieß
zwar bei den Anhängern des vertriebenen Freiherrn vom Stein auf
Ablehnung. Aber sie mußten anerkennen, daß unter Hardenberg zumindest die Heeresreform und auch die des Bildungswesens weiterging;
Wilhelm von Humboldt trat als Staatsminister ins Kabinett ein, und
dessen Lieblingsprojekt, die Berliner Universität, wurde nun – mit Fichte

als erstem Rektor – eröffnet. Einen weiteren Fortschritt bedeutete das «Edikt über die bürgerlichen Verhältnisse der Juden» vom März 1812, das zumindest den etwa dreißigtausend meist wohlhabenden ‹Schutzjuden› mehr Rechtsgleichheit gewährte.

Außenpolitisch hatte sich die Lage insoweit verändert, als nun ein Krieg Napoléons und seiner deutschen Verbündeten, zu denen jetzt auch das geschlagene Österreich zählte, gegen Rußland bevorstand.

Diese drohende Auseinandersetzung wurde nicht allein in Preußen, sondern überall in Deutschland sehr unterschiedlich beurteilt. Die einen setzten auf das Napoleonische Frankreich, dessen Staatsgebiet jetzt bis an den Rhein, im Norden sogar bis Hamburg und Lübeck reichte und mit dem alle deutschen Staaten, ausgenommen Preußen und Österreich, durch den Rheinbund alliiert waren; die anderen setzten auf ein Bündnis des Zaren mit dem König von Preußen gegen Napoléon, auf deren Sieg über Frankreich und den Rheinbund sowie auf einen allgemeinen Aufstand der Deutschen gegen die Fremdherrschaft. Die Anhänger Napoléons waren teils Liberale und Demokraten, die sich von Frankreich noch immer mehr Freiheit erwarteten als vom reaktionären Preußen oder gar von Rußland, teils Opportunisten, die – wie die Feudalherren und ihr Anhang – in Napoléon den Stärkeren sahen, der ihnen, solange sie ihm Truppen und Geld zur Verfügung stellten, die Erhaltung ihrer Macht garantierte. Die preußische Patrioten-Partei und ihr kleiner Anhang in anderen Teilen Deutschlands erwartete sich vom Untergang Napoléons das Ende der Feudalherrschaft und der deutschen Zersplitterung, eine Reform an Haupt und Gliedern und am Ende einen deutschen Nationalstaat, den sich manche als bürgerliche Monarchie, andere mit einem vom Volk gewählten Fürsten, wieder andere als vergrößertes Preußen vorstellten.

Im Königreich Preußen war dem König, dem Hof und den Junkern jedwede Volksbewaffnung oder gar -erhebung zutiefst suspekt. Die alten Mächte, so fand man, konnten dabei nichts gewinnen: Denn siegte das Volk gegen Napoléon, dann würde es früher oder später Rechte fordern, die man ihm nicht gewähren wollte, und blieb Napoléon Sieger, dann war es sicher, daß er die unfähigen Herren des unbotmäßigen Landes verjagen und Preußen zur französischen Provinz machen würde.

Anderseits durften König, Hof und ihr reaktionärer Anhang aber auch nicht zu offen mit den Franzosen als dem kleineren Übel gemeinsame Sache machen. Denn die Patrioten-Partei hatte besonders unter den jüngeren Offizieren viele Anhänger. Und eine immerhin mögliche Niederlage Napoléons konnte sie dazu verleiten, einen mit dem Besiegten eng verbündeten König zu stürzen. So schien es das beste, sich unter leisem, für die Patrioten gerade noch hörbarem Jammern von dem Franzosenkaiser in ein Bündnis mit ihm zwingen zu lassen und mit ihm notgedrungen gegen Rußland zu Felde zu ziehen, es sei denn, der Zar und womöglich auch Österreich schlügen zuerst los und bereiteten Napoléon eine schwere Niederlage; dann müßte man sich natürlich rechtzeitig zu den Siegern schlagen.

Aber zunächst schied Österreich aus diesen Überlegungen aus: Nach dem verlorenen Krieg von 1809 und dem Schönbrunner Frieden war dort Graf Metternich mit der Führung der Regierung beauftragt worden, ein entschiedener Reaktionär, der für die Unterstützung einer antifranzösischen Allianz oder gar für einen Volksaufstand nicht zu gewinnen war. Außerdem versuchte er das Verhältnis zu Napoléon dadurch zu verbessern, daß er ihm 1810 Marie Louise, die Tochter Kaiser Franz II., zur Gemahlin geben ließ und auch für weitere Feldzüge Frankreichs, etwa gegen Rußland, österreichische Hilfstruppen in Aussicht stellte. Der zunächst nach Böhmen geflüchtete Freiherr vom Stein mußte seine Auslieferung an die Franzosen befürchten und bereitete sich – wie schon erwähnt – auf die Flucht nach Rußland vor.

Unter diesen für die preußische Patrioten-Partei nicht gerade hoffnungsvollen Umständen war es beinahe unvermeidlich, daß sich Hardenberg und der zaudernde König nun von den Junkern in noch engere Beziehungen zu Frankreich drängen ließen. Und das bedeutete für die Patrioten, daß sie sich plötzlich in der Illegalität befanden, nur noch konspirativ arbeiten konnten und als gefährliche Staatsfeinde galten.

Wie verhielten sich in einer solchen Situation die Sicherheitsorgane? Nun, was den Chef der preußischen Geheimpolizei betrifft, so wird an seinem Beispiel vollends klar, daß es in der Napoleonischen Ära für pflichtgetreue Staatsschützer ein schier hoffnungsloses Unterfangen war, zwischen verfassungs- und staatstreuen Elementen und gefährlichen, extrem staatsfeindlichen Gewaltverbrechern zu unterscheiden.

Preußens Geheimpolizeichef Justus Gruner sah sich etwa folgender Situation gegenüber: Der offizielle Kurs war eindeutig reaktionär und damit antipatriotisch, antiliberal und erst recht antidemokratisch; der 1808 in Königsberg gegründete «Tugendbund», in dem patriotische und für liberale Reformen eintretende Offiziere und Intellektuelle die Volkserhebung gegen die Napoleonische Herrschaft zumindest geistig vorzubereiten versuchten, war von König Friedrich Wilhelm III. Ende 1809 verboten worden; ein antifranzösischer Putschversuch des Kommandeurs eines Berliner Husarenregiments, des von der Verteidigung Kolbergs her an sich rühmlich bekannten Majors von Schill, war 1809 gescheitert und vom Preußenkönig als «unglaubliche Tat» mit den schärfsten Ausdrücken mißbilligt worden; der angesehene Jurist, Staatsbeamte und Redakteur des «Preußischen Staatsanzeigers», Friedrich von Cölln, der schon 1806 von den Franzosen unter Arrest gestellt worden war, hatte 1808 wegen seiner Kritik an der Junkerherrschaft und an den Mißständen in Armee und Staatsverwaltung auf Befehl Friedrich Wilhelms III. verhaftet und auf die Festung Glatz gebracht werden müssen. Aber das war nur die eine Seite.

Denn anderseits saßen die Förderer des verbotenen «Tugendbundes» und die Freunde des – im Kampf mit den Hilfstruppen Napoléons gefallenen – Meuterers Schill im königlich preußischen Generalstab, im Kriegsministerium und vielleicht sogar in der Staatskanzlei (denn der ‹Staatsfeind› von Cölln, der aus der Festungshaft nach Böhmen hatte entfliehen können, wurde 1811 amnestiert und bekam sogar einen Posten im Büro des Staatskanzlers Hardenberg). Und an der 1810 gegründeten Berliner Universität wimmelte es von Patrioten und Radikalen, die der königlich preußische Kultus- und Geheime Staatsminister Wilhelm von Humboldt, ein selbst im Verdacht des Jakobinismus stehender Mann, mit Lehrstühlen betraut hatte. Der Professor Fichte hielt dort Vorlesungen; der Theologe Friedrich Ernst Daniel Schleiermacher und weitere Berühmtheiten betätigten sich dort offen im patriotischen und antifeudalistischen Sinn. Und hie und da tauchte dort sogar der berüchtigte, von Napoléon geächtete, aber gerade darum sehr populäre Professor Ernst Moritz Arndt aus Greifswald auf, ein Mann, der eigentlich sofort zu verhaften gewesen wäre.

Vom Sommer 1811 an wurde die Lage noch gespannter – und für die preußische Geheimpolizei und ihren Chef noch heikler und verworrener –, denn nun drängten französische Diplomaten und Militärs, unterstützt von ihren junkerlichen Freunden, auf ein unverzügliches Bündnis Preußens mit Frankreich, das natürlich gegen Rußland gerichtet sein sollte. Umgekehrt wandten sich der als Kriegsminister abgesetzte, doch als Generalstabschef noch immer einflußreiche Scharnhorst und dessen patriotische Offiziersclique mit aller Energie gegen jede preußische Beteiligung am geplanten Feldzug gegen Rußland. Gneisenau unterbreitete im August 1811 dem König sogar einen «Plan zur Vorbereitung eines Volksaufstandes», den Friedrich Wilhelm III. *«als Poesie gut»* befand, dessen ernsthafte Erwägung für die Praxis er jedoch mit Entsetzen von sich wies.

Der König wäre am liebsten neutral geblieben, aber Hardenberg hatte ihm schon im April 1811 erklärt: *«Bricht ein Krieg zwischen Rußland und Frankreich aus, so gerät Preußen auf jeden Fall in die größte Gefahr. Neutralität ist gar nicht möglich.»* Eine Zeitlang versuchte man noch, einer Entscheidung auszuweichen, aber Anfang 1812 mußten Hardenberg und mit ihm der König dem französischen Druck nachgeben.

Im Februar 1812 wurde in Paris ein preußisch-französischer Vertrag unterzeichnet, der Napoléon die Hälfte der preußischen Armee für den bevorstehenden Angriff auf das Zarenreich zur Verfügung stellte, das Königreich als Auf- und Durchmarschgebiet für die Große Armee freigab und Preußen praktisch wieder unter französische Militärverwaltung brachte. Darüber hinaus verpflichtete sich Preußen, die durchziehenden

Truppen mit Pferden, Ausrüstung, Munition und Verpflegung zu versehen. Als Gegenleistung für dies alles wurden Preußen – und das empfanden vor allem die Junker als sehr verlockend – die russischen Ostseeprovinzen versprochen, die es allerdings erst einmal zu erobern galt.

Das Bekanntwerden dieser Vertragsbedingungen mußte in Preußen, zumal bei der Landbevölkerung, aber auch bei den Bürgern und erst recht im Offizierskorps helle Empörung auslösen, und für die Geheimpolizei und deren Chef Justus Gruner schien nun die Stunde höchster Wachsamkeit gekommen. Es war mit Aufruhr, Ungehorsam, Majestätsbeleidigungen und Desertionen zu rechnen, womöglich mit einem Staatsstreich. Man hätte jetzt eigentlich die Häupter der Patrioten-Partei vorsorglich hinter Schloß und Riegel setzen müssen.

Doch es geschah zunächst gar nichts, obwohl beispielsweise Gneisenau am 10. März 1812 in einem Brief geschrieben hatte: «Mit Feigheit haben wir einen Unterwerfungsvertrag unterzeichnet, der uns mit Schande besudelt, Blut und Vermögen des Volkes fremder Willkür preisgibt!» – und alsdann zum Feind, nämlich zum Zaren, übergegangen war, wo sich auch Stein aufhielt. Clausewitz und Boyen setzten sich ebenfalls eilig nach Rußland ab, und der Berliner Gesandte des mit Napoléon eng verbündeten Württembergs berichtete nach Hause:

«Wie sehr in der preußischen Armee die Mißstimmung und der Geist des Widerstrebens gegen die Anordnungen des Gouvernements überhand genommen hatte, wird erst jetzt recht offenbar, da seit den nun eingetretenen Verhältnissen aus allen Teilen der Armee, vorzüglich aus Schlesien, ganze Pakete mit Abschiedsgesuchen eintreffen.»

Jetzt hätte es tatsächlich für die preußische Geheimpolizei alle Hände voll zu tun gegeben, zumal es in einigen Städten – so in Bernau, Trebbin und Frankfurt an der Oder – schon zu schweren Zusammenstößen zwischen der Bevölkerung und den durchziehenden französischen Truppen gekommen war.

Aber der sonst so umsichtige und tatkräftige Polizeipräsident und Geheimdienstchef unternahm gar nichts, jedenfalls nicht mehr in dieser amtlichen Eigenschaft. Justus Gruner hatte sich nämlich ebenfalls bereits ins böhmische Ausland abgesetzt; der Boden in Berlin war ihm zu heiß geworden. Denn der eigentliche Organisator der illegalen patriotischen Bewegung, ihr wichtigster Waffen- und Nachrichtenlieferant sowie Verbindungsmann sowohl nach England wie nach Rußland, aber auch zu den verfemten deutschen Demokraten war niemand anderer als er selbst.

Die franzosenfreundlichen Reaktionäre, die Gruner schon vor seiner Flucht heftig attackiert hatten, denunzierten ihn dann auch bei den französischen Militärbehörden. Teils, um einem drohenden Auslieferungsantrag zuvorzukommen und Gruner zu retten, teils aber auch, um ihre französischen und preußischen Verbündeten nicht übermäßig zu reizen, ließen die österreichischen Behörden den zu ihnen geflüchteten Kollegen einfach verschwinden: Sie nahmen ihn fest und lieferten ihn unter einem falschen Namen als Staatsgefangenen in die an der slowenischen Grenze gelegene Festung Peterwardein zu ‹gelinder Haft› ein. Erst Ende 1813 kam Gruner auf eine von Stein veranlaßte Intervention des Zaren hin wieder frei. Es wurden ihm dann auch sogleich wichtige Verwaltungs- und Polizeiaufgaben in den inzwischen besetzten, ehemals zum Napoleonischen Herrschaftsbereich gehörenden Gebieten in Rheinland und Westfalen, später auch in Paris, übertragen.

Denn inzwischen hatte sich das Blatt gewendet, und diese erstaunliche Veränderung der politischen Landschaft war von einem preußischen General und Junker eingeleitet worden, der zuvor zu den erzreaktionären Feinden des Freiherrn vom Stein und der Patrioten gehört hatte, und zwar durch Hoch- und Landesverrat sowie weitere schwere Delikte, die ihn als – mindestens zeitweisen – radikalen Oppositionellen und gefährlichen Staatsfeind *par excellence* auswiesen.

IV. Wie aus Staatsfeinden Staatsretter, aus Staatsrettern wieder Staatsfeinde wurden

«Jetzt ist die Zeit, daß Deutschland sich erhebe und daß es Freiheit und Ehre wiedererringe, daß es beweise, wie nicht das Volk, sondern seine Fürsten sich freiwillig unter das Joch gebeugt haben.»

Diese Sätze schrieb im Dezember 1812 Karl Freiherr vom Stein, nunmehr Berater des Zaren Alexander I. von Rußland. Und er meinte, daß es nun Zeit für eine Erhebung der Deutschen sei, weil Napoléons Große Armee – 600000 Soldaten, darunter fast 200000 Deutsche und weitere 120000 nichtfranzösische Unfreiwillige – in Rußland äußerst schwere Verluste erlitten und den Rückzug angetreten hatte.

Die Flankendeckung und Nachhut am nördlichen Flügel dessen, was von der Großen Armee übriggeblieben war, bildeten die knapp zwanzigtausend Mann starken preußischen Hilfstruppen. Deren Oberbefehlshaber war seit August 1812 der General Hans David Ludwig von Yorck, jener reaktionäre Junker, der die Reformer als ‹Natterngeschmeiß› bezeichnet hatte und die gegen die Napoleonische Fremdherrschaft kämpfenden Patrioten – besonders den Freiherrn vom Stein – für gefährliche Jakobiner hielt. Alle Versuche der in Rußland gegen Napoléon und seine deutschen Verbündeten agitierenden Flüchtlinge aus Preußen, General Yorck auf ihre Seite zu ziehen, waren gescheitert; er hatte es strikt abgelehnt, mit ihnen oder gar mit den Russen auch nur ein Gespräch zu führen.

Doch als um Weihnachten 1812 das Ausmaß der Katastrophe, die Napoléons Große Armee erlitten hatte, deutlich wurde und als sich in Ostpreußen die Anzeichen für eine baldige Volkserhebung gegen die französische Besatzung mehrten, da wurde General Yorck anderen Sinnes. Er erkannte die Gefahr, die ein weiteres Verbleiben Preußens an der Seite der Verlierer für die Monarchie und die Herrschaft der Junker in sich barg. Und da König Friedrich Wilhelm III. sich nicht rührte und alle an ihn gerichteten Bitten um neue Instruktionen unbeantwortet ließ, beschloß der General, auf eigene Faust zu handeln. Am 30. Dezember 1812 traf er sich in einer Mühle nahe dem litauischen Städtchen Tauroggen mit dem Kommandeur der seinem Korps am nächsten stehenden russischen Truppen.

Die Unterredung, an der auf russischer Seite auch der aus Preußen emigrierte Clausewitz teilnahm, führten zu einer Übereinkunft; Yorck verpflichtete sich, sein Korps nicht, wie es sein Auftrag war, gegen die Russen kämpfen zu lassen, sondern es in Ostpreußen zu ‹neutralisieren›.

Damit war der Untergang der Reste des deutsch-französischen Heeres besiegelt, und Yorck wußte genau, welches Risiko er mit diesem Hochverrat einging.

«*Der Schritt, den ich getan*», schrieb er an König Friedrich Wilhelm III., «*ist ohne Befehl Ew. Majestät geschehen. Die Umstände und wichtige Rücksichten müssen ihn aber für die Mit- und Nachwelt rechtfertigen, selbst dann, wenn die Politik erheischt, daß meine Person verurteilt werden muß ... Ich schwöre Ew. Königlichen Majestät. daß ich auf dem Sandhaufen ebenso ruhig wie auf dem Schlachtfelde, auf dem ich grau geworden bin, die Kugel erwarten werde.*»

Aber Yorck wußte natürlich, daß auch seine Exekution den von ihm eigenmächtig herbeigeführten Bruch Preußens mit Frankreich nicht mehr heilen konnte. Allenfalls durfte er hoffen, daß seine kühne Eigenmächtigkeit die preußische Armee vor der Vernichtung retten, so letztlich die ohne Heer dem Untergang geweihte Hohenzollern-Monarchie und ihren Junkerstaat erhalten und deshalb beim König Verständnis, vielleicht sogar Billigung finden würde.

Doch mindestens das letzte trat nicht ein: Friedrich Wilhelm III. ließ sogleich in der «Spenerschen Zeitung» bekanntmachen, General Yorck sei abgesetzt und werde vor ein Kriegsgericht gestellt; seine verräterische Abmachung mit dem Feind habe keine Gültigkeit.

Gleichzeitig aber verlegte der König seine Residenz von Berlin, wo die französische Besatzung ihn hätte absetzen und verhaften können, eilig ins unbesetzte Breslau, und er wurde sich dabei seiner peinlichen Lage erst voll bewußt: Der größere Teil seines Rumpf-Königreichs war noch in der Hand der Franzosen; nach Ostpreußen hatte der Meuterer Yorck die Russen einmarschieren lassen und führte dort das Oberkommando über die ‹neutralisierte› Hauptmacht der preußischen Armee, obwohl ihn der König doch abgesetzt hatte, und der entlassene Minister Freiherr vom Stein stand dort als Beauftragter des Zaren an der Spitze der Zivilverwaltung.

Außerdem begann nun die von Friedrich Wilhelm III. ganz und gar nicht gewünschte Volksbewaffnung. In Ostpreußen formierte sich die Landwehr, und in Schlesien bildeten «Jäger» genannte Freiwillige, zumeist Bürgersöhne sowie aus den Rheinbund-Staaten geflüchtete Patrioten, eine Freischar unter dem Kommando des Husarenoffiziers von Lützow, der schon mit dem Major von Schill zusammen an eigenmächtigen Angriffen auf die französischen Besatzungstruppen teilgenommen hatte. (Übrigens, da diese Freischärler keine Uniformen bekamen, färbten sie sich ihre Zivilkleidung einheitlich schwarz und versahen die Jacken mit roten Aufschlägen und goldenen Knöpfen; das Schwarzrotgold, das nach der Legende den alten Reichsfarben entsprach, wurde dann von den Demokraten zum Symbol des Kampfes um nationale Einigung und bürgerliche Freiheit erkoren.)

Natürlich richteten sich das Aufgebot der Landwehr und die Bildung der Freischar in erster Linie gegen die französischen Besatzer, obwohl der König noch keineswegs bereit war, von Napoléon abzufallen und sich mit den Russen zu verbünden. Durch seinen Unterhändler, den zur frankreichfreundlichen Partei der reaktionärsten Junker und Höflinge gehörenden General Karl Friedrich von dem Knesebeck, ließ Friedrich Wilhelm III. alle Bündnisangebote des Zaren zurückweisen und für Rußland unannehmbare Friedensbedingungen stellen, bis am 25. Februar 1813 ein neuer russischer Bevollmächtigter in Breslau eintraf, der dem König klarzumachen verstand, in welcher Lage er sich befand und daß er keine Bedingungen mehr zu stellen hatte. Dieser Abgesandte des Zaren, der Friedrich Wilhelm III. das Fürchten lehrte, war Karl Freiherr vom und zum Stein.

Mit teils wahren, teils übertriebenen oder auch frei erfundenen Schilderungen der Lage und der weiteren Aussichten gelang es Stein, seinem früheren Dienstherrn so viel Angst einzujagen, daß der König nach Meinung ausländischer Beobachter nahe daran war, den Verstand zu verlieren. Schließlich, am 17. März 1813, unterschrieb Friedrich Wilhelm III. blaß und zitternd die vorbereitete Proklamation «An Mein Volk», worin er den Abschluß eines Bündnisses mit Rußland und den Beginn des Befreiungskriegs gegen seine bisherigen Verbündeten, Napoléon und die Rheinbund-Fürsten, bekanntgab.

Es war das erste Mal, daß ein preußischer Herrscher sich unmittelbar an sein ganzes Volk, an jene rechtlose Masse von Untertanen wandte, die man bei Hof verächtlich «das Ungeziefer» nannte. Ganze Generationen von preußisch-deutschen Historikern haben später daraus die Legende entstehen lassen, daß «der König rief und alle, alle kamen»; noch in unseren Tagen hat Gerhard Ritter sich nicht gescheut, es ebenso darzustellen. In seiner – 1958 wieder aufgelegten – Stein-Biographie schilderte er den Vorgang mit den Worten: «Willig dem Rufe seines Königs folgend, trat das preußische Volk zum blutigen Waffengang an», wo es in Wahrheit hätte heißen müssen: ‹Höchst widerwillig und schlotternd vor Angst ließ sich der König nach schier endlosem Zögern und Lavieren schließlich doch noch an die Spitze der Volksbewegung drängen, die über ihn und seinen Thron schon hinwegzugehen drohte›; erst als ‹alle, alle riefen, kam Friedrich Wilhelm III.›, und sein Zaudern hatte, von seinem Standpunkt aus gesehen, gute, beinahe zwingende Gründe:

Denn bei dieser sich zunächst auf Preußen beschränkenden Volksbewegung ging es zwar vordergründig allein um die Befreiung von der Napoleonischen Fremdherrschaft, aber eben nicht bloß Preußens. Aus *ganz* Deutschland sollten die fremden Eroberer verjagt, ihr Regime beseitigt und die von Napoléon abhängigen Rheinbund-Fürsten weggefegt werden. Die patriotischen Reformer wollten ein geeintes deutsches Vaterland schaffen, und dieser Nationalstaat aller Deutschen sollte natürlich nicht die alte, verhaßte Feudalordnung bekommen, sondern ein Land der Freien sein, mit einer fortschrittlichen Verfassung, ohne Fron, Fürstenwillkür und Adelsprivilegien, ohne Zunft- und kirchlichen Gewissenszwang, schikanöse Judenverordnungen und Kabinettsjustiz, ohne Binnenzölle und Handelsschranken, ohne Pressezensur und Spitzelwesen, erst recht ohne ausländische Bevormundung und mit einem starken Volksheer aus freiwillig dienenden Söhnen aller Stände.

Dies waren zweifellos sehr radikale, durchaus revolutionäre Ziele, und sie lassen die Angst der Junker und das Mißtrauen Friedrich Wilhelms III. begreiflich erscheinen. Der König mußte wirklich fürchten, sich mit der Revolution verbunden zu haben, nicht nur mit kleinadligen Rebellen wie Yorck und Stein, sondern mit aufrührerischem Bürger- und Bauernpack, mit außer Rand und Band geratener Plebs.

Aber die geistigen Führer dieser Volksbewegung waren nur in ihren Träumen revolutionär und genossen dann – wie Arndt es nannte – «*das Schwingen, Klingen und Ringen dieser Morgenröte deutscher Freiheit*». Im übrigen waren sie, von einigen Ausnahmen abgesehen, von geradezu rührender Naivität. Es hätte sie eigentlich alle – und nicht nur den einen oder anderen Warner – äußerst bedenklich stimmen müssen, daß es ausgerechnet die reaktionärsten, ihre eigenen Völker in Knechtschaft haltenden Herrscher von Rußland und Österreich-Ungarn waren, die mit ihren Kosaken, Panduren und Kroaten der deutschen Freiheit zum Durchbruch verhelfen sollten.

Zudem hatte das Napoleonische Frankreich zwar in Rußland eine schmerzliche Niederlage erlitten, aber es war noch keineswegs besiegt. Napoléon hatte schon wieder eine neue Armee aus dem Boden gestampft; er war noch immer ein mächtiger und gefährlicher Gegner. Jede der beiden von den deutschen Patrioten schon als Befreier bejubelten Großmächte wollte sich lieber – und natürlich auf Kosten der anderen – mit Napoléon zu arrangieren versuchen als einen Krieg riskieren, bei dem keineswegs sicher war, wer am Ende siegen und wer von dem Sieg die größten Vorteile haben würde.

Und schließlich gab es noch einen Umstand, den die meisten deutschen Freiheitskämpfer völlig außer Betracht gelassen hatten: Kein Herrscherhaus in Europa wollte ein geeintes und freies Deutschland. Jede der alten Mächte konnte in einem solchen Staat nur eine ernste Gefahr für die eigenen Interessen sehen.

Also war es von Anfang an nichts als eine Illusion, vom Zaren, von Österreichs Metternich, von Friedrich Wilhelm III. gar oder von irgendeinem anderen Potentaten ein ernsthaftes Anstreben oder auch nur das Dulden einer Verwirklichung der deutschpatriotischen Ziele zu erwarten.

Der Sturm der Begeisterung, der von Preußen her weite Teile des deutschen Volkes und zumal die studentische Jugend erfaßt hatte und der in zahlreichen Gedichten, Liedern, Dramen und Erzählungen seinen Ausdruck fand, mußte zwangsläufig in Enttäuschung enden.

Was jedoch nach dem endgültigen Sieg über Napoléon 1815 als Resultat der Befreiungskriege für die Deutschen herauskam, übertraf noch die schlimmsten Befürchtungen derjenigen, die längst keine Illusionen mehr gehabt hatten: Anstelle des von den Patrioten erträumten, in Freiheit geeinten deutschen Vaterlands gab es nicht einmal den Bundesstaat, den Stein durchzusetzen gehofft hatte, vielmehr nur etwas, das er – vom Standpunkt der Deutschen her gesehen – mit Recht «ein Nichts» nannte, nämlich den Deutschen Bund, bestehend aus vierunddreißig erblichen Monarchien und vier sogenannten Freien Städten. Wie die Macht in diesem Bund verteilt war, was er bezweckte und wieviel ausländische Potentaten darin mitzureden hatten, zeigte die Zusammensetzung der sogenannten ‹Bundesregierung›. Darin hatten die Vertreter Österreichs, Preußens, Bayerns, Sachsens, Großbritanniens (für Hannover), Dänemarks (für Holstein und Lauenburg), Hollands (für Luxemburg), Württembergs, Badens und beider Hessen je eine Stimme; fünf Stimmen entfielen auf anderthalb Dutzend Zwergstaaten, und nur eine Stimme wurde den vier wichtigen und bevölkerungsreichen Freien Städten gemeinsam zuteil. Alle Mitglieder waren Repräsentanten ihrer Souveräne; das Volk hatte nichts mitzureden und wurde in der Bundesakte mit keinem Wort erwähnt. Vielmehr hieß es darin, daß der Zweck des Deutschen Bundes allein die Erhaltung der äußeren und inneren Sicherheit, der Souveränität und Unverletzlichkeit der Einzelstaaten, des Friedens zwischen ihnen sowie die Gewährleistung der bestehenden Ordnung sei.

Diesem reaktionären Zweckbündnis übergeordnet war die im September 1815 zwischen dem Zaren von Rußland, dem Kaiser von Österreich und König Friedrich Wilhelm III. von Preußen geschlossene «Heilige Allianz», eine Verbindung «zum Schutz der christlichen Religion», die jede politische oder soziale Veränderung verhindern, alle fortschrittlichen Bewegungen unterdrücken und sofort militärisch einschreiten sollte, wenn irgendwo in Europa auch nur der Wunsch nach einer gemäßigt liberalen Verfassung laut würde. Mit dieser «Heiligen Allianz», die in dem österreichischen Staatskanzler Metternich einen erbarmungslosen Vollstrecker ihrer Politik fand, wollten die alten Mächte jede Erinnerung an die Französische Revolution auslöschen und die Völker Europas in blinde Untertänigkeit zurückführen.

Aber während so die Fundamente gelegt wurden für eine gewaltige Unterdrückungsmaschinerie, der der Kontinent fortan ausgeliefert sein sollte, entstanden auch bereits neue, vorerst noch ungenügend starke Kräfte, die der Restauration der Feudalherrschaft entgegenwirkten.

Das nach dem Willen der deutschen Machthaber wieder entmündigte Bürgertum in den industriell am weitesten fortgeschrittenen Gebieten, namentlich in der jetzt preußischen Rheinprovinz, begann sich sofort zu wehren, zunächst gegen die Beschränkungen der Handels- und Gewerbefreiheit, dann auch gegen seine politische Entrechtung. Im April 1819 wurde auf der Frankfurter Frühjahrsmesse der «Allgemeine deutsche Handels- und Gewerbeverein» gegründet, der sich bald zum organisatorischen Zentrum der an einem einheitlichen deutschen Markt interessierten Fabrikanten und Kaufleute entwickelte. Sein Initiator und Sprecher wurde der (mit dem gleichnamigen Jakobiner nicht identische) Professor für Staatskunde in Tübingen, Friedrich List, der Wortführer der württembergischen Liberalen.

Gleich nach der Gründung des Vereins hatte List eine von ihm verfaßte und von siebzig prominenten Fabrikanten und Handelsherren unterschriebene Petition dem ebenfalls in Frankfurt tagenden Bundestag übergeben. In dieser Bittschrift hieß es unter anderem: *«Achtunddreißig Zoll- und Mautlinien in Deutschland lähmen den Verkehr im Innern und bringen ungefähr dieselbe Wirkung hervor, wie wenn jedes Glied des menschlichen Körpers unterbunden wird, damit das Blut ja nicht in ein anderes überfließe.»*

Die Versammlung der ständigen Vertreter aller im Deutschen Bund vereinigten Fürsten lehnte es jedoch ab, sich mit dieser harten, aber völlig berechtigten Kritik an den nach 1815 geschaffenen Verhältnissen überhaupt zu befassen; den Unterzeichnern wurde der Bescheid zuteil, sie hätten kein Recht, *«sich mit Übergehung ihrer Obrigkeit»* unmittelbar beschwerdeführend an die Bundesversammlung zu wenden. Daraufhin beschloß der Verein, Deputationen an sämtliche Höfe zu schicken, aber die Schwierigkeiten, die den Abgesandten von den einzelnen Landesregierungen bereitet wurden, führten zum Scheitern des Unternehmens und 1820 zur Auflösung des Vereins. 1821 wurde Friedrich List in Württemberg wegen ‹Staatsbeleidigung› unter Anklage gestellt, seines Mandats in der Zweiten Kammer – hier hatten sich die Bürger schon ein politisches Mitspracherecht erkämpft – für verlustig erklärt und zu zehn Monaten Festungshaft verurteilt. Der so ‹gemaßregelte› Radikale Friedrich List floh daraufhin nach Straßburg, kehrte nach mehr als dreijähriger Abwesenheit in sein Heimatland zurück, wurde aber dort, entgegen seiner Erwartung, sogleich verhaftet und auf den Hohenasperg gebracht. Nach einigen Monaten begnadigte ihn der König unter der Bedingung, daß er Württemberg sofort und auf immer verlasse. List wanderte dann mit seiner Familie in die Vereinigten Staaten aus, wo er in Pennsylvanien ansässig und später zu einem der Pioniere des Eisenbahnwesens wurde. 1833 kehrte er als amerikanischer Konsul nach Deutschland zurück und setzte sich von Leipzig aus mit großem Eifer für den Bau eines deutschen Eisenbahnnetzes ein. Doch er fand für seine Pläne bei keiner Behörde Zustimmung, bemühte sich ein Jahrzehnt lang vergeblich, seine Projekte durchzusetzen oder wenigstens eine Anstellung im Staatsdienst zu finden, und beging schließlich am 30. November 1846 aus Verzweiflung Selbstmord.

Die schmähliche Behandlung des – von späteren Generationen als weitblickender Vorkämpfer für einen deutschen Eisenbahnverbund gefeierten – Nationalökonomen Friedrich List, seine Einkerkerung und Vertreibung ins Exil, erst recht die jahrzehntelange Weigerung deutscher Behörden, List zum Staatsdienst zuzulassen – dies alles stellt keineswegs einen Einzelfall dar, höchstens insofern, als man mit diesem recht prominenten Mann noch verhältnismäßig milde verfuhr. Andere Oppositionelle, die nicht so wohlhabende und geachtete Fabrik- und Handelsherren zu Freunden hatten, mußten weit brutalere Verfolgungen erdulden, und zumal gegen die studentische Jugend ging man mit rücksichtsloser Härte vor.

Schon in den letzten Kriegstagen, unmittelbar nach der Gründung des Deutschen Bundes, waren an den Universitäten Jena und Gießen sogenannte Burschenschaften entstanden. Ehemalige Lützower Jäger wollten darin die Studierenden aller deutschen Staaten vereinen. Wie zuvor bei den Freischaren, wählte man auch bei den Burschenschaften Schwarzrotgold als Bundesfarben und zum Wahlspruch «Ehre, Freiheit, Vaterland».

Was die politischen Ziele der Burschenschaften betraf, so war man sich einig in der Bekämpfung der Restauration des Feudalismus und der Vielstaaterei, in dem Wunsch nach einem geeinten Reich aller Deutschen und nach einer freiheitlichen Verfassung. Ansonsten aber gingen die Auffassungen der einzelnen Gruppen weit auseinander. Bei vielen herrschten romantische Vorstellungen von den Fürsten als natürlichen Führern des Volkes vor; die Stauferkaiser galten als großes Vorbild. Andere gefielen sich in wilder ‹Teutschtümelei›, chauvinistischem Franzosenhaß und nationalistischer Überheblichkeit; sie verachteten die ‹weichlichen› Gedanken der Aufklärung und sahen das Heil in der ‹Wehrertüchtigung›, wie sie der ‹Turnvater› Friedrich Jahn seit 1811 in Berlin predigte. Und schließlich gab es eine radikale, jakobinische Richtung unter Führung der Brüder Karl und Adolf Follen, deren Anhänger sich in Gießen zur Gruppe der «Unbedingten», dem Kern der «Gießener Schwarzen», zusammenfanden.

Nachdem am 17./18. Oktober 1817 etwa fünfhundert Vertreter der Burschenschaften aller protestantischen Universitäten auf der im Großherzogtum Sachsen-Weimar gelegenen Wartburg gemeinsam den vierten Jahrestag der Völkerschlacht bei Leipzig und die Dreihundertjahrfeier der Reformation festlich begangen und zu einer aufsehenerregenden Demonstration gegen die reaktionäre Politik des Deutschen Bundes und der Heiligen Allianz gemacht hatten, begann eine Verfolgung dieser studentischen Bewegung, die bald dramatische und weit über die Universitäten hinausreichende Folgen haben sollte.

Zunächst erhielt der Großherzog von Sachsen-Weimar, weil er das Studententreffen auf der Wartburg geduldet hatte, einen Verweis aus Wien; Metternich beschuldigte ihn, «*aus seinem kleinen Land eine Brutstätte des Jakobinertums zu machen*».

Der preußische Staatsrat und stellvertretende Polizeiminister Karl Albert von Kamptz, dessen 1816 erschienener «Codex der Gens d'armerie», neben anderen Schriften und Symbolen des reaktionären Regimes, auf dem Wartburgfest verbrannt worden war, bezeichnete die Teilnehmer des Treffens in einem Schreiben an den Großherzog von Sachsen-Weimar als einen «*Haufen verwilderter Professoren und verführter Studenten*»; vom Preußenkönig forderte Kamptz in einem Brief vom 5. November 1817, der «*Vergiftung der Jugend und dem uns drohenden Terrorismus*» schleunigst mit drakonischen Maßnahmen entgegenzutreten.

Als nächster meldete sich der Lustspieldichter August von Kotzebue zu Wort, der als russischer Staatsrat und Agentenführer der politischen Geheimpolizei des Zaren seit 1813 in Deutschland jede freiheitliche Regung bekämpfte. Mit aller Energie wandte er sich gegen die Beibehaltung einiger aus der Zeit der Franzosenherrschaft stammender Lockerungen der Zensur und der ‹Zucht› an den Universitäten. Was die Hochschulen betraf, so meinte Kotzebue:

«*Warlich, jeder Vater muß jetzt zittern, einen Sohn auf die Universität zu schicken; er muß gerade dann am meisten zittern, wenn der junge Mensch lebhaft und geistreich ist; denn die Corallenklippen der Landsmannschaften, der Burschenschaften, der Turnkunst, ja sogar der Hörsäle, wo unverständige Professoren ihm sagen, daß er berufen ist, sein Vaterland zu reformieren – lauern überall auf ihn . . . Warlich, jeder Vater, der Söhne hat, würde es derjenigen Regierung herzlich danken, die den Anfang machte, von ihren Universitäten die Studenten-Willkühr zu verbannen; denn in dieser akademischen Freiheit gehen fürwahr mehr gute Köpfe unter, als deren entwickelt werden. Ja, auch jeder kinderlose Bürger würde seinen Dank mit dem der Väter vereinen, denn – bewahre uns Gott in Deutschland vor irgendeiner Revolution! – Aber – sollte sich eine ereignen, was dürfen wir, nach solchen Vorspielen, von unsrer Jugend erwarten?*»

Aber Kotzebue betrieb nicht nur eine rege Propaganda gegen jede akademische Freiheit, er schickte auch geheime Berichte nach St. Petersburg, und bei dem starken Einfluß des Zaren auf die Politik der deutschen Höfe war den Meldungen, die ihm sein Staatsrat erstattete, erhebliche Bedeutung beizumessen; Kotzebues Warnungen konnten sich leicht in diplomatische Forderungen Rußlands verwandeln, die Befehlen gleichkamen.

So erregte es großes Aufsehen, als einer dieser Geheimberichte, worin Kotzebue die deutschen Universitäten als «*Brutstätten der Revolution*» bezeichnete, durch Zufall in die Hände fortschrittlicher Professoren fiel und in der von dem Jenaer Historiker Heinrich Luden herausgegebenen Zeitschrift «Nemesis» veröffentlicht wurde. (Luden wurde zur Aufgabe seines Blatts gezwungen; der Naturwissenschaftler Lorenz Oken, ebenfalls Professor in Jena, der an der Publikation des Kotzebue-Berichts maßgeblichen Anteil hatte, mußte deshalb bald darauf auf Ersuchen der russischen Regierung aus dem weimarischen Staatsdienst ausscheiden und emigrierte in die Schweiz.)

Inzwischen hatten sich auch Nachrichten in Deutschland verbreitet, die besagten, daß der erste Kongreß der Heiligen Allianz, der im Herbst 1818 in Aachen stattgefunden hatte, zu dem Ergebnis gekommen wäre, daß man nur mit umfassenden Unterdrückungsmaßnahmen der Gefahr einer Revolution in den deutschen Staaten Herr werden könnte. Dem Kongreß hatte das Memorandum eines anderen russischen Staatsrats, Alexander Stourdza, vorgelegen, worin die deutschen Universitäten als gefährliche Unruheherde bezeichnet und Maßnahmen empfohlen wurden, mit denen die Professoren- und Studentenschaft unter strenge Aufsicht gestellt und die Presse- und Meinungsfreiheit gänzlich beseitigt werden sollten.

Durch allerlei Gerüchte, beispielsweise über die bevorstehende polizeiliche Schließung bestimmter Universitäten, verstärkte sich im Winter 1818/19 die Unruhe unter den Studenten noch beträchtlich. Dann flaute sie, da nichts geschah, wieder etwas ab, bis Ende März 1819 eine Nachricht aus Mannheim kam, die nicht nur die Hochschulen, sondern das ganze Bürgertum in Erregung versetzte.

Am 4. April 1819 veröffentlichten die «Erinnerungsblätter für gebildete Leser aus allen Ständen» den ersten ausführlichen Bericht:

«Was man schon einige Tage früher durch Privat-Briefe erfuhr, aber, weil es zu schrecklich war, nicht glauben wollte, bestätigen nun auch die öffentlichen Blätter: ‹Gestern Nachmittags 5 Uhr – heißt es in einem Briefe aus Manheim vom 24. März – wurde Herr von Kotzebue auf seinem Zimmer durch 5 Dolchstiche ermordet. Der Mörder war, zu Folge seines Passes, Studiosus Theologiae, Namens Carl Ludwig Sand aus Wunsiedel. Er hatte früher in Erlangen und Tübingen studirt, seit 2 Jahren in Jena, von wo er hier her gekommen ist. Er war drei Mal bei Kotzebue gewesen, jedoch ohne denselben zu Hause getroffen zu haben. Als er um 5 Uhr wiederkam, wird Kotzebue, der gerade große Gesellschaft hatte, abgerufen, und empfängt den Studenten auf seinem Zimmer. Dieser, wie der Bediente noch gehört, fragt: Sind Sie Kotzebue?, und stößt auf dessen Bejahung ihm einen zwölf Zoll langen Dolch bis ans Heft ins Herz ... Mit dem Dolche in der Hand ... geht der Mörder langsam die Treppe hinunter, kniet vor der Hausthür nieder, faltet die Hände und ruft: Vater, es ist vollbracht!, zieht einen zweiten Dolch, und unter dem Ausrufe ‹Vivat Teutonia!› durchbohrt er sich zweimal ...

Heute Morgens vier Uhr ist er erst wieder zu sich gekommen. In seiner
Tasche fand man eine Rolle, worauf mit großen Buchstaben geschrieben
stand: Todesurtheil des A. von Kotzebue den 23. März 1819 in Vollzie-
hung zu bringen . . .»

Und weiter hieß es in den «Erinnerungsblättern»:

«Mannheim, den 25. März. – Gestern wurde Herr von Kotzebue
beerdigt. Sein Mörder wird besser, und man zweifelt fast nicht an seiner
Wiederherstellung. Er hat schon gestern die Sprache wieder erhalten
und seitdem in sehr ruhigem Ton erklärt: er bereue keineswegs das, was
er gethan; er habe den Plan dazu seit 6 Monaten überdacht; er sei
überzeugt, ein gutes Werk gethan zu haben, indem er Deutschland von
einem Manne befreiet, der den deutschen Studenten so viel zu Leid
gethan, theils durch seine Schriften, theils dadurch, daß er sie in den
Augen des russischen Kaisers angeschwärzt. Sand versichert, er habe
keine Mitschuldige.»

Die Tat des Studenten Karl Sand, der zum Kreis der «Unbedingten»
um die Brüder Follen gehörte, lieferte der feudalen Reaktion den will-
kommenen Anlaß, die auf dem Aachener Kongreß beratenen Maßnahmen gegen die Studentenschaft und gegen alles, was sich unter der
Rubrik ‹demokratische Umtriebe› mit etwas Mühe unterbringen ließ,
beschleunigt in die Tat umzusetzen. Die sogenannten Karlsbader Beschlüsse vom August 1819 und die entsprechenden Maßnahmen des
Deutschen Bundestags, die noch im September in Frankfurt getroffen
wurden, waren nur noch die formellen Bestätigungen dessen, was der
Staatskanzler Metternich bereits Monate vorher als «notwendige Schritte» bezeichnet hatte: das Verbot der Gewährung politischer Mitspracherechte an die ‹Untertanen› im Rahmen repräsentativer Verfassungen,
weil solche liberalen Extratouren einzelner Souveräne «die Fortdauer des
Bundesvereins höchst problematisch machen würden»; eine ‹Exeku-
tionsordnung›, die dem Deutschen Bund – in der Praxis den beiden
Großen, Österreich und Preußen – das Recht gab, jederzeit Truppen
gegen einen deutschen Staat aufzubieten, wenn dieser infolge einer
Widersetzlichkeit der ‹Untertanen› nicht mehr in der Lage sei, die Bun-
desbeschlüsse durchzuführen und die Ordnung aufrechtzuerhalten; eine
verschärfte Vorzensur der gesamten Presse sowie aller Bücher von weniger als zwanzig Bogen – 320 Seiten – Umfang; strenge Kontrolle der
Lehrtätigkeit und Beaufsichtigung der Studenten an allen Universitäten
durch außerordentliche landesherrliche Bevollmächtigte sowie die Einsetzung einer Zentralen Untersuchungskommission als Bundesbehörde
mit umfassenden Vollmachten zur Bekämpfung dessen, was man ‹dema-
gogische und revolutionäre Umtriebe› nannte.

Im Königreich Preußen nahmen aus Protest gegen diese reaktionären
Beschlüsse eine ganze Reihe von hochverdienten Beamten und Militärs
ihren Abschied oder wurden auf einflußlose Posten abgeschoben. Die

Minister Wilhelm von Humboldt, Karl von Grolmann, Hermann von Boyen und auch der liberale Staatskanzler Karl Friedrich von Beyme erbaten und erhielten ihre Entlassung; Karl Freiherr vom Stein zog sich völlig ins Privatleben zurück und widmete sich fortan ganz der von ihm gegründeten Gesellschaft für ältere deutsche Geschichte. Der vorübergehend wiedereingesetzte und sogar geadelte Justus von Gruner mußte, weil er dem König suspekt war, aus dem Polizeidienst ausscheiden, konnte aber immerhin noch Gesandter in Bern werden.

Clausewitz wurde als Generalstabschef entlassen und zum Direktor der Kriegsschule ernannt. General Yorck, dem der König nur ungern seine ‹Meuterei› verziehen hatte und dem er seither mißtraute, hatte schon 1815 seinen Abschied genommen. Scharnhorst war 1813 seinen Verwundungen erlegen, sonst hätte auch er jetzt gehen müssen; Gneisenau war bereits 1816 verabschiedet worden, erhielt aber später noch einen Gouverneursposten und starb 1831, wobei anzumerken ist, daß für seine Witwe und deren sechs Kinder erst durch einen flehentlichen Bittbrief seines Freundes Clausewitz an den Kronprinzen durch diesen die Zahlung einer kleinen Pension an die Hinterbliebenen erwirkt werden konnte.

Selbst der königstreue ‹Franzosenfresser› Ernst Moritz Arndt, der gefeierte Dichter der Freiheitskriege, der gerade erst zum Professor der Geschichte an der neugegründeten, nunmehr preußischen Universität Bonn ernannt worden war, wurde gleich nach der Ermordung Kotzebues wegen veröffentlichter Meinungen und privater Äußerungen als ‹Demagoge› verdächtigt. Sein Haus wurde polizeilich durchsucht, und man beschlagnahmte seine sämtlichen Papiere. Wenig später wurde Arndt vom Dienst suspendiert, doch das dann gegen ihn eingeleitete Strafverfahren mußte mangels ausreichender Beweise eingestellt werden. Trotzdem blieb ihm die Lehrerlaubnis noch mehr als zwei Jahrzehnte lang entzogen.

Arndts Schwager, der an der Berliner Universität lehrende Theologe und Philosoph Friedrich Ernst Daniel Schleiermacher, seit 1814 auch Sekretär der preußischen Akademie der Wissenschaften und zeitweise, unter Wilhelm von Humboldt, leitender Beamter im Kultusministerium, hatte sich den preußischen Reaktionären und auch Friedrich Wilhelm III. selbst schon seit 1813 verdächtig gemacht. Jetzt begann die Berliner Polizei gegen Schleiermacher ein Ermittlungsverfahren wegen des Verdachts der staatsgefährdenden ‹Demagogie›, und diese Untersuchung wurde schließlich auf das ganze Verhalten des Professors und Kirchenmannes ausgedehnt; man überwachte seine Predigten und bespitzelte ihn bei seinen Vorlesungen, bei seiner Tätigkeit als Dekan der Universität und auch bei Gesprächen am Stammtisch.

Fichte, von dessen Schwierigkeiten bereits eingangs die Rede gewesen ist, war 1814 gestorben. Seine «Reden an die deutsche Nation» wurden nun auf die Liste der verbotenen Schriften gesetzt.

Was Georg Wilhelm Friedrich Hegel, damals ebenfalls Professor der Philosophie an der Berliner Universität, dort beobachten mußte, vertraute er im Mai 1821 einem Freund an, dem er schrieb: «*Wenn . . . irgendwo irgend ein Stempel, zum Beispiel der Demagogie, vollends gar des Atheismus, aufgedrückt ist, trägt (er) für allerwärts im Deutschen Reiche – Gebiete der heiligen Allianz – dieses Caveto auf der Stirne!*»

Mit allen diesen geistigen, politischen und militärischen Führern, Helden und Vorbildern der Nation gingen die Demagogenverfolger natürlich weit glimpflicher um als mit weniger prominenten Beamten und Wissenschaftlern oder gar mit Studenten, Schülern und Handwerksgesellen, die zu Dutzenden eingekerkert, mißhandelt und zu oft unbegreiflich harten Strafen verurteilt wurden.

Daß der Mörder Kotzebues, der Student Karl Sand, natürlich nicht, wie von vielen erhofft, am Ende begnadigt, sondern, kaum von seinen schweren Verletzungen einigermaßen genesen, am 20. Mai 1820 hingerichtet wurde, versteht sich unter den geschilderten Umständen beinahe von selbst.

Aber daß nicht nur die Burschenschaften und alle anderen studentischen Verbindungen, vielmehr auch die Turnvereine und bürgerlichen Lese-Gesellschaften nun aufgelöst und verboten, ihre Mitglieder in langwierige Ermittlungsverfahren verwickelt und nicht selten zu harten Gefängnisstrafen verurteilt wurden, das sahen schon damals die meisten Menschen, auch wenn sie die recht verschrobenen Ansichten der ‹Altteutschen› und ‹vaterländischen Turner› nicht teilten, als eine höchst ungerechte und törichte Schikane an, ja als eine Schande für die Nation.

Der ‹Turnvater› Friedrich Ludwig Jahn wurde im Sommer 1819 als besonders gefährlicher ‹Demagoge› in Haft genommen und jegliche Turnerei polizeilich verboten. Auch als Jahn, nachdem er bereits zwei Jahre im Gefängnis verbracht hatte, dann überraschend freigesprochen wurde, blieb er noch fast zwei Jahrzehnte lang aus Berlin verbannt und stand in der Festung Freyburg an der Unstrut bis an sein Lebensende unter Polizeiaufsicht.

Daß das Verfahren gegen Jahn mit Freispruch endete, war einem Richter zu verdanken, der ein so hervorragender Jurist und im Dienst untadelig korrekter Beamter war, daß man ihm nichts anhaben konnte. Er war zugleich auch ein hochbegabter Künstler und heimlicher Oppositioneller, der den politisch Verfolgten mit scharfsinnigen Gesetzesauslegungen aus der Schlinge half: der Kammergerichtsrat Ernst Theodor Wilhelm (aus Neigung zu Mozart nannte er sich E. T. Amadeus) Hoffmann.

Der 1776 in Königsberg geborene E. T. A. Hoffmann, einer der originellsten Erzähler der deutschen Literatur, daneben ein Zeichner, Maler und vor allem Musiker von hohem Talent, war Jurist und Beamter geworden, aber schon im Jahre 1800, damals Assessor bei der preußischen Regierung im annektierten Posen, unliebsam aufgefallen. Wegen einiger – sehr gelungener – Karikaturen, die der Assessor Hoffmann gezeichnet hatte und die – wie es in den Akten heißt – «*einige Hochgestellte auf sich bezogen*», wurde er damals in ein trauriges Nest, nach Plozk in Masovien, strafversetzt. Als Preußen 1807 im Tilsiter Frieden seine polnischen Eroberungen verlor, war der Regierungsrat Hoffmann plötzlich arbeitslos. In den folgenden Jahren schlug er sich als Opernkomponist, Dirigent, Sänger, Karikaturenzeichner, Maler, Hauslehrer, Rezensent und Schriftsteller durch, geriet mitunter in solche Not, daß er seinen letzten Rock verkaufen mußte, und fand erst 1816 wieder Anstellung im öffentlichen Dienst, als sich der preußische Staat endlich seiner besann und ihn zum Rat am Berliner Kammergericht ernannte. Nach den «Karlsbader Beschlüssen» von 1819 wurde er mit der Ermittlung und Verfolgung der ‹Demagogen›, Burschenschafter, Turner und sonstigen Radikalen beauftragt.

Außer dem ‹Turnvater› Jahn und anderen, lediglich von einer in Panik geratenen Reaktion für politisch und daher ‹staatsgefährlich› gehaltenen ‹Demagogen› half E. T. A. Hoffmann damals auch dem zwei Jahre lang in der Berliner Hausvogtei, dem Sammelplatz für ‹Staatsverbrecher›, in strenger Untersuchungshaft gehaltenen Dichter, Übersetzer und politischen Publizisten August (später nannte er sich Adolf) Follen, einem der Führer der Gießener «Unbedingten», also einem wirklichen Radikalen. Kammergerichtsrat Hoffmann befand, daß die gegen Follen erhobenen Anschuldigungen juristisch nicht haltbar seien, und entließ den Gefangenen, der darauf in die Schweiz floh.

Mit der Behandlung der Fälle Jahn und Follen sowie anderen, zwar mit strenger Logik und juristischer Akribie begründeten, aber für die Regierung höchst unbefriedigenden und peinlichen Freisprüchen in Staatsschutzverfahren geriet der Kammergerichtsrat bald in Konflikt mit dem damaligen Polizeiminister Karl Albert von Kamptz. Und als er dann in seiner zweiten Rolle, nämlich als «Gespenster-Hoffmann» genannter Schriftsteller, in einer grotesken Erzählung mit dem Titel «Meister Floh» die berüchtigten Untersuchungsmethoden des Staatsschützers Kamptz satirisch anprangerte, kam er selbst in den Verdacht, ein gefährlicher ‹Demagoge› und Staatsfeind zu sein. Aber zu dieser Zeit war E. T. A. Hoffmann schon ein todkranker Mann, und er entzog sich weiteren Nachstellungen der Behörden durch einen, wie diese dann befanden, «*in Folge liederlichen Lebens herbeigeführten*» vorzeitigen Abgang; er starb am 25. Juni 1822 an der «Rückenmarksdarrsucht». Sein Weltruhm als Erzähler und Begründer der romantischen Oper aber hat sich bis heute erhalten, während man sich an seinen Verfolger Kamptz bloß noch als Rat Knarrpanti in «Meister Floh» erinnert.

Wie es im Fall des Kammergerichtsrats Hoffmann nur durch dessen

Tod verhindert wurde, gerieten damals auch die gesetzestreuesten Bürger in die Mühlen einer blindwütigen Justiz. Denn bei der Durchführung der «Karlsbader Beschlüsse» wurden nicht nur alle freiheitlichen, patriotischen und sonstigen, von der Reaktion als ‹staatsgefährdend› angesehenen Bestrebungen brutal unterdrückt und die Studenten-, Turn-, Leseund anderen suspekten Vereine für verbrecherisch erklärt und verboten; vielmehr galt nun auch jeder, der – ohne selbst jemals Mitglied solcher Vereine gewesen zu sein oder auch nur ihre Ziele gutgeheißen zu haben – die polizeilichen Willkürmaßnahmen kritisierte, sogleich als ‹Sympathisant› der ‹kriminellen Vereinigungen› und folglich als ‹Staatsfeind›.

Die Hysterie ging so weit, daß man auch die Rechtsanwälte, die nichts anderes taten, als ihre Mandanten pflichtgemäß mit allen ihnen rechtlich zu Gebote stehenden Mitteln zu verteidigen, mit den Beschuldigten in einen Topf warf und schließlich eine Verteidigung überhaupt nicht mehr zuließ, indem man die Verfahren der ordentlichen Gerichtsbarkeit entzog und sie ‹Sonderkommissionen› beim Kammergericht übertrug. Am Ende gerieten, wie der Fall Hoffmann zeigt, sogar streng rechtlich urteilende Richter in den Verdacht der Staatsfeindlichkeit, ja selbst Journalisten, die darüber objektiv berichteten.

Dies mußte beispielsweise Joseph Görres erfahren, der sich – nach seinen Eindrücken, die er 1799 in Paris gewonnen hatte – vom leidenschaftlichen Jakobiner und Weltbürger zum deutschen Patrioten und entschiedensten Gegner des neuen Frankreich entwickelt hatte. Als Herausgeber des im nun preußischen Koblenz erscheinenden «Rheinischen Merkur» – der allerdings schon 1816 von der Regierung in Berlin verboten wurde – und als Verfasser zahlreicher zeitkritischer Schriften war er zu hohem Ansehen gelangt und galt damals als der bedeutendste politische Publizist Deutschlands.

Doch im September 1819 erging auch gegen Joseph Görres ein Haussuchungs- und Haftbefehl der preußischen Regierung wegen des Verdachts der Sympathie mit den verfolgten Patrioten, Turnern und Studenten.

Durch rasche Flucht ins französische Elsaß konnte sich Görres dem Abtransport auf die Festung Spandau bei Berlin gerade noch entziehen, und von Straßburg aus schrieb er am 18. Oktober 1819, dem sechsten Jahrestag des Sieges über Napoléon in der Völkerschlacht bei Leipzig, einen empörten Brief an den preußischen Minister Hardenberg. Sein Protest hat in einigen Details, zumal was die Praktiken der Staatsschutzorgane bei Hausdurchsuchungen angeht, über mehr als hundertfünfzig Jahre hinweg seine Aktualität bewahrt.

«Euer Durchlaucht werden», so beginnt das Schreiben, «ehe Sie diese Zuschrift lesen, zuvor einen Blick werfen auf die Unterschrift . . . auf den Ort von wo und den Tag an welchem hier geschrieben wird. Ich habe den Unwillen, der mein Inneres bewegt, so lange bezwungen, theils um *ihm in seinem endlichen Ausbruche das Maaß des Schicklichen zu geben; theils um den Tag abzuwarten, den man den Tag der Befreyung Teutschlands nennt, der aber, wie nun ausgewiesen, der Tag seiner schmählichsten Unterjochung geworden ist.*

Ich feyere diesen Tag auf französischem Boden, genöthigt, Schutz zu suchen bey denen, die ich als die Unterjocher meines Vaterlandes gehaßt und bekämpft, gegen die Verfolgungen derjenigen, die sich seyne Befreyer genannt, jetzt aber alles, was sie . . . gesprochen . . . Lügen strafen . . . Wohl habe ich im Geiste vorgesehen, was erfolgen würde, weil ich mich längst gewöhnt, nichts mehr für unglaublich zu halten . . . So war ich auf das Kommende vorbereitet; doch hat es, als es würklich eingetreten . . . meine starken Erwartungen hinter sich gelassen.

Eine Königliche Cabinetsordre vom 30. September hat meine Abführung nach Spandau und die Beschlagnahme meiner sämtlichen Papiere verordnet . . . Soldaten drangen nun in den Frieden meines Hauses ein, und meine Papiere wurden nun in der tumultuarischen Art, an die man sich schon zu gewöhnen gelernt, in Säcke eingeställt und ohne Inventarium fortgeschleppt, eine Mittheilung der Cabinetsordre, auf deren Grund aber diese ganze Gewaltthätigkeit geschehen war, meiner Familie förmlich abgeschlagen, wahrscheinlich weil man sich schon im Herzen ihrer zu schämen angefangen . . .»

Natürlich nützten solche Proteste überhaupt nichts. Die Verfolgung der angeblichen ‹Demagogen› und ihrer Sympathisanten wurde blindwütig fortgesetzt, bis sich jener Kirchhofsfrieden eingestellt hatte, der von vielen Regierungen – bis auf den heutigen Tag – irrtümlich für einen Beweis der Zufriedenheit des Volks mit seinen Machthabern gehalten und als erstrebenswerte Ergänzung endlich hergestellter Ordnung angesehen wird. Doch dieser Schein trog schon damals.

Zwar herrschte nun nach außen hin Ruhe. Aber die wenigen noch politisch Aktiven, die nicht verhaftet oder zur Flucht ins Ausland gezwungen worden waren, hatten sich insgeheim noch fester zusammengeschlossen und versuchten jetzt in der Illegalität konspirativ zu arbeiten.

So entstand 1821 an einigen deutschen Universitäten eine studentische Geheimorganisation, der sogenannte «Jünglingsbund», der von den noch vorhandenen Kadern der verbotenen Burschenschaften, zumal der «Unbedingten», gelenkt wurde.

Die Gründer des «Jünglingsbundes» glaubten nicht mehr daran, daß bürgerliche Freiheiten und nationale Einigung von den herrschenden Mächten zu erwarten seien, und strebten nun deren Beseitigung durch einen gewaltsamen Umsturz an. Diese Revolution heimlich vorzubereiten, Kontakte zu Gleichgesinnten in Frankreich und Italien anzuknüpfen, Waffenvorräte anzulegen und im geeigneten Augenblick den Anstoß zu einem allgemeinen Aufstand zu geben, sahen die Studenten des «Jünglingsbundes» als ihre Aufgabe an.

Als Ende 1823 der «Jünglingsbund» durch Verrat aufflog, kam es zu panischen Reaktionen der Behörden. An fast allen Hochschulen wurden Massenverhaftungen vorgenommen; zahlreiche Studenten wurden auf bloßen Verdacht hin vom Studium ausgeschlossen, und Karl Follen (ein Bruder des schon erwähnten Adolf Follen) und einige seiner Freunde, die man für die eigentlichen Drahtzieher hielt, sahen sich gezwungen, aus der Schweiz, wohin sie sich schon 1819 geflüchtet hatten, nach Amerika zu fliehen; der diplomatische Druck der Regierungen von Preußen und Österreich war so stark, daß sich die Baseler Behörden dem Auslieferungsbegehren Berlins kaum widersetzen konnten.

Karl Follen, zuletzt Dozent an der Universität von Basel, gelangte in den USA als Rechtslehrer, politischer Publizist und vor allem mit Vorträgen über deutsche Literatur bald zu hohem Ansehen. Er kam 1840, auf der Fahrt von New York nach Lexington, bei einem Schiffsunglück ums Leben.

Sein Bruder August (Adolf) Follen konnte – dank der Behandlung seines Verfahrens durch den Kammergerichtsrat E. T. A. Hoffmann – in der Schweiz bleiben, war zunächst Lehrer an der Kantonsschule in Aarau, später in Zürich, wo er das Bürgerrecht erwarb und sogar Mitglied des Großen Rats wurde. Es wird von ihm in anderem Zusammenhang noch die Rede sein.

Die an den deutschen Universitäten wegen vermuteter Verbindungen zum «Jünglingsbund» Verhafteten kamen, auch wenn sie die hessische, badische oder mecklenburgische Staatsangehörigkeit hatten, in preußische Untersuchungshaft, denn auf diesem einen Gebiet, der Radikalenverfolgung, war die sonst vergeblich ersehnte nationale Einigung schon zwischen den Regierungen herbeigeführt. Nach aufwendigen Ermittlungen wurden sie dann in Berlin zu langjährigen Freiheitsstrafen verurteilt, in einem geheimen Sonderverfahren, ohne Verteidiger und ohne Berufungsmöglichkeit.

Einer der damals Verurteilten, der spätere Universitätsdozent und Herausgeber der «Hallischen Jahrbücher», Arnold Ruge, verbüßte über sechs Jahre Festungshaft. In seinen Memoiren hat er dazu bemerkt, «*daß unsre Gefangenschaft mit der allgemeinen Europäischen zusammenfällt. Das Festland von Europa ist das Gefängniß der Heiligen Allianz: der Russe, der Preuße, der Östreicher halten Wache vor seiner Thür und sind selbst die Gefangenen ihrer eigenen Rohheit . . .*», und er stellte dem Kapitel, worin er seine Haftzeit beschrieb, eine in der Berliner Hausvogtei entdeckte Wandinschrift als Motto voran: «*Wo sich der Kerker schließt um Eure Denker, / wo Ihr den Freien Ketten schickt und Henker, / da reißt der Menschheit alter Wahn entzwei. / Durch Fesselträger wird die Erde frei!*»

Tatsächlich konnten auch die unnachsichtige Verfolgung und die überaus harte Bestrafung der dieser angeblich kriminellen Vereinigung angehörenden Studenten und ihrer Sympathisanten weder den revolutionären Willen der Verurteilten brechen noch ihre Freunde draußen davon abhalten, die zerschlagene Organisation wieder aufzubauen. Trotz der strengen Isolierhaft, in der die vermeintlichen Rädelsführer gehalten wurden, blieb die Verbindung zwischen den Eingekerkerten und ihren den Fahndungen entkommenen Kommilitonen, die sich irgendwo in Deutschland versteckt hielten, auf die eine oder andere abenteuerliche Weise bestehen. Denn die Burschenschafter, die bürgerliche Freiheit und nationale Einigung mit revolutionären Mitteln zu erreichen entschlossen waren, genossen in der Bevölkerung viel heimliche Sympathie.

In der 1843 bei F. A. Brockhaus, Leipzig, erschienenen «Allgemeinen deutschen Real-Encyclopädie für die gebildeten Stände» heißt es dazu unter dem Stichwort «Burschenschaft» sehr treffend und mit einem für die damaligen reaktionären Verhältnisse bemerkenswerten Freimut:

«. . . Eine Politik, die sich über den Begriff des Staats als einer blos hemmenden Policeianstalt nicht zu erheben vermochte, die sich nicht an die Spitze einer in der Geschichte der Neuzeit wurzelnden organischen Bewegung zu stellen wagte, die eben dadurch zum Hochverrath reizte, um ihn später zu bestrafen, versuchte es, nach der Entdeckung des Jünglingsbundes, mit wiederholten Verboten und geschärften Strafandrohungen, und auch diesmal mit der gleichen Ergebnislosigkeit. Was man verhindern wollte, breitete sich nur über größere Kreise und entzog sich, im Dunkel eines aufgezwungenen Geheimnisses, der Controle einer besonnenen öffentlichen Meinung. Schon aus dem Jahre 1827 zeigten sich wieder die ersten sichern Spuren eines neuen Verbands der allgemeinen deutschen Burschenschaft . . .»

Bald wurde auch deutlich, daß bestimmte politische Strömungen, beispielsweise die Begeisterung für die seit 1821 gegen das türkische Joch kämpfenden Griechen, keineswegs auf die Universitäten beschränkt blieben. Das ganze Bürgertum wurde davon erfaßt. Und im Sommer 1830, als in Frankreich die Julirevolution das verhaßte Bourbonen-Regime hinwegfegte, da sprang der Funke sofort nach Deutschland über. Plötzlich war es vorbei mit dem politischen Kirchhofsfrieden. Die Überreste der deutschen Jakobiner, die seit Napoléons Machtübernahme drei Jahrzehnte lang *«mit gebrochenem Herzen, mit geschlossenen Lippen»* umhergeschlichen waren, schöpften neue Hoffnung, und wir können nun das Heine-Zitat beenden, das die Zeit von 1815 bis 1830 in zwei Sätzen zusammenfaßt:

«Als Napoleon fiel, da lächelten sie, aber wehmütig, und schwiegen; sie nahmen fast gar keinen Teil an dem patriotischen Enthusiasmus, der damals, mit allerhöchster Bewilligung, in Deutschland emporjubelte; sie wußten, was sie wußten, und schwiegen. Da diese Republikaner eine

sehr keusche, einfache Lebensart führen, so werden sie gewöhnlich sehr alt, und als die Juliusrevolution ausbrach, waren noch viele von ihnen am Leben, und nicht wenig wunderten wir uns, als die alten Käuze, die wir sonst immer so gebeugt und fast blödsinnig schweigend umherwandeln gesehen, jetzt plötzlich das Haupt erhoben und uns Jungen freundlich entgegenlachten und die Hände drückten . . .»

V. Vom wachsenden Selbstbewußtsein der Bürger und vom Zuzug, den sie erhielten

Die Julirevolution, die 1830 in Frankreich den ‹Bürgerkönig› Louis-Philippe auf den Thron und das gemäßigte liberale ‹Juste Milieu› an die Macht brachte, löste in Deutschland die zweite Welle der fortschrittlichen bürgerlichen Bewegung aus. Die Forderungen wurden jetzt deutlicher, die Basis um vieles breiter, als es bei der ersten, vornehmlich von Studenten getragenen Bewegung der Zeit von 1817–1821 der Fall gewesen war. Das hing nicht allein mit den Ereignissen in Frankreich und mit den folgenden Aufständen in Belgien und Polen zusammen, sondern auch mit der zunehmenden Industrialisierung, dem Wachstum der Städte und dem höheren Bildungsstand.

Von den Volkserhebungen, die im September 1830 in Sachsen, im Königreich Hannover, in Kurhessen, Hessen-Darmstadt, Braunschweig· sowie in der preußischen Rheinprovinz und auch in Berlin die Herrschenden zu allerlei Konzessionen zwangen, profitierten in erster Linie die wohlhabenden Bürger, während die Masse der kleinen Handwerker, Bauern und Industriearbeiter leer ausging und auch die nach nationaler Einheit und Demokratie stürmisch verlangende Intelligenz in ihren Hoffnungen enttäuscht wurde. Zwar gelang es, das eine oder andere besonders verhaßte Ministerium zu stürzen, diesen oder jenen Zwergstaaten-Despoten davonzujagen (und durch einen als etwas liberaler geltenden Verwandten zu ersetzen), ein paar Steuer- und Zollerleichterungen, Zensurlockerungen und hie oder da auch politische Mitbestimmungsrechte zu erzwingen. Aber grob vereinfacht läßt sich sagen, daß von der Gesamtheit des um Gleichberechtigung und Freiheit kämpfenden Volkes nur die wirtschaftlich Starken halbwegs befriedigt wurden, während die meisten leer ausgingen. Und es zeichnete sich auch bereits ab, was später überdeutlich wurde, nämlich daß das in seinen Forderungen nach wirtschaftlicher Freiheit, Mündigkeit und Beteiligung an den Staatsgeschäften einigermaßen besänftigte Großbürgertum alsbald die Front wechselte und mithalf, die rebellierende Mehrheit der Besitzlosen wieder zu Gehorsam zu bringen.

Indessen bewirkte diese neuerliche Enttäuschung revolutionärer Hoffnungen zugleich eine stärkere Politisierung bislang nur vage von mehr Freiheit und nationaler Einigung schwärmender Gruppen, besonders unter den Studenten und Handwerksgesellen, und eine erhebliche Radikalisierung der bis dahin gemäßigt liberalen Intellektuellen, vor allem der Publizisten, Dichter und Gelehrten, aber auch der Ärzte, Rechtsanwälte und Verwaltungsbeamten.

Und kaum war es den Regierenden der deutschen Teilstaaten gelungen, mit Unterstützung der Großbourgeoisie die äußere Ruhe und Ordnung überall wiederherzustellen, da setzte eine neue, nun schon überregionale, gesamtdeutsche und von demokratischem Geist erfüllte Bewegung ein. Sie stand in einem engen Zusammenhang mit anderen europäischen Freiheitsbewegungen, besonders mit dem Kampf des polnischen Volkes gegen das zaristische Joch. Als im Herbst 1831, nach dem Fall Warschaus und der brutalen Unterdrückung des Aufstands in Polen, Tausende der geschlagenen Revolutionäre aus ihrer Heimat flüchten mußten und erst in Deutschland, dann meist in Frankreich und in der Schweiz Zuflucht suchten, da entstanden zwischen Königsberg und Konstanz, Breslau und Aachen zahlreiche Polen-Vereine. Diese Hilfsorganisationen zur materiellen und moralischen Unterstützung der polnischen Flüchtlinge arbeiteten auch dann noch heimlich weiter, als sie auf starken Druck der Heiligen Allianz hin vom Deutschen Bund verboten wurden, und ihre Spendensammlungen, Wohltätigkeitsveranstaltungen und mitunter sogar öffentlichen Solidaritätskundgebungen waren zugleich Demonstrationen gegen die Herrschaft der Reaktion in Deutschland.

Neben diesen Polen-Vereinen bildete sich Anfang 1832 der sogenannte «Preß-» oder «Vaterlands-Verein». Er stand unter der Führung zweier bayerischer Demokraten, des pfälzischen Landeskommissars Philipp Jakob Siebenpfeiffer und des Bayreuther Advokaten Johann Georg August Wirth.

Siebenpfeiffer, 1789 als Sohn eines armen Schneiders in Lahr im Breisgau geboren und früh verwaist, hatte unter großen Entbehrungen Rechtswissenschaft studiert und die höhere Beamtenlaufbahn eingeschlagen. Als er 1830 damit begann, eine politische Zeitschrift herauszugeben und darin demokratische Forderungen zu erheben, wurde er aus dem Staatsdienst entlassen. Da er sich weder dadurch noch durch Verbote seiner unter immer neuen Titeln erscheinenden Zeitschriften einschüchtern ließ, von den Geschworenengerichten jedoch stets freigesprochen wurde, verurteilten ihn die Behörden durch eine sogenannte ‹zuchtpolizeiliche› Maßnahme zu zwei Jahren Kerker. Es gelang ihm aber, schon bald nach seiner Inhaftierung im März 1833 aus dem Gefängnis von Frankenthal in der Pfalz zu entfliehen, sich über die französische Grenze ins Elsaß und von dort in die Schweiz zu retten, wo er eine Dozentenstelle an der Hochschule von Bern erhielt. Er starb 1845 im Exil.

Sein Freund und Mitstreiter Johann Georg August Wirth, 1798 in Hof geboren, war zunächst Rechtsanwalt in Bayreuth, redigierte dann in München eine regierungsfreundliche Zeitung, ging aber schon bald ins Lager der Opposition über und gründete die «Deutsche Tribüne», ein liberales Blatt, das im pfälzischen Homburg erschien, bis es im März 1832 vom Bundestag wegen allzu offen geäußerter republikanischer Meinungen verboten wurde. Im August 1833 wurde Wirth vor dem Geschworenengericht wegen Aufreizung zum gewaltsamen Umsturz angeklagt, jedoch freigesprochen, woraufhin auch er eine ‹zuchtpolizeiliche› Strafe von zwei Jahren Gefängnis erhielt, die er, da ein Versuch seiner Freunde, ihn gewaltsam zu befreien, mißlang, voll verbüßen mußte.

Nach seiner Entlassung wurde Wirth in seine Heimatstadt Hof verbannt und dort unter Polizeiaufsicht gestellt. Er entkam jedoch ins Ausland und redigierte von 1839 an von der Schweiz aus die in Konstanz erscheinende «Deutsche Volkshalle», ein oppositionelles Blatt, das vor allem in Südwestdeutschland viele Leser fand. 1847 kehrte er nach Deutschland zurück, ließ sich in Karlsruhe nieder und wurde dort 1848 zum Abgeordneten der in der Frankfurter Paulskirche tagenden ersten deutschen Nationalversammlung gewählt, doch starb er kurz nach Eröffnung dieses Parlaments.

Wirth und Siebenpfeiffer hatten, ehe sie verhaftet wurden, im Frühjahr 1832 gemeinsam zu einer großen nationalen Volkskundgebung auf dem Schloß Hambach bei Neustadt an der Haardt aufgerufen, und dieses «Hambacher Fest», zu dem sich am 27. Mai tatsächlich nahezu dreißigtausend Demonstranten einfanden, wurde für sie zu einem triumphalen Erfolg. Denn eine solche oppositionelle Massendemonstration hatte es bis dahin in Deutschland noch nicht gegeben.

Die völlig friedlich verlaufende Versammlung, auf der neben schwarzrotgoldenen auch polnische und französische Fahnen gezeigt wurden, stimmte den Forderungen nach Beseitigung der reaktionären Monarchie, einer demokratischen Reform Deutschlands als Grundlage für die Reorganisation Europas und nach der Befreiung Polens, Italiens und Ungarns vom Joch der Heiligen Allianz sowie nach gemeinsamem Handeln aller freiheitlich Gesinnten ohne Rücksicht auf Standesunterschiede begeistert zu. Aber bei den anschließenden Beratungen der Führer der verschiedenen Gruppen zeigte es sich, daß über die zu treffenden praktischen Maßnahmen Uneinigkeit bestand. Während die radikalen Demokraten und Republikaner um Siebenpfeiffer eine allgemeine Volksbewaffnung zur Erringung der Volkssouveränität forderten und sogar einen Nationalkonvent nach jakobinischem Muster einberufen wollten, begnügten sich die Gemäßigten um Wirth mit einem gewaltlosen Bemühen um eine allmähliche Vergrößerung des von den Fürsten gewährten Freiheitsraums.

Doch als die aufgeschreckten Behörden dann gegen die Veranstalter des «Hambacher Fests» vorgingen, da wurden nicht nur Siebenpfeiffer und seine Freunde, sondern auch Wirth ‹zuchtpolizeilich› bestraft; die ‹Maßregelungen› trafen alle Aktiven und zwangen sie zur Flucht ins Ausland, soweit sie nicht eingekerkert wurden.

Darüber hinaus gingen die Regierungen, diesmal unter preußisch-bayerischer Führung, noch im Sommer 1832 zum Gegenangriff über:

Zug zum Hambacher Schloß am 27. Mai 1832

Sturm auf die Konstablerwache in Frankfurt a. M. am 3. April 1833

Die Rechte der Landtage wurden stark beschnitten, die Zensurbestimmungen erheblich verschärft, alle politischen Vereine und Versammlungen verboten, ja selbst Volksfeste untersagt. Auch errichteten die deutschen Staaten wieder eine Zentraluntersuchungsbehörde in Frankfurt am Main, deren Aufgabe es war, die Fahndung nach politischen ‹Kriminellen› zu lenken. Die Regierungen sicherten sich gegenseitig deren Auslieferung zu sowie «*auf Verlangen die prompteste militärische Assistenz*».

Doch fast gleichzeitig mit diesen Bundesbeschlüssen reorganisierte sich auch schon wieder die durch die Verfolgungsmaßnahmen nach dem «Hambacher Fest» zunächst zersprengte demokratische Opposition: In einem Frankfurter Bürgerhaus fanden sich am 22. Juli 1832 Delegierte unterschiedlichster Gruppen aus vielen Teilen Deutschlands zusammen. Die Vertreter der Polen- und Vaterlands-, Preßfreiheits- und Handwerksgesellenvereine, der studentischen Burschenschaften und der verschiedenen Organisationen der Kaufleute, Fabrikanten, Ärzte und Anwälte wählten ein Zentralkomitee und beschlossen ein Bündnis zwischen allen politisch aktiven Bürgern und der zum revolutionären Handeln entschlossenen radikalen Studentenschaft. Einige Monate später, in den letzten Dezembertagen 1832, entschied sich eine in Stuttgart tagende Delegiertenversammlung der verbotenen Burschenschaften aller deutschen Universitäten für ein Programm, dessen Punkt 1 lautete: «*Der Zweck der Burschenschaften soll von nun an sein: die Erregung einer Revolution, um durch diese die Freiheit und Einheit Deutschlands zu erreichen.*»

Zwischen der Führung der Burschenschaften, die 1833 bei den Heidelberger Studenten lag, und dem Vorstand der Vaterlandsvereine wurde sodann vereinbart, den Frankfurter Sitz des Bundestages zu stürmen und so den Anstoß zu einer Revolution in ganz Deutschland zu geben. Teils aus Sicherheitsgründen, weil man Verrat befürchtete, teils in Überschätzung der eigenen Kraft, verzichtete man auf jede agitatorische Vorbereitung des Unternehmens bei der Frankfurter Bevölkerung. So stand diese verwundert abseits und verhielt sich völlig passiv, als am Abend des 3. April 1833 etwa zweihundert Studenten, Handwerksgesellen und Intellektuelle, unterstützt von einigen kampferfahrenen polnischen Offizieren, den verabredeten Angriff, zunächst auf die Frankfurter Hauptwache und die Konstablerwache, mit Bravour durchführten, beide Gebäude im Handstreich eroberten und damit das Zeichen für einen allgemeinen Volksaufstand gegeben zu haben glaubten. Erst nachdem die Revolutionäre durch die eilig alarmierte, zahlenmäßig weit überlegene und gut ausgerüstete Frankfurter Garnison nach hartem Kampf besiegt, gefangengenommen oder in die Flucht getrieben worden waren, wurde sich die Frankfurter Bevölkerung der Absichten bewußt, die die Amateur-Putschisten verfolgt hatten. So verhalf sie wenigstens den meisten von ihnen zur Flucht; nur etwa fünfzig Studenten und Lehrer blieben in den Händen der Polizei, während rund dreimal so viele, darunter alle führenden Köpfe, den Behörden entkamen.

Nach dem gescheiterten Frankfurter Wachensturm verschärfte der Bundestag unter österreichisch-preußischem Druck alle Unterdrükkungsmaßnahmen, vor allem gegen die Studentenschaft und die Presse; die Freie Reichsstadt Frankfurt wurde von preußischen und österreichischen Truppen besetzt, und ein Sondergericht mit Sitz in Berlin wurde mit der beschleunigten Aburteilung aller politischen Straftäter beauftragt, deren man in einem der vielen Staaten des Deutschen Bundes habhaft geworden war.

Mit dieser Zentralisierung der Demokratenverfolgung wollte man verhindern, daß die Angeklagten vor die in einigen Ländern schon bestehenden Geschworenengerichte kamen, weil diese ihre aufrührerischen Mitbürger zumeist freisprachen oder mit sehr gelinden Strafen davonkommen ließen.

Das neue Sondertribunal beim Berliner Kammergericht ging dagegen mit äußerster Strenge und Rücksichtslosigkeit vor und erließ, ohne daß die Angeklagten sich hatten verteidigen können, Terrorurteile am laufenden Band. Wie die Richter nicht nur wirkliche Revolutionäre, sondern auch Sympathisanten, bloße Mitläufer und sogar nur ganz zufällig mit demokratischen Gruppen in Berührung Gekommene behandelten, hat Fritz Reuter anschaulich beschrieben (wobei der große plattdeutsche Dichter, als er dreißig Jahre später die Leiden seiner Jugend schilderte, diese schon als *«olle Kamellen»* bezeichnet und beträchtlich verharmlost hat). Der damals dreiundzwanzigjährige Student Reuter wurde 1833 auf der Durchreise von Jena ins heimatliche Stavenhagen in Berlin als vermeintlicher Beteiligter an ‹demokratischen Umtrieben› verhaftet. Zusammen mit über fünfhundert anderen politischen Untersuchungsgefangenen sperrte man ihn drei Jahre lang in das Verlies einer preußischen Festung; dann wurde er zum Tode verurteilt, zu dreißig Jahren Festungshaft ‹begnadigt›, nach sieben Jahren schließlich amnestiert. *«Un denn wunnern sik de Lüd' noch, wo Einer Demokrat warden kann»*, heißt es am Schluß des 10. Kapitels von «Ut mine Festungstid», worin Reuter das Elend der Inhaftierten und die grauenhaften hygienischen Verhältnisse auf der Festung schildert, und er knüpft daran die bemerkenswerte Feststellung: *«As wi inspunnt würden, wiren wi't nich, as wi rute kemen, wiren wi't All»* (Als wir eingesperrt wurden, waren wir es nicht, als wir herauskamen, waren wir es alle – nämlich Demokraten).

Aber obwohl nach dem «Hambacher Fest», erst recht nach dem gescheiterten Frankfurter Wachensturm, die Unterdrückungsmaßnahmen ein bis dahin in Deutschland nicht gekanntes Ausmaß erreichten, hörte damit die revolutionäre Bewegung keineswegs auf. Im Gegenteil, sie begann jetzt erst, sich ihrer Möglichkeiten voll bewußt zu werden, und zudem hatte sich die Anzahl derer, die nicht mehr alles seufzend hinnahmen, sondern politisch dachten, redeten und handelten, gegenüber der Zeit der Befreiungskriege noch gewaltig vermehrt.

«*Die sogenannte Partei der Bewegung im Jahre 1832 hatte einen zehnfach, einen hundertfach größeren Umfang als etwa in den Jahren 1818 und 1819, da nur ein kleiner Teil der gebildeten Jugend bis zu demokratischen Ansichten und Gelüsten gekommen war*», bemerkte hierzu rund anderthalb Jahrzehnte später der Advokat Dr. jur. Wilhelm Friedrich Schulz rückblickend in einem Brief an einen politischen Freund. «*Damals waren jene sogenannten Majestätsbeleidigungen, wovon Polizei und Justiz nur den kleinsten Teil herausfischten, um sie durch sorgfältiges Protokollieren der Vergessenheit zu entziehen, zur täglichen Unterhaltung geworden, womit der Bürger seine Suppe schmelzte und der Bauer seine Kartoffeln salzte. Und statt jener ernsten, feierlichen, mitunter etwas parteiisch verschrobenen Freiheitslieder von 1819 hörte man jetzt in allen Gassen und Wirtshäusern das Lied trällern: ‹Fürsten zum Land hinaus!›*»

Wilhelm Schulz, der Verfasser dieses Briefs, wußte sehr genau, wovon er redete, denn er war mit der oppositionellen, radikaldemokratischen Bewegung von Jugend auf verbunden, und der Geist der Auflehnung gegen die Despotie der Feudalherren gehörte in seiner Familie zur Tradition. Schon der Großvater war, lange vor der Französischen Revolution, aus fürstlich waldeckischem Staatsdienst in Ungnaden entlassen worden, weil er sich gegen die Willkür des Landesherrn aufgelehnt hatte; er war dann Geheimer Rat des Großherzogs von Hessen-Darmstadt geworden, jedoch auch dort hatte er sich mit seiner freimütigen Kritik in ernste Schwierigkeiten gebracht. Schulz' Vater war Archivrat in Pirmasens geworden, hatte den Ausbruch der Französischen Revolution begeistert begrüßt, dabei auch die Hoffnung geäußert, daß «*dem Stumpfsinn der Höfe und der trotzigen Selbstsucht der Privilegierten*» bald ein Ende gemacht würde. Er war deshalb als Jakobiner denunziert und aus dem Staatsdienst entlassen worden.

Wilhelm Schulz selbst, der jüngste von drei Söhnen des Archivrats, war 1797 geboren und 1811 im Alter von erst vierzehn Jahren vom Vater zum Militärdienst bestimmt worden. Als Kadett hatte er mit dem Leibgarderegiment des Großherzogs von Hessen-Darmstadt, der dem Rheinbund beigetreten war, zunächst auf französischer Seite gegen die Preußen, Österreicher und Russen, danach an deren Seite gegen die Franzosen gekämpft, war schon 1813 Leutnant geworden und hatte nach Kriegsende ein Studium an der hessischen Landesuniversität Gießen begonnen, um seine Offiziersausbildung zu vervollständigen.

Das Großherzogtum Hessen-Darmstadt gehörte damals zu den reaktionärsten deutschen Kleinstaaten, und die Erbitterung darüber war unter der studentischen Jugend Gießens besonders stark. Deshalb bildete sich dort auch die radikalste Burschenschaft, die Gruppe der «Gießener

Schwarzen» unter Führung der Brüder Follen, und ihnen schloß sich der junge Leutnant Schulz an. Doch im Gegensatz zu den Follenschen Thesen, wonach eine kleine Verschwörergruppe durch einzelne Terrorakte – wie die Ermordung des Staatsrats Kotzebue – beispielhaft wirken und so die ‹spontanen› Volkserhebung, die Einigung des Vaterlands und seine Befreiung von Fürstentyrannei und Adelsherrschaft herbeiführen könne, gehörte Schulz zu denen, die diese Verschwörertheorie ablehnten. Er war zu der Überzeugung gelangt, daß es zunächst einer gründlichen Aufklärung des Volkes über seine Lage und seine Möglichkeiten bedürfe, alsdann eines breiten Bündnisses zwischen der revolutionären Studentenschaft und den rechtlosen Unterschichten. Darum verfaßte der Leutnant Schulz Anfang 1819 ein anonymes «Frag- und Antwortbüchlein über Allerlei, was im deutschen Vaterland besonders Noth tut. Für den Bürgers- und Bauersmann». Diese Schrift, die er auf eigene Kosten heimlich drucken und von Freunden in Wirtshäusern verteilen ließ, war in drei Abschnitte eingeteilt: *«Wie es eigentlich in jedem Lande sein sollte»*; *«Wie es im deutschen Lande beschaffen ist»* und *«Wie es anzufangen sei, daß es besser wird».*

In dieser Broschüre, über die Schulz später sagte, er habe sich darin *«einer Sprache und einer Art der Abfassung bedienen»* müssen, *«welche auch dem Niedrigsten im Volke verständlich war»*, forderte er eine einheitliche deutsche Republik mit einer von allen Bevölkerungsklassen frei gewählten Volksvertretung, Presse- und Redefreiheit, Unabhängigkeit der Justiz, allgemeine und gleiche Schulpflicht, Abschaffung der Binnenzölle, Wegegelder und sonstigen Hindernisse eines freien Handels und Wandels sowie die Einrichtung einer Volksmiliz, die an die Stelle der kostspieligen und vornehmlich zur Unterdrückung der armen Leute verwendeten Armee treten sollte. Schließlich vertrat er in seinem «Frag- und Antwortbüchlein» die Ansicht, daß eine breitangelegte und umfassende Aufklärung der Massen jeder grundlegenden Veränderung vorauszugehen habe. Er rief zu keiner Gewaltanwendung auf, sondern appellierte mit für einen zweiundzwanzigjährigen Studenten erstaunlichem Verantwortungsbewußtsein an die Vernunft seiner Leser:

«Jeder Deutsche soll seinen Verstand brauchen und darüber nachdenken, wie alles besser zu machen wäre. So lang es nun in Ordnung, Ruh und Frieden geschehen kann, soll keiner mit den Fäusten dreinschlagen, wie es die Franzosen gemacht haben. Dadurch wird es oft noch schlimmer als vorher; besonders wenn unter einem Volke viel Schlechte sind, denen ein voller Beutel lieber ist als das ganze Vaterland.»

Die Schrift fand im Sommer und Herbst 1819 bei der Bevölkerung starken Anklang, besonders während des Odenwälder Bauernaufstands, wo sie von Hand zu Hand wanderte und auch in Abschriften zirkulierte. Monatelang fahndeten die Behörden vergeblich nach dem Verfasser, doch im Oktober 1819 wurde Schulz verhaftet und nach einjähriger

Untersuchung vor ein Kriegsgericht gestellt. Es gelang seinem Verteidiger, die Richter davon zu überzeugen, daß Schulz nur das niedere Volk habe bilden und von Gewaltakten zurückhalten wollen. So wurde er freigesprochen, jedoch aus der Armee entlassen und mit Anspruch auf eine bescheidene Pension in den Ruhestand versetzt.

Als dreiundzwanzigjähriger Pensionär begann Schulz nun zum zweitenmal ein Studium in Gießen, wobei er sich für Rechtswissenschaft entschied. Da sich die «Gießener Schwarzen» aufgelöst hatten und es an der Universität von Polizeispitzeln wimmelte, enthielt er sich in den nächsten Jahren jeder politischen Tätigkeit. Aber als er sich 1823 nach beendetem Studium und Promotion zum Doctor juris um eine Anstellung im hessischen Staatsdienst bewarb, wurde er als ‹Jakobiner und Demagoge› abgewiesen. So wandte er sich der Schriftstellerei zu und veröffentlichte 1825 eine Abhandlung «Irrthümer und Wahrheiten aus den ersten Jahren nach dem letzten Kriege gegen Napoleon und die Franzosen», worin er zwar die Rechtmäßigkeit der Demokratie betonte, aber jede Gewaltanwendung zu ihrer Einführung ablehnte. Entschieden distanzierte er sich vom *«überdeutschen Nationalstolz, in den man sich für kurze Zeit bis zur Verachtung der andern Völker hineinphantasiert»* hätte, und gab sich sogar als reuiger Sünder, indem er schrieb: *«Da es physisch und moralisch immer ein Kunststück bleibt, sich an den eigenen Haaren aus dem Schlamm zu ziehen, so müssen die im Jahre 1819 eingeleiteten Untersuchungen am meisten den Dank der Jugend selbst verdienen, die in verkehrtem Streben versunken war.»*

Diese Selbsterniedrigung des von seinen erlernten Berufen ausgeschlossenen Schulz fand übrigens den Beifall des Geheimrats Johann Wolfgang von Goethe, der den Aufsatz in seinen Tagebüchern lobend erwähnt hat, wogegen sich die großherzoglich hessische Regierung nicht davon täuschen ließ und die Vermutung aussprach, Schulz gehe in Wahrheit *«mit neuen verderblichen Plänen schwanger»*; tatsächlich sei er *«höchst unzufrieden mit den gegenwärtigen Verhältnissen, welche ihm bisher den Rücktritt in den Staatsdienst verwehrten».*

1828 heiratete Schulz ein Mädchen, mit dem er seit 1819 verlobt gewesen war: Karoline Sartorius, die Schwester eines führenden «Gießener Schwarzen» und selbst eine entschiedene Demokratin, die in der oppositionellen Bewegung eine nicht eben unwichtige Rolle spielen sollte.

In den folgenden Jahren führte Wilhelm Schulz, allen Zensurschwierigkeiten, Schikanen und wiederholten Ausweisungen zum Trotz, einen intensiven publizistischen Kampf für die Demokratie, wobei er unter anderem forderte, ein von allen Bevölkerungsklassen frei gewähltes deutsches Nationalparlament müsse die volle politische Gleichberechtigung aller Staatsbürger, unabhängig von deren Herkunft und Vermögen, schaffen und für immer gewährleisten. Er arbeitete auch an der von

Johann Georg Wirth herausgegebenen «Deutschen Tribüne» mit, bis das Blatt verboten wurde, beteiligte sich am «Hambacher Fest» und trat in den Monaten danach, als die Demokratenverfolgung einen neuen Höhepunkt erreichte, in zahlreichen heimlichen Versammlungen als Redner auf. Dabei vertrat er, ähnlich wie Wirth und wie ein anderer enger Freund, der Pfarrer Friedrich Ludwig Weidig, der auch zum Kreis der «Gießener Schwarzen» gehört hatte und mit dem das Ehepaar Schulz seit anderthalb Jahrzehnten kameradschaftlich verbunden war, sehr energisch den Standpunkt, daß die Einigung und Demokratisierung Deutschlands nur durch die gemeinsame Anstrengung aller Volksschichten erreicht werden könnte. Einzelne Gewaltakte, wie den Frankfurter Wachensturm, lehnte er ab.

Im Sommer 1832, bald nach dem «Hambacher Fest», veröffentlichte Schulz ein Buch, worin er den Gedanken der sozialen Demokratie vertrat. Er warnte darin das Großbürgertum, zumal die Fabrikherren, sich nach dem Vorbild des Landadels am Schweiß der Arbeiter zu bereichern, betonte die Interessengleichheit aller Bürger, Bauern und Arbeiter gegenüber den Fürsten und empfahl den wirtschaftlich Schwächsten, sich nach englischem Vorbild gewerkschaftlich zu organisieren, denn nur so könnte sich das Industrieproletariat vor der wachsenden Ausbeutung schützen und seine Lebensbedingungen verbessern. Bewaffneten Aufruhr, erst recht einzelne Terrorakte, verwarf er erneut als der guten Sache nur schädlich, befürwortete jedoch die Pflicht zum Widerstand gegen Übergriffe der Machthaber, «*denn erst wenn wir uns bereit zeigen, auf den ersten Ruf unsere Verfassung und unsere Freiheit mit Gut und Blut zu schützen, sind wir der Freiheit wert!*».

Als er wenig später, im September 1832, auf einer oppositionellen Versammlung in Darmstadt erklärte, «*es werde nicht schwerfallen, den Volkswillen gegen die papiernen Bundestagsbeschlüsse durchzusetzen, denn es stünden hiezu mehr als hunderttausend Bürgerbajonette zur Verfügung*», forderte die preußische Regierung seine Verhaftung. Die hessischen Behörden lehnten dies jedoch ab, da Schulz stets zu Besonnenheit und gewaltlosem Vorgehen aufgefordert hätte. Doch als er Anfang 1833 ein Pamphlet herausgab, das sich ausschließlich mit der Frage der Volksbewaffnung und der Bildung von Bürgergarden befaßte, konnte die Darmstädter Regierung dem Verlangen der Preußen nicht länger widersprechen; am 12. September 1833 wurde Schulz verhaftet und, da er noch seine Leutnantspension bezog, vor ein Kriegsgericht gestellt, das ihn wegen Vorbereitung zum Hochverrat und Versuchs eines gewaltsamen Umsturzes zu fünf Jahren strenger Festungshaft und Verlust seiner Bezüge verurteilte.

Er legte dagegen Berufung ein und wurde – die heutige Staatsschutz-Justiz höre und staune, da es sich doch bei dem angeklagten Leutnant a. D. Dr. jur. Wilhelm Schulz um einen gefährlichen Linksradikalen handelte! – von den Richtern bis zur Verhandlung in zweiter Instanz auf freien Fuß gesetzt. Ein Dreivierteljahr später, am 19. August 1834, bestätigte jedoch das Oberkriegsgericht das harte erstinstanzliche Urteil; Dr. Schulz kam nun als Gefangener auf die Festung Babenhausen bei Dieburg.

Aber jetzt trat seine resolute Frau in Aktion: Karoline Schulz zog in ein nahe der Festung gelegenes Dorf und begann, Möglichkeiten zur Befreiung ihres Mannes zu erkunden. Es gelang ihr, ihm nach und nach das zum Ausbruch erforderliche Werkzeug sowie eine etwa zwölf Meter lange Strickleiter in den Kerker zu schmuggeln. So ausgestattet, glückte es Schulz in der Nacht vom 30. zum 31. Dezember 1834, das Gitter an seiner Fensterluke zu durchsägen und sich vom dritten Stockwerk auf die Eisdecke des Wallgrabens abzuseilen.

Bis zum Morgen versteckte ihn dann der Bauer, bei dem sich seine Frau eingemietet hatte, und noch am Abend desselben Tages, während überall der Jahreswechsel gefeiert wurde, gelang Schulz die Überquerung der Grenze ins sichere Elsaß. In einer Beschreibung seiner Flucht bemerkte er dazu:

«Einst rühmte ein württembergischer Fürst, daß er getrosten Mutes sein Haupt in den Schoß jedes Bauern niederlegen könne. Die Zeiten haben sich geändert: Die im Namen der Fürsten Verfolgten hätten sicher in jeder Hütte ruhen dürfen, und weit und breit hätte sich keiner gefunden, der an einem dieser angeblichen Hochverräter zum Verräter geworden wäre.»

Wenn diese Feststellung, die Sympathien der Bauern für die bürgerlichen Demokraten betreffend, auch vornehmlich für den Westen und Südwesten Deutschlands galt und die Landbevölkerung, zumal östlich der Elbe, häufig noch sehr eingeschüchtert und rückständig war, so kann doch kein Zweifel daran bestehen, daß um 1835 die vom Bürgertum, besonders von den Intellektuellen und von der studentischen Jugend, ausgehende oppositionelle Bewegung nicht nur an Breite erheblich gewonnen, sondern auch schon die weniger oder gar nicht gebildeten, zuvor weitgehend unpolitischen Unterschichten erfaßt hatte.

Neben Landwirten und kleinen Handwerkern war es vor allem das Heer der wandernden Gesellen, das die ursprünglich kleine Schar der entschiedenen Demokraten gewaltig verstärkt hatte. Viele dieser Handwerksburschen waren zwar, um der Unfreiheit und dem Zunftzwang in Deutschland zu entgehen, ins Ausland abgewandert, vor allem in die Schweiz, ins Elsaß, nach Paris sowie nach Flandern und Holland. Wie Jacques Grandjonc von der Universität Aix-en-Provence in mühevoller Forschungsarbeit ermittelt hat, gab es allein in Frankreich vor 1848 über hunderttausend deutsche Handwerksgesellen.

Sie standen auch jenseits der Grenzen mit der demokratischen Bewegung in Deutschland in Verbindung, bildeten zudem das wichtigste Publikum für die zahlreichen ins Exil geflüchteten deutschen Publizisten und waren, wenn sie in die Heimat zurückwanderten, die idealen Verbreiter demokratischer Ideen und illegaler Schriften.

Die meisten dieser Handwerksburschen kamen, ehe sie zurück nach Deutschland gingen, durch Straßburg, das damals wichtigste Zentrum der deutschen Opposition. Und umgekehrt war die elsässische Hauptstadt für beinahe jeden politischen Flüchtling aus den Staaten des Deutschen Bundes die erste Station.

Wilhelm und Karoline Schulz blieben fast zwei Jahre lang in Straßburg, und sie machten während dieser Zeit manche wichtige Bekanntschaft. So war beispielsweise, nur neun Wochen nach ihnen, ein weiterer steckbrieflich gesuchter Hochverräter aus Hessen-Darmstadt in Straßburg eingetroffen und hatte sie aufgesucht. Der Flüchtling war ein noch nicht zweiundzwanzigjähriger Kandidat der Medizin aus Darmstadt namens Georg Büchner. Er hatte zuvor in Gießen seine Studien beenden wollen und war dort politisch sehr aktiv gewesen. Der junge Mann schloß sich bald sehr eng an das Ehepaar Schulz an, mit dem er einen gemeinsamen Freund, den Pfarrer Friedrich Ludwig Weidig, in Deutschland zurückgelassen hatte.

Weidig, damals schon vierundvierzig Jahre alt, war von 1826 bis 1834 Rektor der Lateinschule in Butzbach und ein Führer der liberalen Opposition in Hessen gewesen. Vielleicht verdankte er seiner Mutter, einer geborenen Liebknecht, manche der Eigenschaften, die sich später bei anderen Mitgliedern derselben Familie wiederholten: seinen Mut, seine Rednergabe und seine leidenschaftliche Anteilnahme am Los der Ausgebeuteten und Unterdrückten.

Weidig hatte schon 1814, einer Anregung Ernst Moritz Arndts folgend, in Butzbach eine patriotische «Deutsche Gesellschaft» ins Leben gerufen. Damit erregte er allerdings bald den Verdacht der Behörden, unter anderem deshalb, weil er es abgelehnt hatte, Offiziere der Butzbacher Garnison als Mitglieder aufzunehmen, und so weit gegangen war, sie als unerwünschte «Fürstenknechte» zu bezeichnen.

In den Monaten nach den «Karlsbader Beschlüssen» geriet der damalige Konrektor Dr. Weidig erneut in Verdacht: Er war, obwohl er als Beamter doch der Bevölkerung hätte ein Vorbild abgeben sollen, dem Tatbericht zufolge *«bei einer öffentlichen Feier des Namenstages Seiner Königlichen Hoheit des Großherzogs, beim Toast auf das Wohl dieses Fürsten, wobei sich alle erhoben, sitzen geblieben».* Obwohl der Untersuchungsrichter davon überzeugt blieb, *«daß Conrektor Weidig nie zu entschuldigende Handlungen begangen hat»,* war das Verfahren schließlich eingestellt worden. Aber man behielt Dr. Weidig fortan im Auge. Nach dem Frankfurter Wachensturm vom April 1833 wurde er in Haft genommen. Er mußte zugeben, von den Putschplänen gewußt zu haben, konnte aber nachweisen, daß er sich sehr bemüht hatte, dieses «wahre Bubenstück» zu verhindern. Nach einigen Wochen ließ man ihn wieder frei, jedoch wurde er bald darauf nach Obergleen strafversetzt.

Um diese Zeit lernte der politisch weiterhin aktive, nunmehrige Dorfpfarrer Dr. Weidig durch einen ihm bekannten Gießener Studenten, August Becker, der seiner Haarfarbe wegen «der rote Becker» genannt wurde, den zum Abschluß seines Medizinstudiums nach Gießen gekommenen Georg Büchner kennen.

Zwischen dem gerade zwanzigjährigen Büchner und dem mehr als doppelt so alten Weidig bestanden erhebliche Unterschiede in den politischen Zielen. Zwar waren sie beide leidenschaftliche Oppositionelle und verabscheuten die reaktionäre Politik der Regierung ihres Landes. Aber der Theologe Weidig war ein überzeugter Christ und teutschtümelnder Patriot, der für ein geeintes Reich unter monarchischer Führung und für gewaltlose Reformen zur Herstellung strenger Gerechtigkeit eintrat; Büchner dagegen war Atheist, radikaler Republikaner und dem gewaltsamen Umsturz durchaus nicht abgeneigt.

Trotzdem schloß sich Büchner sogleich dem Dr. Weidig an, ohne deshalb seine Überzeugungen zu ändern, und dabei spielte es für ihn sicherlich eine Rolle, daß der Exrektor nicht nur ein weithin bekannter und bei Oppositionellen angesehener Mann war, der viele Freunde hatte, sondern auch, daß Weidig über eine geheime Druckerei verfügte: Im Keller eines abgelegenen Hauses in Offenbach am Main war eine Druckerpresse versteckt, und diese wurde mitunter nachts von Männern in Betrieb genommen, die zu Weidigs politischen Freunden gehörten.

An diese Druckerei über Weidig heranzukommen war für den jungen Büchner eine große Verlockung, denn er hielt nichts davon, die Veränderung der Verhältnisse von oben her *für* das Volk zu bewirken, sondern wollte sie *mit* dem Volk, ja *durch* das Volk herbeiführen. Ihm ging es vor allem um soziale Gerechtigkeit: «. . . *es ist in meinen Augen bei weitem nicht so betrübend*», so hat er es selbst erklärt, «*daß dieser oder jener Liberale seine Gedanken nicht drucken lassen darf, als daß viele tausend Familien nicht imstande sind, ihre Kartoffeln zu schmälzen.*»

Dies bedeutete aber nicht, daß er nicht selbst gern hätte drucken lassen, denn er sah die Voraussetzung für die Behebung der Not des Volks in dessen Politisierung durch eine Aufklärung, die er selbst betreiben wollte. Er dachte dabei an eine Flugschrift, die sich vor allem an die Bauern wandte, und dieser Gedanke fand bei Dr. Weidig Anklang. Er beschaffte dem jungen Büchner einige interessante Statistiken, die, so meinte er, richtig erläutert in einer den einfachen Leuten auf dem Lande verständlichen Sprache, die Bauern wachrütteln müßten. Und Weidig hatte für diese Schrift auch schon einen Titel parat: «Der hessische Landbote» sollte sie heißen. Büchner hatte etwas weit weniger Braves im Sinn gehabt.

Als er dann im März 1834 dem Dr. Weidig das fertige Manuskript vorlegte, stand dessen Titelvorschlag zwar darüber, dann aber folgte eine Gebrauchsanweisung:

«Dieses Blatt soll dem hessischen Land die Wahrheit melden, aber wer die Wahrheit sagt, wird gehenkt; ja, sogar der, welcher die Wahrheit liest, wird durch meineidige Richter vielleicht bestraft. Darum haben die, welchen dies Blatt zukommt, folgendes zu beachten:

1. *sie müssen das Blatt sorgfältig außerhalb ihres Hauses vor der Polizei verwahren;*
2. *sie dürfen es nur an treue Freunde mitteilen;*
3. *denen, welchen sie nicht trauen wie sich selbst, dürfen sie es nur heimlich hinlegen;*
4. *würde das Blatt dennoch bei einem gefunden, der es gelesen hat, so muß er gestehen, daß er es eben dem Kreisrat habe bringen wollen;*
5. *wer das Blatt nicht gelesen hat, wenn man es bei ihm findet, der ist natürlich ohne Schuld.»*

Und nach dieser Gebrauchsanweisung folgte eine Überschrift, die sich Georg Büchner ursprünglich als den Titel der Flugschrift vorgestellt hatte und auf die er keinesfalls verzichten wollte: *«Friede den Hütten! Krieg den Palästen!»*

Entsprechend war der Text abgefaßt: *«Das Leben der Reichen ist ein langer Sonntag»*, so begann er, *«sie wohnen in schönen Häusern, sie tragen zierliche Kleider, sie haben feiste Gesichter und reden eine eigene Sprache; das Volk aber liegt vor ihnen wie Dünger auf dem Acker ...»*

Es folgten, mit statistischen Angaben dokumentiert, Sätze wie diese: *«Die Regierung wird gebildet von dem Großherzog und seinen obersten Beamten ... Sie haben die Häute der Bauern an, die Tränen der Witwen und Waisen sind das Schmalz auf ihren Gesichtern ... Die Justiz ist in Deutschland seit Jahrhunderten die Hure der Fürsten ... Der Fürstenmantel ist der Teppich, auf dem sich die Herren und Damen vom Adel und Hofe in ihrer Geilheit übereinander wälzen ... Die Töchter des Volks sind ihre Mägde und Huren, die Söhne des Volks ihre Lakaien und Soldaten. Geht einmal nach Darmstadt und seht, wie die Herren sich für euer Geld dort lustig machen, und erzählt dann euern hungernden Weibern und Kindern, daß ihr Brot an fremden Bäuchen herrlich angeschlagen sei ... Sechs Millionen bezahlt ihr im Großherzogtum einer Handvoll Leute, deren Willkür euer Leben und Eigentum überlassen ist ... Hebt die Augen auf und zählt das Häuflein eurer Presser, die nur stark sind durch das Blut, das sie euch aussaugen ... Deutschland ist jetzt ein Leichenfeld, bald wird es ein Paradies sein. Das deutsche Volk ist ein Leib, ihr seid ein Glied dieses Leibes. Es ist einerlei, wo die Scheinleiche zu zucken anfängt. Wann der Herr euch seine Zeichen gibt durch die Männer, durch welche er die Völker aus der Dienstbarkeit zur Freiheit*

*führt, dann erhebet euch, und der ganze Leib wird mit euch auf-
stehen . . .»*

Dr. Weidig war, als er dies las, hingerissen von der Kraft dieser
Sprache, von der Stärke der Argumente. Aber er hatte Bedenken gegen
die Radikalität der Forderungen. Auch war ihm zuwenig von Gott und
vom Christentum die Rede. Er konnte Büchner davon überzeugen, daß
man den Bauern mit Bibelsprüchen kommen müßte, die die Behauptun-
gen untermauerten, und es fiel ihm als Pfarrer nicht schwer, die richtigen
Zitate aus der Heiligen Schrift in Büchners Text einzufügen. Außerdem
ersetzte er, sehr zum Ärger des Verfassers, überall wo Büchner von den
Reichen gesprochen hatte, diese Bezeichnung durch einen weniger präzi-
sen Begriff: die *Vornehmen.*

Büchner mußte sich fügen, denn nur Weidig konnte dafür sorgen, daß
das Pamphlet heimlich gedruckt wurde. Aber der junge Mann fand Trost
in dem Gedanken, daß er inzwischen über ein zweites Instrument verfügte, dessen radikale Anwendung von Dr. Weidig nicht behindert werden
konnte: Noch während er mit der Abfassung des Textes für den «Hessischen Landboten» beschäftigt war, hatte er in Gießen eine «Gesellschaft
der Menschenrechte» gegründet, einen Klub von gleichgesinnten jungen
Leuten, die bereit waren, nach gründlicher Schulung durch ihn seine
Gedanken in der Bevölkerung zu verbreiten.

Weidig hatte es abgelehnt, sich an diesem – natürlich illegalen und
daher nur in aller Heimlichkeit durchführbaren – Unternehmen zu
beteiligen, war aber bereit, dem neuen Geheimbund seine und seiner
zahlreichen Freunde stillschweigende Unterstützung zuteil werden zu
lassen. Auch die ebenfalls konspirativ arbeitenden Burschenschafter, die
Büchner zum Mitmachen aufgefordert hatte, waren nicht zu aktiver
Beteiligung bereit gewesen, weil die «Gesellschaft der Menschenrechte»
auch Nichtakademikern offenstehen sollte. Eine Verbrüderung mit ‹Ge-
vatter Schneider und Handschuhmacher› – das ging über ihren Horizont!

Immerhin, ein paar Studenten, darunter der «rote Becker» und Büchners Schulfreund Karl Minnigerode, machten dann doch mit, und innerhalb weniger Wochen hatten die Verschwörer Stützpunkte und Zellen in
mehreren hessischen Orten, darunter in Darmstadt und Marburg, außerdem Verbindung zu anderen, weniger radikalen Oppositionsgruppen.

Am 3. Juli 1834 fand auf Büchners Betreiben hin eine geheime Zusam-
menkunft der Führer dieser Gruppen auf der Ruine Badenburg an der
Lahn statt. Hier versuchte Büchner noch einmal, seine Vorstellungen
durchzusetzen: nicht bloß lose Zusammenarbeit, sondern einheitliche,
straffe Organisation; nicht nur Diskussion mit Gebildeten, sondern direkter Appell an die breite Unterschicht der Bauern und Handwerker;
kein Hoffen auf Zugeständnisse von oben und allmähliche Reformen,
sondern Vorbereitung eines gewaltsamen Umsturzes durch einen allgemeinen Volksaufstand.

Weidig und seine Freunde traten dagegen für Besonnenheit, Mäßigung und Beschränkung auf friedliche Mittel ein, und sie waren in der Lage, nicht zuletzt durch den Hinweis auf ihre jahrzehntelange Erfahrung, die Mehrheit der Versammelten auf ihre Seite zu bringen. Immerhin einigte man sich schließlich auf eine Kompromißformel: Jede Gruppe sollte für sich wie bisher weiterarbeiten; man versprach sich gegenseitige Duldung und Unterstützung, und es sollten künftig zwei Arten von Flugschriften hergestellt und verbreitet werden, die eine für die Gebildeten, die andere für das ungebildete Volk, wobei die Weidig-Gruppe bereit war, die gemilderte und mit Bibelsprüchen angereicherte Schrift Georg Büchners, den «Hessischen Landboten», nun in Druck zu geben und bei der Verbreitung mitzuhelfen.

Ende Juli war das Pamphlet endlich in einigen tausend Exemplaren ausgedruckt; die Verteilung an die Bauern, für die der «Landbote» ja bestimmt war, konnte beginnen, und sowohl Büchners ‹Menschenrechtler› wie die ‹Patrioten› um Dr. Weidig beteiligten sich daran.

Es war nicht nur ein sehr gefährliches und mühseliges Unternehmen, sondern auch ein Versuch mit nur geringen Erfolgsaussichten. Denn bei den Bauern, die mit dem «Hessischen Landboten» erreicht, zum Lesen gebracht, überzeugt und für die geplante Volkserhebung gewonnen werden sollten, war nicht nur eingewurzeltes Mißtrauen gegen Fremdes, Gedrucktes aus der erfahrungsgemäß nur Plagen für den Landmann schaffenden Stadt zu überwinden, sondern auch sehr begründete Angst. Wer solch ein Flugblatt morgens unter seiner Haustür fand, stand schon mit einem Bein im Gefängnis. Die erste Regung war daher, es sofort in den Ofen zu stecken, die zweite, es lieber zum Amtmann zu bringen, da jemand beobachtet haben konnte, wie es deponiert oder aufgefunden worden war, und auf den nicht sofort gemeldeten Fund eines Flugblatts standen abschreckende Strafen! In jedem Dorf gab es warnende Beispiele; mancher war erst nach einem Jahrzehnt als gebrochener, halbblinder Greis aus dem Kerker entlassen worden, nur weil er die ihm heimlich zugesteckten Blätter nicht auf der Stelle bei den Behörden abgeliefert hatte.

So war es kein Wunder, wenn auch für Büchner, der davon hörte, eine herbe Enttäuschung, daß die allermeisten Exemplare der mit so viel Mühen und Gefahren hergestellten und verteilten Schrift von den Empfängern sofort zur Polizei gebracht wurden. Büchner mußte sich eingestehen, daß das Risiko in krassem Mißverhältnis zu den Erfolgsmöglichkeiten stand. Und dabei ahnte er nicht einmal, daß die Chance eines Gelingens von Anfang an gefehlt hatte, denn das ‹Unternehmen Landbote› war bereits verraten gewesen, ehe die ersten Pakete der noch druckfrischen Schrift den Keller der Offenbacher Geheimpresse verlassen hatten!

Ein scheinbar treuer Freund Weidigs, der Butzbacher Bürger Konrad Kuhl, war nämlich, um sich von drückenden Schulden zu befreien, zum gutbezahlten Polizeispitzel geworden. So hatte er zunächst – für die hübsche Summe von viertausend Gulden – den Plan des Frankfurter Wachensturms vom April 1833 frühzeitig an die Staatsschutzbehörden verraten. Und Ende Juli 1834 verkaufte er der Polizei für noch mehr Geld das ‹Unternehmen Landbote›, wobei er aber erst einmal nur Karl Minnigerode und weitere Verteiler denunzierte. Ein paar Tage später meldete er dann, natürlich zu einem nochmals kräftig erhöhten Preis, den Namen des Verfassers des von ihm als «höchst revolutionär» eingestuften Pamphlets.

Tatsächlich wurde der «Hessische Landbote» dann auch von dem österreichischen Präsidialgesandten bei der Bundeszentralbehörde als eine der «bösartigsten revolutionären Schriften, welche unter den gröbsten Schmähungen deutscher Souveräne unumwunden zum Aufruhr auffordert», bezeichnet.

Eine Großfahndung lief an; diesmal wollten die Behörden sichergehen, daß ihnen niemand entwischte. Sie waren überzeugt, daß es sich um eine sehr große, im ganzen Land Hessen und über dessen Grenzen hinaus verbreitete Geheimorganisation handelte, und die Tatsache, daß bald neue, von der Offenbacher Ausgabe abweichende Exemplare des «Hessischen Landboten» gefunden wurden – sie waren in Marburg von den dortigen ‹Menschenrechtlern› nachgedruckt worden –, bestärkte sie noch in dieser Vermutung. So kam es wohl auch, daß zwar Minnigerode schon Anfang August 1834 verhaftet wurde, der als Verfasser bald darauf denunzierte Büchner jedoch auf freiem Fuß blieb, nachdem man ihn verhört, sein in Gießen gemietetes Zimmer durchsucht und einige Briefe – die aber nichts Verfängliches enthielten – beschlagnahmt hatte.

Ende August 1834 berichtete Büchner darüber in einem Brief an seine Eltern: «Es sind jetzt fast drei Wochen seit der Haussuchung verflossen, und man hat mir in Bezug darauf noch nicht die mindeste Eröffnung gemacht. Die Vernehmung bei dem Universitätsrichter am ersten Tage kann nicht in Anschlag gebracht werden, sie steht damit in keinem gesetzlichen Zusammenhang; der Herr Georgi verlangt nur als Universitätsrichter von mir als Studenten, ich solle mich wegen meiner Reise ausweisen, während er die Haussuchung als Regierungskommissär vornahm. Ihr sehet also, wie weit man es in der gesetzlichen Anarchie gebracht hat . . .»

Der von Büchner erwähnte Georgi, ein stadtbekannter Alkoholiker, blieb ihm auch in den folgenden Monaten auf der Fährte, und er war es auch, der später den Pfarrer Dr. Weidig zu Tode quälte. Georg Büchner aber, der nach Ablauf des Sommersemesters zu seinen Eltern nach Darmstadt reiste und dort auf deren Wunsch hin – sie befürchteten, er könnte sich in Gießen noch tiefer in die böse Sache verstricken – den Winter verbrachte, ahnte nichts davon, daß ihn die Polizei als Verfasser des Pamphlets längst kannte, in ihm aber lediglich ein Werkzeug anderer sah und diese vermuteten Hintermänner und Drahtzieher durch ihn aufzuspüren hoffte.

2493. **Steckbrief.**

Der hierunter signalisirte Georg Büchner, Student der Medizin aus Darmstadt, hat sich der gerichtlichen Untersuchung seiner indicirten Theilnahme an staatsverrätherischen Handlungen durch die Entfernung aus dem Vaterlande entzogen. Man ersucht deßhalb die öffentlichen Behörden des In- und Auslandes, denselben im Betretungsfalle festnehmen und wohlverwahrt an die unterzeichnete Stelle abliefern zu lassen.

Darmstadt, den 13. Juni 1835.

Der von Großh. Hess. Hofgericht der Provinz Oberhessen bestellte Untersuchungs-Richter, Hofgerichtsrath

Georgi.

Personal-Beschreibung.

Alter: 21 Jahre,
Größe: 6 Schuh, 9 Zoll neuen Hessischen Maaßes,
Haare: blond,
Stirne: sehr gewölbt,
Augenbraunen: blond,
Augen: grau,
Nase: stark,
Mund: klein,
Bart: blond,
Kinn: rund,
Angesicht: oval,
Gesichtsfarbe: frisch,
Statur: kräftig, schlank,
Besondere Kennzeichen: Kurzsichtigkeit.

Der Steckbrief von Georg Büchner

In dieser aufregenden Zeit, in der er mehrmals zur Vernehmung, mal nach Offenbach, mal nach Friedberg, reisen und ständig eine neuerliche Haussuchung oder gar seine Verhaftung befürchten mußte, schrieb Georg Büchner heimlich – auch der Vater durfte davon nichts wissen! – sein erstes Bühnenwerk, das Revolutionsdrama «Dantons Tod».

Am 21. Februar 1835, siebzehn Tage vor seiner Flucht nach Straßburg, schickte er das fertige Manuskript an den Verleger Sauerländer und schrieb gleichzeitig an Karl Gutzkow, den Leiter des «Literaturblatts», einer Beilage des in Frankfurt am Main erscheinenden «Phönix», folgenden Brief:

«Mein Herr! Vielleicht hat es Ihnen die Beobachtung, vielleicht, im unglücklicheren Fall, die eigene Erfahrung schon gesagt, daß es einen Grad von Elend gibt, welcher jede Rücksicht vergessen und jedes Gefühl verstummen macht. Es gibt zwar Leute, welche behaupten, man solle sich in einem solchen Falle lieber zur Welt hinaushungern, aber ich könnte die Widerlegung in einem seit kurzem erblindeten Hauptmann von der Gasse aufgreifen, welcher erklärt, er würde sich totschießen, wenn er nicht gezwungen sei, seiner Familie durch sein Leben seine Besoldung zu erhalten. Das ist entsetzlich. Sie werden wohl einsehen, daß es ähnliche Verhältnisse geben kann, die einen verhindern, seinen Leib zum Notanker zu machen, um ihn von dem Wrack dieser Welt in das Wasser zu werfen, und werden sich also nicht wundern, wie ich Ihre Türe aufreiße, in Ihr Zimmer trete, Ihnen ein Manuskript auf die Brust setze und ein Almosen abfordere. Ich bitte Sie nämlich, das Manuskript so schnell wie möglich durchzulesen, es, im Fall Ihnen Ihr Gewissen als Kritiker dies erlauben sollte, dem Herrn Sauerländer zu empfehlen, und sogleich zu antworten.

Über das Werk selbst kann ich Ihnen nichts weiter sagen, als daß unglückliche Verhältnisse mich zwangen, es in höchstens fünf Wochen zu schreiben. Ich sage dies, um Ihr Urteil über den Verfasser, nicht über das Drama an und für sich zu motivieren. Was ich daraus machen soll, weiß ich selbst nicht, nur das weiß ich: daß ich alle Ursache habe, der Geschichte gegenüber rot zu werden; doch tröste ich mich mit dem Gedanken, daß, Shakespeare ausgenommen, alle Dichter vor ihr und der Natur wie Schulknaben dastehen.

Ich wiederhole meine Bitte um schnelle Antwort; im Falle eines günstigen Erfolges können einige Zeilen von Ihrer Hund, wenn sie noch vor nächstem Mittwoch hier eintreffen, einen Unglücklichen vor einer sehr traurigen Lage bewahren.

Sollte Sie vielleicht der Ton dieses Briefes befremden, so bedenken Sie, daß es mir leichter fällt, in Lumpen zu betteln, als im Frack eine Supplik zu überreichen, und fast leichter, die Pistole in der Hand: la bourse ou la vie! zu sagen, als mit bebenden Lippen ein: Gott lohn es! zu flüstern.

G. Büchner.»

Dieser – den irrigen Eindruck höchster wirtschaftlicher Not erweckende, in Wahrheit das Startkapital für die notwendige Flucht fordernde – Brief, mehr noch das Stück selbst, dessen Kraft Gutzkow tief beeindruckte, bewirkten, daß Büchner binnen weniger Tage zehn Friedrichdor, knapp sechzig preußische Taler – das entspricht etwa einem heutigen Wert von dreitausend Mark –, bekam, genug, um damit die Flucht ins Elsaß zu wagen. Büchners neuer Freund und Förderer, Karl Gutzkow, geboren 1811 in Berlin, war damals der – selbsternannte – Wortführer einer nach der französischen Julirevolution von 1830 entstandenen deutschen Literaturrichtung, deren Vertreter keine geschlossene Gruppe bildeten, sondern als liberale Oppositionelle von unterschiedlicher Radikalität und Qualität von den Behörden dann kurzerhand in einen Topf geworfen wurden.

Das Gemeinsame der Vertreter dieser neuen Richtung war, daß sie sich von der realitätsfernen, ästhetischen Dichtung ab- und einer polemisch-satirischen Prosa zugewandt hatten und, jeder auf seine Weise, gegen die Reaktion, für Geistes- und Meinungsfreiheit, Emanzipation und demokratische Rechte kämpften.

Der Name dieser Richtung, «Junges Deutschland», stammte von dem 1802 in Altona geborenen Schriftsteller Ludolf Wienbarg, damals Privatdozent in Kiel, der 1834 seine Vorlesungen unter dem Titel «Ästhetische Feldzüge» veröffentlicht und mit der Widmung *Dir, junges Deutschland . . .»* versehen hatte. Als dann Gutzkow 1835 – zur selben Zeit, als er mit Büchner wegen «Dantons Tod» korrespondierte – einen Roman mit dem Titel «Wally, die Zweiflerin» veröffentlichte, bot er damit dem früher mit ihm befreundet gewesenen Rezensenten Wolfgang Menzel willkommene Gelegenheit, über ihn und andere franzosenfreundliche Oppositionelle herzufallen. Seine Kritik veranlaßte die Bundeszentralbehörde, sich näher mit den von Menzel gerügten Autoren des «Jungen Deutschland» zu befassen, und trug Gutzkow viel Ärger ein. Sein angeblich unzüchtiger und religionsfeindlicher Roman wurde beschlagnahmt, er selbst in Baden zu drei Monaten Haft verurteilt.

Gutzkow verbüßte diese Strafe gegen Jahresende in Mannheim. Am 10. Dezember 1835 schrieb er aus dem Gefängnis an seinen Bankier Wilhelm Speyer in Frankfurt, der für ihn unterdessen die Geschäfte führte und die von Gutzkow zusammen mit Wienbarg geplante Herausgabe einer Zeitschrift, «Deutsche Revue», vorbereiten sollte: *«Hätten Sie wohl Lust, einen Gefangenen einmal durch einen etwas längeren Brief über das Wetter, Musik, Familie, Welthändel, Theaterangelegenheiten in seiner Einsamkeit zu erquicken . . .?»*

Was er jedoch dann erfuhr, war für ihn alles andere als erquickend: Am selben 10. Dezember 1835 erließ nämlich die mit der Unterdrückung der demokratischen Opposition beauftragte Bundeszentralbehörde in Frankfurt am Main ein Verbot aller bisherigen *und künftigen* Veröffentlichungen der zum «Jungen Deutschland» gerechneten Autoren und untersagte diesen auch, innerhalb der Staaten des Deutschen Bundes eine Redaktion zu übernehmen!

Dieser Bannstrahl traf nicht nur Karl Gutzkow und dessen Freund Ludolf Wienbarg, der dann – wie aus einem Brief an Gustav Kühne in Leipzig hervorgeht – in große wirtschaftliche Not geriet, vernichtete beider Pläne für die «Deutsche Revue» und nahm ihnen jede legale Publikationsmöglichkeit; er richtete sich auch gegen drei weitere, ebenfalls dem «Jungen Deutschland» zugerechnete und namentlich genannte Schriftsteller. Zweien davon, Theodor Mundt (1808–1861) und Heinrich Laube (1806–1884), gebührt in diesem Zusammenhang keine besondere Aufmerksamkeit, zumal sie bald wieder ihren Frieden mit den Behörden machten. (Über Laube ist immerhin nachzutragen, daß er 1834 wegen bekundeter Sympathien für die französische Julirevolution aus Sachsen ausgewiesen und in Berlin neun Monate lang in der berüchtigten Hausvogtei eingesperrt wurde; 1837 kam er wegen ‹burschenschaftlicher Umtriebe› erneut in Haft, ging dann ins Ausland und wurde, nachdem er 1848 in die Nationalversammlung gewählt worden war und dem rechten Flügel der Paulskirche angehört hatte, Ende 1849 für mehr als zwei Jahrzehnte Direktor des Wiener Burgtheaters.) Doch um so mehr Beachtung verdient der fünfte und letzte der von der Bundeszentralbehörde geächteten Dichter des «Jungen Deutschland»: Heinrich Heine.

Heines Popularität war damals schon sehr groß; sein 1827 erschienenes «Buch der Lieder» hatte ihn mit einem Schlage berühmt gemacht, und in den folgenden Jahren war der 1797 in Düsseldorf geborene Dichter, der in Bonn, Berlin und Göttingen studiert, zum Doktor der Rechtswissenschaft promoviert und bei Hegel Philosophie studiert hatte, immer politischer und zum schärfsten Kritiker der reaktionären Verhältnisse geworden, was seine Beliebtheit bei der radikalen Opposition gewaltig gesteigert, dagegen die Bewunderer seiner – halb romantischen, halb ironischen – Lyrik sehr verwirrt hatte. Mit seinen Essays «Zur Geschichte der Religion und Philosophie in Deutschland» und «Die romantische Schule», die Heine dann zu dem Buch «De l'Allemagne» zusammenfaßte, kam dieser *letzte Fabelkönig der Romantik*», wie er sich selbstverspottend nannte, zu dem Resultat, daß es nicht mehr die Aufgabe der Literatur sein könne, die Glückseligkeit des Menschen im Jenseits zu propagieren, sondern daß sie die Verbesserung der politischen und sozialen Verhältnisse im Diesseits zu fordern und dafür den Weg zu weisen habe, denn *«den Himmel überlassen wir den Engeln und den Spatzen»*.

Besonderes Aufsehen hatte Heines «*zu Paris, den 18. Oktober 1832*» geschriebene Vorrede zu «Französische Zustände» erregt, worin es hieß: «*Nie ist ein Volk von seinen Machthabern grausamer verhöhnt worden. Nicht bloß, daß jene Bundestagsordonnanzen voraussetzen, wir ließen* uns alles gefallen: man möchte uns dabei noch einreden, es geschehe uns ja eigentlich gar kein Leid oder Unrecht. Wenn ihr aber auch mit Zuversicht auf knechtische Unterwürfigkeit rechnen durftet, so hattet ihr doch kein Recht, uns für Dummköpfe zu halten. Eine Handvoll Junker, die nichts gelernt haben als ein bißchen Roßtäuscherei, Voltenschlagen, Becherspiel oder sonstig plumpe Schelmenkünste, womit man höchstens nur Bauern auf Jahrmärkten übertölpeln kann: diese wähnen damit ein ganzes Volk betören zu können, und zwar ein Volk, welches das Pulver erfunden hat und die Buchdruckerei und die ‹Kritik der reinen Vernunft›. Diese unverdiente Beleidigung, daß ihr uns für noch dümmer gehalten, als ihr selber seid, das ist die schlimmste Beleidigung . . .»

Diese «Vorrede» war – ähnlich wie Georg Büchners «Hessischer Landbote» – im Frühjahr 1834 in der Umgebung von Frankfurt am Main von Oppositionellen heimlich nachgedruckt und von Handwerksburschen als illegale Flugschrift unters Volk gebracht worden. Dieser Umstand hatte sicherlich mit dazu beigetragen, daß die Bundeszentralbehörde dann Heines sämtliche Werke – auch die zukünftigen, noch gar nicht geschriebenen –, zusammen mit denen der anderen Autoren des «Jungen Deutschland», auf den Index der verbotenen Bücher setzte, dem in Paris lebenden Dichter Berufsverbot in allen Staaten des Deutschen Bundes erteilte und ihn auf diese Weise zwang, im Exil zu bleiben.

Johann Wolfgang von Goethe war 1832 gestorben, den Deutschen als «der Weisheit letzter Schluß» die von Faust ausgesprochene Erkenntnis hinterlassend: «Nur der verdient sich Freiheit wie das Leben, der täglich sie erobern muß!» Aber selbst der «Faust» wurde ein Opfer der Zensur; wo die Aufführung des Stücks überhaupt gestattet wurde – vielerorts, besonders in Österreich, blieb es als ‹zu anstößig› noch lange Zeit verboten –, da strichen die Kommissare der Theaterpolizei darin herum, tilgten jeden Kraftausdruck und jeden ‹die Religion beleidigenden› Witz, ja schrieben Goethes Text bedenkenlos um, so daß der Dichter sein eigenes Werk nicht mehr wiedererkannt hätte!

Doch den Lebenden erging es nicht anders. Die deutschen Schriftsteller, Dichter, Philosophen und erst recht die Journalisten lagen ständig in einem zermürbenden Kampf mit der rigorosen Zensur. Es gibt kaum einen, der in dieser Zeit finsterster Reaktion nicht ‹gemaßregelt› worden wäre. Die verfolgten deutschen Intellektuellen und ihre von den Behörden unterdrückten Werke einzeln aufzuführen hieße nichts anderes, als eine nahezu vollständige deutsche Literaturgeschichte jener Epoche zu schreiben.

So sollen einige wenige Beispiele genügen, wobei zum besseren Verständnis der Notwendigkeit solcher Beschränkung erwähnt sei, daß allein 1831, dem Jahr, das auf den Beginn des dann blutig unterdrückten polnischen Aufstands folgte, in den Staaten des Deutschen Bundes rund einhundertachtzig Gedichte und Lieder, die alle das Heldentum der Polen besangen, von der Zensur verboten wurden. Die schönsten Verse zu Ehren der polnischen Freiheitskämpfer stammten übrigens von dem – an den Schikanen der Zensurbehörden fast verzweifelnden, deshalb schließlich gänzlich verstummenden – österreichischen Kanzleirat Franz Grillparzer, von August Graf von Platen, der schon 1826 dem reaktionären Deutschland für immer den Rücken gekehrt hatte, und von dem – fälschlich stets nur als resignierenden Pessimisten hingestellten – aufrechten Demokraten Nikolaus Niembsch Edlen von Strehlenau, der sich vor den Nachstellungen der Bücherpolizei durch das Pseudonym «Nikolaus Lenau» zu schützen suchte, unter dem er berühmt geworden ist.

Auch Anton Graf von Auersperg, ein demokratischer Gesinnungsgenosse Lenaus, dessen Nachlaß er später veröffentlichte, wagte sich zunächst mit seinen sehr politischen «Spaziergängen eines Wiener Poeten» nur anonym hervor und wählte für seine folgenden Publikationen den Decknamen «Anastasius Grün». Als sich Auersperg 1837 gezwungen sah, seine Identität mit dem schon sehr berühmten, polizeilich verfolgten Anastasius Grün zuzugeben, kam er zwar – schließlich war er ein Graf! – mit einer empfindlichen Geldstrafe davon; aber wäre auch herausgekommen, daß die «Spaziergänge» von ihm stammten, so hätte ihn selbst sein hoher Adel nicht vor einer Festungsstrafe geschützt.

Kein deutscher Dichter von Rang ist damals von der Zensur unbehelligt geblieben, auch nicht so scheinbar unpolitische Romantiker wie Joseph von Eichendorff oder Achim von Arnim, erst recht nicht Adelbert von Chamisso, der sich später von der Romantik abwandte und den griechischen wie den polnischen Freiheitskampf besang. Und die «Modernen» hatten natürlich am meisten zu leiden!

Der fürstlich lippe-detmoldische Militärbeamte Christian Dietrich Grabbe, beispielsweise, mußte 1834 den Dienst quittieren, weil er sich, um der provinziellen Enge und der Plage durch die Zensur zu entfliehen, immer mehr dem Trunk hingegeben hatte. Der dann von Karl Immermann vor dem Verhungern gerettete Grabbe hatte 1830 – noch vor der Julirevolution – geschrieben: *«Die Guillotine der Revolution steht still, und ihr Beil rostet, – und mit ihm verrostet vielleicht auch manches Große, und das Gemeine, in der Sicherheit, daß ihm nicht mehr der Kopf abgeschlagen werden kann, erhebt gleich dem Unkraut sein Haupt . . .»*

Karl Immermann, seit 1827 königlich preußischer Landgerichtsrat in Düsseldorf, begrüßte mit überschwenglicher Begeisterung die französische Julirevolution, schrieb aber schon bald darauf, als sich in Deutschland nichts rührte, nach Berlin an seinen Freund Wilhelm Häring – besser bekannt unter seinem Dichternamen Willibald Alexis –, daß er den Druck der Reaktion und die Willkür der Zensur kaum noch ertragen könnte.

Alexis antwortete: *«Was Sie mir jüngst von Ihrer Stimmung schrie-*

ben, notiren Sie gefälligst und setzen Sie meinen Namen hinein! Es dreht sich alles recht verdrießlich um mich her, freilich mehr Freunde als mich betreffend. Hätten Sie jetzt überdem mit unserer (Berliner) Censur zu thun – es ist unglaublich! Ordentlich als um durch ihre Angst den Satz der Radicalen, daß es auf dem letzten stände, zu rechtfertigen . . .» Dabei gehörte Alexis, dessen «Wiener Bilder» 1833 in Preußen verboten wurden, keineswegs zu den Liberalen, während umgekehrt der Berliner Zensor für schöngeistige Literatur, der damals schon sechsundsiebzigjährige Balladendichter und humoristische Erzähler August Friedrich Ernst Langbein, durchaus kein Erzreaktionär und schon gar nicht prüde war.

Langbein stand sogar in dem Ruf, soweit es an ihm lag, nicht allzu kleinlich zu sein. Aber sein Ermessensspielraum war gering; er hatte strenge Instruktionen, und er war auf die Einnahmen seines Amtes angewiesen. Die Zensoren lebten nämlich von den Gebühren, die die Redaktionen und Verlage zu ihrem Ärger auch noch dafür zu entrichten hatten, daß man ihre Manuskripte polizeilich prüfte, gnadenlos zusammenstrich oder gar in Gänze zu veröffentlichen verbot.

Indessen, so streng und meist stumpfsinnig die Zensur gehandhabt wurde, so findig waren die Verleger und Buchhändler darin, den Behörden immer wieder ein Schnippchen zu schlagen. Und mitunter nahmen die Autoren den Vertrieb ihrer besonders ‹staatsgefährdenden› Werke, unter sorgfältiger Umgehung von Zensur und Polizei, sogar selbst in die Hand.

Dies tat beispielsweise (und mit besonderer Raffinesse) ein damals sehr einflußreicher deutscher Publizist, der der eigentliche Führer jener Richtung war, die «Junges Deutschland» genannt wurde. Seinen Namen, Ludwig Börne, hatte die Bundeszentralbehörde in ihrem Beschluß vom 10. Dezember 1835 wohl nur deshalb aufzuführen vergessen, weil seine Werke bereits verboten waren und er sich seit 1830 kaum noch, von 1832 an überhaupt nicht mehr in Deutschland aufgehalten hatte.

Ludwig Börne, 1786 als Löb Baruch im Frankfurter Getto geboren, hatte in Berlin, Halle, Heidelberg und Gießen zunächst Medizin, dann Staatswissenschaften studiert und war unter Dalberg 1811 in den Polizeiverwaltungsdienst des Großherzogtums Frankfurt eingetreten. Als nach dem Ende des Rheinbunds aus Frankfurt am Main wieder eine Freie Reichsstadt geworden war, hatte man Börne entlassen, weil der Staatsdienst nun wieder – wie ehedem, vor der Übernahme der revolutionären Errungenschaften durch die deutschen Vasallen Napoléons – für Juden gesperrt war.

Zwar trat Börne fünf Jahre später, 1818, formell zum Christentum über, da er sich der jüdischen Glaubensgemeinschaft ohnehin längst nicht mehr verbunden fühlte. Aber an einer Beamtenlaufbahn, die ihm nun wieder offengestanden hätte, war er nicht mehr interessiert. Statt dessen wurde er Journalist, gab 1819 die – schon bald verbotenen – «Zeitschwingen», bis 1821 «Die Wage, Blätter für Bürgerleben, Wissenschaft und Kunst» heraus, redigierte 1819 auch ein paar Monate lang die «Zeitung der freien Stadt Frankfurt» und erwarb sich dabei rasch den Ruf eines unerschrockenen, geistreichen Wortführers der liberalen Opposition.

Damals machte Börne seine ersten Erfahrungen mit der Zensur; er wurde wiederholt ‹gemaßregelt›, zu Geldstrafen verurteilt und – in Zusammenhang mit einer illegalen Flugschriftenaktion des hessischen Oppositionellen Wilhelm Friedrich Schulz – im März 1820 für zwei Wochen in Untersuchungshaft genommen. *«Er gehörte damals noch zu jenen Schriftstellern des vornehmen Liberalismus»*, bemerkte dazu Schulz zehn Jahre später, aber sehr bald schon wurde Börne zum radikalen Demokraten und Republikaner sowie zum Verfechter der These, daß die Literatur nur noch dem politischen und gesellschaftlichen Fortschritt zu dienen habe.

Eine ihm nach dem Tod seines Vaters 1827 zufallende Erbschaft, die ihm eine lebenslängliche Rente von jährlich 450 Gulden erbrachte, gab ihm die Möglichkeit, sich ganz der Schriftstellerei zu widmen. Im September 1830, nach der Julirevolution, zog es ihn nach Paris, wo er fast ein Jahr lang blieb und eine rege publizistische Tätigkeit entfaltete.

Zwar wurden seine – zunächst bei Hoffmann & Campe in Hamburg erscheinenden – «Briefe aus Paris» sogleich in allen deutschen Staaten von der Zensur verboten, aber sie hatten dennoch eine ungewöhnlich starke und nachhaltige Wirkung, nicht zuletzt dadurch, daß er den deutschen Liberalen manche Illusionen nahm und das von ihnen bejubelte französische ‹Julikönigtum› als die undemokratische Herrschaft der großbürgerlichen Geldaristokratie entlarvte.

In Baden-Baden, wo Börne im Sommer 1831, zusammen mit seiner Freundin Jeanette Wohl, das Manuskript seiner «Briefe aus Paris» für den Druck bearbeitete, lernte er den aus Amerika zurückgekehrten Friedrich List und dessen Eisenbahnprojekte kennen. *«Diese Eisenbahnen»*, schrieb er darüber, *«sind nun meine und Lists Schwärmereien wegen ihrer ungeheueren politischen Folgen. Allem Despotismus wäre dadurch der Hals gebrochen.»*

Im Jahr darauf nahm Börne am «Hambacher Fest» teil und reiste anschließend durch Süddeutschland, wo ihm mancherorts Ovationen zuteil wurden wie einem siegreichen Feldherrn. Den Jubel der süddeutschen Liberalen über die in ihren Ländern errungenen Verfassungen dämpfte er indessen, indem er darauf hinwies, daß dadurch die reale politische Macht den Fürsten noch nicht entrungen sei. *«Die Freiheit wurde von einem Fürsten noch nie verschenkt noch verkauft; ein Volk, das sie haben will, muß sie rauben. Dem Geduldigen gibt man nichts, dem Drohenden wenig, dem Gewalttätigen alles . . .»*

Noch im selben Jahr 1832 ging Börne endgültig zurück nach Frank-reich und setzte die Veröffentlichung seiner «Briefe aus Paris» mit einem dritten und vierten Band fort. Da er mit dem Verleger Campe, dessen Honorarabrechnungen er mißtraute – sicherlich zu Recht und nicht als einziger Autor des Verlags, der die Heimlichkeiten des Vertriebs verbotener Werke auf damals in der Branche leider nicht seltene Weise auszunutzen pflegte –, die Beziehungen abgebrochen hatte, verlegte er nun selbst. Zur Täuschung der Bücherpolizei nannte er seinen Verlag «L. Brunet, Offenbach und Paris», bezeichnete auf den Rechnungen die Bände 3 und 4 seiner «Briefe aus Paris» als *«Börne's Mitteilungen aus dem Gebiete der Länder- und Völkerkunde, 1. und 2. Theil»* und empfahl diese den Buchhändlern, die den Wink verstanden, als *«die wichtigste Erscheinung der neuern Literatur»*, die es *«aus triftigen Gründen»* möglichst schnell zu verbreiten gelte.

Sein reges Schaffen wurde 1836 von einer schweren Krankheit unterbrochen, der er am 12. Februar 1837, nur dreizehn Monate nach dem Verbot der Schriften des «Jungen Deutschland», erlag; sein letztes Werk, das unter dem Titel «Menzel der Franzosenfresser» den Denunzianten Gutzkows mit beißendem Spott kritisierte und für eine deutsch-französische Zusammenarbeit eintrat, erschien erst nach seinem Tode.

Nur eine Woche später als Börne in Paris, am 19. Februar 1837, starb in Zürich der erst dreiundzwanzigjährige Georg Büchner. Über die letzten Lebenstage des Dichters hat uns Karoline Schulz, die – zusammen mit Büchners Braut, der Straßburger Pfarrerstochter Minna Jägle – den Schwerkranken bis zu seinem Tode gepflegt hatte, einen liebevollen Bericht hinterlassen. Ihr Ehemann, Wilhelm Friedrich Schulz, zu dem Büchner schon in Straßburg in sehr freundschaftliche Beziehungen getreten war, schrieb am 23. Februar 1837 in der «Züricher Zeitung»: *«Im Verlaufe weniger Tage hat der Tod zwei ausgezeichnete deutsche Männer den Reihen ihrer trauernden Landsleute und Genossen ihres Schicksals entrissen. Am 15. Februar wurde Ludwig Börne zu Paris, am 21. Februar Georg Büchner zu Zürich beerdigt. Beide ruhen in fremdem Lande, denn beiden hatte sich das Vaterland verschlossen.»*

Im folgenden schilderte Schulz den Lebenslauf Büchners bis zu dessen Flucht nach Straßburg, berichtete von seinen dortigen Studien, seiner Abkehr von der Medizin, Promotion zum Doktor der Philosophie in Zürich und den Vorlesungen, die er dort bereits gehalten hatte. Dann rühmte er die literarischen Werke des so früh Verstorbenen, sein unter widrigsten Umständen in wenigen Wochen vollendetes Drama «Dantons Tod», das in Straßburg begonnene, in Zürich fertiggestellte Lustspiel «Leonce und Lena», das Fragment einer Novelle über die letzten Tage des Dichters Jakob Michael Reinhold Lenz, das gleichfalls fragmentarische Drama «Woyzeck» und das druckfertige – leider verlorengegangene – Bühnenstück «Aretino» sowie Büchners gelungene Übersetzungen der beiden Dramen Victor Hugos «Lucretia Borgia» und «Maria Tudor».

Dann kam Schulz auf die letzten, leider noch heute aktuellen politischen Äußerungen des Sterbenden zu sprechen:

«Wie vor seiner Krankheit, so sprach er auch jetzt in bitteren, aber wahren Worten ... über jene Schmach unserer Tage ..., über die verwerfliche Behandlung der politischen Schlachtopfer, die nach gesetzlichen Formen und mit dem Anschein der Milde in jahrelanger Untersuchungshaft gehalten werden, bis ihr Geist zum Wahnsinn getrieben und ihr Körper zu Tode gequält ist. ‹In jener Französischen Revolution›, so rief er aus, ‹die wegen ihrer Grausamkeit so verrufen ist, war man milder als jetzt. Man schlug seinen Gegnern die Köpfe ab. Gut! Aber man ließ sie nicht jahrelang hinschmachten und hinsterben.›»

Als Wilhelm Schulz diesen Nachruf veröffentlichte, war am selben Morgen der Pfarrer Dr. Friedrich Ludwig Weidig, mit dessen Hilfe Büchner den «Hessischen Landboten» hergestellt und verbreitet hatte, im Darmstädter Gefängnis tot aufgefunden worden; es hieß, er habe seinem Leben selbst ein Ende gemacht.

Weidig war fast zwei Jahre lang, seit dem 22. April 1835, in Untersuchungshaft und während dieser Zeit in Dutzenden von – zwischen vier und sechs Stunden dauernden – Verhören von dem Hofgerichtsrat Georgi, der auch Büchner vernommen und dessen Steckbrief unterzeichnet hatte, auf sadistische Weise gequält worden. Eine Leichenschau ergab, daß Pfarrer Weidig mit einem Ochsenziemer, wie ihn der unter Anfällen von Säuferwahnsinn leidende Richter Georgi zur Einschüchterung seiner Opfer zu verwenden pflegte, mißhandelt worden war. Ein Bruder des Toten, der Landgerichtsassessor Weidig zu Schotten, reichte am 27. April 1837 dem Hofgericht zu Gießen ein Urlaubsgesuch ein, das er in unverkennbarer Herausforderung der für den Tod des Pfarrers und angeblichen ‹Bandenchefs› verantwortlichen Behörden wie folgt begründete: *«Ich bin dringend veranlaßt, wegen der grausamen, unter schamlosen Lügen und mit Hohn verkündeten Ermordung meines Bruders nach Darmstadt zu reisen.»* Das daraufhin gegen ihn eingeleitete Verfahren schleppte sich jahrelang durch die Instanzen, ohne daß es den Behörden gelang, die – vornehmlich von Wilhelm Friedrich Schulz gesammelten – Beweise für die Schuld des Hofgerichtsrats Georgi zu entkräften.

Das Schicksal des in jahrelanger Isolierhaft gehaltenen und zu Tode gefolterten Pfarrers Dr. Weidig führte im In- und Ausland zu heftiger Kritik an der deutschen Justiz, was nicht nur in Hessen, sondern auch anderswo in Deutschland zur weiteren Politisierung des Bürgertums beitrug. Der anerzogene Respekt der ‹Untertanen› vor der ‹von Gott eingesetzten› Obrigkeit nahm in einem für die Herrschenden erschreckenden Maße ab. So verhalfen nun beispielsweise die Frankfurter Bürger den meisten der zu langen Kerkerstrafen verurteilten Teilnehmer am Wachensturm vom April 1833 zur Flucht und erzwangen, daß die letzten sieben gefangenen ‹Terroristen›, die man nicht mehr hatte befreien können, begnadigt und ins Ausland abgeschoben wurden. Und im Herbst 1837 erhielt die radikal-liberale Agitation, die inzwischen auch die bislang Gemäßigten erfaßt hatte, einen neuen Aufschwung, der durch Ereignisse im Königreich Hannover ausgelöst worden war.

Dort hatte der sechsundsechzigjährige Herzog Ernst August von Cumberland, ein Schwager Friedrich Wilhelms III. von Preußen, den Thron bestiegen, und zugleich war Hannover von Großbritannien unabhängig geworden, weil in London der jungen Prinzessin Viktoria, die als Frau in Deutschland keine Nachfolgerechte hatte, die Krone zugefallen war.

Sosehr man es in Hannover und anderswo in Deutschland begrüßte, daß damit ein starker ausländischer Einfluß auf innerdeutsche Angelegenheiten wegfiel, so wenig freute man sich über den neuen König Ernst August, der als erzreaktionär, brutal und heimtückisch galt. Eine englische Zeitung hatte seinen Weggang von London als ein für das Inselreich «sehr glückliches Ereignis» gefeiert und von dem scheidenden Ernst August behauptet, es gäbe kein Verbrechen und keine Sünde, die er nicht begangen habe, ausgenommen Selbstmord.

Ernst August führte sich in Hannover mit der Erklärung ein, die gemäßigt liberale Verfassung von 1833 habe fortan keine Gültigkeit mehr; die dagegen protestierende Ständeversammlung löste er kurzerhand auf, und tags darauf entließ er auch alle Minister. Diese Willkürakte, von denen ihm selbst der reaktionäre österreichische Staatskanzler, Fürst Metternich, dringend abgeraten hatte, bedeuteten einen Rückfall in den Feudalabsolutismus des 18. Jahrhunderts und riefen einen Sturm der Entrüstung im deutschen Bürgertum hervor, der sich noch steigerte, als sieben Professoren der hannoverschen Universität Göttingen, die öffentlich erklärt hatten, sie fühlten sich durch ihren Diensteid weiterhin an die vom neuen König abgeschaffte Verfassung gebunden, am 14. Dezember 1837 amtsenthoben, drei von ihnen sogar des Landes verwiesen wurden. Schon einen Tag später, am 15. Dezember 1837, schrieb beispielsweise der Berliner Jurist Professor Heinrich Eduard Dirksen an seinen Breslauer Kollegen, den Kriminalisten Julius Friedrich Abegg: «. . . *Sie erraten leicht, wie sehr mich die Wendung in den Göttinger Vorfällen mit dem tiefsten Schmerz erfüllt, nicht minder der Sache als der Personen wegen. Denn wer mag es sich verbergen, daß dadurch wiederum den Gegnern der Universitätsfreiheit auf das entschiedenste Vorschub getan worden . . .*» Doch die allgemeine Empörung führte nicht zur Rücknahme der ‹Maßregeln›, und selbst die Intervention einiger berühmter Wissenschaftler, unter ihnen Alexander von Humboldt, blieb erfolglos; ihr Hinweis, daß diese ‹Maßregelung› von verdienten Hochschullehrern dem Königreich beträchtlichen Schaden zufüge, wurde von Ernst August mit der Bemerkung abgetan: «*Professoren, Huren und Ballettänzerin-*

nen kann man überall für Geld haben!»

Bei den so von ihrem Landesherrn verspotteten «Göttinger Sieben», wie man sie fortan nannte, handelte es sich um die Historiker Friedrich Christoph Dahlmann, den Herausgeber der «Quellenkunde der deutschen Geschichte», und Georg Gottfried Gervinus, Verfasser der «Geschichte der deutschen Nationalliteratur»; den Physiker Wilhelm Eduard Weber, der 1833, zusammen mit dem Mathematiker Carl Friedrich Gauß, die erste elektromagnetische Telegrafenanlage gebaut hatte; den Staatsrechtler Wilhelm Eduard Albrecht, einen eminenten Juristen; den Begründer der modernen semitischen Linguistik, Georg Heinrich August Ewald, sowie um die Brüder Jacob und Wilhelm Grimm, die sich um die Geschichte der deutschen Sprache und Literatur, die Sammlung von Volksmärchen und Sagen, später durch Schaffung der Grundlagen für ein vollständiges «Deutsches Wörterbuch» außerordentliche Verdienste erwarben. Alle sieben wurden ohne Bezüge aus dem Dienst entlassen; Dahlmann, Gervinus und Jacob Grimm erhielten außerdem Landesverweisung, obwohl Dahlmann ein eher Konservativer, Jacob Grimm ein sehr gemäßigter Liberaler und nur Gervinus ein radikaler Demokrat war.

Die von König Ernst August ‹gemaßregelten› und obendrein noch beschimpften «Göttinger Sieben» erlangten über Nacht eine unerhörte, kontinentweite Popularität. Überall in Deutschland, aber auch in Italien, in England, in der Schweiz und in den Vereinigten Staaten von Nordamerika, wurden Hilfsvereine gegründet, die um moralische und materielle Unterstützung der Opfer des Despotismus warben. Die Hilfsbereitschaft verstärkte sich noch, als Anfang 1838 in der Schweighauserischen Buchhandlung zu Basel eine Schrift Jacob Grimms erschien, worin dieser den Standpunkt der ‹Göttinger Sieben› noch einmal genau darlegte und die mit den Worten schloß: *«Solange ich . . . Atem ziehe, will ich froh sein, getan zu haben, was ich tat, und das fühle ich getrost: was von meinen Arbeiten mich selbst überdauern kann, daß es dadurch nicht verlieren, sondern gewinnen werde.»*

In Preußen, vor allem in Berlin und im ostpreußischen Königsberg, kam es zu besonders eindrucksvollen Solidaritätskundgebungen. Der Berliner Rechtsphilosoph und enge Freund Hegels Eduard Gans stellte sich an die Spitze der hauptstädtischen Spenden- und Unterschriftensammlung; der Königsberger Arzt Dr. Johann Jacoby organisierte eine Solidaritätsaktion, bei der 1600 Reichstaler aufgebracht werden konnten; er überwies diese Summe an den aus Hannover ausgebürgerten und landesverwiesenen Professor Friedrich Christoph Dahlmann mit folgendem Begleitschreiben: *«Im Namen von 130 Bürgern der Stadt Königsberg ersuche ich Sie und Ihre würdigen Herren Kollegen, die durch freimütige Verteidigung des Rechts den Unwillen des Machthabers und den Dank jedes braven Deutschen erworben haben, Einliegendes als*

Zeichen unserer Achtung anzunehmen. Wer das Rechtsgefühl teilt, aus welchem Ihre Tat hervorgegangen, ist verpflichtet, Ihnen auch die Folgen dieser Tat tragen zu helfen.

Hochachtungsvoll
Dr. med. Jacoby.»

Johann Jacoby, der mit dieser große Publizität erlangenden Hilfsaktion erstmals über Königsberg hinaus bekannt wurde, erlangte bald durch einen noch weit mutigeren Schritt, als es der Protest der «Göttinger Sieben» gegen den königlichen Verfassungsbruch schon gewesen war, den Ruf eines beispielhaft tapferen und unbeugsamen Kämpfers für Freiheit und Demokratie.

Ganz auf sich gestellt und dazu, da er Jude war, als Staatsbürger minderen Rechts, dem ein beachtlicher Teil der öffentlichen Meinung jede Mitsprache als dreiste Einmischung zu verbieten trachtete, trat er entschlossen den Kampf gegen die preußische Reaktion an, wobei er den offenen Konflikt, auch mit dem König selbst, nicht scheute.

Doch ehe wir uns mit dieser überragenden, von konservativen und faschistischen Historikern in die Vergessenheit gedrängten Persönlichkeit näher befassen und Jacoby als das Paradebeispiel eines deutschen Radikalen des Vormärz präsentieren, erscheint es an der Zeit, eine Antwort auf die Frage zu finden, wie es kam, daß gerade das deutsche Judentum, eine seit Jahrhunderten verfolgte, entrechtete und mißachtete Minderheit, so unverhältnismäßig viele bedeutende Radikale hervorgebracht hat.

Denn während uns bisher nur einige wenige deutsche Radikale jüdischer Herkunft begegnet sind, wird deren Anzahl mit dem Beginn der vierziger Jahre des 19. Jahrhunderts sprunghaft zunehmen, ja bald die Mehrzahl der am entschiedensten für die Rechte des Volkes eintretenden Männer und Frauen in Politik, Literatur, Kunst und Wissenschaft aus-

Quittung der Zensurbehörde.
Der Text lautet: «Zwei Thaler – Zensurgebühren für den Berliner Don Quixote
No. 42 bis No. 82 habe ich von dem Herrn Redakteur richtig erhalten,
und quittiere darüber, Berlin, den 29sten August 1832. Langbein.»

machen; es werden todesmutige Freiheitskämpfer und bahnbrechende Denker darunter sein, auch nicht zuletzt ein beachtlicher Teil der Führer der im Entstehen begriffenen, rasch an Stärke zunehmenden deutschen Arbeiterbewegung.

Dieses aus unterschiedlichen Gründen bislang zuwenig beachtete Phänomen bedarf einer Erklärung – oder richtiger des Beweises, daß es sich dabei keineswegs um ein Wunder, sondern um eine ganz natürliche, folgerichtige Entwicklung gehandelt hat, deren Logik uns lediglich deshalb verborgen blieb, weil man uns den Blick dafür absichtlich verstellt hat.

VI. Zwischenbemerkung, die jüdischen Deutschen betreffend, sowie ein Paradebeispiel: Johann Jacoby

Wenn zur Radikalität auch der Wille gehört, einer als vernunftwidrig und rückschrittlich erkannten Diktatur Widerstand zu leisten, so müssen die deutschen Juden als die frühesten Radikalen gelten. Und wenn der Feudalismus vom Bürgertum bekämpft und schließlich überwunden wurde, so waren unter den Juden zweifellos die ersten Bürger hierzulande, die sich nicht dem Joch der mit den Feudalherren verbündeten christlichen Amtskirche beugten und lieber harte Bedrückung, oftmals den Tod, auf sich nahmen, als sich ‹bekehren› zu lassen.

Es mag überraschen, daß Juden in sehr früher Zeit bei uns Bürger waren. Doch lange bevor es eine deutsche Sprache, eine deutsche Kultur oder auch nur den geographisch-politischen Begriff «Deutschland» überhaupt gab, hatten jüdische Gemeinden einen festen Bestandteil der Bürgerschaft in den aus römischen Stützpunkten hervorgegangenen Städten an Rhein, Mosel, Main und Donau gebildet. Im Verlauf des ersten Jahrtausends unserer Zeitrechnung, das die große Völkerwanderung, den Untergang Westroms, die Bildung germanischer Staaten, die Entstehung des Heiligen Römischen Reiches Deutscher Nation und die Kolonisierung Nord- und Mitteldeutschlands brachte, wurden die Juden ein wesentliches Element städtischen Lebens.

Zwar traten im Laufe der Zeit nicht wenige dieser jüdischen Bürgerfamilien zum Christentum über und verschmolzen dann mit der übrigen Bevölkerung, aber der Kern der Gemeinden trotzte allen Christianisierungsversuchen der Missionare; als Menschen, die an einen einzigen, unsichtbaren Gott glaubten, erschien es den Juden als Rückfall in heidnischen Götzendienst, daß diese Christen das Gebot *«Du sollst dir kein Bildnis noch irgendein Gleichnis machen»* nicht achteten, ja in zunehmendem Maße Figuren, Gegenstände und sogar Knochen von Märtyrern für heilig, wundertätig und verehrungswürdig erklärten und anbeteten.

Dennoch stand das jüdische Bürgertum – trotz mancherlei Versuchen der Konzile, solche der Kirche gefährlichen Kontakte einzuschränken – mit der christlichen Nachbarschaft auf gutem Fuß. Die Juden waren waffenfähige, zum Grunderwerb berechtigte Freie und nahmen mit allen Rechten und Pflichten am städtischen Leben teil. Sie waren auch zahlreich unter den Pionieren der ersten deutschen Siedlungen an Elbe und Saale, und in einigen älteren Städten, zumal in Worms und Speyer, stellten sie das beherrschende Element dar.

Als eine religiöse Gruppe, in der es kaum Analphabeten gab, gehörten die Juden auch zu den Bürgerschichten, die sich am frühesten an deutscher Dichtung beteiligten; dabei verwendeten sie die hebräischen Lettern ihrer religiösen Schriften, so wie die Christen das beiden gemeinsame Deutsch auch nicht in Runen schrieben, sondern mit den lateinischen Buchstaben, die ihre Kirchenväter aus dem Mittelmeerraum benutzt hatten. Es ist deshalb kein Zufall, daß die bei weitem älteste und einzige im mittelhochdeutscher Sprache überlieferte Fassung des Gudrun-Epos in vokalisierter hebräischer Schrift aufgezeichnet ist.

Dieses friedliche Zusammenleben, für das es zahlreiche Zeugnisse gibt – so stand das älteste Rathaus von Köln, der mächtigsten Stadtgemeinde des frühmittelalterlichen Reiches, «inter Judaeos», zwischen den Häusern der Juden und neben ihrem Bad –, wurde erstmals empfindlich gestört durch die Kreuzzüge. Im Frühjahr 1096 zogen fanatisierte Ritter aus Frankreich zur Befreiung des Heiligen Landes von der Herrschaft der ‹ungläubigen› Moslems aus; allerlei raubgieriges Gesindel schloß sich ihnen an, und als der Zug an den Rhein kam, begannen die Kreuzfahrer, das ‹Blut Christi› zunächst einmal an den dort lebenden Juden zu rächen. Es kam zu Metzeleien, zu Plünderungen, Zwangstaufen, und im Verlauf der weiteren Kreuzzüge gingen zahlreiche jüdische Gemeinden unter. Viele der Überlebenden retteten sich nach Polen, dessen Könige die deutschen Juden – ebenso wie die christlichen Einwanderer aus dem Reich – mit offenen Armen empfingen, denn sie brauchten zivilisierte und gebildete Bürger, die Städte gründen, Handel und Gewerbe treiben und in das noch sehr rückständige Land Wissenschaften und Künste einführen sollten. Übrigens, die Nachfahren dieser jüdischen Einwanderer aus Deutschland haben ihre heimatliche Mundart, ihre frühmittelalterliche Bürgertracht und manches andere, darunter Sagen und Lieder aus dem Rheinland, jahrhundertelang, zum Teil bis heute, bewahrt; zahlreiche Familiennamen – wie Oppenheimer, Wormser, Frankfurter oder auch Bacherach, Luxemburg, Speyer, Trier, letztere auch in Abwandlung wie Spier, Spiro, Schapiro und Treves, Dreves, Dreyfus – erinnern an die Stätten der Vertreibung vor fast einem Jahrtausend.

Aber nicht alle jüdischen Bürger Deutschlands fielen damals den Kreuzfahrern zum Opfer oder flohen nach Polen; die Reste der Gemeinden sammelten sich wieder, und wenngleich sich die Verfolgungen noch häufig wiederholten, starben die Juden in Deutschland niemals aus. Allerdings waren sie fortan geknechtet, ihrer Rechte als waffentragende Freie beraubt, von den meisten Erwerbszweigen ausgeschlossen und in ihrer Freizügigkeit stark beschränkt. Dies aber hatten nicht allein die Juden zu erdulden; dieser Rückschritt traf die allermeisten Bewohner Deutschlands – auch wenn die nur auf die Gewohnheiten, Absichten, Erfolge und gelegentlichen Niederlagen der Herrschenden eingehenden Geschichtsbücher diese Tatsache häufig bloß ahnen lassen!

Immer wieder blutig unterdrückt, ausgeplündert, gedemütigt, willkürlich verjagt und niedergemetzelt wurden in diesen finstersten Jahrhunderten europäischer Geschichte nicht allein die nun außerhalb der völlig christianisierten Gesellschaft stehenden Juden, sondern auch eine Vielzahl nichtjüdischer Gruppen: Katharer, Albingenser, Wiedertäufer, Hussiten, Geusen und zahlreiche andere nicht nur Dogmen, sondern auch die Gesellschaftsordnung in Frage stellende ‹Ketzer›; des Rückfalls ins Heidentum bezichtigte oder noch nicht ‹bekehrte› Dithmarscher, Niedersachsen, Preußen und Wenden, ganz zu schweigen von der Verödung ganzer Provinzen durch die Raubzüge und Strafexpeditionen der Feudalherren, durch Massenhinrichtungen im Gefolge gescheiterter Handwerker- und Bauernaufstände sowie durch andauernde ‹Hexen›-Verfolgungen.

Kurz, die Juden waren, wenn man ihr Schicksal nicht, wie sonst üblich, isoliert betrachtet, sondern es im Zusammenhang mit der gesamten Entwicklung und mit dem Schicksal anderer Gruppen sieht, weder die am grausamsten verfolgten noch gar die einzigen Opfer der weltlichen und geistlichen Willkürherrschaft. Allerdings, teils infolge der ihnen auferlegten Berufsverbote und Wohnbeschränkungen, teils durch ihr nun noch strengeres Festhalten am Glauben ihrer Väter, gerieten die deutschen Juden in eine Sonderstellung. Und dabei hätten sie, im Gegensatz zu den meisten anderen Verfolgten, einen – objektiv betrachtet recht leichten – Ausweg aus ihrer Misere gehabt: die Taufe. Während ‹Ketzer›, die sich ‹reuig› zeigten, allenfalls auf eine etwas weniger grausame Art ihrer Hinrichtung hoffen konnten; während sich ‹geständige› Hexen mit der Aufgabe ihres Widerstands nur ein rascheres Ende ihrer Qualen auf dem Scheiterhaufen erkauften; während ‹bußfertige› Arbeiter oder Bauern nach einem gescheiterten Aufstand, selbst wenn sie dann ihre ‹Mitschuldigen› schnöde verrieten, dennoch mit grausamsten Strafen rechnen mußten, wurde ein ‹bekehrter› Jude nicht nur von der Kirche mit Jubel empfangen, sondern auch von den weltlichen Obrigkeiten nun nicht mehr diskriminiert, vielmehr häufig noch belohnt.

Aber solche Übertritte kamen nicht allzu häufig vor. Auch bitterste Not und heftigste Bedrückung haben die deutschen Juden – und erst recht die nach Osteuropa abgewanderten Flüchtlinge aus dem Rheinland, die dort vom 17. Jahrhundert an noch ärgeren Verfolgungen ausgesetzt waren – nur selten zu einem Glaubenswechsel bewegt; sie verhielten sich in dieser Hinsicht so unerschütterlich wie andere bedrängte religiöse Minderheiten.

Bis ins letzte Drittel des 18. Jahrhunderts hinein – und mancherorts auch noch länger – führten die deutschen Juden ein von der christlichen Umwelt weitgehend abgeschnürtes Eigenleben, auch wenn sie meist nicht mehr im Getto eingesperrt waren und von gebildeten Christen zunehmend als gleichwertige Menschen anerkannt wurden. An dieser Isolierung waren aber nicht allein die erst unter dem Einfluß der Aufklärung allmählich nachlassenden Bedrückungen durch die geistlichen und weltlichen Behörden schuld, sondern auch die Engstirnigkeit und Unduldsamkeit mancher allzu glaubenseifriger Rabbiner, die den Anschluß ihrer Gemeinden an die geistige, soziale und kulturelle Entwicklung des sich vom kirchlichen Zwang und von absolutistischer Bevormundung lösenden Bürgertums zu verhindern trachteten.

Aber dann kamen starke aufklärerische Impulse auch aus dem Judentum selbst: Moses Mendelssohn, der enge Freund Lessings, leistete dabei den bedeutendsten Einzelbeitrag. Er, den man dann den «deutschen Sokrates» genannt hat, ermöglichte den seit vielen Jahrhunderten völlig isoliert und in mancher Hinsicht noch im Mittelalter lebenden deutschen Juden den Wiederanschluß an die geistige und kulturelle Entwicklung des gemeinsamen Vaterlands. Er lehrte nicht nur seine Glaubensgenossen, sondern auch die ihre Prosa vernachlässigenden Christen ein *richtiges, klares und anmutiges Deutsch*», und er wurde der erste deutsche Autor jüdischer Religion von Weltrang, über den Johann Gottfried Herder schrieb, Moses habe als *«erster philosophischer Schriftsteller unserer Nation die Weltweisheit mit der Schönheit des Stils vermählt»*.

Die auf Mendelssohn folgende Generation brachte noch weit radikalere Aufklärer hervor, so in Berlin den – heute, obwohl Heinrich Heine ihn in seinen Schriften eindrucksvoll geschildert hat, völlig vergessenen – Buchhändler und philosophischen Schriftsteller Saul Ascher, einen vehementen Verfechter der Lehren Kants, der die Emanzipation der Juden zu einer reinen Frage der Vernunft machte.

In Anbetracht der geschilderten Ursprünge und einer so hervorragenden geistigen Führung zum historisch genau richtigen Zeitpunkt kann es nicht überraschen, daß die deutschen Juden, sobald der auf sie ausgeübte Zwang etwas nachließ, wieder genau das wurden, was sie von Anfang an gewesen waren: deutsche Bürger.

Zwar hatten sie in den Jahrhunderten ihrer blutigen Verfolgung und gesellschaftlichen Isolierung mancherlei gruppenspezifische Eigenarten entwickelt, darunter einen häufiger als bei anderen religiösen Minderheiten auftretenden scharfen Intellekt und eine Neigung zur Ironie, auch zur Selbstverspottung. Aber gerade diese Eigenschaften halfen ihnen auch, sich unerhört rasch dem erwachenden Selbstbewußtsein des deutschen Bürgertums christlicher Herkunft anzupassen. Und nun, da sie wegen ihrer Religion nicht mehr blutig unterdrückt und verfemt, sondern nur noch von den reaktionären Regierungen zurückgesetzt und in der Ausübung ihrer staatsbürgerlichen Rechte schikanös behindert, von ihren ebenfalls noch um politische Mündigkeit kämpfenden christlichen Mitbürgern dagegen zunehmend als gleichberechtigt angesehen wurden, gaben viele deutsche Juden den Glauben ihrer Väter, an den sie sich innerlich kaum mehr gebunden fühlten, freiwillig auf. Manche, wie

Heinrich Heine und Ludwig Börne, ließen sich taufen; andere blieben nur formal und aus Solidarität noch Juden, nahmen aber am religiösen Leben ihrer Gemeinde nicht mehr teil. Doch auch diejenigen, die strikt am Judentum festhielten, suchten und fanden nun rasch den so lange entbehrten Anschluß an das deutsche Bürgertum, an die geistigen Strömungen der Zeit und an den verstärkten Kampf um nationale Einheit und Freiheit.

An den Befreiungskriegen der Jahre 1813–1815 nahmen etwa dreimal mehr jüdische Freiwillige teil, als es nach dem zahlenmäßigen Verhältnis der Juden zur Gesamtbevölkerung zu erwarten gewesen wäre. Sie kämpften mit in Lützows Freikorps – wie beispielsweise der Maler Philipp Veit, ein Enkel Moses Mendelssohns –, avancierten in mindestens zwanzig bekannten Fällen «wegen besonderer Bravour» zu Offizieren, selbst bei den exklusivsten Regimentern – wie der bei Groß-Görschen gefallene Leutnant beim preußischen Garde-Jägerbataillon Meyer Hilsbach aus Breslau –, wurden in vielen namentlich bekannten Fällen mit dem Eisernen Kreuz ausgezeichnet, einer sogar, nämlich der Kriegskommissar im Stabe Blüchers, Simon Kremser, mit dem höchsten Tapferkeitsorden, dem Pour le mérite, und stiegen vereinzelt – wie der als «Juden-Major» bekannt gewordene Meno Burg – selbst in Stabsoffiziersrang auf.

Jüdin war auch jene junge, später als «Schwarzer Jäger Johanna» glorifizierte Kriegsfreiwillige, Esther Manuel genannt Grafemus, die nach zweimaliger Verwundung zum Wachtmeister befördert wurde.

Die Verschmelzung des jüdischen Bürgertums mit dem nichtjüdischen, gerade in Preußen und besonders in der «Zeit der Erneuerung» nach dem Tilsiter Frieden von 1807, spielte sich indessen nicht nur auf den Schlachtfeldern ab. Der geistige Einfluß, den zumal jüdische Frauen damals nahmen, war noch bedeutsamer: Bei «der Rahel» Levin, die den preußischen Diplomaten und Historiker Karl August Varnhagen von Ense geheiratet hatte, fanden sich die Brüder Humboldt ebenso ein wie die Brüder Schlegel, wie Fichte, Kleist, Chamisso, Jean Paul und viele andere. Zu den Verehrern «der Rahel» zählte auch der junge Prinz Louis Ferdinand von Preußen, der dann 1806 bei Saalfeld fiel. Doch die eigentliche Bedeutung des Salons der Rahel Varnhagen lag darin, daß sich von dort aus erst das Verständnis für das literarische Werk Johann Wolfgang Goethes verbreitete und jener Goethe-Kult entstand, der aus dem anfangs gar nicht so populären Dichter den auch vom gebildeten Bürgertum anerkannten Olympier machte.

Auch der Salon der schönen Berliner Jüdin Henriette Herz verdient hier Erwähnung. Ihr zärtlicher Seelenfreund war Friedrich Schleiermacher; die Brüder Humboldt bewiesen ihr lebenslange Anhänglichkeit, und was ihre sehr aufgeklärten Zirkel betrifft, so ist es nicht übertrieben, *«daß es damals keinen Mann und keine Frau gab, die sich später irgendwie auszeichneten, welche nicht längere oder kürzere Zeit, je nachdem es ihre Lebensstellung erlaubte, diesen Kreisen angehört hätten».*

Und Dorothea, die Lieblingstochter Moses Mendelssohns, wurde nicht nur die Inspiratorin einer ganzen Malerschule, der «Nazarener»; vielmehr war Dorothea, deren Romane, Liedersammlungen und Übersetzungen dann Friedrich Schlegel, mit dem sie in zweiter Ehe verheiratet war, unter seinem Namen veröffentlichte, auch die Mitbegründerin der romantischen Schule in der deutschen Literatur.

Noch eine vierte preußische Jüdin jener Zeit muß hier genannt werden: Fanny Lewald, 1811 in Königsberg geboren, die Schöpferin des deutschen Frauenromans, die aber auch eine entschiedene Demokratin und mutige Vorkämpferin der Frauenemanzipation war. Und mit ihr, die sich später mit dem – nichtjüdischen – Schriftsteller Adolf Stahr verheiratete und deren jüdische Vettern Heinrich Simon und Eduard Simson von 1848 an als liberale Wortführer eine politische Rolle spielten, sind wir wieder bei den deutschen Radikalen jüdischer Herkunft und bei dem Paradebeispiel für den erstaunlichen Wandel, den das deutsche Judentum binnen weniger Jahrzehnte vollzogen hatte: bei dem Königsberger Arzt Johann Jacoby, mit dem Fanny Lewald lebenslang eng befreundet war und der durch sie auch Adolf Stahr, obwohl dieser – so seine Frau – «Juden eigentlich nicht mochte», zum Freund und Bewunderer gewann.

Johann Jacoby, am 1. Mai 1805 in Königsberg geboren, erhielt seinen Familiennamen erst 1812, als den Juden im Königreich Preußen die – nach dem Sturz Napoléons schon bald wieder eingeschränkten – staatsbürgerlichen Rechte zumindest formell zugestanden wurden und sie sich registrieren lassen mußten; zuvor hatte er Jonas ben Gerson geheißen.

Nach dem Besuch des Gymnasiums und der Universität seiner Heimatstadt ließ sich Jacoby dort Ende 1828 als Arzt nieder. Er hatte bald eine erfolgreiche Praxis und begann früh damit, sich auch politisch zu engagieren. «*Wie ich selbst Jude und Deutscher zugleich bin, so kann in mir der Jude nicht frei werden ohne den Deutschen und der Deutsche nicht ohne den Juden*», schrieb er einige Jahre später seinem Freund Alexander Küntzel, «*wie ich mich selbst nicht trennen kann, ebensowenig vermag ich in mir die Freiheit des einen von der des anderen zu trennen.*»

Deutschland sei ein großes Gefängnis, heißt es weiter in diesem aufschlußreichen Brief, und darin schmachteten alle Deutschen, ob Juden oder Christen, nur habe man die Juden noch besonders gefesselt. «*Ich gestehe Dir ein*», erläuterte Jacoby seinen Standpunkt weiter, «*es wäre mir lieb, meine Fesseln zu brechen und gleich Euch wenigstens in dem Gefängnis mich bewegen zu können. Mit solcher Gleichstellung wäre aber immer noch wenig gewonnen; ob das Gefängnis weiter oder enger, die Fesseln schwerer oder leichter, ist nur ein geringer Unterschied für* außer Zweifel gestellt. Die vierte Frage erledigt sich dadurch von selbst. —

IV.

Was bleibt der Ständeversammlung zu thun übrig?

Das, was sie bisher als Gunst erbeten, nunmehr als erwiesenes Recht in Anspruch zu nehmen. —

Der Stamm, welcher Erbe hat an dem Hause Jsais, hat zuerst gesprochen, — und nicht werden die übrigen sich zu ihren Hütten heben. —

Königsberg, am Krönungstage 1841.

Letzte Seite aus den «Vier Fragen» von Johann Jacoby

den, der nicht etwa nach der Bequemlichkeit, sondern nach Freiheit sich sehnt. Diese Freiheit aber kann nicht dem einzelnen zuteil werden; nur wir alle erlangen sie, oder keiner von uns: denn ein und derselbe Feind und aus gleicher Ursache hält uns gefangen, und nur allein die Zerstörung des Gefängnisses kann uns zum Ziel führen!»

Mit so klar und überzeugend formulierten radikalen Ansichten wurde Dr. Jacoby bald zum Wortführer der Königsberger Liberalen und zum Mittelpunkt eines politischen Zirkels, in dem sich gebildete Bürger –

Beamte, Offiziere, Kaufleute, Gelehrte, aber auch Handwerksmeister, zum Teil Christen, zum Teil Juden – zusammengefunden hatten. Und Mitte Februar 1841 – im Herbst des Vorjahres war Friedrich Wilhelm IV., von dem sich das liberale Bürgertum eine wesentliche Verbesserung der unerträglichen Verhältnisse versprochen hatte, König von Preußen geworden und hatte sehr rasch die an seine Thronbesteigung geknüpften Hoffnungen enttäuscht – trat Johann Jacoby mit einer Schrift an die breite Öffentlichkeit, die ihn mit einem Schlage in ganz Deutschland, ja selbst in den Nachbarländern, berühmt machte.

Die Broschüre, die ohne Verfasserangabe erschien, trug den unverfänglichen Titel: «Vier Fragen beantwortet von einem Ostpreußen.» Darin hatte Jacoby mit noch nie dagewesener Schärfe und Eindringlichkeit die Forderung nach einer freiheitlich-demokratischen Verfassung erläutert und begründet. Die Sprache der Ereignisse, hieß es einleitend, sei gleich vernehmlich für jeden, doch nicht immer und jedem verständlich. Deshalb müsse der Publizist sie sinngetreu und für jedermann begreifbar in die Sprache des Volkes übersetzen. Es folgten die vier Fragen: *«Was wünschten die Stände? Was berechtigte sie? Welcher Bescheid ward ihnen? Was bleibt ihnen zu tun übrig?»*, und auf jede dieser Fragen gab der Verfasser eine klare Antwort.

Er wies nach, daß die *«gesetzmäßige Teilnahme der selbständigen Bürger an den Angelegenheiten des Staates»* durch bloße Ständevertretungen nicht gewährleistet sei; nur durch ein gewähltes Parlament könne der Beamtenwillkür Einhalt geboten werden. Die bisherige *«politische Nichtigkeit»* der Staatsbürger müsse durch Öffentlichkeit der Verwaltung und Justiz, durch parlamentarische Kontrolle der Regierung und der Beamtengewalt sowie durch Fortfall aller Zensur behoben werden. Die Berechtigung dieses Verlangens liege in dem *«Bewußtsein eigener Mündigkeit»*, aber auch in *«gesetzlich erfolgter Mündigsprechung»*, nämlich durch die königliche Verordnung über die zu bildende Volksrepräsentation vom 22. Mai 1815. Statt der Ausführung dieser Verordnung und der Einlösung des damals vom König gegebenen Versprechens sei bislang in dieser Richtung gar nichts geschehen, ja, im Gegenteil, von da an gab es nur noch *«polizeiliche Verhaftungen, Inquisitionen wegen demagogischer Umtriebe und – die Karlsbader Beschlüsse; Zensuredikte unterdrückten die öffentliche Stimme, und das freie Wort verhallte in Gefängnissen»*.

Auf die dritte Frage, welchen Bescheid die Stände erhalten hätten, gab Jacoby zur Antwort: *«Anerkennung ihrer treuen Gesinnung, Abweisung der gestellten Anträge und tröstende Eindeutung auf einen künftigen unbestimmten Ersatz»*, und er fügte hinzu, daß damit die volle gesetzliche Geltung der Verordnung vom 22. Mai 1815 nicht aufgehoben sei; die Stände hätten daher das Recht, ja die Pflicht, darauf zu beharren, daß das damals gegebene Versprechen einer liberalen Verfassung endlich zu erfüllen sei.

Auf die vierte und letzte Frage, was der Ständeversammlung zu tun übrig bliebe, lautete die Antwort kurz und knapp: «*Das, was bisher als Gunst erbeten, nunmehr als erwiesenes Recht in Anspruch zu nehmen.*»

Jacobys «Vier Fragen», die bei Georg Wigand in Leipzig, einem radikalen Demokraten und «Erzrepublikaner», mit falscher Verlagsangabe – «Heinrich Hoff in Mannheim» – gedruckt und mit viel Geschick und gebotener Eile verbreitet wurden, erregten ungeheures Aufsehen. «*Weder vorher noch nachher hat eine politische Flugschrift sich in Deutschland einer auch nur entfernt ähnlichen, blitzartigen Wirkung rühmen können*», bemerkt dazu Edmund Silberner, Jacobys verdienstvoller Biograph und Herausgeber seines Briefwechsels. «*Der Eindruck seiner Schrift war überwältigend in allen deutschen Staaten: Man bewunderte den Mut ihres Verfassers und freute sich über seine Tat.*»

Um so entrüsteter waren Hof und Regierung in Berlin. Friedrich Wilhelm IV. befahl, es nicht bei dem Verbot der Broschüre – das ohnehin zu spät kam, denn die Polizei konnte nur noch wenige der vielen tausend Exemplare beschlagnahmen – bewenden zu lassen, sondern den anonymen Verfasser schnellstens zu ermitteln und gegen ihn Anklage zu erheben.

Doch eine Suche nach dem dreisten Anonymus erwies sich rasch als überflüssig: Schon eine Woche nach Beginn der Auslieferung in Leipzig, am 23. Februar 1841, übersandte Dr. Jacoby selbst dem König ein Exemplar seiner «Vier Fragen» und bekannte sich offen als deren Verfasser!

Man stelle sich vor: Ein unbekannter kleiner Untertan aus der Provinz, zumal einer aus Ostpreußen, das man am Berliner Hof verächtlich als «Halbasien» bezeichnete, und gar – das war der Gipfel! – ein Jude, «ein Beschnittener», wie Seine Majestät sich auszudrücken beliebte, hatte es gewagt, den König von Preußen, seinen allergnädigsten Herrn, mit einem Pamphlet dreist herauszufordern und sich dann auch noch mit unüberbietbarer Unverschämtheit als dessen Verfasser zu bekennen!

Friedrich Wilhelm IV. schäumte vor Wut. Entgegen dem Rat einiger besonnener Beamter befahl er, «den Juden», diesen «frechen Empörer», unverzüglich vor Gericht zu stellen. Er und die Regierung wagten es allerdings nicht, Jacoby nun auch sofort in Untersuchungshaft nehmen zu lassen; der «kleine Jude» war über Nacht eine solche Berühmtheit geworden, daß es dem Ansehen des Königs sehr geschadet hätte, wären seine Rachegelüste allzu deutlich geworden.

Der Prozeß gegen Dr. Johann Jacoby «*wegen Aufreizung zu Unzufriedenheit und unehrerbietigen Tadels der Regierung, Majestätsbeleidigung und versuchten Hochverrats*» zog sich fast zwei Jahre lang hin; es gab anfangs viele, bis zu acht Stunden dauernde Verhöre, alsdann Kompetenzstreitigkeiten zwischen dem Berliner Kammergericht und dem – für Hochverratssachen nicht zuständigen – Königsberger Oberlandesgericht, schließlich ein Urteil in erster Instanz, das Jacoby von der gefährlichsten Anschuldigung, der des Hochverrats, zwar freisprach, ihn aber wegen Majestätsbeleidigung, auch wegen «*frechen, unehrerbietigen Tadels, Verspottung der Landesgesetze und Erregung von Mißvergnügen*» mit zweieinhalb Jahren Festungshaft bestrafte sowie mit Ausbürgerung, nämlich mit «*Verlust des Rechtes, die preußische Nationalkokarde zu tragen*». Doch in zweiter und letzter Instanz sprach der Vereinigte Senat des Kammergerichts unter Vorsitz des Chefpräsidenten v. Grolmann, der als ein korrekter und vom Hof nicht beeinflußbarer Mann bekannt war, Dr. Jacoby einstimmig in allen Punkten frei. Dieser kaum erhoffte Ausgang des Prozesses wurde überall in Deutschland, vor allem natürlich in Königsberg, bejubelt und als ein bedeutender Fortschritt im Kampf gegen die Reaktion gefeiert. Der von Gesinnungsfreunden gehegte Plan, Jacoby mit einer aus kostbarem Metall gefertigten «Bürgerkrone», für die die Geldmittel schon gesammelt worden waren, die Anerkennung des Volkes auszudrücken, wurde nun fallengelassen; dies entsprach Jacobys Wunsch und seiner Bitte, den Sieg der guten Sache nicht durch eine solche Verleihung zu einem rein persönlichen Erfolg zu machen.

Die für die Ehrung Jacobys schon eingegangenen Geldspenden wurden nun einem anderen liberalen Vorkämpfer übermittelt, und zwar dem Marburger Juristen Sylvester Jordan. Dieser, 1792 als Sohn eines armen Schuhmachers in der Nähe von Axams bei Innsbruck geboren, hatte sich nach einer sehr harten Jugend ein kleines Stipendium erkämpft, Rechtswissenschaften studiert und war 1821 als außerordentlicher Professor an die hessische Universität Marburg berufen worden. Schon im folgenden Jahr wurde er Ordinarius und 1830 als Vertreter der Universität in die kurhessische Ständeversammlung entsandt, die – es war die bewegte Zeit nach der französischen Julirevolution – mit dem Kurfürsten eine Verfassung auszuhandeln hatte. Es war vor allem der Zähigkeit und Tatkraft des Professors Jordan zu verdanken, daß diese Verfassung am Ende weit liberaler ausfiel, als es die Herrschenden beabsichtigt hatten. So versuchte die Regierung, ihn vom Parlament auszuschließen; als dies mißlang, löste der Kurfürst 1833 den Landtag auf. Aber erst sechs Jahre später gelang es der Regierung, so viel ‹Material› gegen den liberalen Juristen zu beschaffen, daß sie ihn vom Dienst suspendieren und Anklage gegen ihn erheben konnte. Er kam in strengste Isolierhaft, wurde nach vierjähriger Voruntersuchung zu einer Strafe von fünf Jahren Festung verurteilt, schließlich nach weiteren zwei Jahren im November 1845 vom Oberappellationsgericht in Kassel von jeder Schuld freigesprochen. An dem Schicksal dieses unter der fürstlichen Willkür leidenden Bürgerrechtlers nahmen damals alle freiheitlich gesinnten Menschen Deutschlands lebhaften Anteil, und es war Jacoby selbst, der den Vorschlag machte, die ursprünglich ihm zugedachten Geldmittel dem eingekerkerten Jordan und dessen notleidender Familie zukommen zu lassen.

*«An meinen König» von Hoffmann von Fallersleben
in der Handschrift des Dichters (Umschrift im Anhang)*

Übrigens, in den zwei Jahren, die sein eigener Prozeß dauerte, verfaßte Dr. Jacoby, der seine Verteidigung selbst führte, zwei Rechtfertigungsschriften, worin er die in den «Vier Fragen» entwickelten Gedanken noch vertiefte. Auch diese Aufsätze wurden gedruckt und fanden weite Verbreitung, belebten die öffentliche Diskussion und sorgten dafür, daß der preußische Verfassungskampf, den der kleine jüdische Arzt von Königsberg aus eingeleitet hatte, nicht abflaute.

Die heftigen Auseinandersetzungen, die durch die Willkürmaßnahmen der Regierungen immer neue Nahrung erhielten, erreichten wenige Tage vor dem Freispruch Jacobys insofern einen neuen Höhepunkt, als mit königlich preußischem Dekret vom 20. Dezember 1842 wieder ein Professor seinen Lehrstuhl verlor, der sich nicht nur als deutscher Sprachforscher, sondern auch als Dichter einen Namen gemacht hatte: August Heinrich Hoffmann, nach seinem Geburtsort «von Fallersleben» genannt.

Professor Hoffmann von Fallersleben, geboren 1798, seit 1835 Ordinarius für deutsche Sprache an der Universität Breslau und Verfasser der 1840 bei Hoffmann & Campe in Hamburg erschienenen «Unpolitischen Lieder» – die allerdings recht politisch waren –, hatte es gewagt, Rede- und Meinungsfreiheit sowie die Abschaffung der Zensur zu fordern. In einem Gedicht «An meinen König», das am 22. September 1842 von einer oppositionellen Zeitung veröffentlicht worden war, hatte er an Friedrich Wilhelm IV. appelliert: «*O, sprich Ein Wort in diesen trüben Tagen, / wo Trug und Knechtssinn, Lug und Schmeichelei / die Wahrheit gern in Fesseln möchten schlagen, / mein König, sprich das Wort: Das Wort sei frei.*»

Drei Monate später wurde er ohne Pension seiner Professur enthoben, ausgebürgert und aus Preußen ausgewiesen. Er war gezwungen, seinen ganzen Haushalt, auch seine Bibliothek, ja sogar sein Handexemplar der «Unpolitischen Lieder», in einer öffentlichen Versteigerung rasch zu Geld zu machen, weil er sonst völlig mittellos gewesen und verhungert wäre.

Immer wieder von der Polizei behelligt und mit Aufenthaltsverboten in den meisten deutschen Bundesstaaten belegt, führte Professor Hoffmann – immerhin der Verfasser des Deutschlandliedes, das er 1841 bei einem Besuch der Insel Helgoland gedichtet hatte und das später die Nationalhymne der Weimarer Republik, seit 1952 auch die der Bundesrepublik wurde – ein unstetes Wanderleben, bis er schließlich auf einem mecklenburgischen Gut Zuflucht fand. (Gelegentlich ließ sich nämlich auch aus den reaktionärsten Einrichtungen ein Vorteil für die verfolgten Demokraten ziehen, so für Hoffmann von Fallersleben aus dem Umstand, daß ihm ein befreundeter Junker Asyl gewähren konnte, weil die mecklenburgischen Rittergutsbesitzer auf ihren Ländereien selbst die Polizeigewalt und die niedere Gerichtsbarkeit ausübten.)

Hoffmanns von den preußischen Behörden beanstandetes Gedicht «An meinen König» war übrigens in der Kölner «Rheinischen Zeitung für Politik, Handel und Gewerbe» veröffentlicht worden, einem zu Jahresbeginn 1842 neu herausgekommenen Organ der Opposition. Die Gründung dieses Blatts, das nach fünfzehn Monaten sein Erscheinen wieder einstellen mußte, war das Resultat eines Bündnisses zwischen gemäßigt liberalen Großbürgern und den entschiedensten Radikalen. Nur der allgemeinen Empörung über die exzessiven Unterdrückungsmaßnahmen und Willkürakte der Behörden war es zuzuschreiben, daß sich darin so unterschiedliche Auffassungen vertretende Kreise zusammenfanden.

Zu den Geldgebern des Blattes, die den Kampf mit der Zensur, der ja vor allem den Verlegern hohe Kosten verursachte, mutig aufnahmen, gehörten die Kölner Bankiers Gustav Mevissen und – als Herausgeber – Dagobert Oppenheim sowie der Rat am Kölner Landgericht Georg Jung. Als Mitarbeiter gewann man eine stattliche Reihe der bekanntesten Wortführer der Opposition, darunter Karl Gutzkow, Friedrich List und auch Professor Hoffmann von Fallersleben; Friedrich Engels und Karl Marx, letzterer vom Oktober 1842 an als leitender Redakteur, verdienten sich hier ihre journalistischen Sporen, und als besondere Attraktion lieferte ein gerade besonders populärer Dichter, Georg Herwegh, hin und wieder Beiträge.

Herwegh, 1817 in Stuttgart geboren, ehemaliger Tübinger «Stiftler» wie einst Hölderlin, Schelling und Hegel, war vor dem Militärdienst aus Württemberg in die Schweiz geflohen und hatte dort an der vom einstigen Mitorganisator des «Hambacher Fests» Johann Georg August Wirth herausgegebenen «Volkshalle» mitgearbeitet. Bekannt geworden war er jedoch erst mit seinen 1841 erschienenen «Gedichten eines Lebendigen», die ihn, zumal bei der deutschen Jugend, außerordentlich populär machten; eine Reise, die er im Herbst 1842, unter sorgsamer Aussparung Württembergs, durch Deutschland machte, gestaltete sich zu einem wahren Triumphzug. End- und Höhepunkt dieser Reise war Herweghs Besuch in Königsberg, wo er Johann Jacoby besuchte, «den tapfersten Freund der Freiheit».

Von Herweghs zehntägigem Aufenthalt in Königsberg sind einige bemerkenswerte Einzelheiten bekannt: Die preußische Regierung hatte allen Staatsbeamten, die Universitätsbehörde allen Studenten streng verboten, den oppositionellen Dichter zu feiern oder ihm öffentlich Sympathie zu bekunden. Dennoch brachten die Studenten dem jungen Herwegh, der als Gast im Hause eines Oberlandesgerichtsrats (!) untergebracht war, abends mit Fackelzug und Gesang ihre Ovationen dar, und die radikalsten Demokraten, etwa hundertfünfzig Bürger, darunter zahlreiche höhere Staatsbeamte und Universitätsprofessoren, gaben ihm ein Ehrengastmahl, bei dem feurige Reden gehalten wurden und «Musikanten in königlicher Uniform» revolutionäre Lieder, ja sogar die «Marseillaise», spielten.

Wenige Tage später erhielt der fünfundzwanzigjährige Dichter seine Ausweisung aus Preußen; er hatte von Königsberg aus an Friedrich Wilhelm IV. brieflich appelliert, seinem Volk endlich die geforderten Rechte und Freiheiten zu gewähren, und er war dabei, wie der König fand, im Ton allzu respektlos gewesen. Und dabei hatte Friedrich Wilhelm IV. dem jungen Herwegh erst kurz zuvor bei einer Audienz versichert: *«Ich liebe eine gesinnungsvolle Opposition!»*

Was dem König besonders mißfallen und ihn zur Ausweisung des Dichters mit bewogen hatte, war – wie er Ende Dezember 1842 an den bald darauf entlassenen ostpreußischen Oberpräsidenten Theodor von Schön schrieb –, daß *«dreizehn Juden»* an dem Festmahl für Herwegh teilgenommen hätten, darunter Johann Jacoby. Vermutlich ahnte der König, daß aus einer solchen Begegnung der beiden populärsten Oppositionellen, an deren Gesinnung nicht zu zweifeln war, für ihn und seine Regierung höchst Unangenehmes erwachsen würde.

Tatsächlich gab Herwegh dann einige Monate später, im Juli 1843, unter dem Titel «Einundzwanzig Bogen aus der Schweiz» – ein Hohn auf die ja auf zwanzig Bogen beschränkte Zensur! – eine Reihe von brisanten Aufsätzen und Gedichten heraus. Die Autoren, sämtlich führende und meist sehr radikale Oppositionelle, hatte er auf seiner Deutschlandreise zur Mitarbeit gewonnen; ein wichtiger Beitrag, vorsichtshalber ohne Verfasserangabe, stammte aus der Feder Johann Jacobys.

Die «Einundzwanzig Bogen aus der Schweiz», die schon dort, erst recht aber in Deutschland und Österreich, Furore machten, erschienen übrigens – wie schon zuvor Jacobys «Rechtfertigung» – im «Literarischen Comptoir, Zürich und Winterthur», einem Verlagshaus, das von August Follen, dem Bruder Karl Follens, finanziert wurde und das Julius Fröbel, ein Neffe des Kindergarten-Gründers Friedrich Fröbel, mit großem Geschick und Engagement leitete. Fröbel war 1833, nach dem Frankfurter Wachensturm, in die Schweiz geflüchtet und Professor der Mineralogie in Zürich geworden, gab aber 1844 seine Hochschultätigkeit auf, um sich ganz dem Verlag widmen zu können, dessen Aufgabe es war, den verfolgten und von der Zensur unterdrückten deutschen Dichtern und Denkern zu größtmöglicher Publizität und Wirkung zu verhelfen. Und bei Fröbels «Literarischem Comptoir» liefen schon damals, erst recht später, die meisten der Fäden zusammen, die die einzelnen Gruppen der radikalen Opposition im zersplitterten Deutschland und im Habsburgerreich miteinander verbanden.

Im «Literarischen Comptoir» waren zum Beispiel 1842 und 1843 zwei in Deutschland viel beachtete Gedichtbände eines jungen Mannes erschienen, der dann – wegen seiner sehr freundschaftlichen, lebenslang aufrechterhaltenen Beziehungen zu Herwegh, der ihn auf seiner

Deutschlandfahrt in Jena besucht hatte, und wegen eines unzensiert veröffentlichten Gedichts auf die «Göttinger Sieben» – 1843 aus Sachsen-Weimar ausgewiesen wurde: Robert Prutz.

Dieser bedeutende, heute kaum noch bekannte, weil von den konservativen Literaturhistorikern sorgfältig verscharrte Dichter und Publizist, der 1816 in Stettin als Sohn eines früh verstorbenen Kaufmanns geboren war, hatte in Berlin, Breslau und Halle klassische Philologie studiert, Bekanntschaft mit Arnold Ruge geschlossen und nach seiner Promotion von 1839 bis 1842 an den «Hallischen» und «Deutschen Jahrbüchern», danach bis zu deren Verbot an der «Rheinischen Zeitung» des jungen Dr. Marx mitgearbeitet. Von 1843 an gab Prutz, dessen wiederholte Bewerbungen um eine Professur in Jena wie in Halle stets *«wegen der radikalen Färbung seines Namens»* abgelehnt worden waren, das «Literarhistorische Taschenbuch» heraus, an dem, neben vielen anderen Berühmtheiten, auch Hoffmann von Fallersleben, Jacob und Wilhelm Grimm, Gervinus, Ruge, Feuerbach, Adolf Stahr und Georg Herwegh mitarbeiteten. 1844 wurde die Aufführung einer von Prutz verfaßten Tragödie, «Moritz von Sachsen», in Berlin verboten, und als 1845 seine Komödie «Die politische Wochenstube» im «Literarischen Comptoir» als Buch erschien, wurde Prutz in Preußen wegen Majestätsbeleidigung angeklagt. Der auch in späteren Jahren immer wieder ‹gemaßregelte› Dichter und politische Publizist, der zu den erfolgreichsten Autoren des «Literarischen Comptoirs» zählte, starb 1872, erst sechsundfünfzig Jahre alt, in seiner Heimatstadt Stettin.

Auch Moses Heß, ein anderer heute nahezu Vergessener, der zu den wichtigsten sozialistischen Theoretikern und demokratischen Agitatoren des Vormärz gehörte, stand mit dem «Literarischen Comptoir» in enger Verbindung und hatte auch an Herweghs «Einundzwanzig Bogen aus der Schweiz» mitgearbeitet. Heß, als Sohn eines jüdischen Kolonialwarenhändlers 1812 in Bonn geboren, war streng religiös erzogen worden, wandte sich aber früh als Autodidakt philosophischen Studien zu. Seine Erstlingsschriften, «Die heilige Geschichte der Menschheit» und «Die europäische Triarchie», die 1837 und 1841 anonym erschienen, gehörten zu den frühesten utopisch-sozialistischen Veröffentlichungen in Deutschland. 1842 hatte Moses Heß die «Rheinische Zeitung» mit begründet und war zeitweise deren Redakteur, dann ihr Pariser Korrespondent, 1843 wurde er Mitarbeiter des von Julius Fröbel herausgegebenen «Schweizer Republikaners», dann der von Ruge und Marx publizierten «Deutsch-französischen Jahrbücher».

Ebenfalls ein Autor des «Literarischen Comptoirs» wurde der einstige großherzoglich hessische Gardeleutnant Wilhelm Friedrich Schulz. Er veröffentlichte dort 1843 sein bedeutendstes Werk, «Die Bewegung der Produktion», das dann eine starke Wirkung auf den jungen Karl Marx ausübte; noch ein Vierteljahrhundert später hat Marx diese Schrift im ersten Band seines Hauptwerks «Das Kapital» lobend erwähnt, denn immerhin hatte Schulz darin bereits die Grundgedanken der materialistischen Geschichtsauffassung entwickelt!

Mit dem «Literarischen Comptoir» in engem Kontakt stand auch Schulzens resolute Frau Karoline, die ihren Mann aus der Festung Babenhausen befreit und später den sterbenden Büchner gepflegt hatte. Sie sandte jede Woche mehrere Briefe mit wichtigen Informationen und Beiträgen an Karl Gutzkow, der bis 1842 von Hamburg aus seinen «Telegraphen für Deutschland» herausgab und dann nach Frankfurt am Main übersiedelte.

Im Frühjahr 1843 fand sich in Julius Fröbels «Literarischem Comptoir» auch Arnold Ruge ein, dessen «Deutsche Jahrbücher» in Dresden, wohin er 1841 von Halle aus geflüchtet war, ebenso verboten worden waren wie zuvor seine «Hallischen Jahrbücher» in Preußen.

Mit Julius Fröbel zusammen fuhr Arnold Ruge Ende Juli 1843 nach Köln, um dort gemeinsam mit den Gesinnungsgenossen von der inzwischen von der preußischen Regierung verbotenen «Rheinischen Zeitung» über eine neue Verlagsgründung, zumal für die «Jahrbücher», zu beraten.

Anschließend fuhr Ruge weiter über Brüssel nach Paris, und dort tat er sich dann mit Karl Marx zur Herausgabe der «Deutsch-französischen Jahrbücher» zusammen. Dieses Unternehmen, an dem – wie erwähnt – auch Moses Heß mitwirkte, erwies sich als Fehlschlag. Obwohl damals in Paris rund achtzigtausend Deutsche lebten, fanden sich nicht genügend Abnehmer; und dabei hatte Marx mit seinem Aufsatz «Zur Kritik der Hegelschen Rechtsphilosophie. Einleitung» darin den Grundstein für das gelegt, was man später Marxismus nannte. Marx ging später nach Brüssel, Ruge fand sich Anfang 1845 in Zürich ein.

Unterdessen hatte sich auch ein noch anderthalb Jahre zuvor weitgehend unpolitischer Dichter, dem zum Dank für seine – vom Standpunkt des Königs aus löbliche – Zurückhaltung 1842 von Friedrich Wilhelm IV. ein Jahresgehalt von dreihundert Talern zuteil geworden war, jäh politisiert und zum Radikalen gewandelt.

In einem poetischen «Glaubensbekenntnis», das im September 1844 in Mainz erschienen und sofort verboten worden war, hatte er – seinen Lehrmeister und Entdecker Adelbert von Chamisso zitierend – schon im Motto des Buchs erklärt: *«Die Sachen sind, wie sie sind. Ich bin nicht von den Tories* – den Konservativen – *zu den Whigs übergegangen, aber ich war, wie ich die Augen über mich öffnete, ein Whig»*, ein entschiedener Liberaler.

Er verzichtete nun auf die Pension, die ihm der Preußenkönig ausgesetzt (und die der Dichter als ehrlicher Mann schon für 1844 nicht mehr angenommen) hatte, und da ihm seines «Glaubensbekenntnisses» wegen ein Strafverfahren drohte, ging er ins Ausland, zunächst nach Brüssel, dann nach Rapperswyl in der Schweiz, schließlich nach Zürich, wo ihn die Verleger, Publizisten und Dichter des «Literarischen Comptoirs» freudig in ihren Kreis aufnahmen, denn sein Name, Ferdinand Freiligrath, wurde inzwischen auch bei den linken Radikalen mit Respekt genannt.

Freiligraths Wandlung vom politisch indifferenten ‹Wüsten- und Löwenpoeten› zum revolutionären Dichter hatte sich allerdings nicht so plötzlich vollzogen, wie es seinem Publikum scheinen mußte. Schon im Februar 1843 bekannte er in einem Brief, daß ihn «*das Verbot der ‹Rheinischen Zeitung›, der ‹Deutschen Jahrbücher›, der ‹Leipziger Allgemeinen Zeitung›, Herweghs Verbannung, Hoffmanns Absetzung ohne Pension, das alles . . .*» außerordentlich beschäftige und sehr bedrücke. Etwa zur gleichen Zeit schrieb er, als wäre es schon für seinen Biographen bestimmt: «*Halt immer fest, daß ich noch nicht fertig bin, noch nicht abgeschlossen habe!*» Er spürte, wie es in ihm arbeitete, wie er – so bemerkte er etwas später – «*durch Studium, Nachdenken und vor unseren Augen täglich sich zutragende Fakten immer weiter nach links gedrängt*» wurde.

Und dann machte er auch seine ersten Erfahrungen mit der Zensur: Ein im Dezember 1843 von Freiligrath kongenial ins Deutsche übertragenes Lied des von ihm verehrten schottischen Dichters Robert Burns, das er unter dem Titel «Trotz alledem!» hatte veröffentlichen wollen, war vom Kölner Ober-Zensurgericht verboten worden; zwei weitere Gedichte Freiligraths, ein schon recht kämpferisches mit dem Titel «Die Freiheit! Das Recht!» und ein sanft-liberales, das die Überschrift «Am Baum der Menschheit . . .» trug, hatte die preußische Zensur ebenfalls zurückgewiesen.

Das Verbot der Burns-Übertragung «Trotz alledem!» gab wohl den letzten Ausschlag, daß sich Ferdinand Freiligrath dazu entschloß, der Dichter der bevorstehenden Revolution zu werden und im vollen Bewußtsein der Folgen mit seinem politischen «Glaubensbekenntnis» an die Öffentlichkeit zu treten. «*Es wird entscheidend für mein Leben sein*», schrieb er kurz vor dem Erscheinen des Buches. Es war indessen auch entscheidend für das Leben vieler anderer Menschen, deren politisches Bewußtsein erst durch seine zündenden Revolutionslieder und bemerkenswert genau den Gefühlen der Volksmassen Ausdruck gebenden Gedichte geweckt wurde.

So sei es erlaubt, Ferdinand Freiligrath ins Zentrum jenes dramatischen Geschehens zu rücken, das sich nun vorbereitete und 1848 seinen Höhepunkt erreichte, ihn zugleich zum Chronisten der kommenden Ereignisse zu machen und weitgehend ihm die Würdigung der vielen anderen «Achtundvierziger» zu überlassen, deren angemessene Schilderung sonst Bände füllen würde.

VII. Von den ängstlichen Bürgern und dem Trompeter der Revolution

Der Aufstand der schlesischen Weber und seine blutige Unterdrückung im Sommer 1844 hatten Heinrich Heine in Paris tief ergriffen und zu dem schärfsten und konkretesten Gedicht seiner gesamten politischen Lyrik veranlaßt. Der «dreifache Fluch», der am 10. Juli 1844 im Pariser «Vorwärts!» erschienen war, hatte sowohl *«dem Gotte, zu dem wir gebeten / in Winterskälte und Hungersnöten»* sowie *«dem falschen Vaterlande»* gegolten als auch *«dem König, dem König der Reichen, / den unser Elend nicht konnte erweichen, / der den letzten Groschen von uns erpreßt / und uns wie Hunde erschießen läßt».*

Ach, wie hätte der geistreiche, tieffühlende und dabei eine äußerst scharf geschliffene Klinge führende Heine erst die Barrikadenkämpfe in Wien und Berlin beschrieben! Wie wäre er mitgerissen worden von der endlichen allgemeinen Volkserhebung im März 1848, und wie hätte er umgekehrt der deutschen Revolution die Richtung weisen können!

Aber der Dichter war seit dem Herbst 1847 schwer erkrankt; schon die Februarrevolution in Paris, die das Signal zum Aufstand im angrenzenden Deutschland und dann auch anderswo gab, hatte Heine nur aus den ihm vorgelesenen Zeitungen verfolgen können. *«Mes jambes n'ont pas survécu à la royauté; on me porte comme un petit enfant . . .»* (Meine Beine haben das Königtum nicht überlebt; man trägt mich wie ein kleines Kind . . .), klagte der Gelähmte und halb Erblindete, der zudem unter starken Schmerzen litt, wenig später in einem Brief an die mit ihm befreundeten Brüder Escudier und bat, man möge ihn in Passy, wohin er sich zurückgezogen hatte, doch bald einmal besuchen; er bedürfe dringend der Aufmunterung, denn er sei *«tout à fait cul-de-jatte»*, ein gänzlich hilfloser Krüppel.

Statt seiner trat nun Ferdinand Freiligrath auf den Plan. Der damals knapp Achtunddreißigjährige – er war 1810 als Lehrerssohn in Detmold zur Welt gekommen, hatte nicht studieren dürfen, sondern eine kaufmännische Lehre absolvieren müssen – war im März 1848 noch in London. Dorthin hatte er sich nach einem Jahr Aufenthalt in der Schweiz begeben, weil seine Ausweisung bevorstand und ihm in England eine Anstellung als Bürogehilfe angeboten worden war. Aber weder seine literarischen Einkünfte noch die zweihundert Pfund Sterling Jahresgehalt bei Huth & Co. in London hatten für seinen und seiner Familie Unterhalt ausgereicht. Da war aus Amerika das verlockende – von dem Dichter Henry Longfellow übermittelte – Angebot eines *«geistigen . . .*

in jeder Beziehung kongenialen» Wirkungskreises in den USA gekommen. Freiligrath hatte schon freudig zugesagt und war mitten in den Vorbereitungen für die Übersiedlung in die Neue Welt, als ihn Mitte März die Nachrichten von Erhebungen im Rheinland und in Süddeutschland, vom Ausbruch der Revolution, erst in Wien, dann in Berlin, vom endlichen Sturz des verhaßten Fürsten Metternich und von der kläglichen Kapitulation der preußischen Führung erreichten.

Ganz Deutschland war innerhalb weniger Tage in vollem Aufruhr; selbst im fernen Königsberg hatten sich nicht nur die Handwerker und Studenten bewaffnet, sondern auch die Professoren. Wie der eher konservative Königsberger Jurist Alexander August von Buchholtz am 22. April 1848 an seinen Kollegen, den Breslauer Kriminalisten Julius Friedrich Abegg schrieb, waren nicht wenige Hochschullehrer, unter

Heinrich Heine (Stich von E. Mandel nach einer Zeichnung)

ihnen der spätere Präsident der Nationalversammlung und des Reichstags, Eduard Simson, bewaffnet und mit schwarzrotgoldener Kokarde zu den Vorlesungen gekommen, und in Sachsen hatten Bauern und Arbeiter am 5. April das Waldenburger Schloß der besonders verhaßten Grafen Schönborn niedergebrannt.

Nun gab es für Freiligrath keinen Gedanken an eine Auswanderung nach Amerika mehr. Er wollte, er mußte einfach zurück in die Heimat, denn nur dort, so fühlte er, war sein Platz. Auch erkannte er außerordentlich rasch, worauf es jetzt ankam, nämlich, daß das deutsche Volk sich nun nicht, wie es das gemäßigt liberale Besitzbürgertum bereits tat, mit allerlei Zugeständnissen der in Panik geratenen alten Mächte zufriedengeben durfte; daß nicht Amnestie, Aufhebung der Zensur, neue liberale Minister oder allgemeines Wahlrecht, kurz, eine konstitutionelle Monarchie mit einigen gnädigst gewährten Freiheiten das revolutionäre Ziel sein konnte. Dafür hatten doch die Gefallenen – einhundertdreiundachtzig allein in Berlin am 18. März, zumeist Handwerksgesellen, Lehrlinge, Fabrikarbeiter – nicht ihr Leben gelassen!

«*Das ist noch lang die Freiheit nicht: / Sein Recht als Gnade nehmen / von Buben, die zu Recht und Pflicht / aus Furcht sich nur bequemen! / Auch nicht: daß, die ihr gründlich haßt, / ihr dennoch auf den Thronen laßt!*», heißt es in einer Strophe des Liedes «Schwarz-Rot-Gold», das Freiligrath schon am 17. März 1847 in London verfaßte und dessen Kehrreim «*Pulver ist schwarz, Blut ist rot, golden flackert die Flamme!*» den Farben der Barrikadenkämpfer in Wien und Berlin jene radikale Deutung gab, von der die ängstlichen Groß- und Kleinbürger nichts mehr wissen wollten. Und in einer der folgenden Strophen wurde klar ausgesprochen, was es erst noch zu erkämpfen galt: «*Die eine deutsche Republik, / die mußt du noch erfliegen! / Mußt jeden Strick und Galgenstrick / dreifarbig noch besiegen!*»

Und in einem anderen Gedicht, mit dem Freiligrath schon am 15. März seine und der anderen politischen Flüchtlinge Rückkehr angekündigt hatte – «*Wir treten in die Reiseschuh, / wir brechen auf schon heute!*» –, war er noch deutlicher geworden: «*Daß Deutschland stark und einig sei, / das ist auch unser Dürsten! / Doch einig wird es nur, wenn frei, / und frei nur ohne Fürsten!*», hieß es darin, und die Absicht der Liberalen, den Preußenkönig Friedrich Wilhelm IV., der eben noch die Aufständischen hatte zusammenkartätschen lassen, Kaiser eines geeinten Deutschland werden zu lassen, wurde mit aller Entschiedenheit zurückgewiesen: «*Allein, daß das unmöglich sei, / dafür noch stehn wir Wache, / dafür bleibt unser Feldgeschrei: / Hie Republik und Rache!*»

Am 18. Mai 1848 wurde in der Frankfurter Paulskirche das erste Parlament der deutschen Nation eröffnet. Ein Traum schien in Erfüllung zu gehen, und die Hoffnungen der meisten Menschen in den deutschen

Kleinstaaten und in den deutschsprachigen Gebieten Österreichs waren auf diese Nationalversammlung gerichtet, der so viele Männer angehörten, die in den Jahrzehnten der finstersten Reaktion für die Einheit und Freiheit gekämpft und gelitten hatten.

So gehörten zu den Abgeordneten der Paulskirche – um nur einige zu nennen, denen wir in anderem Zusammenhang bereits begegnet sind oder in Kürze begegnen werden – der neunundsiebzigjährige, sich zur gemäßigten Rechten zählende Ernst Moritz Arndt und vier der «Göttinger Sieben», nämlich die Professoren Albrecht, Dahlmann, Gervinus und Jacob Grimm; Heinrich Laube aus dem Kreis des «Jungen Deutschland»; Graf Anton Alexander von Auersperg alias Anastasius Grün; Johann Georg August Wirth, der zu den Organisatoren des «Hambacher Fests» gehört hatte, und der aus der Festung Babenhausen einst geflohene Büchner-Freund Wilhelm Friedrich Schulz; Fanny Lewalds Vettern, der radikale Heinrich Simon aus Breslau und der gemäßigt liberale Eduard Simson aus Königsberg, der dann im Dezember 1848 zum Präsidenten der Nationalversammlung gewählt wurde. Zum linken Flügel gehörten Arnold Ruge und Julius Fröbel, und zu deren Fraktionskollegen zählten der Apotheker Friedrich Wilhelm Schlöffel und der Schriftsteller Wilhelm Wolff, die während des schlesischen Weberaufstands von 1844 mutig die Partei der gegen ihre schamlose Ausbeutung rebellierenden Arbeiter ergriffen hatten, sowie Jakob Venedey, Moritz Hartmann, Robert Blum und – als Mitglied des Vorparlaments, des Fünfzigerausschusses, vom Mai 1849 an auch der Nationalversammlung und des Stuttgarter Rumpfparlaments – Dr. Johann Jacoby aus Königsberg.

Drei Tage vor Eröffnung der Nationalversammlung in der Frankfurter Paulskirche, am 15. Mai 1848, meldete die «Kölnische Zeitung» aus Düsseldorf: *«Ferdinand Freiligrath ist gestern hier angekommen und will sich in unserer Kunststadt niederlassen.»* Anders als Georg Herwegh, der an der Spitze einer bewaffneten, aus politischen Flüchtlingen, Handwerksgesellen und Studenten gebildeten Freischar von Frankreich aus den badischen Aufständischen hatte zu Hilfe kommen wollen und am 24. April 1848 bei Dossenbach von württembergischen Truppen vernichtend geschlagen worden war, so daß er wieder in die Schweiz hatte flüchten müssen, war Freiligrath allein und auf kürzestem Wege nach Deutschland zurückgekehrt, allerdings nicht – wie die Zeitungsmeldung vermuten ließ – zu stillem Dichterleben in der Kunststadt Düsseldorf, sondern mit dem Ziel, revolutionäre Agitation zu betreiben.

Zunächst ließ er sich von den rheinischen Volksvereinen, in denen Karl Marx und Friedrich Engels die treibenden Kräfte waren, als Beobachter nach Frankfurt delegieren. Was er dort sah und hörte, enttäuschte ihn tief; das Parteiengezänk, die endlosen Reden und die Mißachtung des revolutionären Volkswillens durch die bürgerliche, gemäßigt liberale

Paulskirchen-Mehrheit widerten ihn an. Ihre ständige Rücksichtnahme auf die ‹angestammten Herrscherhäuser› und Magistrate, achtunddreißig an der Zahl – wenngleich Freiligrath diese auf «viermal alle Neune» abrundete –, hemmten, so schrieb er seiner in Düsseldorf zurückgebliebenen Frau, den Gang der Dinge «auf das allerekelerregendste».

In seinem «Lied vom Tode» machte er der Paulskirche bereits den Vorwurf:

> «Ihr habt, was ihr tatet, nur halb getan!
> Wer ist's, der die Kugel hemmen darf?
> Sie roll und sie donnre auf ihrer Bahn,
> bis sie viermal alle Neune warf!
> Ihr heißt ‹Rebell› den entschiednen Mann,
> der die volle Freiheit zu fordern wagt?
> Ei, wie man so bald nur vergessen kann,
> daß von Aufruhrs Gnaden zu Frankfurt man tagt!»

Und Anfang Juni 1848, aus Frankfurt zurückgekehrt nach Düsseldorf, schrieb Freiligrath das Lied, das vier Jahre zuvor seine Wendung zur Politik hin angezeigt hatte, noch einmal um, gab ihm aber wieder den Titel «Trotz alledem!». Es beginnt:

> «Das war 'ne heiße Märzenzeit,
> trotz Regen, Schnee und alledem!
> Nun aber, da es Blüten schneit,
> nun ist es kalt, trotz alledem!
> Trotz alledem und alledem –
> trotz Wien, Berlin und alledem –
> Ein schnöder, scharfer Winterwind
> durchfröstelt uns trotz alledem!»

In den folgenden Versen ist vom «Wind der Reaktion» die Rede, von der «Bourgeoisie am Thron», von der sich blamierenden Nationalversammlung, den professoralen Reden dort und von der Mißachtung der entwaffneten, wieder zum «Soldatenwild» gewordenen Volksmassen, die die Liberalen, nun im Bündnis mit der Reaktion, in Schach zu halten versuchten. Und es schließt:

> «So kommt denn an, trotz alledem!
> Ihr hemmt uns, doch ihr zwingt uns nicht!
> Unser die Welt, trotz alledem!».

Das Gedicht erschien, wie alle weiteren aus dieser Zeit, in der «Neuen Rheinischen Zeitung», die vom 1. Juni 1848 an in Köln als «Organ der

Demokratie» von Karl Marx und Friedrich Engels herausgegeben wurde. Der erste Programmpunkt dieses die Reaktion mit aller Entschiedenheit bekämpfenden Blattes lautet: Errichtung einer «*einigen, unteilbaren, demokratischen deutschen Republik*».

Im Juli schrieb Ferdinand Freiligrath dann sein bedeutendstes, bis heute aktuell gebliebenes Gedicht, «Die Toten an die Lebenden», das im Anhang vollständig wiedergegeben ist. Ausgehend von der Erinnerung an die gefallenen Berliner Freiheitskämpfer, die zu ehren das Volk Friedrich Wilhelm IV. gezwungen hatte, beschrieb der Dichter das schrittweise Vordringen der Konterrevolution, den Verrat der Revolution durch die bürgerlichen Liberalen und beschwor noch einmal «den roten Grimm im Lande»:

«Euch muß der Grimm geblieben sein – oh, glaubt es uns, den Toten!
Er blieb euch! Ja, und er erwacht! Er wird und muß erwachen!
Die halbe Revolution zur ganzen wird er machen!
Er wartet nur des Augenblicks: dann springt er auf allmächtig;
gehobnen Armes, wehnden Haars dasteht er wild und prächtig!

Die rost'ge Büchse legt er an, mit Fensterblei geladen;
die rote Fahne läßt er wehn hoch auf den Barrikaden!
Sie fliegt voran der Bürgerwehr, sie fliegt voran dem Heere –
die Throne gehn in Flammen auf, die Fürsten fliehn zum Meere!
Die Adler fliehn; die Löwen fliehn; die Klauen und die Zähne!
Und seine Zukunft bildet selbst das Volk, das souveräne:

Indessen, bis die Stunde schlägt, hat dieses unser Grollen
euch, die ihr vieles schon versäumt, das Herz ergreifen wollen!
Oh, steht gerüstet! Seid bereit! Oh, schaffet, daß die Erde,
darin wir liegen strack und starr, ganz eine freie werde!
Daß fürder der Gedanke nicht uns stören kann im Schlafen:
Sie waren frei: doch wieder jetzt – und ewig – sind sie Sklaven!

Dieses aufrüttelnde Gedicht, Freiligraths große Abrechnung mit Friedrich Wilhelm IV., dem eben noch vor Angst schlotternden, nun schon wieder dreisten Preußenkönig, seine leidenschaftliche Anklage gegen die feigen und verräterischen Liberalen, gegen die konterrevolutionäre, sich mit den Junkern und Militärs verbündende Bourgeoisie, wurde sogleich in vielen tausend Exemplaren verbreitet und fand, das Stück zu einem Silbergroschen, reißenden Absatz; den gesamten Erlös stellte der Dichter den revolutionären Volksvereinen zur Verfügung.

Die preußischen Behörden versuchten dagegen einzuschreiten. Alle noch in der Druckerei vorhandenen Exemplare wurden beschlagnahmt; der Staatsanwalt ließ Freiligrath dem Landgericht vorführen. Doch die

Richter – man staune! – lehnten eine Anklageerhebung ab und setzten den Dichter wieder auf freien Fuß. Am 28. August 1848 wurde er erneut verhaftet und blieb diesmal in Gewahrsam bis zur Verhandlung, die am 3. Oktober stattfand. Es war der erste politische Prozeß, der – zumindest das war eine revolutionäre Errungenschaft! – nicht administrativ und geheim, sondern öffentlich und vor einem Geschworenengericht verhandelt wurde. Und er endete nach nur kurzer Verhandlung mit einem glatten Freispruch!

Zur Zeit dieses Prozesses war die «Neue Rheinische Zeitung», die Freiligraths Gedicht veröffentlicht hatte, durch ein behördliches Verbot am Erscheinen gehindert und dadurch auch in wirtschaftliche Schwierigkeiten geraten, doch knapp eine Woche nach dem Freispruch – so stark war noch der revolutionäre Druck der Bevölkerungsmehrheit! – wurde das Blatt wieder zugelassen. Auf der Titelseite der Ausgabe vom 12. Oktober 1848 stand fett gedruckt:

«Durch die Teilnahme, die sich namentlich in Köln für die Aufrechterhaltung der ‹Neuen Rheinischen Zeitung› gezeigt hat, ist es gelungen, die von dem Belagerungszustand herbeigeführten finanziellen Schwierigkeiten zu überwinden und sie wieder erscheinen zu lassen. Das Redaktionskomitee bleibt dasselbe. Ferdinand Freiligrath ist neu eingetreten.»

Während Freiligrath in Untersuchungshaft gewesen war, während Marx eine Blitzreise nach Berlin und Wien unternommen hatte, um die Linke für die bevorstehende Entscheidungsschlacht zu mobilisieren, waren in der Paulskirche zu Frankfurt am Main bereits die Würfel gefallen. Die liberale Mehrheit fügte sich dem wachsenden Druck der Konterrevolution, und am 16. September stimmten 257 gegen 236 Abgeordnete der Nationalversammlung für eine Entschließung, deren Annahme praktisch bedeutete, daß sich die Paulskirche, aus Angst vor einer allgemeinen Volksbewaffnung und einer dann unvermeidlichen zweiten Revolution, mit den alten Mächten gegen das Volk verbündete.

Daran änderte auch eine Protestversammlung nichts mehr, zu der sich tags darauf rund zwanzigtausend Republikaner in Frankfurt zusammenfanden. Noch in der folgenden Nacht rückten starke konterrevolutionäre Truppenverbände in die Stadt ein, angeblich zum Schutz der Nationalversammlung vor den empörten Volksmassen. Zwar leisteten die Republikaner diesem Einmarsch mit rasch errichteten Barrikaden erbitterten Widerstand, doch schon am 21. September mußte die «Neue Rheinische Zeitung» berichten:

«Die Artillerie scheint den Kampf in den breiteren Straßen entschieden und dem Militär einen Weg in den Rücken der Barrikadenkämpfer eröffnet zu haben. Der Eifer, womit die Frankfurter Spießbürgerschaft den Soldaten ihre Häuser öffnete und ihnen damit alle Vorteile des Straßenkampfes in die Hände gab, die Übermacht der mit den Eisenbahnen rasch hineingezogenen Truppen gegenüber den langsamen, zu Fuß

ankommenden Zuzügen der Bauern tat das übrige . . .»

Und Friedrich Engels erläuterte in derselben Ausgabe des Blattes, daß die Bourgeoisie ihre eigene Niederlage eingeleitet hätte, indem sie «*gegenüber der Kundgebung des Volkswillens an die Bajonette der Truppen*» appellierte und der im März besiegten Reaktion half, nun die Demokratie zu besiegen.

Im Oktober 1848 tobte der Kampf um Wien, das von der bewaffneten Arbeiterschaft, verstärkt durch eine «Akademische Legion», zäh gegen eine erdrückende Übermacht verteidigt wurde. Die konterrevolutionären Streitkräfte, rund hunderttausend Berufssoldaten, vornehmlich Kroaten, unter dem Oberbefehl des Fürsten Alfred von Windischgrätz, hatten bis zum 23. Oktober die Stadt vollständig eingeschlossen und unter Artillerie- und Brandraketenbeschuß genommen, aber ihre Sturmangriffe scheiterten immer wieder an der entschlossenen Abwehr. Trotzdem war der Fall der Stadt nur noch eine Frage von Tagen, und ganz Deutschland verfolgte mit angehaltenem Atem das erbitterte Ringen. Damals schrieb Freiligrath ein Gedicht, das in der «Neuen Rheinischen Zeitung» veröffentlicht wurde und mit den Versen begann:

«Wenn wir noch knien könnten, wir lägen auf den Knien;
wenn wir noch beten könnten, wir beteten für Wien!»

Er schilderte indessen nicht nur die verzweifelte Lage, sondern erklärte in diesem Gedicht auch, was zu tun sei. Er forderte die Deutschen auf, sich nicht romantischen Spinnereien über – ohnehin zu späte – Hilfsaktionen für Wien hinzugeben, sondern statt dessen nun rasch «*im eigenen Hause*» aufzuräumen; das wäre die beste Unterstützung der tapferen Verteidiger Wiens, denn «*ein dreister Schlag im Norden, ist auch im Süd ein Schlag!*».

Am 1. November 1848 endete der letzte erbitterte Widerstand der Arbeiter und Studenten Wiens, zu denen am 17. Oktober als Abgesandte der Frankfurter Linken die Abgeordneten Julius Fröbel und Robert Blum gestoßen waren. Beide wurden von den konterrevolutionären Truppen gefangengenommen und vom Standgericht, zusammen mit vielen anderen, zum Tode verurteilt. Doch während Julius Fröbel, vom Fürsten Windischgrätz begnadigt, weil er sich wiederholt für Wien als künftige Hauptstadt eines geeinten Deutschland ausgesprochen hatte, nach Frankfurt zurückkehren konnte, wurde Robert Blum am 9. November 1848 in der Brigittenau von einem Erschießungskommando hingerichtet. Als Nachruf auf den in Wien ermordeten Führer der Linken in der Nationalversammlung veröffentlichte die «Neue Rheinische Zeitung» ein Gedicht Ferdinand Freiligraths mit der Überschrift «Blum». Es schilderte den Werdegang des einen Tag vor seinem zweiundvierzigsten Geburtstag exekutierten «*Proletarierkindes*» aus Köln, des «*Küferjun-*

gen» Blum, der sich als Handwerkslehrling, Kommis, Theatersekretär und Kassierer hochgearbeitet hatte. Mit neunundzwanzig Jahren schrieb er sein erstes Schauspiel, «Die Befreiung von Kandia», wurde Mitherausgeber des «Verfassungsfreundes» und des Taschenbuchs «Vorwärts!» und gründete 1847 eine Verlagsbuchhandlung, in der sein «Staatslexikon für das deutsche Volk» erschien. Die wenigen erhalten gebliebenen Briefe von ihm aus dieser vorrevolutionären Zeit lassen ihn als einen gebildeten, kritischen Menschen erscheinen, der seine demokratische Gesinnung mit Würde und Festigkeit zu vertreten wußte.

So ist es nicht verwunderlich, daß Blum in seiner Wahlheimat Leipzig im Februar und März 1848 der Führer der radikalen Linken wurde. Er gehörte dem Vorparlament und – als Vizepräsident – dem Fünfzigerausschuß an, wo er zusammen mit Johann Jacoby am entschiedensten für die republikanische Sache eintrat, und er wurde dann der gewählte Vertreter Leipzigs in der Nationalversammlung.

Seine Ermordung durch «*die Schergen der Gewalt*», wie es in Freiligraths Gedicht hieß, löste in ganz Deutschland, neben tiefer Trauer, auch schon deshalb besondere Empörung aus, weil in der Bluttat zugleich eine äußerste Mißachtung der Nationalversammlung durch die wiedererstarkte Reaktion für jedermann deutlich erkennbar wurde. Demgegenüber traten die sonstigen Greueltaten der Eroberer Wiens in den Hintergrund, und andere bedeutende Opfer des weißen Terrors gerieten weitgehend in Vergessenheit, beispielsweise Hermann Jellinek.

«*Wir müssen heute klar sprechen, und sollten diese Worte unser eigenes Testament sein. Wohlan: Wir machen es freudig, weil das menschliche Leben nur Wert hat in einer freien Gesellschaft und keineswegs in einer von Despoten geknechteten*», hatte Jellinek noch am 15. Oktober 1848 in der in Wien erscheinenden Zeitung «Der Radikale» geschrieben, einem einflußreichen Blatt der Linken, das von Dr. Alfred Julius Becher geleitet wurde.

Der erst fünfundzwanzigjährige Jellinek hatte in Leipzig und Berlin Philosophie studiert, sich – wie Ruge und der junge Marx – von der Dialektik Hegels begeistern lassen und die Religionskritik Feuerbachs übernommen. Er brach daher auch mit dem orthodoxen Judentum, dem er entstammte, und geriet darüber in Konflikt mit seiner Familie, die in Ungarisch-Brod in Mähren lebte. Aus Preußen und Sachsen als politisch mißliebig ausgewiesen, war er erst im März 1848 nach Wien gekommen, hatte jedoch durch seine scharfsinnigen und jedem verständlichen Zeitungsartikel schon bald erheblichen Einfluß auf das revolutionäre Geschehen. So setzte er, zusammen mit Dr. Becher, während der Einschließung Wiens durch die konterrevolutionären Truppen die Ersetzung des zaudernden Oberkommandierenden der Nationalgarde, Cäsar Wenzel Messenhauser, durch den entschlossenen Ferdinand Fenner von Fenneberg durch.

Mancher, der ein Buch liest, murrt ...

... wenn er Werbung findet, wo er Literatur suchte. Reklame in Büchern!!!? Warum nicht auch zwischen den Akten in Bayreuth oder neben den Gemälden in der Pinakothek?

«Rowohlts Idee mit der Zigarettenreklame im Buch (finde ich) gar nicht anfechtbar, vielmehr sehr modern. Hauptsache, es hat Erfolg und nützt dem Buch, was die deutsche Innerlichkeit dazu sagt, ist allmählich völlig gleichgültig, die will ihren Schlafrock und ihre Ruh und will ihre Kinder dußlig halten und verkriecht sich hinter Salbadern und Gepflegtheit und möchte das Geistige in den Formen eines Bridgeclubs halten – dagegen muß man angehen ...»

Das schrieb Ende 1950 – Gottfried Benn.

An Stelle der «Zigarettenreklame» findet man nun in diesen Taschenbüchern Werbung für Pfandbriefe und Kommunalobligationen. «Hauptsache, es hat Erfolg und nützt dem Buch.» Und es nützt auch dem Leser. (Für die Jahreszinsen eines einzigen 100-Mark-Pfandbriefs kann man sich beispielsweise zwei Taschenbücher kaufen.)

Pfandbrief und Kommunalobligation

Meistgekaufte deutsche Wertpapiere - hoher Zinsertrag - schon ab 100 DM bei allen Banken und Sparkassen

Verbriefte Sicherheit

Jellinek, den Fenner später – in seiner «Geschichte der Wiener Oktobertage» – einen *«edlen, großartigen Charakter»* genannt hat, war ein kleiner, schmalbrüstiger und schwächlicher Intellektueller, kurzsichtig und zum Waffendienst untauglich erklärt. Dennoch hatte er sich zum Demokratischen Elite-Corps gemeldet. Fenner sah ihn am 28. Oktober auf einer *«der Barrikaden, wo der Kampf am heftigsten wütete . . . stundenlang, von den Kugeln umsaust . . .»*

Nach dem Fall Wiens wurde Dr. Hermann Jellinek am 5. November verhaftet, zwei Wochen später *«wegen Verbrechens der hochverräterischen Aufwiegelung»* zum Tode durch Erschießen verurteilt und am Morgen des 23. November 1848 hingerichtet – wie vor ihm bereits Robert Blum, Dr. Becher, der abgesetzte Kommandant Messenhauser, der polnische Freiheitskämpfer Jelowicki und mancher andere. Er starb als aufrechter Demokrat. In einem seiner Abschiedsbriefe schrieb er: *«In sechs Stunden existiere ich nicht mehr. Habe ich aber nicht wahrhaft existiert? Wohl werde ich vernichtet, aber so wie das grüne Gras von der Sense. Im nächsten Frühjahr wächst es wieder. Meine Arbeiten werden. . . . ihre Früchte tragen.»*

Jellineks Gefährtin Amalie Hempel, eine Protestantin, die ihm Ende September eine Tochter geboren hatte – heiraten konnten sie nicht, weil in Österreich Ehen zwischen Juden und Christen verboten waren –, starb schon 1852 im Alter von erst 29 Jahren; sie hatte sich zuletzt als Dienstmagd verdingen müssen.

Hermann Jellineks Entwürfe einer neuen Gesellschaftsordnung der sozialen Gerechtigkeit und des friedlichen Zusammenlebens der Nationen überdauerten indessen den Sieg seiner Mörder, und seine These, *«Die wahre vernünftige Theorie stimmt mit der Praxis überein – oder sie ist unfähig, die wirkliche Gesellschaft zu organisieren»*, hat ihre Gültigkeit wiederholt bewiesen.

Der Schriftsteller Moritz Hartmann, Jude wie Jellinek und gewählter Vertreter der Deutschen Böhmens in der Nationalversammlung, wo er – zusammen mit dem gleichfalls jüdischen Abgeordneten aus Böhmen Ignaz Kuranda – zu der von Robert Blum geführten äußersten Linken gehörte, hatte Fröbel und Blum nach Wien begleitet und dort Jellinek kennengelernt. Er verfaßte einen Nachruf auf ihn, der mit den Versen beginnt: *«Er war ein Stern – zu früh verraucht, / ein Morgenrot – zu früh verhaucht»*, und mit der schlichten Feststellung endet: *«Er starb, weil er die Wahrheit schrieb.»*

Die Konterrevolution, unterstützt vom Besitzbürgertum, das seine Ziele erreicht zu haben glaubte und nun ‹Ruhe und Ordnung› wollte, siegte nicht nur in Wien, sondern machte jetzt überall rasche Fortschritte. Nach der Niederschlagung einer neuen Volkserhebung im Rheinland zögerte die preußische Regierung auch nicht mehr, die «Neue Rheinische Zeitung» endgültig zu verbieten. Am 19. Mai 1849 erschien die letzte Ausgabe, für die Ferdinand Freiligrath sein berühmt gewordenes «Abschiedswort der Neuen Rheinischen Zeitung» verfaßt hat. Es schließt mit den Zeilen:

«Nun ade – doch nicht für immer ade!
Denn sie töten den Geist nicht, ihr Brüder!
Bald richt ich mich rasselnd in die Höh,
bald kehr ich reisiger wieder!
Wenn die letzte Krone wie Glas zerbricht,
in des Kampfes Wettern und Flammen,
wenn das Volk sein letztes ‹Schuldig› spricht,
dann stehn wir wieder zusammen!
Mit dem Wort, mit dem Schwert, an der Donau, am Rhein –
Eine allzeit treue Gesellin
wird dem thronezerschmetternden Volke sein
die Geächtete, die Rebellin!»*

Die Mitglieder der Redaktion des – wie Karl Marx es formuliert hat – «standrechtlich beseitigten» Blattes hatten Köln sogleich verlassen müssen, um ihrer Verhaftung zu entgehen; nur Freiligrath blieb noch eine Weile lang in der Nähe, in Bilk bei Düsseldorf.

Etwa zur gleichen Zeit war eine neuerliche Revolution in Dresden zusammengebrochen; die auf nur noch einhundertdreißig Abgeordnete zusammengeschrumpfte Nationalversammlung hatte Ende Mai 1849 beschlossen, ihren Sitz nach Stuttgart zu verlegen, wo die Reste der Vereinigten Linken dann als ‹Rumpfparlament› noch anderthalb Wochen lang tagten, bis auch dort das Militär dem ‹demokratischen Possenspiel› ein Ende machte. Nur noch in der Pfalz und in Baden, wo die reguläre Armee zum Volk übergegangen war, konnten sich die revolutionären Demokraten bis in den Juli 1849 hinein gegen die drei- bis vierfache Übermacht der preußischen Interventionsarmee verteidigen. In der eingeschlossenen Festung Rastatt leisteten sie bis zuletzt erbitterten Widerstand und deckten so den Rückzug der Hauptmacht in die neutrale Schweiz.

Der Fall von Rastatt am 23. Juli 1849 bedeutete das Ende der Revolution. Viele der tapfersten Kämpfer für die Einheit und Freiheit Deutschlands wurden auf Befehl des konterrevolutionären Oberbefehlshabers, des «Kartätschenprinzen» (und späteren ersten Kaisers) Wilhelm von Preußen, in den Festungsgräben füsiliert oder starben als Gefangene in den feuchten Kasematten von Rastatt am Typhus.

Als erster erschossen wurde der dreiundzwanzigjährige Assessor am Potsdamer Stadtgericht Johann Ludwig Maximilian Dortu, Bataillonskommandeur der revolutionären Armee; ihm folgte Oberst Tiedemann, der letzte Kommandeur der Festung Rastatt. Zum Tode verurteilt, doch dann zu lebenslänglichem Zuchthaus ‹begnadigt› wurde der Dichter und Bonner Professor Gottfried Kinkel; Carl Schurz, der ihn später – wie eingangs beschrieben – aus der Festung Spandau befreite, rettete eine abenteuerliche Flucht durch die Festungskanalisation vor der Erschießung. Viele andere, an deren Namen sich kaum noch jemand erinnert, sind – wie Friedrich Engels, der als Adjutant im pfälzischen Freikorps Willich die Kämpfe mitgemacht hatte, darüber schrieb – «*in den Gräben von Rastatt gestorben wie die Helden. Kein einziger hat gebettelt, kein einziger hat gezittert. Das deutsche Volk wird die Füsilladen und die Kasematten von Rastatt nicht vergessen; es wird die großen Herren nicht vergessen, die diese Infamien befohlen haben, aber auch nicht die Verräter, die sie durch ihre Feigheit verschuldeten . . .*»

Alle Proteste gegen das Wüten der Konterrevolution, wie der des Dichters Ludwig Uhland, der sich öffentlich empörte gegen «*das rastlos fortschreitende Blutgericht in Baden*», verhallten ungehört.

«*Der beschränkte Untertanenverstand ward wieder als Basis genommen, und Hochmut und Grobheit – die Ecksteine und der Mörtel des alten Baues – stellten in kurzem aufs neue eine Herrlichkeit her, die, alles Frühere überragend, das Gendarmentum der dreißiger Jahre als armselige Stümperei erscheinen ließ*», schrieb Theodor Fontane zornerfüllt. Und der kranke Heinrich Heine in Paris dichtete:

> «*Es ist dasselbe Schicksal auch –*
> *wie stolz und frei die Fahnen fliegen,*
> *es muß der Held nach altem Brauch*
> *den tierisch rohen Mächten unterliegen.*»

Damals, im Herbst 1849, war fast jeder, der in Deutschland als Künstler, Gelehrter oder Schriftsteller Rang und Namen hatte, entweder auf der Flucht oder im Gefängnis oder hatte sich in stummer Wut irgendwo verkrochen. Der königlich sächsische Hofkapellmeister Richard Wagner, der sich am Maiaufstand in Dresden beteiligt hatte, war gleich danach – amtsenthoben, steckbrieflich verfolgt und in Abwesenheit zum Tode verurteilt – ins Ausland geflüchtet. Der Historiker Theodor Mommsen, seit Herbst 1848 Professor in Leipzig und wegen seiner Beteiligung an den revolutionären ‹Umtrieben› nun gemaßregelt und in erster Instanz zu Gefängnis verurteilt, später freigesprochen, aber amtsenthoben, folgte einem Ruf nach Zürich. Der Mediziner Rudolf Virchow, der am Barrikadenkampf vom März 1848 in Berlin teilgenommen hatte, verlor seine Anstellung an der Charité und zog es vor, Preußen zu verlassen.

Franz Leo Benedikt Waldeck, Richter am höchsten preußischen Gericht, dem Geheimen Obertribunal in Berlin, Vizepräsident der Paulskirche und einer der Führer der Linken, wurde verhaftet und wegen Hochverrats angeklagt; er mußte dann, da sich die ‹Beweise› gegen ihn als Fälschungen erwiesen, freigesprochen werden und führte bis zu seinem Tode 1870 als Führer der Fortschrittspartei einen erbitterten Kampf gegen die preußische Reaktion und die Politik Bismarcks. An der Beerdigung des «alten Waldeck» in Berlin nahmen mehr als zwanzigtausend Menschen teil.

Ludwig Bamberger, jüdischer Advokat aus Mainz, der noch im März 1849 in die Nationalversammlung gewählt worden war und am pfälzisch-badischen Aufstand teilgenommen hatte, wurde in Abwesenheit – er war verwundet in die Schweiz geflüchtet – zum Tode verurteilt; nach siebzehnjährigem Exil kehrte er in die Heimat zurück, wurde einer der Führer der deutschen Liberalen und später Mitbegründer der Reichsbank und der Deutschen Bank.

Diese wenigen Beispiele lassen bereits erkennen, wie der bessere Teil des deutschen Bürgertums von der siegreichen Reaktion verfolgt wurde, während die Masse der Besitzenden längst ihren Frieden mit den alten Mächten gemacht hatte. Die intellektuelle Führungsschicht hingegen und mit ihr alle diejenigen, auch und gerade aus der breiten Unterschicht der Bauern und kleinen Handwerker, die sich nicht wieder beugen wollten und noch genug Initiative besaßen, ihr Schicksal selbst in die Hand zu nehmen, wanderten nun zu Zehntausenden aus dem erneut in Knechtschaft geratenen Vaterland aus. Allein zwischen 1849 und 1854 emigrierten rund 850000 Deutsche nach den USA, weitere 300000 in andere überseeische Länder, und den Anfang machten die den Hinrichtungskommandos gerade noch entkommenen Anführer des badisch-pfälzischen Aufstands:

Friedrich Anneke, 1817 in Dortmund geboren, bis 1846 preußischer Artillerieoffizier, dann wegen revolutionärer Tätigkeit aus der Armee ausgestoßen und einer der Mitbegründer des Kölner Arbeitervereins, hatte 1849 das Kommando über die Artillerie der badisch-pfälzischen Revolutionsarmee; nach dem Sieg der Konterrevolution ging er mit seiner Frau, der Schriftstellerin Mathilde Franziska Gießler – die dann die erste amerikanische Frauenrechtlerin wurde –, in die USA. Den dortigen Bürgerkrieg machte er als Oberst der Nordstaaten-Armee mit.

August von Willich, 1810 als Sohn eines preußischen Landrats in der Provinz Posen geboren, im Hause seines Onkels, des Theologen und Philosophen Friedrich Ernst Daniel Schleiermacher aufgewachsen, war Offizier in der preußischen Armee geworden, hatte gegen die Entlassung Annekes öffentlich protestiert und war bald danach aus dem Heeresdienst ausgeschieden. Im März 1848 hatte er zu den Führern der revolutionären Kölner Arbeiter gehört, sich dem dann gescheiterten Unternehmen Friedrich Heckers angeschlossen und danach in Frankreich eine eigene Truppe, die Besançoner Arbeitskompanie, aufgebaut. Diese vornehmlich aus deutschen Handwerksburschen bestehende Einheit bildete den Kern seines «Freikorps Willich», dem sich Friedrich Engels als Adjutant anschloß und das sich während des badisch-pfälzischen Aufstands so hervorragend bewährte. Nach der Niederlage der Revolutionäre ging Willich zunächst mit Engels und Marx nach London, überwarf sich aber mit diesen, weil er von revolutionärer Theorie und besonnenem Abwarten nichts hielt und für die sofortige Vorbereitung eines neuen bewaffneten Aufstands in Deutschland plädierte. Er emigrierte dann nach den USA und baute dort zu Beginn des Bürgerkriegs das 32. Indiana-Regiment der Nordstaaten-Armee auf, das er in der Schlacht von Chattanooga 1863 zum Sieg über die Südstaaten führte. Zum Brigadegeneral befördert, schied er 1864 nach einer schweren Verwundung aus der Armee aus.

Gustav von Struve, 1805 in München als Sohn des russischen Staatsrats Johann Gustav von Struve geboren, der 1817 Geschäftsträger des Zaren in Karlsruhe wurde, hatte zunächst Rechtswissenschaften studiert und war dann Legationsrat beim Frankfurter Bundestag geworden, dessen reaktionäre Politik ihn jedoch veranlaßt hatte, seinen Abschied zu nehmen. Schon als Student in Göttingen war er 1831, nachdem er einen Beitrag eingesandt hatte, von Heinrich Karl Abraham Eichstädt zur Mitarbeit an dessen «Jenaischer allgemeiner Literaturzeitung» aufgefordert worden. Nachdem er sich als Advokat in Mannheim niedergelassen hatte, betätigte er sich nebenher als Publizist und redigierte das oppositionelle «Mannheimer Journal», von 1846 an auch den von ihm gegründeten «Deutschen Zuschauer». Zusammen mit seinem Anwaltskollegen Friedrich Hecker wurde er bald führend in der republikanischen Bewegung in Baden. Zwei Putschversuche, die Struve nach Beginn der Revolution von 1848 unternahm, den ersten zusammen mit Hecker im April, den zweiten im September, scheiterten. Beim zweiten bewaffneten Einfall in Baden wurde Struve gefangengenommen und wegen versuchten Hochverrats zu fünf Jahren Einzelhaft verurteilt. Nach dem pfälzisch-badischen Aufstand kam er jedoch wieder frei, nahm an den Kämpfen teil, flüchtete nach der endgültigen Niederlage in die Schweiz und wanderte 1851 in die Vereinigten Staaten aus, wo er 1861/62 als Offizier der Nordstaaten-Armee am Bürgerkrieg teilnahm. Seine letzten Lebensjahre verbrachte er als Schriftsteller zuerst in Coburg, wo er unter anderem eine mehrbändige «Allgemeine Weltgeschichte» von deutlich radikaler Tendenz herausgab, dann in Wien, wo er 1870 starb.

Struves Freund Friedrich Hecker, 1811 im badischen Eichtersheim geboren, wurde Jurist und 1838 «großherzoglich badischer Obergerichts-Advokat und Procurator» in Mannheim. 1842 trat er als Abgeordneter in die badische Zweite Kammer ein, führte aber seine Anwaltspraxis weiter und entwickelte sich unter Struves Einfluß zum radikalen Republikaner und entschiedenen Gegner der gemäßigten Liberalen.

Zusammen mit Struve proklamierte er am 12. April 1848 in Konstanz eine deutsche demokratische und soziale Republik und stieß mit einer bewaffneten Freischar ins badische Oberland vor. Am 20. April kam es bei Kandern zu einem erbitterten Gefecht mit badischen Truppen, bei dem deren Kommandeur, General von Gagern, tödlich verwundet wurde. Heckers Freischar wurde jedoch geschlagen und flüchtete mit ihm zurück in die Schweiz.

Die badische Regierung versuchte zwar, Heckers Putschversuch zu bagatellisieren; aber in Wirklichkeit wurden – wie sich aus Briefen des 1849 zum badischen Kriegsminister ernannten konservativen Politikers und Stabsoffiziers August Freiherrn von Roggenbach ergibt – Heckers Drohungen, den Einmarsch zu wiederholen, durchaus ernst genommen und banden erhebliche Truppenkontingente. Außerdem fürchtete man in Karlsruhe seinen revolutionären Einfluß *für den Fall eines Krieges mit Frankreich*, vor allem, falls dort *die Bewegung der Rothen* sich durchgesetzt hätte.

Im Mai 1849, nach Beginn des badisch-pfälzischen Aufstands, wurde der bei der Bevölkerung sehr populäre Hecker, der sich inzwischen nach Amerika begeben hatte, eilig zurückgerufen. Doch als er in Straßburg eintraf, hatte in Baden die Konterrevolution bereits gesiegt. So kehrte er in die USA zurück, wo er 1861–1864 als Oberst der Nordstaaten-Armee am Bürgerkrieg teilnahm. Er starb 1881 in St. Louis, bis zuletzt ein scharfer Kritiker der reaktionären innerdeutschen Verhältnisse, auch wenn er die Reichsgründung von 1871 zunächst begrüßt hatte. Im Volk, zumal im Südwesten Deutschlands, ist das Andenken an «den Hecker», der so leidenschaftlich an seinem Traume von der deutschen Republik hing, noch lange lebendig geblieben, hatte er doch schon vor der Revolution von 1848 stets als der Verfechter der Interessen der kleinen Leute gegolten. Dagegen ist Carl Schurz, der im badisch-pfälzischen Aufstand als unbekannter Freiwilliger bis zum Fall von Rastatt mitkämpfte, erst später – durch seine spektakuläre Befreiung Gottfried Kinkels aus der Festung Spandau und durch seinen Aufstieg im amerikanischen Exil zum Senator, zum engen Berater des Präsidenten Abraham Lincoln, zum General der Nordstaaten-Armee und sogar zum Innenminister der Vereinigten Staaten – berühmt geworden.

Die Konsequenz, die viele demokratisch gesinnte Deutsche aus der Niederlage von 1849 zogen, war, wie bereits erwähnt, die Auswanderung, vorwiegend nach Amerika, und die – häufig endgültige – Abkehr von der Heimat und ihrer politischen Entwicklung. Eine noch größere Anzahl von ursprünglichen Sympathisanten der Revolution fügte sich nach dem Fall von Rastatt seufzend ins offenbar Unvermeidliche und machte, dem Beispiel der Besitzbürger folgend, ihren Frieden mit den alten Mächten. Sie trösteten sich damit, daß die Reaktion ja nicht alle Zugeständnisse, die sie den Liberalen hatte machen müssen, wieder zurücknehmen könnte.

Und schließlich gab es noch eine zunächst recht kleine Minderheit, die – gleich, ob im Exil oder als Verfemte in Deutschland – den revolutionären Idealen treu blieb und den Kampf nicht aufgab. Zu diesen wenigen gehörte Johann Jacoby, der nach der Auflösung des Rumpfparlaments von Stuttgart aus zunächst in die Schweiz gegangen war, dann aber, entgegen dem Rat seiner Freunde, die Rückreise nach Königsberg angetreten hatte, obwohl – oder richtiger, wie Jacoby selbst es sah: *weil* – ihn dort ein Hochverratsprozeß erwartete.

«*Glaubt nicht, daß ich leichtsinnig handle!*» schrieb er vor seiner Abreise an seine in Königsberg lebenden Schwestern. «*Ich kenne die Macht und den bösen Willen der Regierung, vor der der Unschuldigste nicht sicher ist; ich kenne die politische Apathie des Volkes, die jedes Unrecht ruhig hinnehmen wird; ich weiß, was mir zu Hause bevorsteht und daß ein günstiger Umschwung der Dinge noch nicht so bald zu erwarten ist. Dennoch kann ich nicht anders handeln . . . Solange meine Mitbürger in den Fesseln des Absolutismus schmachten, solange viele meiner früheren Genossen – gerade durch mein Wort und Beispiel zum politischen Wirken angeregt – dafür im Kerker büßen, würde ich auch im freien Auslande keinen frohen Augenblick haben; mit meinen Gedanken würde ich doch immer in der Heimat sein: das Ausland wäre mir nur ein größeres Gefängnis, in welchem ich – unzufrieden mit mir selbst – körperlich und geistig verkommen müßte.*

Ihr schreibt, daß in Preußen die Gewalt jetzt ohne Scheu tun könne, was ihr Vorteil bringt, denn alles schweige aus Furcht. Ich glaube es wohl; allein diese allgemeine Entmutigung ist für mich nur eine um so dringendere Aufforderung zur Rückkehr . . . Mögen überweise Egoisten mich einen ‹Schwärmer› heißen oder ‹Märtyrersucht› mir als Motiv unterlegen – je mächtiger die Willkürherrschaft, je allgemeiner die Furcht vor derselben, um so mehr fühle ich die Verpflichtung in mir, mit dem Beispiele des Mutes voranzugehen und der Gewalt mein gutes Recht entgegenzustellen . . .»

Am 20. Oktober 1849 traf Jacoby in seiner Heimatstadt ein, meldete sich bei Gericht und wurde sofort in Untersuchungshaft genommen.

Das Verfahren, bei dem ihm im Falle einer Verurteilung wegen Hochverrats die «*härteste und schreckhafteste Leibes- und Lebensstrafe*», nämlich «*Schleifung zur Richtstätte, Rädern von unten auf und öffentliche Ausstellung des zerschmetterten Leichnams*» gedroht hätte, zog sich unter stärkster öffentlicher Anteilnahme bis zum 8. Dezember 1849 hin. Jacobys zahlreiche Freunde und Sympathisanten fürchteten, daß die preußische Regierung an ihm ein Exempel statuieren würde. War er nicht der Verfasser der «Vier Fragen», und hatte er damit nicht den Kampf eröffnet? Schlimmer noch: Ein Jahr zuvor, am 2. November 1848, unmittelbar nach dem Fall von Wien, war Jacoby mit einer Deputation von fünfundzwanzig Abgeordneten aller Parteien bei Friedrich Wilhelm IV. gewesen, um den König über die Lage zu unterrichten und vor reaktionären Maßnahmen zu warnen. Die sehr ungnädige Majestät hatte die Herren kurz empfangen, sich deren Adresse vorlesen lassen und sich dann angeschickt, den Saal wortlos zu verlassen, als Johann Jacoby vorgetreten war und den König gefragt hatte, ob er sich nicht von den Volksvertretern über die Lage unterrichten lassen wolle; dies sei doch der eigentliche Zweck der Audienz. Auf das schroffe «Nein!» des Königs hin hatte der Abgeordnete Dr. Jacoby dann einen Satz auszusprechen gewagt, der, weil er den Nagel auf den Kopf traf, im ganzen Land die Runde machte und zum geflügelten Wort wurde: *«Das ist das Unglück der Könige, daß sie die Wahrheit nicht hören wollen!»*

Dies und manches andere, was Jacoby im letzten Jahr gesagt und getan hatte, war den Reaktionären noch in böser Erinnerung, auch der große Fackelzug, den die Berliner Linke zu Ehren Jacobys veranstaltet hatte, während die regierungsnahe «Neue Preußische Zeitung» – kurz «Kreuzzeitung» genannt, weil sie ein Eisernes Kreuz im Titel trug – über den ‹frechen Juden› hergefallen war, der es gewagt hatte, den König in dessen eigenem Haus zu beleidigen.

Nun war der ‹freche Jude› und ‹radikale Rote› endlich da, wo er nach Meinung der Reaktionäre längst hingehörte: im Gefängnis, und die Anklageschrift gegen ihn kam einem Befehl der Regierung gleich, die beleidigte Majestät zu rächen. Da nützte es wenig, daß der Königsberger Arbeiterverein dem Inhaftierten seine brüderliche Verbundenheit ausdrückte und ihm schrieb: *«Eine traurige Zeit ist über unser armes deutsches Vaterland hereingebrochen; das verratene Volk sucht seine Kämpfer und Freunde vergebens in dem Lichte des Tages; es findet sie nur im Dunkel der Kerker.»*

Dennoch geschah das Wunder, daß die Geschworenen mit acht gegen vier Stimmen den Angeklagten, der sich unerschrocken zu den ihm zur Last gelegten Tatbeständen bekannte, der Regierung aber das Recht abgesprochen hatte, ihn dafür zu bestrafen, in allen Punkten freisprachen. Jacoby blieb jedoch unter Polizeiaufsicht, wenngleich weiter in engem Kontakt mit seinen Gesinnungsfreunden daheim und im Exil.

Zu den Standhaften gehörte auch Ferdinand Freiligrath. Zwar lebte er nun ganz zurückgezogen in Bilk bei Düsseldorf, doch blieb auch aus der Ferne sein Verhältnis zu Karl Marx, Friedrich Engels und anderen politischen Freunden eng und herzlich. Im Frühjahr 1850 bat Freiligrath den damals einunddreißigjährigen schweizerischen Dichter Gottfried Keller, den er in Zürich durch Follen und Herwegh und als Autor des «Literarischen Comptoirs» kennengelernt und mit dem er sich angefreundet hatte, ihn in Düsseldorf zu besuchen.

Über diesen Besuch schrieb Keller: *«Freiligrath ist ganz absorbiert durch politische Umgebung und Geschäfte und klagt über gänzliche*

Johann-Jacoby-Büste von Rudolf Siemering (geschaffen etwa Anfang 1878)

Verlassenheit in literarischen Dingen.» Tatsächlich hatten alle in Deutschland gebliebenen Dichterfreunde, ausgenommen Hoffmann von Fallersleben, den Kontakt zu dem ‹gefährlichen Radikalen› Freiligrath abgebrochen. Im Mai 1851 ging der in Deutschland vereinsamte Dichter zum zweitenmal ins Exil nach England. Kaum war er abgereist, ergingen gegen ihn zwei Haftbefehle, der eine wegen angeblichen Hochverrats.

Erst vierzehn Jahre später, als der inzwischen fünfundfünfzigjährige Freiligrath in London, wo er als Filialleiter einer Bank tätig gewesen war, plötzlich arbeitslos wurde, entsann man sich in Deutschland seiner wieder. Eine dort und unter den Deutschen im Exil veranstaltete Sammlung für eine «Nationalgabe» an den Dichter erbrachte die Summe von fast sechzigtausend Talern. Dieser unverhoffte Reichtum ermöglichte es Freiligrath, seinen Lebensabend ohne materielle Sorgen zu verbringen. Er kehrte nach Deutschland zurück – nicht nach Düsseldorf, weil er in Preußen noch immer steckbrieflich verfolgt wurde – und ließ sich in Cannstatt, später in Stuttgart nieder. Am 18. März 1876, dem Jahrestag der Berliner Volkserhebung, deren Gefallenen sein Gedicht «Die Toten an die Lebenden» gewidmet war, ist er gestorben. Trotz mancher Zwistigkeiten mit den alten Gesinnungsgenossen – auch mit Marx, dessen kühnen Ideen der für Theorien unempfängliche Dichter nicht mehr zu folgen vermochte – ist Freiligrath nie wieder ein Hofpoet geworden; er hat nie wirklich seinen Frieden mit der Reaktion gemacht, und er behielt die feste Zuversicht, die er in seinem 1851 verfaßten Gedicht «Die Revolution» zum Ausdruck gebracht hatte.

Darin heißt es von der Revolution:

«Sie spricht mit dreistem Prophezein
so gut wie weiland euer Gott: Ich war, ich bin – ich werde sein!
Ich werde sein, und wiederum voraus den Völkern werd ich gehn!
Auf eurem Nacken, eurem Haupt, auf euren Kronen werd ich stehn!
Befreierin und Rächerin und Richterin, das Schwert entblößt,
ausrecken den gewalt'gen Arm werd ich, daß er die Welt erlöst!
Ihr seht mich in den Kerkern bloß, ihr seht mich in der Grube nur,
ihr seht mich nur als Irrende auf des Exiles dorn'ger Flur –
ihr Blöden, wohn ich denn nicht auch, wo eure Macht ein Ende hat:
bleibt mir nicht hinter jeder Stirn, in jedem Herzen eine Statt?
In jedem Haupt, das trotzig denkt? Das hoch und ungebeugt sich trägt?
Ist mein Asyl nicht jede Brust, die menschlich fühlt und menschlich
*   schlägt?*
Nicht jede Werkstatt, drin es pocht? Nicht jede Hütte, drin es ächzt?
Bin ich der Menschheit Odem nicht, die rastlos nach Befreiung lechzt?
Drum werd ich sein, und wiederum voraus den Völkern werd ich gehn!
Auf eurem Nacken, eurem Haupt, auf euren Kronen werd ich stehn!
's ist der Geschichte eh'rnes Muß! Es ist kein Rühmen, ist kein Drohn –
Der Tag wird heiß – wie wehst du kühl, o Weidenlaub von Babylon!»

VIII. Vom Erwachen der Rechtlosen und vom Beginn des langen Marsches

Trotz der vollständigen Niederlage, die die revolutionäre Bewegung 1849 durch die Zaghaftigkeit der Kleinbürger und den Verrat der Liberalen an der gemeinsamen Sache erlitten hatte, war es in Deutschland mit der alten Schlafmützigkeit nun vorbei. Gewiß, die Konterrevolution hatte auf der ganzen Linie gesiegt, und in Preußen vermochten es nun die Junker, wie Karl Marx es formuliert hat, «den Staat in eine frühere Zeit zurückzuwerfen – nicht hinter 1848, nicht hinter 1815, sondern sogar hinter 1807 zurück».

Aber Fürsten und Adel hatten die Macht der Volksmassen zu spüren bekommen, und das Volk hatte die Schwäche seiner Unterdrücker und Ausbeuter erlebt; das Selbstbewußtsein der Herrschenden war erschüttert, das der kleinen Leute erheblich gestärkt worden. Wenn auch die Macht wieder fest in der Hand der Repräsentanten der alten Ordnung war, so wußten doch nun beide, die Herrschenden wie das Heer der ‹Untertanen›, daß dieser Zustand nicht so unabänderlich war, wie man früher angenommen hatte.

Hinzu kam die veränderte Lage des Besitzbürgertums, dem aufgrund der sich rasch ausbreitenden kapitalistischen Produktionsmethoden eine wirtschaftliche Überlegenheit gegenüber den adligen Gutsbesitzern erwachsen war. Ohne die neuen Fabrik- und Handelsherren, Besitzer von Bergwerken, Eisenbahnen, Dampfschiffen und modernen Maschinen, vor allem ohne die Bankiers und ihr Kapital, wäre der Staat zusammengebrochen. Deshalb mußten die alten Mächte dem Besitzbürgertum erhebliche Zugeständnisse machen, vor allem im Bereich der Wirtschafts- und Steuergesetzgebung. Dafür waren umgekehrt die bürgerlichen Kapitalisten bereit, den Ausbau des Heeres und die verstärkten Maßnahmen zur Gewährleistung der ‹Inneren Sicherheit› zu finanzieren, denn beides diente ja nun auch ihren eigenen Interessen.

Schon 1848/49, ehe man die Arbeiter, Handwerksgesellen und Kleinbauern wieder entwaffnet und ‹zur Räson› gebracht hatte, war den Besitzenden klargeworden, daß man die kleinen Leute zwar gebraucht hatte, um mit ihrer Hilfe eine Revolution und den Herrschenden angst zu machen; daß aber umgekehrt nur die alten Mächte und ihre bewährten Unterdrückungsinstrumente jene ‹Ruhe und Ordnung› garantieren konnten, ohne die sich auf die Dauer keine Profite machen ließen. Die würgende Angst vor einer wirklichen Demokratie, vor Volksherrschaft und ‹roter Republik›, trieb die Junker und die Kapitalisten einander in die

Arme. Und je weiter die industrielle Revolution voranging, desto dringender brauchten die gemäßigt liberalen Kapitalisten den reaktionären Unterdrückungsapparat, den sie nur da bekämpften, wo er ihnen selbst im Wege war, etwa wenn es um die Pressefreiheit zur Durchsetzung liberaler Finanz- und Wirtschaftspolitik ging.

Der Grund für das wachsende Bedürfnis der Besitzbürger nach ‹Ruhe und Ordnung› sowie deren Gewährleistung durch wachsame Polizei und stets einsatzbereites Militär war die zunehmende Ausbeutung der Unterschicht und die damit einhergehende Verelendung der Massen, die befürchten ließen, daß es – ähnlich wie 1844 beim Weberaufstand in Schlesien – zu Verzweiflungsakten kommen könnte. Und es standen einigen wenigen Reichen ja viele Millionen besitzlose und halbverhungerte Arbeitssklaven gegenüber!

In den Staaten des Deutschen Bundes lebten um die Mitte des vorigen Jahrhunderts knapp fünfzig Millionen Menschen. Nicht alle waren Deutsche, denn allein in den zum Bund gehörenden österreichischen Gebieten gab es mehr als sechs Millionen Tschechen, Slowaken, Slowenen und Angehörige anderer slawischer Völker sowie eine halbe Million Italiener. Das Königreich Preußen – mit Posen, West- und Ostpreußen, die außerhalb des Deutschen Bundes lagen – hatte über sechzehn Millionen Einwohner, darunter 3,5 Millionen Polen, Litauer, Kassuben, Sorben und andere Nichtdeutsche.

Noch immer lebten mehr als drei Viertel der Gesamtbevölkerung auf dem Lande, die allermeisten als Tagelöhner, Land- und Forstarbeiter oder landlose «Einlieger»; als landarme Häusler oder als «Instleute», denen vom Gutsherrn etwas Gartenland und ein Anteil am Getreidedrusch zugewiesen wurde; als Feld- und Hausgesinde, dem nach der – noch bis 1918 gültigen – preußischen Gesindeordnung auch *«geringere Tätlichkeiten, die sich das Gesinde durch sein ungebührliches Betragen von Seiten der Herrschaft zuzieht . . . keinen Anspruch auf Genugtuung»* gaben; als am Rande des Existenzminimums vegetierende Heimarbeiter oder als Beschäftigte der ländlichen Fabriken.

Zu diesem Landproletariat kam die um die Jahrhundertmitte erst etwa ein Fünftel der Gesamtbevölkerung ausmachende Unterschicht der kleinen, mittleren und großen Städte: die Arbeiter der Fabriken, Bergwerke, Hütten und Häfen; die Lehrlinge und Gesellen der kleinen Handwerksbetriebe; das Heer der Dienstboten und die Hilfsarbeiter der Post und der Eisenbahn.

Die Masse dieser besitzlosen Lohnabhängigen lebte äußerst primitiv, ernährte sich von Roggenbrot, Kartoffeln, Quark, Mehl- und Wassersuppen mit Gemüse, Hering und Speck. Die Lebenserwartung war gering, die Säuglingssterblichkeit enorm hoch. Etwa jeder dritte Erwachsene starb an der «Schwindsucht» genannten Tuberkulose. Die Wohnverhältnisse waren, besonders in den Arbeitervierteln der Großstädte, katastrophal; in Berlin kamen um 1865 auf ein Zimmer durchschnittlich sechseinhalb Personen, auf drei Zimmer ein Wasserabfluß und ein Klosett. Kurz, die meisten Deutschen hausten damals etwa so wie heute noch viele türkische ‹Gast›arbeiter, nur ging es ihnen damals in vielerlei Hinsicht sehr viel schlechter: Sie konnten sich weit weniger gut ernähren; es gab weder Arbeitslosenunterstützung noch Invalidenhilfe oder Krankenkassen; sie mußten noch länger und schwerer arbeiten, wobei die Reallöhne von 1850 bis 1864 ständig sanken und sich auch später nur sehr zögernd den rasch steigenden Preisen anpaßten, und vor allem waren sie ohne eine Hoffnung, es durch Fleiß und extreme Sparsamkeit zu einem besseren Leben zu bringen!

Daß das Millionenheer der Unterdrückten und Ausgebeuteten dennoch sein Schicksal lange Zeit seufzend ertrug, ohne aufzubegehren, hatte mancherlei Gründe: Da war zunächst ein uns heute kaum noch vorstellbarer Mangel an Bildung und Information. Ein erheblicher Prozentsatz der Gesamtbevölkerung – in Preußen waren es im Jahre der Reichsgründung 1871 noch 9,5 Prozent bei den erwachsenen Männern, 14,7 Prozent bei den Frauen! – konnte nicht einmal seinen Namen schreiben oder einfache Worte lesen. Aber auch denen, die die Volksschule absolviert hatten, war kaum mehr beigebracht worden als ein ‹Personen niederen Standes angemessener› Wortschatz, das kleine Einmaleins, der Katechismus, etwas Heimatkunde sowie die Regierungsdaten der ‹angestammten› Herrscher und ein paar Beweise für ihre Güte, ihren Ruhm und die Stärke ihres Heeres.

Schule und Kirche sorgten vor allem für Disziplin, Fleiß, Geduld und Demut – «Du sollst deinen Vorgesetzten gehorchen, denn ihre Gewalt kommt von Gott!» –, und den jungen Männern wurde überdies in dreijähriger Militärdienstzeit auf altbewährte Weise jeder Gedanke an Auflehnung ausgetrieben und der ‹Kadavergehorsam› als höchste Tugend eingedrillt.

Auch im Berufsleben herrschte überall strenge Zucht. Außerdem sorgten die langen Arbeitszeiten – 72 Wochenstunden waren die Regel, doch viele mußten noch länger schuften! – sowie die körperlichen Strapazen dafür, daß die Menschen am Feierabend viel zu erschöpft waren, als daß sie noch auf das gekommen wären, was ihre Ausbeuter ‹dumme Gedanken› zu nennen pflegten. Jede politische oder gewerkschaftliche Organisation der Arbeiter war untersagt; Lohnabsprachen oder gar Streiks galten als kriminelle Delikte und wurden streng bestraft. Zudem lebten ja die meisten Arbeiter noch auf dem Lande, wo sie leichter zu überwachen waren als in den Städten.

Unbildung, Überarbeitung, Isolierung und strenge Kontrolle, Armut und die – von den Arbeitgebern häufig noch geförderte – Betäubung mit billigem Schnaps, die das Elend für Stunden vergessen ließ, dazu die Erziehung von Kindheit an durch Schule, Kirche und Militär – das alles zusammen bildete eine hinreichende Garantie dafür, daß die breite Unterschicht alles geduldig ertrug und daß das kombinierte System frühkapitalistischer Ausbeutung und feudalabsolutistischer Unterdrückung reibungslos funktionierte.

Und doch gab es schon damals, wenn auch erst vereinzelt und meist unter der Oberfläche, erste Ansätze zu einer Entwicklung, die binnen weniger Jahrzehnte aus dem Millionenheer demütiger Sklaven eine mächtige, selbstbewußte, die Lage radikal verändernde Arbeiterbewegung entstehen ließ.

Die ersten Versuche, die sich ihrer entsetzlichen Lage kaum bewußten, ungebildeten und dumpf dahinvegetierenden Massen zu organisieren, zu informieren und sie zu einer grundlegenden Veränderung der gesellschaftlichen Lage zu bewegen, fanden zu Beginn der dreißiger Jahre des vorigen Jahrhunderts statt.

Bei den meisten bürgerlichen Liberalen bestand damals nicht die geringste Neigung, das arbeitende Volk zum Verbündeten zu gewinnen. Viele Intellektuelle warnten davor, «den schlafenden Riesen zu wecken», und kaum ein gebildeter Bürger war willens, die politischen und sozialen Rechte, die er für sich und seinesgleichen beanspruchte, auch den Arbeitern, Bauern, Dienstboten und anderem ‹niederen Volk› zuzubilligen.

Doch es gab Ausnahmen. Als Georg Büchner, der sich mit dem «Hessischen Landboten» dann selbst an die arbeitende Bevölkerung wandte, am 9. Dezember 1833 an seinen Freund August Stöber schrieb: *«Die politischen Verhältnisse können mich rasend machen. Das arme Volk schleppt geduldig den Karren, worauf die Fürsten und Liberalen ihre Affenkomödie spielen. Ich bete jeden Abend zum Hanf und zu den Laternen . . .»*, gab es bereits den «Deutschen Volksverein» in Paris, dem auch zahlreiche Handwerksgesellen angehörten. Bis zu seiner Auflösung durch die französischen Behörden im Frühjahr 1834 betrieben die Mitglieder dieses Vereins eine lebhafte politische Agitation, vor allem *«unter den Bauern und unteren Klassen am Rheine»*.

Nach dem Verbot bildeten die Kader des aufgelösten Volksvereins einen geheimen «Bund der Geächteten», dem etwa hundertfünfzig bis zweihundert Facharbeiter, vor allem Drucker und Mechaniker, aber auch sonstige Handwerker angehörten. Ihr Führer war der 1805 in Köln geborene Schriftsteller Jakob Venedey, der wegen seiner Schrift «Über Geschworenengerichte» 1832 aus Preußen hatte fliehen müssen. Nach dem «Hambacher Fest», an dem er teilgenommen hatte, war er verhaftet worden, doch es war ihm gelungen, aus dem Gefängnis von Frankenthal zu entfliehen. Seitdem lebte er in Paris. Die von ihm dort herausgegebene Zeitschrift «Der Geächtete», die von dem Geheimbund zur Agitation in Deutschland benutzt wurde, entwickelte jedoch kein klares Programm, sondern sprach nur vage von einer Zukunft *«der Freiheit, der Gleichheit und der Bruderliebe»*, die in Aussicht stehe, wenn die angesprochenen Arbeiter und Bauern in Deutschland ihre Kraft mit den *«geringen Kräf-*

ten» des Bundes vereinigen würden.

Die in Frankreich lebenden deutschen Handwerksgesellen, die unter den Einfluß der dortigen utopisch-sozialistischen Strömungen gerieten, lehnten sich dann sehr bald auf gegen Venedeys autokratische Führung, die keine Diskussion zuließ. Sie gründeten einen neuen, proletarischen Geheimbund ohne kleinbürgerliche Führung, den sie «Bund der Gerechten» nannten.

Dieser Bund, der sich in «Gemeinden» mit fünf bis zehn Mitgliedern, «Gaue» mit je fünf bis zehn «Gemeinden» und einen zentralen Lenkungsausschuß, die «Volkshalle», in die jeder Gau ein Mitglied entsandte, schon so gliederte, wie es später die Parteien taten, machte den Behörden der deutschen Staaten dann erheblich zu schaffen. Doch zu mehr als zu gegenseitiger Unterstützung und ungezielter Propaganda war auch der «Bund der Gerechten» zunächst nicht fähig.

Das änderte sich erst um 1839/40, als die wichtigsten, in Paris lebenden Mitglieder des Bundes aus Frankreich ausgewiesen wurden und sich in London wieder zusammenfanden. Dort gründeten drei führende Männer der Geheimorganisation, der Uhrmacher Josef Moll, der frühere Student und spätere Schriftsetzer Karl Schapper und der Schuhmacher Heinrich Bauer, den «Deutschen Arbeiterbildungsverein», der noch jahrzehntelang für die deutsche Arbeiterbewegung eine wichtige Rolle spielen sollte.

Innerhalb dieses öffentlichen Vereins sowie in den zahlreichen damals schon bestehenden Gesang- und Turnvereinen der Arbeiterschaft übernahmen die «Gerechten» allmählich die Führung und warben neue Mitglieder für ihren Geheimbund. Und als bald auch Arbeiterbildungsvereine in der Schweiz, in Frankreich, in den Niederlanden und sogar in Deutschland entstanden, breitete sich unter diesem Deckmantel der geheime «Bund der Gerechten» über Westeuropa aus und gewann viele neue Anhänger. Denn inzwischen hatte diese Organisation auch ihre eigene theoretische Grundlage erhalten. Sie stammte von dem 1808 in Magdeburg geborenen Schneidergesellen Wilhelm Weitling, der im Herbst 1835 nach Paris gekommen und dort zunächst dem «Bund der Geächteten» beigetreten war und sich von 1837 an zu einem der aktivsten Mitglieder des «Bundes der Gerechten» entwickelt hatte.

Obwohl er an den Wochentagen bis zu vierzehn Stunden und sonntags bis zum Mittag arbeiten mußte, benutzte er seine spärliche Freizeit zu einem intensiven Studium. Er lernte Sprachen, vertiefte sich in die Klassiker, las vor allem die Schriften der französischen Utopisten und Sozialrevolutionäre und diskutierte darüber mit seinen Arbeitskollegen. Als in der Pariser «Gemeinde» des «Bundes der Gerechten» im Winter 1837/38 der Plan entstand, mit einem eigenen Programm die Propaganda unter den deutschen Handwerksgesellen zu verstärken, wurde Weitling mit der Ausarbeitung beauftragt.

Er schrieb daran während der Nacht, diskutierte tagsüber in der Schneiderwerkstatt das Geschriebene mit seinen Kollegen und stellte schließlich eine Schrift fertig, die den Titel trug: «Die Menschheit, wie sie ist und wie sie sein sollte.» Den heimlichen Druck und die Verteilung dieser Schrift bewerkstelligten die «Gerechten» selbst. Sie opferten ihre kleinen Ersparnisse oder gaben ihre Uhr ins Pfandhaus, um das für den Kauf des Papiers nötige Geld zusammenzubringen. Für die beigesteuerten Taler übernahmen sie eine Anzahl von Exemplaren der Weitlingschen Schrift, die Ende 1838 erschien und bei den deutschen Handwerksgesellen großen Anklang, bald auch starke Verbreitung im ganzen deutschen Sprachgebiet fand, vor allem in der Schweiz.

Noch größere Wirkung hatte Weitling vier Jahre später mit seinem in der Schweiz verfaßten Hauptwerk, «Garantien der Harmonie und Freiheit», worin er die menschlichen Begierden als die eigentliche Triebkraft der gesellschaftlichen Entwicklung beschrieb und dazu ausführte: *«Jedes Gesetz entsteht aus den Bedürfnissen der Zeit, und wie diese sich beständig verändert, so müssen sich auch die Gesetze verändern.»*

Die Reichen, so schrieb Weitling an anderer Stelle, *«drücken alle Lasten tief nach unten, und je stärker die Reichsten und Mächtigsten drücken, und je mehr die gedrückten Armen zusammensinken, desto mehr Individuen des Mittelstandes werden unter die Armenpresse geschoben, um die Fehlenden zu ersetzen.»* Dieses 1842 erschienene Werk, das den allmählich ins Industrieproletariat absinkenden kleinen Handwerkern ihre Lage bewußt machte, erregte großes Aufsehen. Sein Verfasser, der Schneidergeselle Weitling, wurde damit zum anerkannten geistigen Führer der deutschen Arbeiterorganisationen in Westeuropa.

In der Schweiz jedoch wurde Wilhelm Weitling 1843 verhaftet; man beschlagnahmte seine Papiere, er selbst wurde zu einer Gefängnisstrafe verurteilt und anschließend ausgewiesen. Er ging dann nach London, 1849 nach New York, wo er 1871 in großer Armut starb. Doch seine Verfolgung durch die schweizerischen Behörden trug, wie Friedrich Engels schon festgestellt hat, *«zur Ausrottung des Kommunismus nichts bei, nützte ihm vielmehr durch das große Interesse, das sie in allen Gegenden deutscher Sprache erregte. Der Kommunismus, in Deutschland fast unbekannt, wurde nun ein Gegenstand allgemeiner Aufmerksamkeit.»* Hinzu kam ein Umstand, der einer gewissen Komik nicht entbehrt und wesentlich dazu beitrug, Weitlings Ideen – sogar gedruckt, doch in einer von der Zensur und der Polizei nicht mehr zu beanstandenden Weise – im deutschen Sprachgebiet zu verbreiten:

Die Untersuchungskommission unter Vorsitz des später sehr berühmten Staatsrechtslehrers Johann Kaspar Bluntschli, die gegen Weitling und die anderen Kommunisten die Ermittlungen durchgeführt hatte, war nämlich bei der Abfassung ihres Berichts mit sehr großer Sorgfalt vorgegangen und hatte alles Wesentliche aus den beschlagnahmten Manuskripten und sonstigen Unterlagen Weitlings wörtlich in ihr Protokoll aufgenommen. Und 1843 erschien dann – bei Orell, Füßli und Companie, Zürich – ein kleines Buch, betitelt «Die Kommunisten in der Schweiz nach den bei Weitling vorgefundenen Papieren, wörtlicher Abdruck des Kommissionalberichtes an die H(ohe) Regierung des Standes Zürich». Dieses Buch fand beträchtlichen Absatz, so daß es bald schon neu aufgelegt werden mußte, und die Käufer waren vor allem Handwerksgesellen. Wie aus Spitzelberichten hervorgeht, entdeckte man noch 1851/52 hie und da bei Verdächtigen Exemplare des «Kommissionalberichts», *«was»* – so wörtlich im Rapport der ‹Polizeilumpen Wermuth und Stieber› – *«ohne Zweifel darin seinen Grund hatte, daß die Kommunisten in dieser Druckschrift die Weitlingschen Prinzipien . . . zusammengestellt fanden, man ihnen aber, wenn diese amtliche Druckschrift bei ihnen gefunden wurde, nicht eins Vorwürfe machen oder Schlüsse auf Teilnahme daraus ziehen konnte . . .»*

Doch nicht nur Handwerksburschen, auch junge Wissenschaftler beschäftigten sich mit den Ideen des Schneidergesellen Weitling:

«Wo hätte die Bourgeoisie – ihre Philosophen und Schriftgelehrten eingerechnet – ein ähnliches Werk wie Weitlings ‹Garantien der Harmonie und Freiheit› in bezug auf die Emanzipation der Bourgeoisie – die politische Emanzipation – aufzuweisen? Vergleicht man die nüchterne, kleinlaute Mittelmäßigkeit der deutschen politischen Literatur mit diesem maßlosen und brillanten Debüt der deutschen Arbeiter; vergleicht man diese riesenhaften Kinderschuhe des Proletariats mit der Zwerghaftigkeit der ausgetretenen politischen Schuhe der Bourgeoisie, so muß man dem deutschen Aschenbrödel eine Athletengestalt prophezeien!»

Der Rezensent, der dieses überschwengliche Lob aussprach, war Karl Marx. Der junge Dr. Marx, am 5. Mai 1818 in Trier als Sohn eines wohlhabenden jüdischen, zum Christentum übergetretenen Rechtsanwalts und Notars geboren, hatte drei Jahre zuvor, am 15. April 1841, in Berlin sein Studium beendet und mit einer Arbeit über «Die Differenz der demokratischen und epikureischen Naturphilosophie» promoviert; es war seine erste kritische Auseinandersetzung mit dem philosophischen Idealismus Hegels. Mit Begeisterung nahm Marx dann das 1841 erschienene Werk «Das Wesen des Christentums» seines vierzehn Jahre älteren Fachkollegen Ludwig Andreas Feuerbach auf. Aber er verwarf dann nicht, wie Feuerbach es tat, mit dem Hegelschen Idealismus auch dessen Dialektik; er ging vielmehr daran, diese Dialektik auf eine materialistische Grundlage zu stellen.

Dr. Marx hätte gern die Hochschullaufbahn eingeschlagen, doch eine Bewerbung war unter den herrschenden reaktionären Verhältnissen aussichtslos. Auch Feuerbach, der sich 1828 in Erlangen habilitiert hatte, war mit allen Gesuchen um eine Professur, zuletzt 1836, abgewiesen worden;

Bruno Bauer, seit 1839 Privatdozent in Bonn, der Marx empfohlen hatte, es auch in Bonn zu versuchen, erhielt 1842 Lehrverbot.

So setzte Dr. Marx sein Studium als Privatgelehrter fort und nahm eine Anstellung als Redakteur bei der von den liberalen Großbürgern Kölns gegründeten «Rheinischen Zeitung» an. Das Blatt wurde, wie wir wissen, schon bald verboten; Dr. Marx siedelte nach Paris über und gab dort mit Arnold Ruge zusammen die «Deutsch-französischen Jahrbücher» heraus. Seine darin erschienenen Arbeiten kennzeichneten bereits seinen Weg vom bürgerlich-demokratischen zum proletarisch-sozialistischen Revolutionär. Er selbst führte dazu aus: «*Meine Untersuchung mündete in dem Ergebnis, daß Rechtsverhältnisse wie Staatsformen weder aus sich selbst zu begreifen sind noch aus der sogenannten allgemeinen Entwicklung des menschlichen Geistes, sondern vielmehr in den materiellen Lebensverhältnissen wurzeln, deren Gesamtheit Hegel, nach dem Vorgang der Engländer und Franzosen des 18. Jahrhunderts, unter dem Namen ‹bürgerliche Gesellschaft› zusammenfaßt, daß aber die Anatomie der bürgerlichen Gesellschaft in der politischen Ökonomie zu suchen sei.*»

Anfang 1845 wurde Dr. Marx, der seit dem Sommer 1843 mit Jenny von Westphalen, der Tochter eines aufgeklärten väterlichen Freundes von Marx, verheiratet war, aus Paris ausgewiesen. Er begab sich nun nach Brüssel, wo er und Friedrich Engels, sein Mitarbeiter bei der «Rheinischen Zeitung» und seit 1844 sein engster Freund, damit begannen, von der revolutionären Theorie zur revolutionären Praxis überzugehen.

Friedrich Engels, 1820 in Barmen als Sohn eines wohlhabenden, streng protestantischen und konservativen Fabrikanten geboren, hatte nach dem Besuch des Gymnasiums eine kaufmännische Lehre absolviert und daneben, zumal während seines Militärdienstes in Berlin, wo er als Gasthörer die Universität besuchte, Geschichte, Philosophie, Kunst, Literatur und Sprachen studiert. Von Berlin aus sandte Engels der «Rheinischen Zeitung» einige Beiträge; im Herbst 1842 lernte er bei einem Besuch der Redaktion Karl Marx kennen, dann ging er als Direktionsassistent einer Fabrik, an der sein Vater beteiligt war, nach England. Im August 1844, auf der Rückreise von England nach Deutschland, stattete Engels dem Dr. Marx in Paris einen Besuch ab. Damals stellten die beiden eine volle Übereinstimmung ihrer Ansichten fest und schlossen eine Freundschaft, die alle Bewährungsproben überstand und außerordentlich fruchtbar werden sollte.

Man muß sich das einmal vorstellen: Da trafen sich zur Zeit der Heiligen Allianz und der finstersten Reaktion, zur Zeit der Hungerrevolten der schlesischen Weber und während, sozusagen nebenan, Alexandre Dumas der Ältere seinen «Grafen von Monte Christo» schrieb, zwei deutsche Bürgersöhne im Paris des sich schon sehr reaktionär gebärdenden ‹Bürgerkönigs› Louis-Philippe: ein verhinderter Philosophie-Dozent aus Trier und ein wohlhabender Fabrikantensohn aus dem Wuppertal, beide von Hegel und Feuerbach beeinflußt, aber schon weit auf dem gemeinsamen Weg zum dialektischen Materialismus. Und während Frau Jenny Marx, Tochter eines hohen preußischen Beamten und Schwester des sechs Jahre später zum Polizeiminister ernannten, erzreaktionären Ferdinand von Westphalen, den Herren den Tee einschenkte, entstanden die Grundlagen einer neuen Gesellschaft, einer Weltanschauung, die wenig mehr als ein Jahrhundert später schon fast die Hälfte aller Länder dieser Erde erfaßt, ja oft von Grund auf umgestaltet haben sollte!

Marx und Engels waren unabhängig voneinander zu ganz ähnlichen Erkenntnissen über die Rolle des Proletariats gekommen. Sie hatten die Überzeugung gewonnen, daß die verelendeten, vom Frühkapitalismus schamlos ausgebeuteten Arbeiter, die eigentlichen Produzenten des gesamten materiellen Wohlstands, trotz ihrer scheinbaren Ohnmacht die entscheidende Kraft jeder gesellschaftlichen und politischen Umwälzung seien.

Die beiden ersten größeren Schriften von Marx und Engels, die gemeinsam verfaßte Arbeit «Die heilige Familie oder die Kritik der kritischen Kritik», die Ende Februar in Frankfurt am Main erschien, und Engels' im Juni folgendes Erstlingswerk «Die Lage der arbeitenden Klasse in England», das auf eigenen Beobachtungen basierte, aber auch vom Gedankenaustausch mit Marx stark beeinflußt war, eröffneten den Kampf der beiden jungen Männer gegen alle bisherigen utopisch-sozialistischen und sozialphilosophischen Theorien.

Weitere Aufsätze folgten, die später unter dem Titel «Die deutsche Ideologie» zusammengefaßt wurden. Die Thesen von Marx über Feuerbach, mit denen diese Schriftenreihe beginnt, bezeichnete Engels 1888 als *«das erste Dokument, worin der geniale Kern der neuen Weltanschauung niedergelegt ist»*. Darin stehen die berühmten Worte: *«Die Philosophen haben die Welt nur verschieden interpretiert; es kommt aber darauf an, sie zu verändern.»*

Um die enge Verbindung zwischen der neuen Theorie und der revolutionären Praxis herzustellen, gründeten Marx und Engels Anfang 1846 auch ein «Kommunistisches Korrespondenzkomitee» mit Sitz in Brüssel, und dort fand auch bald darauf die erste große Aussprache zwischen Weitling, Marx und Engels statt, in der Marx darauf drang, der Arbeiterschaft wissenschaftliche Kenntnisse über den Gang der gesellschaftlichen Entwicklung zu vermitteln. Bis zum Herbst 1846 hatten sich Marx und Engels im «Bund der Gerechten» durchgesetzt. Engels sprach von einer *«stillen Umwälzung, die sich im Bund und namentlich unter den Londoner Leitern vollzog»*, und er erklärte dies mit der *«Unzulänglichkeit der bisherigen Auffassung des Kommunismus, sowohl des französischen einfachen Gleichheitskommunismus wie des Weitlingschen»*.

Im Januar 1847 kam der Uhrmacher Josef Moll von der Londoner

«Zentralbehörde» des «Bundes der Gerechten» nach Brüssel, wo er mit Marx eine lange Aussprache hatte. Er reiste dann weiter nach Paris, wohin Friedrich Engels im August 1846 für das «Korrespondenzkomitee» gegangen war. Moll verhandelte auch mit Engels, und das Ergebnis war, daß sich der «Bund der Gerechten» im Laufe des Sommers 1847 in einen «Bund der Kommunisten» verwandelte, dem nun Karl Marx und Friedrich Engels sowie einige ihrer späteren Kampfgefährten bei der «Neuen Rheinischen Zeitung» beitraten, darunter Wilhelm Wolff und Georg Weerth.

Friedrich Wilhelm Wolff, 1809 in Tarnau im schlesischen Kreis Schweidnitz als Sohn eines mit Frondiensten belasteten Kleinbauern geboren, hatte unter großen Entbehrungen das Gymnasium besuchen und an der Breslauer Universität klassische Philologie studieren können. Als radikal-demokratischer Burschenschafter 1834 verhaftet, erhielt er ein Jahr später eine lange Festungsstrafe, die er bis 1838 verbüßen mußte. Er betätigte sich dann – unter dem Pseudonym «Lupus» (lateinisch: Wolf) – als politischer Publizist, setzte sich nachdrücklich für das ausgebeutete Land- und Heimarbeiter-Proletariat ein und übte scharfe Kritik an den feudalabsolutistischen Verhältnissen. Im Frühjahr 1846 mußte er, um einer neuerlichen Verhaftung zu entgehen, ins Ausland fliehen, er ging nach Brüssel, wo er mit Marx, bald darauf auch mit Engels, enge Freundschaft schloß. Durch seine rege publizistische Tätigkeit in der «Deutschen Brüsseler Zeitung» und in anderen Blättern trug er wesentlich zur Verbreitung der Ideen seiner Freunde bei. Später, im Mai und Juni 1849, bis zur Auflösung des Rumpfparlaments, gehörte er als einziges Mitglied des «Bundes der Kommunisten» der Nationalversammlung an, floh dann über die Schweiz nach England und blieb bis zu seinem Tode der engste Vertraute von Marx und Engels. Er starb 1864 in Manchester, wo er zuletzt als Hauslehrer sein Brot verdient hatte.

Georg Ludwig Weerth, der andere Neuling im «Bund der Kommunisten», war 1822 als Sohn eines evangelischen Generalsuperintendenten in Detmold geboren, hatte bis zu seinem fünfzehnten Lebensjahr die höhere Schule besuchen dürfen, dann eine kaufmännische Lehre in Elberfeld durchgemacht. Dort lernte er Ferdinand Freiligrath kennen, wurde auch in ein von diesem damals noch unpolitischen Dichter angeregtes Literatenkränzchen aufgenommen, und mit dem Redakteur der liberalen Barmer Zeitung Hermann Püttmann, einem heimlichen Jakobiner, als Mentor begann er, selbst Gedichte und Essays zu schreiben; einiges davon erschien von 1842 an in der «Kölnischen Zeitung».

Der junge Weerth, der zunächst als Buchhalter im gräflich Meinertshagenschen Kontor in Köln, später als kaufmännischer Korrespondent in Bonn arbeitete, war damals noch im Bann der romantischen Schule, aber es klang in seinen Arbeiten auch schon etwas vom kecken Ton seines großen Vorbilds Heine an. Die entscheidenden Eindrücke empfing er bald darauf in England, wo er 1843–1846 als Kontorist einer Textilfirma in Bradford arbeitete. Dort lernte er Friedrich Engels kennen, dessen enger Freund er wurde. Gemeinsam lernten die beiden die Verhältnisse in den Bradforder Elendsquartieren kennen, und während Engels nun «Die Lage der arbeitenden Klasse in England» beschrieb, veröffentlichte Weerth einige Prosaskizzen und Gedichte, aus denen alle Unsicherheit in sozialen Fragen verschwunden war. Er hatte seinen Standpunkt gefunden, und dementsprechend war auch seine Satire schärfer geworden. Ende 1844 schrieb er eine Antwort auf ein Preisausschreiben Leipziger Kaufleute, die damit *«vorzugsweise Hilfsbedürftige»* finden und herausbekommen wollten, welches die geeignetsten Mittel seien, der Not abzuhelfen: *«Also, ihr . . . habt noch nötig, einem Literaten 100 Stück Dukaten zu bieten, um etwas über die Not der arbeitenden Klassen zu erfahren? Habt ihr denn nie die ‹Rheinische Zeitung› gelesen, wenn sie ihre Korrespondenzen aus der Eifel, von der Lahn oder der Mosel brachte? Habt ihr nie von den Armen Berlins gehört? Nichts über die Bauern in Westfalen, im Ravensbergischen, in der Senne? Sind euch die Vorfälle in Schlesien unbekannt? – Es scheint, daß ihr lange Zeit in festem Schlafe gelegen habt!»*

Um die Jahreswende 1844/45 erschienen auch Weerths «Lieder aus Lancashire», die deutlich machten, daß *er* die Zeit nicht verschlafen hatte und daß er zu einem kämpferischen Dichter des Volkes geworden war.

Er übernahm dann von 1846 an die Vertretung eines großen Textilhauses für Frankreich, Belgien und Holland und ließ sich in Brüssel nieder, wo er auch mit Marx, den er schon im Jahr zuvor besucht hatte, enge Freundschaft schloß. Bald darauf wurde er Mitglied des «Bundes der Kommunisten».

1848, nach Ausbruch der Revolution in Deutschland, übernahm Weerth die Leitung des Feuilletons der «Neuen Rheinischen Zeitung». *«Ich bezweifle»*, schrieb Friedrich Engels später, *«ob je eine andere Zeitung ein so lustiges und schneidiges Feuilleton hatte . . .»*, und tatsächlich gehören Weerths damals dort zuerst veröffentlichte Satiren auf die Feudalherren, die sich demokratisch gebärdenden Großbürger und die ängstlichen Spießer – auch wenn kaum eine deutsche Literaturgeschichte ihren Verfasser einer Erwähnung für wert befunden hat und auch die großen Lexika seinen Namen verschweigen – zur besten deutschen Prosa jener Zeit.

Das gilt vor allem für die köstliche Beschreibung von «Leben und Taten des berühmten Ritters Schnapphahnsky», bei der es sich um die keineswegs erfundene Geschichte des – bei den Frankfurter Unruhen von Aufständischen als Spion erschlagenen – Paulskirchen-Abgeordneten der gemäßigten Rechten Felix Maria Fürst von Lichnowsky aus Ratibor handelte. Der Vorabdruck dieses 1849 bei Hoffmann & Campe in Hambug als Buch erschienenen Romans in der «Neuen Rheinischen Zeitung» löste Proteststürme von konservativer und liberaler Seite aus. Weerth wurde wegen Verunglimpfung des Andenkens eines Verstorbenen zu drei Monaten Gefängnis verurteilt; auch ein Gutachten seines Freundes und Anwalts Dr. Ferdinand Lassalle, dem wir in anderem Zusammenhang noch begegnen werden, nützte ihm nichts. Obwohl Weerth bereits wieder in Brüssel lebte und von dort aus für eine Textilfirma Westeuropa bereiste, stellte er sich dann freiwillig den preußischen Behörden und saß seine Strafe im Kölner Klingelpütz ab.

Nach 1849 schrieb Georg Weerth nur noch sehr wenig. *«Wenn die Weltgeschichte den Leuten die Hälse bricht, da ist die Feder überflüssig»*, erklärte er sein Schweigen. Er reiste nun wieder viel geschäftlich umher, auch nach Südamerika und Westindien, besuchte gelegentlich seine Freunde Marx und Engels, 1851 auch den kranken Heinrich Heine in Paris. Im Sommer 1856 starb er, erst vierunddreißig Jahre alt, während eines Geschäftsaufenthalts in Havanna auf Kuba am Gelbfieber.

Im Herbst 1852 war der «Bund der Kommunisten» – wie schon zuvor vom Frühjahr 1848 an bis zum Herbst 1849 – auf Antrag von Karl Marx durch die Londoner Zentralbehörde aufgelöst worden. Marx hatte – in einem Brief an Engels vom 19. November 1852 – *«die Fortdauer des Bundes auch auf dem Kontinent für nicht mehr zeitgemäß»* erklärt.

Der unmittelbare Anlaß zu diesem Beschluß war der Kölner Kommunistenprozeß, und dieser hatte eine bemerkenswerte, weil die noch übliche Arbeitsweise der Staatsschutzorgane und die Skrupellosigkeit ihrer hohen Auftraggeber enthüllende Vorgeschichte: Von seiner Gründung im Juni 1847 an war der «Bund der Kommunisten» von den deutschen, zumal den preußischen Staatsschützern ‹observiert› worden, jedoch bis Ende 1850 ohne Erfolg; es ließ sich diesen roten Bösewichtern nicht der geringste Verstoß gegen die Gesetze nachweisen.

Doch dann hatte König Friedrich Wilhelm IV. von Preußen einen, wie er fand, genialen Einfall, den er allerdings selbst *«nicht unter die lauteren klassifizieren»* wollte. Er regte nämlich in einem Schreiben an seinen Ministerpräsidenten Otto Freiherrn v. Manteuffel an, die Polizei möge doch dem «Bund der Kommunisten» einen von ihr selbst gefertigten Umsturzversuch in die Schuhe schieben *«und dem preußischen Publikum das lange und gerecht ersehnte Schauspiel eines aufgedeckten und (vor allem) bestraften Komplotts . . . geben»*.

Der König war sich der Tragweite dieser einem Befehl gleichkommenden Anregung bewußt, denn er schrieb weiter an seinen Premier: *«Der Gedanke ist folgenreich, und ich lege großen Wert auf seine sofortige Realisierung . . . Es ist keine Minute zu verlieren . . .»* Vorsichtig fügte er hinzu: *«Verbrennen Sie dieses Blatt!»*

Diesem Wunsch des Königs entsprach sein Ministerpräsident allerdings nicht, und so ist uns der Beweis dafür erhalten geblieben, daß die üblen Fälschungen, mit denen die preußische Polizei dann die Staatsanwaltschaft versorgte, von Friedrich Wilhelm IV. allerhöchstselbst bestellt worden waren.

Hingegen ernannte v. Manteuffel nun sofort den bewährten Polizeispitzel Dr. Wilhelm Stieber – nach Meinung des Königs «eine kostbare Persönlichkeit» – zum Leiter der politischen Polizei in Preußen; die geschickte Fabrikation eines kommunistischen Komplotts sollte – so der König – Stiebers «Probestück» werden.

«Der neue Polizeichef ging mit Eifer an die Arbeit», heißt es hierzu in einem Aufsatz von Karl-Ludwig Günsche. «Dennoch konnte die preußische Polizei dem gut getarnt arbeitenden Bund nichts Gesetzwidriges nachweisen. Noch Anfang Mai 1851 berichtete der Dichter Ferdinand Freiligrath, der zum Bund gehörte, an Marx: ‹Die Kölner sind sehr tätig.› Er kündigte auch an, daß der Bund im Frühsommer 1851 in Köln einen Kongreß abhalten wollte. Dazu kam es jedoch nicht mehr.»

Am 10. Mai 1851 hatte sich ein Kurier der Kölner «Zentralbehörde», der Schneider Peter Nothjung, in Leipzig während der dortigen Frühjahrsmesse bei einer Routinekontrolle im Hauptbahnhof der sächsischen Polizei verdächtig gemacht. Er war festgenommen worden, und man hatte in seinem Gepäck, neben dem «Kommunistischen Manifest» und den Statuten des Bundes, die Adressen führender Mitglieder sowie allerlei Briefe und Protokolle gefunden. Die Leipziger Behörden verständigten die preußische Polizei von ihrem Fang, und nun hatte Polizeidirektor Stieber endlich etwas in der Hand, das ihn in die Lage versetzte, den «Bund der Kommunisten» zu zerschlagen.

In einer sorgsam vorbereiteten Aktion wurden neun Führer des Bundes verhaftet; auch gegen Freiligrath erging Haftbefehl, doch er hatte Preußen bereits verlassen und entging so der Festnahme.

Indessen hatte der eifrige Stieber den juristischen Wert des ‹Materials›, das er im Herbst desselben Jahres durch die Kölner Staatsanwaltschaft dem Anklagesenat des Oberlandesgerichts vorlegen ließ, gewaltig überschätzt. Die Richter entschieden, daß «kein Grund für die Aufrechterhaltung der Anklage vorliegt». Doch auf einen Wink von oben hin verfügten sie nicht die Freilassung der Untersuchungshäftlinge, sondern ordneten an: «Sämtliche Protokolle und Urkunden (sind) an den Untersuchungsrichter zur nochmaligen Untersuchung zurückzugeben.»

Die Anklageschrift wurde nun mit Unterstützung der Geheimpolizei so umformuliert, daß am 12. Mai 1852 schließlich doch Anklage gegen zehn Beschuldigte erhoben werden konnte, «zu Köln ein Komplott gestiftet zu haben, dessen Zweck war, die Staatsverfassung umzustürzen und die Bürger und Einwohner gegen die königliche Gewalt und gegeneinander zur Erregung eines Bürgerkrieges zu bewaffnen».

«Der Prozeß, der erst im Oktober begann, wurde zu einem Skandal», hat Karl-Ludwig Günsche hierüber berichtet. «Die Verteidigung wurde behindert, wo es nur ging; die Staatsanwaltschaft stützte sich weitgehend auf gefälschte Unterlagen. Bei einigen Dokumenten mußte sie sogar selbst zugeben, daß es sich um Fälschungen handelte. Die Zeugen waren parteiisch. Einer Geschworenenbank, ‹wie sie in den Annalen der Rheinprovinz unerhört war – sechs Adlige, Reaktionäre vom reinsten Wasser, vier Angehörige der Geldaristokratie und zwei Staatsbeamte› (Marx) –, wurde von höchster Stelle eingeredet, die Angeklagten seien die Häupter einer furchtbaren kommunistischen Verschwörung, die angezettelt worden sei, um den Umsturz der heiligsten Güter herbeizuführen . . . Gleichzeitig ließ die preußische Regierung erkennen, daß sie einen Freispruch der Angeklagten als Signal für die Abschaffung der Schwurgerichte verstehen könnte.»

Um die Parallelen zu gewissen heutigen Monsterprozessen vollständig zu machen: Es gab sowohl ein Zusammenspiel der Justiz mit der reaktionären Presse wie eine prozessuale Verwertung eindeutig gefälschter Lockspitzelberichte. So konnte am 12. November 1852, nachdem die Angeklagten schon anderthalb Jahre lang in strenger Isolierhaft gesessen hatten, ein die Regierung einigermaßen befriedigendes Urteil gesprochen werden: Vier führende Mitglieder des «Bundes der Kommunisten», darunter die Ärzte Dr. Roland Daniels und Dr. Abraham Jacobi, wurden freigesprochen; die sieben übrigen erhielten Freiheitsstrafen zwischen drei und sechs Jahren.

(Einer der Verurteilten war übrigens der Jurist und Zeitungsherausgeber Dr. Hermann Heinrich Becker, auch er Mitglied der «Zentralbehörde» des «Bundes der Kommunisten» und mehrfach einschlägig vorbestraft. Der «rote Becker», wie er genannt wurde, ging nach Verbüßung seiner fünfjährigen Freiheitsstrafe zur linksliberalen Fortschrittspartei über, wurde deren Abgeordneter im ersten Reichstag und Bürgermeister von Dortmund. Von 1875 bis zu seinem Tode am 12. Dezember 1885 war der – inzwischen nationalliberale – «rote Becker» Oberbürgermeister von Köln und – wie von 1917 an sein Nachfolger Dr. Konrad Adenauer – Mitglied des preußischen Herrenhauses.)

Mit der Zerschlagung der Organisation, der Einkerkerung oder Emigration fast aller führenden Mitglieder und dem Beschluß seiner Gründer, den «Bund der Kommunisten» aufzulösen, schien der Versuch, eine revolutionäre Arbeiterpartei aufzubauen, endgültig gescheitert zu sein.

Überall in Deutschland und besonders in Preußen hatte die Reaktion die Dinge wieder fest im Griff. Jeder, der auch nur entfernt etwas mit den Kommunisten zu tun gehabt hatte, saß jetzt, wenn er nicht ins Ausland geflüchtet war, im Gefängnis oder stand unter Polizeiaufsicht. Alle auch noch so harmlosen Vereine der Arbeiterschaft, selbst die zur gegenseitigen Unterstützung in Krankheitsfällen, waren aufgelöst und verboten worden. Und vom «Bund der Kommunisten» schien nichts mehr übrig zu sein als die Erinnerung an die unerschrockene «Neue Rheinische Zeitung», an die aufsehenerregenden Artikel von Marx und Engels, an Freiligraths aufrüttelnde Gedichte und an Georg Weerths glänzendes Feuilleton, vielleicht auch noch an den einen oder anderen der Männer, die beim badisch-pfälzischen Aufstand mitgekämpft hatten und – wie der Uhrmacher Josef Moll von der alten «Zentralbehörde» – in den Reihen der «Besançoner Arbeiterkompanie» im Gefecht an der Murg oder in den Gräben von Rastatt gefallen waren.

Niemand – ausgenommen die Verfasser und einige ihrer engsten Freunde – konnten damals annehmen, daß einige der Schriften, die der «Bund der Kommunisten» kurz vor dem Ausbruch der Revolution des Jahres 1848 unter großen Opfern in London hatte drucken lassen und die dann in Deutschland durch waghalsige Emissäre verteilt worden waren, noch eine zwar stark verzögerte, dann aber außerordentlich große Wirkung erzielen würden. Es waren dies vor allem das im Februar 1848 in der Londoner «Office der Bildungs-Gesellschaft für Arbeiter» erschienene «Manifest der Kommunistischen Partei», das Marx und Engels im Auftrag der Bundeskongresse von 1847 verfaßt hatten, und die im März 1848 veröffentlichten «Forderungen der Kommunistischen Partei in Deutschland», beide mit dem Motto: *«Proletarier aller Länder, vereinigt Euch!»*

Doch zu Beginn der fünfziger Jahre sah es nicht so aus, als ob die Forderungen des «Bundes der Kommunisten» – Einigung ganz Deutschlands; republikanische Staatsform; gleiches Wahlrecht für alle Deutschen über 21 Jahre; Besoldung der Volksvertreter; Schaffung eines Volksheeres; unentgeltliche Rechtspflege; Wegfall aller Feudallasten; Überführung der Bergwerke, Bodenschätze und fürstlichen Güter in Staatseigentum und ihre Bewirtschaftung zum allgemeinen Wohl mit modernsten Mitteln; Übernahme aller Hypotheken und Pachten durch den Staat; Einrichtung einer staatlichen Notenbank; Verstaatlichung der Post, der Eisenbahnen und der Schiffahrt sowie der Straßen, Wege und Kanäle; einheitliche Beamtenbesoldung mit Familienzulage und Kindergeld; Trennung von Kirche und Staat; Beschränkung des Erbrechts; Einführung der progressiven Einkommensteuer und Abschaffung der unsozialen Verbrauchssteuern; Garantie des Rechts auf Arbeit; Versorgung der Arbeitsunfähigen und Einrichtung staatlicher Industrien; allgemeine, unentgeltliche Volkserziehung – jemals Wirklichkeit werden könnten.

Zwar machten in den fünfziger und frühen sechziger Jahren die Industrialisierung und der Ausbau des Eisenbahnnetzes enorme Fortschritte, aber der reaktionäre Kurs der deutschen Staaten hielt an, und die liberale Opposition des Bürgertums war auf die Durchsetzung von Interessen gerichtet, die in nur sehr geringem Maße mit den sozialen und wirtschaftlichen Forderungen der führungslosen und gänzlich unorganisierten Arbeiterschaft übereinstimmten.

Immerhin entstanden damals lokale Bündnisse zwischen Gruppen von Facharbeitern und Handwerksgesellen auf der einen und Bürgerkomitees unter Führung entschiedener Demokraten – wie Johann Jacoby in Königsberg – auf der anderen Seite. Auch wurden neue Arbeiterbildungsvereine gegründet, meist von wohlmeinenden bürgerlichen Liberalen, doch oft auch lediglich mit dem Ziel, für die örtliche Industrie einen gesitteten und dankbaren Facharbeiterstamm heranzubilden.

In diesen Arbeiterbildungsvereinen, die polizeilich überwacht wurden, durfte von Politik nicht gesprochen werden. Überhaupt war man in den anderthalb Jahrzehnten nach 1848/49 von seiten der Regierung wie vom – in anderen Fragen oppositionellen – Besitzbürgertum her sehr darum bemüht, das rasch wachsende Heer des Industrieproletariats vor jeder Politisierung zu bewahren, ganz so, wie es die ostelbischen Junker seit langem mit ‹ihren Leuten› machten. Denn die Angst vor einer neuen Volkserhebung saß allen Besitzenden gleichermaßen im Nacken, obwohl im Land wieder jener Kirchhofsfrieden herrschte wie in den zwanziger Jahren.

Das änderte sich, als 1861 in den USA der Bürgerkrieg zwischen den bürgerlich-fortschrittlichen Nordstaaten und den noch stark vom Feudalismus geprägten, sklavenhaltenden Südstaaten ausbrach. Dieser Krieg, der bis 1865 dauerte und an dem auf seiten des Nordens zahlreiche deutsche Revolutionäre von 1848/49 teilnahmen, hat – wie es Karl Marx ausdrückte – «*die Sturmglocke für die europäische Arbeiterklasse geläutet*», so wie achtzig Jahre zuvor der amerikanische Unabhängigkeitskrieg das europäische Bürgertum aufgerüttelt hatte.

Im Sommer 1862 tauchte in einigen deutschen Städten, vor allem in Leipzig und in Berlin, bei politisch interessierten Arbeitern und Handwerkern erstmals der Gedanke auf, einen Kongreß abzuhalten, der sich auf nationaler Ebene mit der unerträglich gewordenen Lage des Industrieproletariats befassen sollte.

Der Kongreß kam nicht zustande, wohl aber eine Versammlung von Delegierten aus den wichtigsten Industriezentren Deutschlands. Sie tagte am 23. Mai 1863 im Leipziger «Pantheon» unter Beteiligung von einigen hundert Arbeitern aus der Umgebung, und es kam zur Gründung des Allgemeinen Deutschen Arbeitervereins (ADAV). Zu dessen erstem Präsidenten mit nahezu diktatorischen Vollmachten wurde auf fünf Jahre ein Mann gewählt, der sich mit zahlreichen Vorträgen und Schriften in der Arbeiterschaft bekannt gemacht und sie wiederholt zu selbstbewußtem politischem Handeln und zur Befreiung vom Gängelband der «*selbstsüchtigen und feigen Bourgeoisie*» aufgefordert hatte: Ferdinand Lassalle.

Der 1825 in Breslau geborene Lassalle war der Sohn eines wohlhabenden jüdischen Seidenhändlers. Er hatte in seiner Heimatstadt und in Berlin Philosophie, klassische Philologie und Geschichte, später auch

Rechtswissenschaft studiert, war unter dem Einfluß der Schriften Hegels, Börnes und Heines sowie einiger utopischer Sozialisten zu einem revolutionären Demokraten geworden und hatte sich 1848 im Rheinland sehr aktiv an der Volkserhebung beteiligt. Er war damals auch mit Marx und Engels in freundschaftliche Beziehungen getreten und hatte an der «Neuen Rheinischen Zeitung» gelegentlich mitgearbeitet. Daß er nicht stärker in Erscheinung getreten war, lag vor allem daran, daß er den größten Teil der Revolutionszeit im Gefängnis hatte verbringen müssen.

Dieser vielseitig begabte Mann, der auch ein glänzender Redner war und sich mit zahlreichen Veröffentlichungen als Schriftsteller bereits einen Namen gemacht hatte, war jedoch ansonsten in vieler Hinsicht das Gegenteil dessen, was man sich unter einem Arbeiterführer vorstellt: Der schöne und stattliche Mann, stets sehr elegant, mitunter geradezu dandyhaft gekleidet, hatte die Allüren eines Grandseigneurs und eine Vielzahl von Liebesaffären mit meist hochgestellten Damen. Er war geistreich, empfindsam, bei hoher Intelligenz mitunter etwas oberflächlich, konnte aber auch sehr zäh und verbissen kämpfen. Acht Jahre lang hatte er seine Zeit und Energie aber hauptsächlich darauf verwendet, einer Hocharistokratin, der Gräfin Sophie Hatzfeld, in einer langen Reihe von Prozessen vor insgesamt sechsunddreißig Gerichten das dieser Dame von ihrem Ehemann vorenthaltene Vermögen zu erstreiten. Bei alledem hatte sich der von Hause aus begüterte junge Mann die Lebensweise des Hochadels zu eigen gemacht, und er schien mitunter die Politik als die standesgemäße Nebenbeschäftigung eines reichen Gentleman zu betrachten.

Nach einem Vortrag, den er im April 1862 «Über den besonderen Zusammenhang der gegenwärtigen Geschichtsperiode mit der Idee des Arbeiterstandes» gehalten hatte, war er wegen «Aufreizung zum Klassenhaß» angeklagt und im Januar 1863 zu vier Monaten Gefängnis verurteilt worden. Er wurde später in zweiter Instanz freigesprochen, aber sein Prozeß hatte ihn in der Arbeiterschaft noch bekannter und populärer gemacht, und das von Lassalle geprägte Wort von der *«verdammten Bedürfnislosigkeit»* der deutschen Arbeiter war in aller Munde. So hatte ihm das federführende Leipziger Komitee die Präsidentschaft des zu gründenden Allgemeinen Deutschen Arbeitervereins angetragen.

Es ist sehr viel darüber geschrieben und gestritten worden, in welchem Verhältnis Lassalle zu Marx und Engels und deren Lehre gestanden, auf welches Spiel er sich mit Bismarck, der 1862 preußischer Ministerpräsident geworden war, eingelassen habe und was aus der deutschen Arbeiterbewegung geworden wäre, hätte Lassalle seinen Kurs eines «friedlichen Hineinwachsens» in den Sozialismus, ohne revolutionären Klassenkampf, längere Zeit verfolgen können. Doch dieser Streit muß aus vielerlei Gründen müßig erscheinen:

Marx, der noch 1861 Lassalle in Berlin besucht hatte und von ihm im

Jahr darauf in London besucht worden war, hat sich von Lassalle plagiiert und zugleich mißverstanden gefühlt, jedoch darüber am 12. Juni 1863 an Friedrich Engels geschrieben: «*Auf seine Plagiats ihn mit der Nase zu stoßen, wäre lächerlich . . .*»

Aber beide, Marx wie Engels, haben bei aller Kritik an Lassalle dessen Verdienste nie in Frage gestellt. «*Denn*», so hat es Friedrich Engels einmal formuliert, «*es gelang dem Talent, dem Feuereifer, der unbezähmbaren Energie Lassalles, eine Arbeiterbewegung ins Leben zu rufen, an welche sich durch positive oder negative, freundliche oder feindliche Bande alles knüpft, was während zehn Jahren das deutsche Proletariat selbständig getan hat.*»

Sodann beschränkte sich der Zweck des ADAV zunächst ausschließlich auf die Erringung des allgemeinen, gleichen, direkten und geheimen Wahlrechts, und in den fünfzehn Monaten, die Lassalle nach der Gründung des ADAV noch zu leben hatte, war er hauptsächlich mit den ihm von den preußischen Behörden angehängten Hochverrats- und anderen politischen Prozessen beschäftigt; im Juni 1864 machte er, den die Gerichte bereits in Abwesenheit zu insgesamt sechzehn Monaten Gefängnis verurteilt hatten, eine Erholungsreise in die Schweiz, ließ sich dort in ein Pistolenduell mit einem wallachischen Adligen wegen dessen Braut ein und starb an den dabei erlittenen Verletzungen am 31. August 1864, noch keine vierzig Jahre alt.

Niemand kann mit Bestimmtheit sagen, welchen Kurs er, wäre er am Leben geblieben, später verfolgt hätte; ob seine Strategie des «friedlichen Hineinwachsens» in den Sozialismus nicht bereits im Ansatz gescheitert wäre an der Opposition, die sich im ADAV dagegen gebildet hatte, ja, ob diese Strategie nicht ohnehin bloß eine Taktik war, die die Behörden täuschen sollte, und ob er mit einem realisierbaren Nahziel, der Erringung eines demokratischen Wahlrechts, den Aufbau einer selbständigen, von den Liberalen unabhängigen Arbeiterbewegung erreichen wollte, die, war sie erst stark genug, einen neuen Kurs hätte steuern können.

Schließlich zählte der ADAV bei seiner Gründung nur etwa sechshundert, nach einem Jahr intensiver Werbung kaum mehr als dreitausend Mitglieder!

So muß Ferdinand Lassalle, unbeschadet seiner Fehler und Schwächen, das Verdienst bleiben, im historisch richtigen Augenblick die erste deutsche Arbeiterorganisation geschaffen zu haben, auch, wenn man so will, eine Keimzelle der Sozialdemokratischen Partei: jenen Allgemeinen Deutschen Arbeiterverein, für den der noch im schweizerischen Exil lebende, erst 1866 amnestierte Georg Herwegh ein Bundeslied von mitreißendem Schwung schrieb:

> «*Mann der Arbeit, aufgewacht!*
> *Und erkenne deine Macht!*

Alle Räder stehen still,
wenn dein starker Arm es will.»

1863 war indessen nicht nur das Gründungsjahr des ADAV, es war auch das Jahr, in dem der preußische Verfassungskonflikt seinen Höhepunkt erreichte, und im Januar 1863 war in Polen ein neuer Aufstand ausgebrochen, den die Demokraten – besonders Gottfried Keller und Jacob Venedey hatten dazu aufgerufen – nicht nur mit Sympathiekundgebungen, sondern auch mit Geld und Waffen unterstützten.

Im Kampf um die preußische Verfassung kam es zu strengen ‹Maßregelungen› sehr zahlreicher hoher Beamter und vor allem Richter. Die fortschrittlichen Demokraten richteten einen Nationalfonds zur Unterstützung der politisch Verfolgten ein; Mitte 1863 waren schon 75 000 Taler zusammengekommen.

Die Politisierung des öffentlichen Lebens machte auch vor den Arbeiterbildungsvereinen nicht halt. Unter Führung von Leopold Sonnemann, dem Gründer und Herausgeber der liberalen «Frankfurter Zeitung», bildete sich ein Initiativkomitee, das einen Zusammenschluß aller deutschen Arbeiterbildungsvereine – als Gegengewicht gegen die Lassallesche Gründung – herbeiführen wollte. Er kam am 7. Juni 1863 zustande, und damit änderte sich rasch der bis dahin unpolitische Charakter der Arbeiterbildungsvereine, die sich bezeichnenderweise nun «Arbeitervereine» nannten; auch sie forderten jetzt stürmisch das allgemeine, gleiche, direkte und geheime Wahlrecht und die Aufhebung der gerade wieder verschärften Pressezensur. In dieser Phase starker politischer Unruhe, die dann durch Bismarcks ‹Revolution von oben› beendet wurde, spielten zwei Männer eine zunächst kaum beachtete, jedoch für die künftige Entwicklung der deutschen Arbeiterbewegung entscheidende Rolle: Wilhelm Liebknecht und August Bebel.

Wilhelm Liebknecht, 1826 in Gießen als Sohn eines großherzoglich hessischen Beamten geboren, studierte von 1842 bis 1847 in Gießen, Berlin und Marburg klassische Philologie, Philosophie und Theologie. Schon von Hause aus radikal-demokratischer Republikaner, beteiligte sich der damals zweiundzwanzigjährige Wilhelm Liebknecht mit großer Begeisterung an den revolutionären Kämpfen, auch am Struve-Putsch und am badisch-pfälzischen Aufstand, flüchtete dann, nachdem er im Jahr zuvor einige Monate lang in Haft gewesen war, in die Schweiz, 1850 weiter nach London. Dort wurde Liebknecht, der gänzlich mittellos war, von der ebenfalls auf die Hilfe von Freunden angewiesenen Familie Marx aufgenommen.

Zwölf Jahre blieb Liebknecht im Londoner Exil, verdiente dort sehr mühselig seinen Lebensunterhalt und wurde in dieser Zeit ein überzeugter Anhänger der Lehren seines Freundes Marx. 1862, nach einer Amnestie, konnte er nach Deutschland zurückkehren und ging zunächst nach Berlin, wo er 1863 dem ADAV beitrat, zweifellos mit der Absicht, darin im Sinne von Marx zu wirken. 1865 wurde er deshalb aus dem ADAV ausgeschlossen und auf Betreiben der Gräfin Hatzfeld, die sich als Hüterin des Lassalleschen Erbes ansah, aus Preußen polizeilich ausgewiesen. Er ging dann nach Leipzig, und dort lernte er den jungen Drechslermeister August Bebel kennen.

Bebel, 1840 als Sohn eines preußischen Unteroffiziers in einer feuchten Kasemattenwohnung in Köln-Deutz geboren, war in ärmlichsten Verhältnissen aufgewachsen. Mit vier Jahren hatte er seinen Vater, mit dreizehn seine Mutter verloren, war dann bei einem Drechsler in der Lehre gewesen und hatte als Geselle Deutschland durchwandert. Im Mai 1860 war er nach Leipzig gekommen, hatte sich dem dortigen Arbeiterbildungsverein angeschlossen und zunächst ganz auf seiten derer gestanden, die jede Politisierung der Bildungsarbeit ablehnten. So war er nach Frankfurt zur Gründung des – von Leopold Sonnemann angeregten, ursprünglich «Vereinstag» genannten – «Verbands der deutschen Arbeitervereine» delegiert und dort in den Vorstand gewählt worden.

Bebel, seit 1864 selbständiger Drechslermeister mit eigener kleiner Werkstatt, hatte sich dann aber bald unter dem Einfluß seines älteren Freundes Liebknecht zum überzeugten Sozialisten und Anhänger der Lehren von Marx und Engels entwickelt, und unter seiner Führung schloß sich der etwa 13 000 Mitglieder zählende, ursprünglich von bürgerlichen Liberalen gegängelte «Verband der deutschen Arbeitervereine» im September 1868 den Bestrebungen der «Internationalen Arbeiter-Assoziation» an.

Diese «Erste Internationale» war vier Jahre zuvor, am 28. September 1864, in London unter Führung von Marx gegründet worden; die wichtigsten Impulse zur Gründung von deutschen Sektionen gingen aber von Genf aus, wo Johann Philipp Becker, von Marx damit beauftragt, seit 1866 den «Vorboten» herausgab. Der 1809 in Frankenthal in der Pfalz geborene Becker, der aus einer Handwerkerfamilie stammte, war schon 1832 auf dem Hambacher Fest als einer der radikalsten Redner aufgetreten, hatte dann im schweizerischen Exil gelebt und an den Kämpfen von 1848/49, zuletzt als Oberbefehlshaber der Volkswehren im badisch-pfälzischen Aufstand, sehr aktiv teilgenommen. Er war, wie Engels 1886 an Bebel schrieb, «*eine Gestalt aus unserer rheinisch-fränkischen Heldensage, wie sie im Nibelungenlied verkörpert*», zudem ein überzeugter Anhänger von Marx geworden, und seiner rastlosen Arbeit war es zu verdanken, daß 1868, als sich der «Verband der deutschen Arbeitervereine» unter Bebels Führung der Ersten Internationale anschloß, bereits eine ganze Reihe von Sektionen dieser marxistischen Dachorganisation innerhalb Deutschlands bestanden; Bebel selbst war persönlich bereits zwei Jahre zuvor der Internationale beigetreten, und natürlich war auch

Wilhelm Liebknecht, seit Januar 1868 Chefredakteur des «Demokratischen Wochenblatts», des Zentralorgans des Verbands der deutschen Arbeitervereine, deren Mitglied.

Nun fehlte nur noch die Gründung einer politischen Partei, die im Parlament und in der Öffentlichkeit die Interessen der zum Selbstbewußtsein erwachten deutschen Arbeiterschaft und die Ziele der Internationale vertreten konnte. Eine Zeitlang zögerten Becker, Liebknecht und Bebel noch damit, weil sie auch die im ADAV organisierten Lassalleaner für eine gemeinsame Partei aller Sozialisten zu gewinnen hofften. Aber auf dem am 7. August 1869 in Eisenach, zunächst zusammen mit den Vertretern des ADAV, veranstalteten ersten allgemeinen Kongreß aller sozialdemokratischen Arbeiter zeigte sich rasch, daß an ein Zusammengehen mit den Lassalleanern vorerst nicht zu denken war.

So wurde in Eisenach die «Sozialdemokratische Arbeiterpartei» unter Führung von Wilhelm Liebknecht und August Bebel gegründet; der Verband der deutschen Arbeitervereine löste sich gleichzeitig auf, und sein «Demokratisches Wochenblatt» wurde, unter dem neuen Namen «Volksstaat», unter Liebknechts Leitung offizielles Parteiorgan.

Der im Sommer des nächsten Jahres ausbrechende Deutsch-Französische Krieg 1870/71 stellte die junge Partei auf eine schwere Probe. Einerseits konnten und wollten die ‹Eisenacher›, wie sie nach dem Gründungsort ihrer Partei genannt wurden, den militaristischen und chauvinistischen Taumel, in den die bürgerlichen Parteien und auch die Lassalleaner verfallen waren, nicht mitmachen; sie appellierten deshalb auf allen Kundgebungen an die Solidarität zwischen den deutschen und den französischen Arbeitern, die Vorrang vor allen nationalen Zwistigkeiten haben müßten. Doch anderseits konnten sie nicht verkennen, daß es um die Verteidigung der noch nicht vollendeten staatlichen Einigung des Vaterlands gegen den Bonapartismus ging. Bei der Abstimmung über die Kriegsanleihe im Norddeutschen Reichstag, wo Bebel und Liebknecht sowie zwei Lassalleaner bereits Abgeordnete waren, enthielten sich am 19. Juli 1870 die beiden ‹Eisenacher› der Stimme. Es war eine mutige Demonstration des demokratischen Mißtrauens gegen Bismarcks Politik und ein Bekenntnis zur internationalen Solidarität.

Am 26. November 1870, als es im Reichstag erneut um die Bewilligung von Kriegskrediten zur Fortsetzung des nunmehrigen Eroberungskrieges ging, sprachen sich Liebknecht und Bebel energisch für die Beendigung des Kampfs gegen das französische Brudervolk und für sofortigen Friedensschluß aus. Als man ihnen daraufhin von der Rechten aus höhnisch zurief: «*Ihre Brüder!*», antwortete Liebknecht, auf einen bekanntgewordenen Brief Wilhelms I. an den gefangenen Franzosenkaiser anspielend, worin der Preußenkönig den entthronten Bonaparte seinen «*lieben Bruder*» genannt hatte: «*Es ist wahrlich ehrenhafter, der Bruder des französischen Volkes und der französischen Arbeiter zu sein, als der ‹liebe*

Bruder› des Schurken auf der Wilhelmshöhe!» Und bei der folgenden Abstimmung lehnten alle sozialistischen Abgeordneten, auch die Lassalleaner, die Bewilligung neuer Kriegskredite ab.

Die Rache der preußischen Regierung ließ nicht lange auf sich warten. Sie stellte bei der sächsischen Regierung den Antrag, Bebel und Liebknecht wegen Landesverrats anzuklagen. Einen Monat später führte Sachsen den Befehl aus Berlin aus; die beiden unerschrockenen Arbeiterführer wurden verhaftet.

Schon einige Wochen zuvor hatten die preußischen Militärbehörden zahlreiche führende Sozialdemokraten, darunter fast alle Mitglieder der Braunschweiger zentralen Leitung für Deutschland, festnehmen und in Ketten auf die ostpreußische Festung Lötzen bringen lassen, ebenso eine Reihe von Kritikern der Bismarckschen Politik und Gegnern einer Annexion Elsaß-Lothringens. Unter den Festungsgefangenen war auch der fünfundsechzigjährige Dr. Johann Jacoby aus Königsberg.

Als Jacoby nach sechswöchiger Haft, die – wie er es vornehm ausdrückte – *«unter entwürdigenden Bedingungen»* vollzogen wurde, wieder freigelassen worden war, hatte die Königsberger Stadtverordnetenversammlung, der er angehörte, über eine Huldigungsadresse an den im Januar 1871 im Spiegelsaal des Schlosses von Versailles zum Deutschen Kaiser proklamierten Preußenkönig Wilhelm I., den ehemaligen ‹Kartätschenprinzen›, zu beraten. Der Monarch habe schließlich, so wurde in der Versammlung vorgebracht, die Sehnsüchte der Deutschen, den Traum von der staatlichen Einigung des Vaterlands, endlich erfüllt. Jacoby sprach sich entschieden gegen die geplante Huldigung aus, woraufhin er von nationalliberaler Seite als *«undeutsch»* und *«vaterlandslos»* beschimpft wurde. In seiner Antwort erklärte Dr. Jacoby:

«Der deutsche Geist ist ein Geist der Freiheit, der Humanität! Undeutsch ist es daher, zu glauben, daß durch Zwang, durch ‹Blut und Eisen›-Politik, eine deutsche Freiheit herzustellen ist. Wenn mein Herr Vorredner den vaterlandslos nennt, der das Gefühl für Recht und Freiheit höher achtet als die sogenannte Liebe zum Vaterland, so mag er mich immerhin vaterlandslos nennen.»

Im März 1872 wurde Wilhelm Liebknecht und August Bebel wegen angeblicher Vorbereitung zum Hochverrat der Prozeß gemacht. Die Verhandlungen zogen sich über zwei Wochen hin und wurden wegen des mutigen, würdigen und sachlichen Auftretens der beiden Angeklagten ein großer Propagandaerfolg für die Sozialdemokraten. Auch erbrachte der Prozeß nicht einen Schatten des Beweises einer Schuld. Trotzdem wurden Liebknecht und Bebel am 2. April 1872 zu je zwei Jahren Festungshaft verurteilt, die sie auf der sächsischen Feste Hubertusburg abbüßten.

Einige Tage nach diesem Urteil teilte Dr. Jacoby der Redaktion des «Volksstaats» mit, daß er Mitglied der Sozialdemokratischen Arbeiterpartei geworden sei; es seien die Verhandlungen des Hochverratsprozesses gegen Liebknecht und Bebel gewesen, die dafür den letzten Anstoß gegeben hätten.

«*Freilich*», so berichtet darüber Jacobys Biograph Edmund Silberner, «*rief sein Beitritt zur Sozialdemokratie höchsten Skandal in den Reihen der ‹Wohlgesinnten› hervor, denen Sozialdemokraten als Landesverräter verwegenster Art galten. ‹Aber›, bemerkt Guido Weiss über seinen Lehrer und Freund Jacoby, ‹er war Sozialist der Forderung nach schon 1848 gewesen; er hatte sein Programm sozialer Reform schon 1868 skizziert und 1870 ausgeführt, und so war's denn nur die Äußerlichkeit, der formelle Beitritt zu den ‹Petroleurs› und ‹Communards›, an dem die heuchlerische Gesellschaft Anstoß nahm.› Denjenigen, die Jacobys sozialpolitische Haltung aufmerksam verfolgt hatten, bot sein Beitritt zur SDAP nichts Unerwartetes ... Guido Weiss umschrieb ihn als einen Schritt, bei dem nur die Waffengattung gewechselt, nicht aber das Heer verlassen werde: Jacoby sei unter die Reiter gegangen, die bürgerlichen Demokraten seien bescheidene Musketiere geblieben.*»

Als im Januar 1874 ein neuer Reichstag gewählt wurde, bewogen die ‹Eisenacher› den fast siebzigjährigen Dr. Jacoby, für die Partei zu kandidieren, doch machte er einen Vorbehalt: «*Den Genossen*», schrieb er an den Vorstand, «*ist meine Ansicht über das preußisch-deutsche Kaiserreich zur Genüge bekannt; sie mögen hiernach ermessen, wie wenig Verlangen ich trage, an den unersprießlichen Reichstagsverhandlungen mich zu beteiligen. Sollte – aus taktischen Gründen – die Partei für gut befinden, mich als ihren Kandidaten aufzustellen, so hätte ich meinerseits nichts dagegen, muß jedoch im voraus bemerken, daß ich – im Falle der Wahl – die freie Entscheidung über Annahme oder Ablehnung des Mandats mir vorbehalte.*»

Der «*dürre alte Jude*», wie Bismarck seinen – im stillen wohl bewunderten – Gegner Jacoby gelegentlich zu nennen beliebte, wurde im sächsischen Wahlkreis 13 (Leipzig I und II) mit knapper Mehrheit in den Reichstag gewählt, nahm aber das Mandat nicht an; sein Königsberger Landsmann Dr. Karl Heine rückte als Vertreter der Fortschrittspartei an seiner Stelle ins Parlament ein, und damit endete Jacobys politische Laufbahn.

Drei Jahre später, am 6. März 1877, starb der zuletzt sehr einsame Doktor, der dreißig Jahre lang als unerschrockener Einzelkämpfer für Freiheit und Demokratie dem reaktionären Junkerstaat die Stirn geboten hatte, in seiner Heimatstadt; viele tausend Mitbürger, vor allem aus der Königsberger Arbeiterschaft, aber auch Delegationen aus Berlin, aus Schlesien und aus dem Rheinland, gaben ihm das letzte Geleit. Unter den Rednern am Grabe Johann Jacobys war der Gutsbesitzer Luce aus Junkerken bei Lötzen, der im Namen des Vorstands der Sozialistischen Arbeiterpartei Deutschlands sprach, Theobald Rupp als Vertreter der Demokraten

Schwabens, Heinrich Ecks im Namen der Arbeiterfrauen Berlins, Max Herbig im Auftrag der Sozialisten Leipzigs und Leopold Sonnemann für die Demokraten Frankfurts und die «Frankfurter Zeitung».

Die Vertreter des Königsberger Handwerkervereins erinnerten daran, wie Jacoby ihnen Ende 1873 in einer seiner letzten öffentlichen Ansprachen die Beziehungen zwischen Bildung und Freiheit erläutert hatte:

Schule und Unterricht, belehrende Vorträge und geselliger Verkehr, so hatte er ausgeführt, wären zweifellos geeignet, die Bildung einzelner, im besten Falle: eines kleinen Bruchteils des Volkes, herbeizuführen; sie reichten aber keineswegs aus, die Bildung eines ganzen Volkes zu bewirken. Dazu gebe es nur ein Mittel: öffentliches Leben, Teilnahme des Volkes an den Angelegenheiten des Staates, mit einem Wort: staatliche Freiheit!

Schon im Altertum – so hatte Jacoby weiter erklärt – hätte es gelehrte und gebildete Sklaven gegeben, und es gebe sie auch jetzt. Aber ein ganzes gebildetes Sklaven*volk* werde und könne es niemals geben. In bezug auf die Gesamtheit des Volkes sei es ein Irrtum, zu sagen: durch Bildung zur Freiheit. Umgekehrt müsse es heißen: durch Freiheit zur Bildung! Denn ohne Volksfreiheit gebe es keine Volksbildung.

«Wie aber, fragen Sie, ist die Freiheit zu erringen?» hatte sich Jacoby zum Schluß seiner Ansprache an die Handwerker gewandt und dann erklärt: *«Meine Antwort lautet kurz und bündig: durch ein einziges Wörtlein. Ein berühmter griechischer Geschichtsschreiber, Plutarch, sagt: ‹Die Bewohner Asiens sind insgesamt Despoten unterworfen, weil ihre Zunge eine Silbe nicht aussprechen kann, nämlich das Wort Nein!› Meine Freunde! Lassen Sie uns hoffen, daß die Sprachorgane unseres Volkes in dieser Hinsicht besser geartet seien als die der Asiaten; hoffen wir, daß das deutsche Volk . . . endlich einmal lernen werde, Nein zu sagen . . .»*

IX. Von denen, die nein sagten und auf Ausnahmegesetze pfiffen

Nach der Schlacht bei Sedan, bei der am 2. September 1870 die französische Hauptarmee vernichtet und Napoléon III. gefangengenommen worden war, hatten die deutschen Sozialdemokraten – Lassalleaner wie Eisenacher – eine weitere Unterstützung der Bismarckschen Kriegspolitik abgelehnt. «Bebel und Liebknecht aber», so hat es Franz Mehring treffend geschildert, «erwarben sich vor den anderen unvergängliche Verdienste, indem sie mit einer Kühnheit, die in deutschen Parlamenten unerhört war, umheult und selbst körperlich bedroht von den wütenden Mordspatrioten, den kulturfeindlichen und volksverräterischen Charakter des nunmehrigen Krieges geißelten und damit der französischen Arbeiterklasse ein Pfand unzerstörbarer Solidarität gaben.»

Leidenschaftlich hatten sich Liebknecht und vor allem Bebel für den – dann mit äußerster Brutalität erstickten – Aufstand der Pariser Kommune und für einen gerechten Frieden mit der Französischen Republik, vor allem gegen die Annexion Elsaß-Lothringens, ausgesprochen. Fortan war die Parole der Eisenacher der von August Bebel im Reichstag verkündete, ursprünglich von Johann Jacoby geprägte und von ihm 1866 dem Ministerium Bismarck entgegengeschleuderte Kampfruf: «Diesem System keinen Mann und keinen Groschen!»

Bismarcks Rache war das schon erwähnte Hochverratsverfahren gegen Bebel und Liebknecht, das diesen nach hunderttägiger Untersuchungshaft je zwei Jahre Festung und Bebel außerdem weitere neun Monate Gefängnis wegen Majestätsbeleidigung sowie die Aberkennung seines Reichstagsmandats eintrug.

Was den Verlust des Sitzes im Parlament betraf, so wurde Bebel bei der erforderlichen Nachwahl wieder aufgestellt und errang eine noch weit größere Mehrheit. Die Freiheitsstrafen aber mußten beide Abgeordnete voll verbüßen, und gleich ihnen saßen damals viele Deutsche im Gefängnis, weil sie an der Bismarckschen Kriegspolitik und ihren Begleiterscheinungen öffentlich Kritik geübt hatten.

So war beispielsweise der demokratische Publizist Gustav Rasch, der die Internierung Jacobys auf der Festung Lötzen in einem Zeitungsartikel «ungesetzlich» und «willkürlich» genannt hatte, deshalb angeklagt worden. An der Bezeichnung «ungesetzlich» hatte das Gericht keinen Anstoß genommen, doch wegen des Vorwurfs der Willkür wurde Rasch zu einer Geldstrafe verurteilt. Bald darauf bereiste der Journalist das preußisch besetzte Elsaß-Lothringen; Mitte Juli 1873 kehrte er von dort zurück und bot mehreren liberalen Blättern vergeblich seine – für das Militärregime wenig schmeichelhaften – Berichte an. Sodann veröffentlichte er, was die vom Sieg berauschten Redakteure nicht hatten drucken lassen wollen, in einem Buch mit dem Titel «Die Preußen in Elsaß und Lothringen». Er setzte sich darin leidenschaftlich für das Selbstbestimmungsrecht der Völker ein und geißelte den *«preußischen Vernichtungskampf gegen die französische Sprache und Bildung»*. Das Buch wurde sofort nach Erscheinen beschlagnahmt und Rasch zu neun Monaten Gefängnis verurteilt.

Dieser mutige Publizist, der nach seiner Entlassung aus dem Gefängnis den Gefangenen Bebel und Liebknecht auf der Festung Hubertusburg einen Besuch abstattete, sonst aber der Sozialdemokratie fernstand, ist nur einer von zahlreichen bürgerlichen Liberalen und Demokraten, die zusammen mit den Sozialdemokraten beider Richtungen (deren Stimmenergebnis sich bei den Reichstagswahlen vom Januar 1874 gegenüber 1871 verdreifacht hatte und auf 351670 gestiegen war) damals die Annexion Elsaß-Lothringens entschieden ablehnten und für die Bewohner der beiden eroberten Provinzen wie auch für die anderen ‹Muß-Preußen›, vor allem die Polen, das Selbstbestimmungsrecht forderten.

Da auch heute noch die an den Schulen der Bundesrepublik Deutschland eingeführten Geschichtsbücher diese Tatsache verschweigen und sich meist – wie beispielsweise Dittrich-Gallmeister u. a., «Grundriß der Geschichte für die Oberstufe der Höheren Schulen» – mit der Feststellung begnügen: *«Der Gewinn Elsaß-Lothringens erfüllte die Deutschen mit grenzenloser Begeisterung»*, muß daran erinnert werden, daß Hunderttausende im neuen Deutschen Reich sich damals mit den Elsässern und Lothringern solidarisierten und nicht wenige dafür, daß sie öffentlich gegen die preußische Eroberungspolitik Protest erhoben, ins Gefängnis gingen.

Die noch verhältnismäßig kleine, wenn auch rasch wachsende Sozialdemokratische Arbeiterpartei Deutschlands erhielt in den ersten Jahren nach der Reichsgründung, gerade weil sie den preußischen Militarismus, die Bismarcksche Politik gegenüber Frankreich und die reaktionären Verhältnisse im Innern am energischsten bekämpfte, Zuzug nicht nur aus der Arbeiterschaft, sondern auch aus dem gebildeten und demokratisch gesinnten Bürgertum, aus dem ja schon die meisten sozialdemokratischen Führer hervorgegangen waren.

So hatte sich der aus einer wohlhabenden Braunschweiger Kaufmannsfamilie stammende Verleger Wilhelm Bracke, der seit Mitte der sechziger Jahre zu den Anhängern Lassalles gehörte, am Vorabend des Deutsch-Französischen Kriegs der Partei Bebels und Liebknechts angeschlossen. Er war dann einer von denen, die man wegen ihres Protests gegen die Annexion Elsaß-Lothringens verhaftet und in Ketten auf die

Festung Lötzen gebracht hatte. Nach seiner Freilassung stellte Wilhelm Bracke seinen Verlag und den von ihm dann gegründeten «Braunschweiger Volksfreund» ganz in den Dienst der Sozialdemokratischen Arbeiterpartei, für die er von 1877 an bis kurz vor seinem Tod im Jahre 1880 auch als Reichstagsabgeordneter unermüdlich tätig war.

Kurz vor Ausbruch des Kriegs gegen Frankreich trat der Philosoph und Religionskritiker Ludwig Andreas Feuerbach der Sozialdemokratischen Arbeiterpartei Deutschlands bei, was unter den liberalen Intellektuellen erhebliches Aufsehen erregte. Als Feuerbach 1872 starb, wurde sein Begräbnis zu der bis dahin größten Massendemonstration der Partei.

Auch Moses Heß, der sich 1848 von Marx und Engels getrennt und von 1863 bis 1867 zu den aktivsten Lassalleanern gehört hatte, trat 1868 zunächst der Ersten Internationale bei und begann im Jahr darauf an dem von Wilhelm Liebknecht redigierten «Volksstaat», dem Zentralorgan der Eisenacher, mitzuarbeiten. Er starb 1875 in Paris, wo er mit nur kurzen Unterbrechungen seit 1853 gelebt hatte.

Der mutige Kampf der Sozialdemokraten für einen gerechten Frieden mit Frankreich bewog auch den damals zweiundzwanzigjährigen Berliner Bankkaufmann Eduard Bernstein dazu, sich der Partei 1872 anzuschließen. Dabei ist anzumerken, daß Bernstein aus einer streng religiösen jüdischen Familie stammte. Sein Großvater war Rabbiner in Danzig; sein Onkel, der Verlagsbuchhändler Aron David Bernstein, gehörte zu den angesehensten Mitgliedern der Berliner jüdischen Gemeinde und hatte die liberale – zunächst «Urwähler-Zeitung» genannte – «Berliner Volkszeitung» gegründet.

Eduard Bernsteins Vater, der jüngere Bruder des Verlegers, war übrigens Lokomotivführer bei der zwischen Berlin und Anhalt verkehrenden Eisenbahn. Während sonst Juden – ebenso wie Mitglieder einer als staatsfeindlich angesehenen Partei – im allgemeinen nicht zum öffentlichen Dienst zugelassen wurden, ging man damals doch nicht soweit, ihnen auch die Anstellung als Lokomotivführer zu verwehren, wie es in der Bundesrepublik heutzutage Kommunisten geschieht, beispielsweise dem Nürnberger Oberlokomotivführer Rudi Röder, dem am 18. März 1976 von seiner Bundesbahndirektion mit der Begründung, er sei aktives Mitglied der Deutschen Kommunistischen Partei, das Dienstverhältnis gekündigt wurde.

Ansonsten gab es aber auch damals schon üble Schikanen der Staatsschutzbehörden gegenüber allen, die nicht den amtlichen Vorstellungen von einem absolut königs- und kirchentreuen Untertan voll entsprachen, und darunter hatten Sozialdemokraten besonders zu leiden.

Die Unterdrückungs- und Verfolgungsmaßnahmen wurden desto härter, je mehr die sozialistische Bewegung erstarkte. Nach den Reichstagswahlen vom Januar 1874 konnten die beiden rivalisierenden sozialdemo-

kratischen Parteien insgesamt eine Verdreifachung ihrer Anhängerschaft feststellen. Zwar hatten sie zusammen nur knapp sieben Prozent
der gültigen Stimmen erhalten, aber sie rückten damit – wie Friedrich
Engels aus London begeistert schrieb – «*an die Spitze der europäischen
Arbeiterbewegung. Zum erstenmal wählen die Arbeiter en masse ihre
eigenen Leute, stellen sich als eigne Partei hin, und zwar über ganz
Deutschland!*»

Dieser große Erfolg der zuvor unter dem Eindruck des Sieges über
Frankreich und der endlich errungenen staatlichen Einigung Deutschlands in der Öffentlichkeit noch wenig beachteten ‹roten› Außenseiter
bewirkte, daß die Behörden, besonders in Preußen, Sachsen und Bayern,
nun noch schärfer als zuvor gegen jeden ‹erkannten› Sozialdemokraten
vorgingen. Die Polizei schonte jetzt auch die bislang etwas sanfter behandelten Lassalleaner nicht mehr; in den ersten sieben Monaten nach den
Reichstagswahlen wurden allein in Preußen siebenundachtzig ADAV-
Funktionäre verhaftet und zu Gefängnisstrafen verurteilt.

Doch das rigorose Vorgehen der Behörden hatte auch zur Folge, daß
sich bei den Anhängern der beiden sozialdemokratischen Parteien der
Wunsch nach einer Vereinigung ihrer Organisationen beträchtlich verstärkte. Schon im Sommer und Herbst 1874 kam es zu zahlreichen
gemeinsamen Veranstaltungen von Lassalleanern und Eisenachern. Im
Januar und Februar 1875 berichteten die Zentralorgane der beiden Partei-
en von mehr als hundert Versammlungen, die sich vornehmlich mit der
«Vereinigungsfrage» befaßt hatten.

Ende Mai war es dann soweit: In Gotha kamen 127 Delegierte aus
beiden Parteiorganisationen zusammen; sie vertraten mehr als fünfundzwanzigtausend eingeschriebene Mitglieder aus über dreihundertfünfzig
Ortsvereinen. Am 26. Mai 1875 vollzogen sie die Vereinigung der beiden
sozialdemokratischen Parteien zur «Sozialistischen Arbeiterpartei
Deutschlands», und nur wenige Tage später schlossen sich auch die
sonstigen Organisationen der beiden bislang miteinander konkurrieren-
den Richtungen, vor allem ihre noch jungen, mitgliederschwachen Gewerkschaften, zu einheitlichen Verbänden zusammen.

In den folgenden drei Jahren nahmen Stärke und Einfluß der deutschen Sozialdemokratie stetig zu. Bis 1877 stieg die Mitgliederzahl der
Partei auf nahezu vierzigtausend, wobei man berücksichtigen muß, daß
damals jeder Lohnabhängige, der der Partei beitrat, seinen Arbeitsplatz
aufs Spiel setzte und damit seine ganze Existenz, denn infolge einer
Wirtschaftskrise waren freie Stellen rar geworden; allein bei Krupp in
Essen wurden im Frühjahr 1877 über hundertzwanzig Arbeiter nur
deshalb entlassen, weil sie Sozialdemokraten geworden waren.

Wie viele Sympathisanten, über die eingeschriebenen Mitglieder hinaus, die Partei bereits hatte, ließen die Abonnentenzahlen der einund-
vierzig sozialdemokratischen Lokalblätter und des – seit Anfang Oktober

1876 in Leipzig erscheinenden – neuen Zentralorgans «Vorwärts» erkennen. Denn obwohl diese Zeitungen starken Behinderungen ausgesetzt waren, hatten sie Anfang 1877 schon mehr als hunderttausend feste Bezieher. Und als im Januar 1877 ein neuer Reichstag gewählt wurde, da erhielten die Sozialdemokraten, die in 175 Wahlkreisen eigene Kandidaten aufgestellt hatten, im ersten Wahlgang schon 493 447 Stimmen. Fast zehn Prozent der Wähler hatten sich auf Anhieb für ‹die Roten› entschieden, und bezog man die Stichwahlergebnisse mit ein, so waren es sogar etwas über elf Prozent.

Das war für die junge Partei ein hervorragendes Ergebnis, doch ihr Wahlerfolg bewirkte auch, daß sich Bismarck endgültig von dem Gedanken trennte, mit Hilfe einer gefügig gemachten, staatstreuen Arbeiterschaft die bürgerlichen Liberalen in die Zange zu nehmen. Er entschloß sich zu einem vernichtenden Schlag gegen die Sozialdemokratie, den er bei der nächsten sich bietenden Gelegenheit auszuführen gedachte, für den es jedoch erst einmal die parlamentarischen Hürden wegzuräumen galt.

Nachdem sich im Laufe des Jahres 1877 die seit langem für sogenannte Schutzzölle gegen die preisdrückenden Auslandseinfuhren (und damit für höhere Profite auf dem Binnenmarkt) kämpfende Textil- und Schwerindustrie mit den ursprünglich schutzzollfeindlichen ostelbischen Großagrariern einig geworden war, die sich inzwischen vor billigen Getreide- und Fleischimporten aus Rußland und den USA zu fürchten begonnen hatten, sah Bismarck eine Chance für ein Rechtskartell. Unter Beteiligung des rechten Flügels der Nationalliberalen ließe sich, so hoffte er, eine Reichstagsmehrheit bilden, die ihm, sozusagen im Austausch gegen die gewünschten Zolltarife, eine erhebliche Verstärkung der Armee und bei einem sich bietenden Anlaß auch das schon vorbereitete, gegen die Sozialdemokraten gerichtete Ausnahmegesetz bewilligen würde.

Die erhoffte Gelegenheit bot sich schon sehr bald: «*Am 11. Mai 1878*», so hat es Eduard Bernstein geschildert, «*gab ein konfuser, arbeitsloser, junger sächsischer Arbeiter namens Max Hödel vor dem Hause Unter den Linden 7 in Berlin aus einem fast wertlosen Revolver einige Schüsse auf den vorbeifahrenden Wagen des Kaisers Wilhelm I. ab. Obwohl keiner davon irgend etwas getroffen hatte, es vielmehr nicht unwahrscheinlich ist, daß Hödel, der wegen Schimpfereien auf die Partei und wegen der Propagierung von christlich-sozialer und anarchistischer Agitationsliteratur in seiner Heimat aus der . . . Sozialdemokratischen Partei ausgeschlossen worden war, lediglich etwas Aufsehen hatte machen wollen, wurde doch sein Streich als ein ernstzunehmendes Attentat eines Sozialdemokraten auf den Kaiser ins Land hinaus gemeldet und von der Regierung wie dem größten Teil der bürgerlichen Presse weidlich gegen die Sozialdemokratie ausgeschlachtet. Es gelang auch einen Augenblick, eine Stimmung in der Volksmehrheit zu schaffen, die jeden Gewaltakt gegen die Sozialdemokratie gutgeheißen hätte. Wilhelm I. hatte den Haß, der einst im demokratischen Volk gegen ihn als den ‹Kartätschenprinzen› von 1848/49 obgewaltet hatte, überlebt. Von den Leuten aus jener Zeit waren die meisten weggestorben, für die inzwischen herangewachsene Generation war er der Begründer des geeinten Deutschen Reiches und der Greis von 81 Jahren, dem schon das hohe Alter den Anspruch auf das menschliche Mitgefühl sicherte. So riefen am Tage nach dem Attentat, als ich ins Büro»* – des Bankhauses Rothschild – *«kam, selbst Kollegen, mit denen ich sonst recht gut stand, mir empört zu: ‹Pfui!› . . .»*

Diese Volksstimmung nutzte Bismarck zu einer Reichstagsvorlage aus, die, wäre sie vom Parlament verabschiedet worden, die Sozialdemokraten aller politischen Rechte beraubt hätte. Doch als immer mehr Tatsachen bekannt wurden, die zeigten, daß der Attentäter Hödel auf eigene Faust gehandelt hatte und daß die Partei an dem Vorkommnis nicht im geringsten beteiligt gewesen war, lehnte die Reichstagsmehrheit das von Bismarck geforderte Gesetz ab, und zwar mit der überwältigenden Mehrheit von 243 gegen 60 Stimmen. Die kleine sozialdemokratische Fraktion hatte an der Debatte gar nicht teilgenommen, sondern lediglich eine Erklärung abgegeben, die von Wilhelm Liebknecht verlesen worden war. Darin wurde dagegen protestiert, *«die moralische Urheberschaft des noch unerwiesenen Mordattentats auf den deutschen Kaiser einer Partei aufzuwälzen, welche den Mord in jeder Gestalt verurteilt und die wirtschaftliche und politische Entwicklung als von dem Willen einzelner Personen ganz unabhängig auffaßt».*

Diese Erklärung endete mit der Versicherung: *«Falle die Entscheidung des Reichstags aus, wie sie wolle – die deutsche Sozialdemokratie, an Kampf und Verfolgung gewöhnt, blickt weiteren Kämpfen und Verfolgungen mit jener zuversichtlichen Ruhe entgegen, die das Bewußtsein einer guten und unbesiegbaren Sache verleiht.»*

Aber nur neun Tage später, am 2. Juni 1878, wurde auf Kaiser Wilhelm I. ein weiteres Attentat verübt. Der «Studierende der Landwirtschaft» Dr. Karl Nobiling, ein Wirrkopf und Einzelgänger ohne irgendwelche Beziehungen zu den Sozialdemokraten, hatte mit einer Schrotflinte auf den vorüberfahrenden Kaiser geschossen, ihn verletzt und alsdann einen Selbstmordversuch unternommen, an dessen Folgen er Monate später starb, ohne noch einmal für mehr als ein paar Minuten das volle Bewußtsein erlangt zu haben.

Dieses zweite Attentat binnen kurzer Zeit versetzte Bismarck in die Lage, eine Hetzkampagne zu starten, die Eduard Bernstein, der diese Tage in Berlin miterlebte, folgendermaßen beschrieben hat: *«Die am Abend durch das offiziöse Wolffsche Telegraphenbureau mit der Vorbemerkung ‹amtlich› in die Welt gesandte, in Wahrheit jeder tatsächlichen Unterlage entbehrende, das heißt: raffiniert erlogene Meldung, daß*

Nobiling bei seiner gerichtlichen Vernehmung ‹bekannt habe, der So-
zialdemokratie anzugehören und Mitschuldige zu haben›, schuf im deut-
schen Volk die Stimmung, die Bismarck brauchte. Freche Lüge war diese
sogenannte ‹Vernehmung› eines schwer im Gehirn verletzten, immer
wieder bewußtlos werdenden Attentäters. Wer jene Tage nicht miterlebt
hat, kann sich nur schwer eine Vorstellung von dem Sturm machen, der
nun über die Sozialdemokratie hereinbrach . . . Die frechsten Lügen, die
gewissenlose Reporter gegen Sozialdemokraten ausheckten, wurden
selbst von Zeitungen, die sich auf ihren Liberalismus etwas zugute taten,
willig kolportiert. Kein Wunder, daß im bürgerlichen Publikum eine
wahre Gespensterfurcht um sich griff!»

Es war wie während der letzten Jahre in der Bundesrepublik Deutschland,
wo von den Massenmedien, aber auch von Politikern und Behörden,
einzelne – tatsächlich oder auch nur vermeintlich politische – Gewaltakte
von Außenseitern stets mit vehementer Entrüstung der gesamten, an
den Vorfällen gänzlich unbeteiligten Linken angelastet wurden und noch
werden; wo jeder – im Verhältnis zur Gesamtkriminalität nur eine
Bagatelle darstellende – Bankraub, Mordanschlag oder Entführungsver-
such, sofern er auf das Konto politisch motivierter Täter geht oder zu
gehen scheint, zur Staatsaffäre aufgebauscht wird; wo eine gewisse
Presse sowie die dahinterstehenden Herren der Wirtschaft und deren
politische Freunde emsig bemüht sind, alles in einen Topf zu werfen:
anarchistische Bombenbastler und deren entschiedenste Gegner in den
legalen Parteien der Linken, pseudorevolutionäre Terroristen und Befür-
worter von Gewaltverzicht, randalierende Chaoten, Verteidiger der
Rechtsstaatlichkeit, narkotisierte Blumenkinder und disziplinierte Gewerkschafter – allein zu dem Zweck, ein Klima hysterischer Angst zu
erzeugen und dieses dazu zu benutzen, die von der Verfassung garantier-
ten Freiheitsrechte einzuschränken.

Damals, 1878, wurden die beiden Attentate zweier Einzelgänger, von
denen der eine aus der Sozialdemokratischen Partei ausgeschlossen worden war, der andere ihr nicht einmal nahegestanden hatte, in Verbindung
gebracht mit zwei etwa gleichzeitigen, in musterhafter Ordnung abge-
laufenen Massendemonstrationen der Partei anläßlich der Beerdigungen
zweier Berliner Genossen, von denen der eine an den Aufregungen eines
auf eindeutig falschen Anschuldigungen beruhenden Strafprozesses im
Gefängnislazarett gestorben war.

«*Wer spricht noch von Arbeiterbataillonen, das sind ganze Regimen-*
ter, nein, ganze Armeekorps!» hatte im Hinblick auf diese sehr eindrucksvollen Leichenzüge die nationalliberale «Magdeburgische Zeitung» geschrieben, um so die Angst der Bürger noch zu steigern, und die
weiter rechts stehenden Blätter wiesen darauf hin, daß nach den Mordan-

schlägen auf den «*greisen Heldenkaiser*» diese «*Heere von potentiellen Mördern*» eine «*öffentliche Gefahr ersten Ranges*» darstellten; es gelte jetzt ein Gesetz durchzubringen, das «*auf dem Boden des gemeinen Rechts für alle Klassen*» die bürgerliche Freiheit mit allen Mitteln «*gesetzlicher Ordnung und fester Autorität*» schützte.

Die Sozialdemokratie wurde als die «*Partei der Meuchelmörder und Verschwörer*» beschimpft, und wer aus dem bürgerlichen Lager es noch wagte, eine korrekte, den rechtsstaatlichen Normen entsprechende Behandlung der verfolgten Sozialdemokraten zu fordern und, ohne sich mit ihnen zu identifizieren, ihre pauschale Verurteilung zurückwies, dem konnte es geschehen, daß man ihn als «*Komplizen der Mörderbande*» verdächtigte und einen «*roten Halunken*» nannte.

Auch hierfür lassen sich bundesdeutsche Parallelen aufzeigen. Es sei nur erinnert an die Flut bösartiger Verleumdungen, die sich Anfang 1972 über Heinrich Böll ergoß, als er sich öffentlich gegen die unverantwortliche Panikmache und abscheuliche Hetze der Springer-Presse gewandt und vor der Aufreizung zur Lynchjustiz gewarnt hatte; als er mit Bezug auf die untergetauchte Ulrike Meinhof so weit gegangen war, für diese Frau freies Geleit und einen fairen Prozeß zu fordern.

Es läßt sich indessen auch ein entgegengesetztes Beispiel anführen, nämlich was die Diffamierungen betrifft, denen ein heutiger sozialdemokratischer Staatsmann, dessen Integrität niemand ernstlich bezweifeln kann, seit Jahren ausgesetzt ist, weil er, Herbert Wehner, früher einmal Funktionär der Kommunistischen Partei war. So weit ging man, bei aller Hysterie, vor hundert Jahren, etwa im Falle des führenden Nationalliberalen Johannes Miquel, nicht, der bis 1852 ein sehr aktives Mitglied des Bundes der Kommunisten und Vertrauensmann von Karl Marx gewesen war. Miquel, bis 1876 Mitglied des Reichstags, von 1880 bis 1890 Oberbürgermeister von Frankfurt am Main, dann preußischer Finanzminister, wurde damals weder von sozialdemokratischer Seite sein Renegatentum noch von seinen konservativen Gegnern Unzuverlässigkeit vorgeworfen.

Nach dem zweiten Attentat auf Wilhelm I. sah sich Bismarck am Ziel seiner Wünsche. Sofort nach Erhalt der Nachricht, daß ein noch Unbekannter auf den Kaiser geschossen und ihn verletzt habe, ließ er Vorbereitungen für die Auflösung des Reichstags treffen, um die zu erwartende, gegen Sozialisten und Liberale gerichtete Volksstimmung so schnell wie möglich politisch auszunutzen; dann erst erkundigte sich der Kanzler nach dem Befinden seines kaiserlichen Herrn.

In dem nun folgenden Reichstagswahlkampf mußte die Sozialdemokratie eine wahre Flut von Verleumdungen über sich ergehen lassen, und die Behinderungen ihrer Kandidaten und Wahlhelfer nahm geradezu groteske Formen an. Es war das klassische Schema reaktionärer Hetze und Einschüchterung, nach dem man nun verfuhr. Vielerorts wurden –

Reichs-Gesetzblatt.

№ 34.

(Nr. 1271) Gesetz gegen die gemeingefährlichen Bestrebungen der Sozialdemokratie. Vom 21. Oktober 1878.

Wir Wilhelm, von Gottes Gnaden Deutscher Kaiser, König von Preußen ꝛc.

verordnen im Namen des Reichs, nach erfolgter Zustimmung des Bundesraths und des Reichstags, was folgt:

§. 1.

Vereine, welche durch sozialdemokratische, sozialistische oder kommunistische Bestrebungen den Umsturz der bestehenden Staats- oder Gesellschaftsordnung bezwecken, sind zu verbieten.

Dasselbe gilt von Vereinen, in welchen sozialdemokratische, sozialistische oder kommunistische auf den Umsturz der bestehenden Staats- oder Gesellschaftsordnung gerichtete Bestrebungen in einer den öffentlichen Frieden, insbesondere die Eintracht der Bevölkerungsklassen gefährdenden Weise zu Tage treten.

Den Vereinen stehen gleich Verbindungen jeder Art.

Auszug aus dem «Sozialistengesetz» vom 21. Oktober 1878

wie die erhalten gebliebenen amtlichen Berichte an das Innenministerium zeigen – die als Sozialdemokraten bekannten Arbeiter und Angestellten von der Polizei den Firmenleitungen als *«subversive Subjekte»* und *«Kaisermörder»* zur *«besonderen Aufmerksamkeit»* empfohlen, was häufig die fristlose Entlassung der Betroffenen zur Folge hatte. In den Mitteilungen der Arbeitgeberverbände wurde den Betrieben geraten, dem gesamten Personal Verpflichtungsscheine einzeln zur Unterschrift vorzulegen, mit denen sich die Beschäftigten von jeder sozialdemokratischen Aktivität distanzieren sollten; wer nicht unterzeichne, so sei den Arbeitnehmern mitzuteilen, habe sich als entlassen zu betrachten.

Gegen diese Art von Nötigung konnte sich die Partei noch dadurch einigermaßen zur Wehr setzen, daß sie eilig die Parole verbreiten ließ, jeder solle die geforderte Unterschrift leisten, brauche sich jedoch weder rechtlich noch moralisch an das erpreßte Versprechen gebunden zu fühlen. Aber gegen willkürliche Zeitungsverbote, Beschlagnahme von Flugblättern, eingenommenen Spenden, örtlichen Parteikassen und Verzeichnissen sowie gegen die Verhaftung der aktivsten Wahlhelfer war die Partei machtlos.

Angesichts dieser außerordentlichen Schwierigkeiten durften die Sozialdemokraten mit dem schließlichen Ergebnis der Reichstagswahlen noch recht zufrieden sein: Von ihren rund 493 000 Wählern des Vorjahrs blieben ihnen trotz der maßlosen Hetze und der Behinderungen im Wahlkampf immerhin rund 437 000 treu, und als Bismarck dem neugewählten Parlament nun sogleich wieder ein – etwas verändertes – Ausnahmegesetz vorlegte, dessen Annahme bei dem herrschenden politischen Klima und den Wahlgewinnen der Rechtsparteien als völlig gesichert gelten konnte, sah sich die Partei in Anbetracht ihrer geringen Verluste imstande, durch Wilhelm Bracke dem Hohen Haus stolz erklären zu lassen: «*Meine Herren, ich sage Ihnen, wir pfeifen auf das ganze Gesetz!*»

Der Reichstag nahm schließlich das sogenannte ‹Sozialistengesetz› – offiziell hieß es «Gesetz gegen die gemeingefährlichen Bestrebungen der Sozialdemokratie» – am 19. Oktober 1878 in dritter Lesung mit einer Mehrheit von 221 gegen 149 Stimmen an; am 21. Oktober trat es in Kraft. Es bestimmte in Paragraph 1: «*Vereine, welche durch sozialdemokratische, sozialistische oder kommunistische Bestrebungen den Umsturz der bestehenden Staats- oder Gesellschaftsordnung bezwecken, sind zu verbieten.*»

Die weiteren Paragraphen sahen das Verbot aller Parteiorganisationen und Gewerkschaften vor, auch das aller sozialdemokratischen Zeitungen und Zeitschriften, Versammlungen, Aufzüge und öffentlichen Festlichkeiten.

Ergänzt wurden diese Unterdrückungsmaßnahmen von seiten der Unternehmer durch zahlreiche Entlassungen sozialdemokratischer Arbeiter, von seiten der Behörden durch Verhängung des «Kleinen Belagerungszustands», was vor allem bezweckte, «*daß Personen, von denen eine Gefährdung der öffentlichen Sicherheit oder Ordnung zu besorgen ist, der Aufenthalt in den Bezirken oder Ortschaften untersagt*» werden konnte; das bedeutete in der Praxis die ‹Säuberung› der sozialdemokratischen Hochburgen von allen bekannten Funktionären und Aktivisten sowie deren Verbannung in ländliche Gegenden, wo sie – so hoffte jedenfalls die Polizei – ohne Kontakt zu ihrer Basis und vom politischen Leben isoliert waren.

Allein aus Berlin, wo bereits am 28. November 1878 der «Kleine Belagerungszustand» verhängt wurde, wies die Polizei sofort 67 sozialdemokratische Führer aus; in den folgenden Monaten und Jahren wurden noch Hunderte aus Berlin, dann auch aus Altona, Leipzig und anderen ‹roten› Hochburgen verbannt.

In Berlin verabschiedeten sich die Ausgewiesenen mit einem eilig gedruckten und verteilten Flugblatt von ihren Genossen, denen sie dringend davon abrieten, sich vom Gegner zu ungesetzlichen Handlungen provozieren zu lassen.

«*Vergeßt nicht*», hieß es weiter auf diesem Flugblatt, «*daß ein infames Lügensystem in der Presse es fertig gebracht hat, uns in der öffentlichen Meinung als diejenigen hinzustellen, welche zu jeder Schandtat fähig sind . . . Jeder Fehltritt eines einzigen von uns würde für alle die schlimmsten Folgen haben und gäbe der Reaktion eine Rechtfertigung für ihre Gewaltstreiche.*

Parteigenossen! Arbeiter Berlins! Wir gehen aus eurer Mitte ins Exil . . . Wo wir auch weilen mögen, stets werden wir treu bleiben der gemeinsamen Sache . . . Von euch aber verlangen wir: Seid ruhig! Laßt unsre Feinde toben und verleumden, schenkt ihnen keine Beachtung . . . Haltet fest an der Losung, die wir euch so oft zugerufen: An unserer Gesetzlichkeit müssen unsere Feinde zu Grunde gehen.

Und nun noch ein Wort, Freunde und Genossen! Die Ausweisung hat bis jetzt, mit Ausnahme eines einzigen, nur Familienväter getroffen. Keiner von uns vermag seinen Angehörigen mehr als den Unterhalt der nächsten Tage zurückzulassen. Genossen! Gedenkt unsrer Weiber und Kinder! Bleibet ruhig! Es lebe das Proletariat! Es lebe die Sozialdemokratie!»

Verfasser und Mitunterzeichner dieses Aufrufs war übrigens Ignaz Auer, ein gelernter Sattler, geboren 1846 in Dommelstadt bei Passau. Er war seit 1869 bei den ‹Eisenachern›, seit dem Einigungsparteitag 1875 Sekretär und praktisch der Organisationsleiter der Partei, seit Anfang 1877 auch Mitglied des Reichstags. Auer wurde später auch aus Hamburg ausgewiesen, lebte schließlich als Möbelhändler in Schwerin, blieb aber insgeheim weiter sehr aktiv und der eigentliche Leiter der Parteiorganisation, daneben war er – bis zu seinem Tode im Jahre 1907 – mit nur kurzen Unterbrechungen Mitglied des Reichstags.

Ein anderer sozialdemokratischer Reichstagsabgeordneter, der nach dem Inkrafttreten des Ausnahmegesetzes eine wichtige Rolle spielte, war Julius Motteler, geboren 1838 im württembergischen Eßlingen. Dieser gelernte Textilkaufmann hatte Anfang der sechziger Jahre im sächsischen Crimmitschau Freundschaft mit August Bebel geschlossen und war dessen politischer Kampfgefährte geworden. 1869 hatte er die «Internationale Gewerkgenossenschaft der Manufaktur-, Fabrik- und Handarbeiter» ins Leben gerufen, als deren Präsident er sich besonders für die rechtliche und soziale Gleichstellung der Arbeiterinnen sowie für den Schutz der Kinder, die in Fabriken und Bergwerken arbeiteten, einsetzte. Nachdem er der Parteiarbeit in Berlin seine gesamten Ersparnisse geopfert hatte, war er, obwohl er nun in sehr bedrängten Verhältnissen lebte, zur Übernahme eines Reichstagsmandats bereit gewesen, was damals, als es keine Diäten und Aufwandsentschädigungen für Abgeordnete gab, eine zusätzliche Belastung bedeutete. Er war auch 1878 wiedergewählt worden, doch ging er dann auf Drängen seines Freundes Bebel hin nach Zürich, wo er eine für den Fortbestand der Partei und die Stärkung der Moral der Genossen im Deutschen Reich besonders wichtige Aufgabe übernahm, nämlich die Geschäftsleitung und die Organisation des Vertriebs eines neuen – nunmehr in Deutschland illegalen – Zentralorgans mit dem Titel «Der Sozialdemokrat» sowie den dazu erforderlichen Aufbau eines geheimen, ‹Rote Feldpost› genannten Verteilernetzes, zu dessen Schutz vor Polizei und Spitzeln auch eine eigene Abwehrorganisation geschaffen werden mußte.

Wenn in der Zeit des ‹Sozialistengesetzes›, von 1878 bis 1890, die Anzahl der sozialdemokratischen Reichstagswähler, nach anfangs bedrohlichem Rückgang, sprunghaft zunahm und 1884 bereits rund 550000 ausmachte, 1887 auf rund 763000 und 1890 gar auf 1427000 anstieg, womit die SPD zur stärksten Partei im Deutschen Reich wurde, so war dieser zunächst kaum für möglich gehaltene Erfolg zu einem beträchtlichen Teil den Männern und Frauen zu verdanken, die unter Julius Mottelers einfallsreicher, geschickter und pedantisch genauer Leitung den ‹Roten Feldpost›-Dienst versahen.

Anfangs wurden sämtliche Exemplare des «Sozialdemokraten», wöchentlich etwa zehntausend, in der Schweiz gedruckt und, zusammen mit Rundbriefen, Broschüren und Flugblättern, nach Deutschland eingeschmuggelt, wobei der aus Baden stammende Schuhmacher Joseph Belli für den unbehelligten Grenzübergang sorgte, mal mit ‹Schiffspost› über den Bodensee, mal durch nächtliche Wanderer mit schweren Rucksäcken, mal mit Güterzügen oder Sendungen der regulären Post. Später wurden Geheimdruckereien in Deutschland eingerichtet – in Stuttgart, Hamburg, Nürnberg, Altenburg und Köln –, die allwöchentlich mit den aus der Schweiz gelieferten Druckplatten die Zeitungen herstellten, die dann über Hunderte von Vertrauensmännern und Tausende von Verteilern in allen wichtigen Orten des Reiches ihren Weg zu den Lesern fanden.

Der wichtigste Verbindungsmann zwischen der illegalen Parteileitung, der Reichstagsfraktion, der ‹Roten Feldpost›-Leitung und der Chefredaktion des «Sozialdemokraten» sowie zu Karl Marx und Friedrich Engels in London aber war in diesen Jahren des heimlichen Kampfes ein reicher Berliner Fabrikant namens Paul Singer.

Der 1844 in Berlin geborene, aus einer wohlhabenden jüdischen Kaufmannsfamilie stammende Singer, Mitinhaber der Damenmäntelfabrik Gebr. Singer, war unter dem Einfluß Johann Jacobys ein radikaler Demokrat und schließlich Sozialist geworden. 1870 hatte er öffentlich gegen die Annexion Elsaß-Lothringens protestiert.

Paul Singer war seit 1868 bekannt und bald eng befreundet mit August Bebel und Wilhelm Liebknecht, ebenso mit Friedrich Engels, den er auf seinen Geschäftsreisen nach London häufig besuchte und der ihn auch im Hause von Karl Marx einführte. 1883, im Todesjahr von Karl Marx, wurde Paul Singer Berliner Stadtverordneter, 1884 auch Mitglied des Reichstags, und im selben Jahr gründete er das «Berliner Volksblatt», das als der Sozialdemokratie nur ‹nahestehend› legal erscheinen konnte. Als Fraktionsvorsitzender im Berliner Stadtparlament wurde Singer der anerkannte Führer der hauptstädtischen Arbeiterschaft, und siebenundzwanzig Jahre lang, bis zu seinem Tode im Jahre 1911, vertrat er im Reichstag den Wahlkreis Berlin IV (Äußere Stadt Ost). Er war bald der neben Bebel einflußreichste Führer der deutschen Sozialdemokratie und – so später Lenin – «ein unerbittlicher Feind des Opportunismus», wie Singer ihn beispielsweise nach 1888 von Georg v. Vollmar vertreten sah, aber er wandte sich später auch, zusammen mit August Bebel, mit aller Entschiedenheit gegen den – von Eduard Bernstein begründeten – ‹Revisionismus›.

Georg v. Vollmar, der übrigens 1879 als erster die Chefredaktion des «Sozialdemokraten» übernahm, war 1850 als Sohn eines hohen Ministerialbeamten in München geboren, wurde in einem Benediktinerkloster erzogen und machte als sechzehnjähriger bayerischer Kavallerieleutnant 1866 den Krieg gegen Preußen mit. Danach ging er für ein Jahr nach Rom und trat dort als Offizier in die päpstliche Garde ein. Im Deutsch-Französischen Krieg 1870/71 wurde er schwer verwundet und litt zeitlebens unter den Folgen.

In den ersten Nachkriegsjahren beschäftigte er sich mit Philosophie und entwickelte sich allmählich zum Sozialisten. 1876 erklärte er zum Entsetzen der Münchener Hofgesellschaft seinen Beitritt zur Partei Bebels und Liebknechts und übernahm bald darauf die Redaktion des sozialdemokratischen «Dresdner Volksboten».

Wie fast jeder damalige Redakteur eines linken Blattes, kam er alsbald mit den Behörden in Konflikt und wurde zu einer Gefängnisstrafe verurteilt, nach deren Verbüßung er nach Zürich ging und dort mit dem Studium der Rechtswissenschaften begann. Kurze Zeit später wurde er von der Parteileitung mit der Chefredaktion des «Sozialdemokraten» beauftragt, doch mußte er schon Ende 1880 dieses Amt an Eduard Bernstein abgeben, weil er allzu radikal war und für einen sofortigen bewaffneten Aufstand in Deutschland plädiert hatte, was weder den Beschlüssen der Partei noch den Ansichten von Marx und Engels entsprach.

Vollmar ging dann nach Paris, wo er seine Studien beendete, wurde 1881 in den Reichstag, 1883 auch in den sächsischen Landtag gewählt und wandelte sich gegen Ende der achtziger Jahre zu einem antirevolutionären, nun jeder Radikalität abholden Reformisten. Im Reichstag, dem er bis 1918 angehörte, und im bayerischen Landtag, in den er 1893 erstmals gewählt wurde, gehörte Georg v. Vollmar dann dem äußersten rechten Flügel der Sozialdemokratie an und geriet oft in harten Konflikt mit August Bebel und Paul Singer. Er starb, nachdem er schon seit 1903 wegen fortschreitender Lähmung kaum noch öffentlich hervorgetreten war, 1922 auf seinem oberbayerischen Landsitz Soiensaß am Walchensee.

Der Aufhebung des ‹Sozialistengesetzes› im Januar 1890 war noch einmal eine Periode verschärfter Verfolgung und Unterdrückung vorausgegangen, die Franz Mehring später als die *«Todeskrämpfe des Ausnahmegesetzes, worin das von der kräftigen Faust des Proletariats an der Gurgel gepackte Ungetüm noch einmal wild um sich schlug»*, gekennzeichnet hat. Diese uns heute etwas pathetisch anmutende Charakterisierung der harten Auseinandersetzungen in der Zeit vom April 1886 bis gegen Ende 1889 wird erst verständlich, wenn man sich vergegenwärtigt, gegen welche enormen wirtschaftlichen, sozialen, politischen und administrativen Widerstände sich die anfangs noch schwache Sozialdemokratie behauptet und schließlich durchgesetzt hatte, und wenn man einige Höhepunkte dieses Kampfes so Revue passieren läßt, wie sie von denen, die sie miterlebten, geschildert worden sind:

1886 begann die Zeit der sogenannten ‹Geheimbund-Prozesse›. Auch wurde der «Kleine Belagerungszustand», verbunden mit neuen Ausweisungen sozialdemokratischer Führer, über weitere Städte und Kreise verhängt, so über Spremberg, Frankfurt am Main, Hanau, Höchst, Offenbach, die Obertaunuskreise und über Stettin.

Am 3. Juli 1886 hatten die Militärbehörden den Reichstagsabgeordneten Paul Singer aus Berlin ausgewiesen. Für seine Abreise war von der Polizei eine Vormittagsstunde bestimmt worden, zu der die Arbeiter in den Betrieben waren und – so nahm man an – nicht demonstrieren konnten. Auch war der Schlesische Bahnhof im weiten Umkreis abgeriegelt worden, und Singer durfte sich nur von seinen nächsten Angehörigen zum Bahnsteig begleiten lassen. Doch – so berichtet ein Augenzeuge – *«plötzlich lief auf dem gegenüberliegenden Bahnsteig ein Stadtbahnzug ein, alle Fenster dicht belagert. Kaum hielt der Zug, brach die Menge in brausende Hochrufe auf Singer, auf die Sozialdemokratie aus.*

Wenig später lief ein anderer Zug ein – das gleiche Bild. Und nun wiederholte sich diese Demonstration in ständiger Folge – auf dem Schlesischen Bahnhof, solange Singer dort noch wartete, dann unterwegs auf den Bahnhöfen, die sein Zug passierte; überall waren die Bahnsteige und die entgegenkommenden Stadtbahnzüge besetzt mit Arbeitern, die trotz Lohnausfall und drohender Maßregelung herbeigeeilt waren, um ihrem Vertreter Lebewohl zu sagen und den herrschen-

den Klassen die Ungebrochenheit der sozialistischen Bewegung zu be-
weisen.

Noch hatte die Polizei diese Schlappe nicht verwunden, da bereiteten
Berlins Sozialdemokraten ihr am 8. Juli eine neue Niederlage: Am
hellichten Tage verbreiteten sie zwanzigtausend Exemplare des Ab-
schiedsgrußes Paul Singers an seine Genossen mit einer so meisterhaften
Präzision, daß auch nicht ein einziger Arbeiter von der Polizei verhaftet
werden konnte.»

Die Zeitungen kamen nicht umhin, die Bravour und die glänzende,
‹wie am Schnürchen ablaufende› Organisation dieser Aktionen zu erwähnen, und das Ergebnis war ein neuer Prestigegewinn für die Partei,
ein Mitgliederzuwachs und eine verstärkte Nachfrage nach dem illegal
vertriebenen «Sozialdemokraten». Das Verteilernetz dieser Zeitung war
im Sommer 1886 bereits so dicht und so gut gegen polizeiliche Zugriffe
abgeschirmt, daß kaum noch Verzögerungen bei der Belieferung der
Leser auftraten. In den mehr als zehn Jahren, in denen das Blatt allwöchentlich in ganz Deutschland illegal verbreitet wurde, gelang es der
Polizei nur ein einziges Mal, den größten Teil einer Auflage abzufangen.
Doch schon zwei Tage später gelangte ein Nachdruck mit der Überschrift: «Trotz alledem, *Ersatz für das Gestohlene*» an alle Bezieher.

Etwa um diese Zeit begann der «Sozialdemokrat» auch mit der regel-
mäßigen Veröffentlichung von Warnungen vor einzelnen, genau be-
schriebenen Geheimpolizisten und Lockspitzeln, die man von seiten der
Regierung in die illegalen Organisationen einzuschleusen versucht hatte.
Diese Rubrik mit der Überschrift *«Eiserne Maske»* spielte bald eine
wichtige Rolle im täglichen Kleinkrieg der Parteibasis mit der politischen
Polizei und beruhte auf Informationen, die der inzwischen ausgezeichnet
funktionierende Nachrichten- und ‹Sicherheitsdienst› der ‹Roten Feldpost› an Julius Mottelers Züricher, später – nachdem auf Intervention
Bismarcks hin die Redaktion und der Vertrieb des «Sozialdemokraten»
die Schweiz hatten verlassen müssen – Londoner Zentrale lieferte.

1886/87 gingen die mit der Unterdrückung und Verfolgung sozialdemokratischer ‹Umtriebe› betrauten Behörden dazu über, die Reichstagsabgeordneten und andere bekannte Führer der verbotenen Partei wegen
Geheimbündelei anzuklagen. Da es keine hinreichenden Beweismittel
gab, mußten Spitzelberichte dazu herhalten. Der Bezug oder die Lektüre
des «Sozialdemokraten» galt als ‹Förderung eines verbotenen Blattes›,
und nach einer Freiberger Gerichtsentscheidung konnte daraus die Erfüllung des Tatbestands des Paragraphen 128 des Reichsstrafgesetzbuchs
abgeleitet werden. In Stuttgart, München, Frankfurt am Main, Düsseldorf, Berlin, Leipzig, Hamburg, Kassel, Breslau und vier Dutzend weiteren Orten fanden nun Prozesse statt, in denen mehrere hundert Sozialdemokraten zu Gefängnisstrafen verurteilt wurden. August Bebel bekam
sechs Monate, Ignaz Auer neun Monate Gefängnis; in Breslau, wo am

17. November 1887 das Landgericht unter Ausschluß der Öffentlichkeit gegen 38 Angeklagte verhandelte, wurden 29 von ihnen zu Gefängnisstrafen bis zu einem Jahr verurteilt, darunter der Reichstagsabgeordnete Julius Kräcker. Der Student Heinz Lux, Hauptangeklagter in diesem Verfahren, hat später darüber geschrieben: «*Es lag nicht an mangelndem gutem Willen des damaligen Untersuchungsrichters v. Reitzenstein, wenn die von ihm mit viel Phantasie zusammengeklitterte Anklageschrift sich bloß auf achtunddreißig Angeklagte beschränken … mußte.*»

Ursprünglich hatte es weit mehr Beschuldigte gegeben, und unter diesen war auch ein enger Freund von Heinz Lux, der damals fünfundzwanzigjährige und noch fast unbekannte Dichter Gerhart Hauptmann.

«*Den Schlingen der Anklage war Gerhart Hauptmann damals mit knapper Not entgangen*», heißt es dazu bei Heinz Lux, «*aber von dem Vorsitzenden der Breslauer Strafkammer, dem Landgerichtsdirektor Freytag, wurde der Zeuge Hauptmann doch nur als Schächer behandelt, dem im Grunde ein Platz auf der Anklagebank gebührte. Und die rachsüchtige Breslauer Polizei und ihre verächtlichen Spitzel … vergaßen auf Jahrzehnte hinaus niemanden, der in dem an Justiz-Skandalosa so überreichen Breslauer Sozialistenprozeß irgendeine passive Rolle gespielt hatte.*»

Der junge Gerhart Hauptmann, der damals – so berichtet sein Freund weiter – von der Polizei mit einem roten Kreuz in der Personalakte als Sozialistenfreund gekennzeichnet wurde, war indessen keineswegs ein Einzelfall. Der Kampf der deutschen Sozialdemokratie für eine grundlegende Veränderung der gesellschaftlichen Verhältnisse hatte ihr bereits sehr zahlreiche Sympathisanten aus dem Bürgertum gewonnen.

Manche betrachteten die immer stärker werdenden ‹Roten› nur als ein für den sozialen Fortschritt notwendiges Übel, wie es selbst von Bismarck einmal eingeräumt worden war, als er im Reichstag 1884 erklärt hatte: «*Wenn es keine Sozialdemokratie gäbe und wenn nicht eine Menge Leute sich vor ihr fürchteten, würden die mäßigen Fortschritte, die wir überhaupt in der Sozialreform bisher gemacht haben, auch noch nicht existieren …*»

Aber nicht wenige Bürgerliche sahen auch im Bündnis mit der erstarkten Arbeiterbewegung die einzige Alternative zu dem ihnen verhaßten, weil reaktionären, militaristischen, sich zur Eroberung der Welt rüstenden Regime der Hohenzollern. Nachdem 1888 die großen Hoffnungen, die das bürgerliche Lager nach dem Tod des einstigen ‹Kartätschenprinzen› Wilhelm I. in dessen als liberal geltenden Nachfolger, den neuen Kaiser Friedrich, gesetzt hatte, durch dessen kurze Regierungszeit – er starb schon neunundneunzig Tage nach der Thronbesteigung – enttäuscht worden waren, begann die Neigung zum Bündnis mit den Sozialdemokraten zu wachsen. Denn von Friedrichs Sohn und Nachfolger, dem jungen Kaiser Wilhelm II., konnten die fortschrittlichen Bürger, spätestens von 1890 an, keine Abkehr vom Militarismus und keine Liberalisierung mehr erwarten.

Und während sich in den beiden folgenden Jahrzehnten ein Teil der deutschen Sozialdemokratie, unter mehr und mehr Verzicht auf die marxistische Theorie und die revolutionären Ziele, in das Hohenzollern-Regime zu integrieren versuchte, besannen sich viele Angehörige der bürgerlichen Intelligenz auf die seit 1870/71 in Vergessenheit geratenen radikal-demokratischen Ideale der einstigen Jakobiner, der ‹Gießener Schwarzen›, der Teilnehmer am Hambacher Fest, der Freiheitskämpfer von 1848/49 sowie auf das große Beispiel, das der mutige Einzelkämpfer Johann Jacoby gegeben hatte, der an seinem Lebensabend Mitglied der verfemten Sozialdemokratischen Partei geworden war.

In den Jahren des ‹Sozialistengesetzes› war ein Teil der bürgerlichen Presse, obwohl sie ursprünglich die Maßnahmen der Regierung gegen die vermeintlichen ‹Kaisermörder› gebilligt hatte, zu der Einsicht gelangt, daß die Beschuldigungen gegen die Sozialdemokraten falsch und nur zu dem Zweck erhoben worden waren, die schwer erkämpften bürgerlichen Freiheiten abzubauen, mit ‹den Roten› zugleich die Liberalen zu treffen und den reaktionären Obrigkeitsstaat zu festigen.

Gegen die dann sichtbar werdende Härte und Willkür der Sozialistenverfolgung – so schrieb später der langjährige Chefredakteur der angesehenen «Vossischen Zeitung», Georg Bernhard, über die damalige Haltung des Zeitungsverlegers Leopold Ullstein und der von diesem seit 1877 herausgegebenen «Berliner Zeitung» – «mußte die anständige, ihrer Verantwortung für die staatsbürgerliche Freiheit sich bewußt bleibende bürgerliche Oppositionspresse Stellung nehmen. So sehr die ‹Berliner Zeitung› grundsätzlich Lehre und Agitationsmethoden der Sozialdemokratie bekämpft hatte, einem Gegner gegenüber, der so hart und ungerecht verfolgt wurde, mußten die Waffen ruhen. Und da die Sozialdemokratie fast keine Presse mehr im Lande hatte, so war es Pflicht der Gerechtigkeit, die Sache der so unmenschlich Verfolgten zu führen, auch wenn sie politische Gegner waren.»

Diese damalige Haltung des Ullstein-Verlags und seiner «Berliner Zeitung», die später kurz «BZ» genannt wurde, erübrigt jeden Vergleich mit der des heutigen, zum Springer-Konzern gehörenden Ullstein-Verlags und dessen Boulevardblatt «BZ»; allein die Vorstellung, Axel Springer und seine Redakteure könnten so viel Toleranz, Liberalität und menschlichen Anstand aufbringen, daß sie für hart und ungerecht verfolgte Linke, etwa für eine als Kommunistin aus dem öffentlichen Dienst gejagte Kindergärtnerin oder für verleumdete Geistliche und Professoren, öffentlich einträten, muß angesichts der täglichen Praxis der Springer-Presse absurd erscheinen.

Die Ullstein-Redakteure der Ära Bismarcks hingegen luden sich damals ohne Zögern den Zorn der Herrschenden auf, und die Liste der Bestrafungen, allein von Mitarbeitern der «Berliner Zeitung», die wegen Majestäts- oder Kanzlerbeleidigungen empfindliche Geldbußen bezahlen oder für Monate ins Gefängnis gehen mußten, ist außerordentlich lang.

Mit ebenso großem Mut und Anstand setzten sich auch die Herausgeber und Redakteure der von Aron Bernstein gegründeten «Berliner Volkszeitung» für die verfolgten Sozialdemokraten ein. Bernstein selbst, der sein Blatt seit 1853 zusammen mit dem linksliberalen Abgeordneten Franz Duncker herausgab und bis zu seinem Tod im Jahre 1884 fast täglich den Leitartikel schrieb, wurde von etwa 1870 an von einem jungen Redakteur unterstützt, der sich unter dem Eindruck der Sozialistenverfolgung vom entschiedenen Liberalen zum radikalen Demokraten und schließlich zum Sozialisten entwickelte: Franz Mehring. Mehring, 1846 im hinterpommerschen Städtchen Schlawe als Sohn eines ehemaligen preußischen Offiziers und späteren Steuerbeamten geboren, hatte bis 1870 in Leipzig und Berlin klassische Philologie studiert, war dann Journalist und Mitarbeiter liberaler Blätter geworden und trat später, nachdem er 1891 seinen Beitritt zur SPD erklärt hatte, sowohl als Leitartikler des in Fragen der Theorie führenden Parteiorgans «Neue Zeit» mit richtungweisenden Beiträgen zu historischen, politischen und literaturgeschichtlichen Fragen hervor wie als Verfasser der vierbändigen, 1897/98 erschienenen «Geschichte der deutschen Sozialdemokratie».

Ein anderer bürgerlich-liberaler Journalist, der gegen Ende der achtziger Jahre zur «Berliner Volkszeitung» kam und 1890 der SPD beitrat, war Georg Theodor Ledebour. Der 1850 in Hannover geborene Kaufmannssohn hatte zuvor an verschiedenen linksliberalen Blättern mitgearbeitet und sich 1884/85 führend an der Gründung einer demokratischen Partei für Norddeutschland beteiligt. Erst unter dem Eindruck der harten Verfolgungen der Sozialdemokraten in der Zeit der ‹Geheimbund-Prozesse› und des eindrucksvollen Widerstandes, den die Parteibasis dem Bismarck-Regime leistete, war Ledebour dann Sozialist geworden. Als glänzender Versammlungsredner, langjähriger Reichstagsabgeordneter und Nachfolger des 1900 verstorbenen Wilhelm Liebknecht im Berliner Wahlkreis 6 (Äußere Stadt Nord) wurde Georg Ledebour einer der populärsten Führer der Arbeiterschaft im ‹roten Berlin›.

Doch nicht nur in der Reichshauptstadt, auch in der fernen Provinz traten in den Jahren der Verfolgung viele junge Männer aus bürgerlichen Kreisen der verfemten Sozialdemokratie bei, so beispielsweise gegen Ende der achtziger Jahre der Königsberger Rechtsanwalt Hugo Haase, der 1863 in Allenstein geboren war. Oder auch der 1869 im oberschlesischen Rybnik geborene Sohn eines Geheimen Medizinalrats, Otto Landsberg, seit 1895 Rechtsanwalt in Magdeburg, der sich ebenfalls Ende der achtziger Jahre während seines Studiums in Berlin der SPD angeschlossen hatte. Beide, Hugo Haase wie Otto Landsberg, stammten aus wohlhabenden jüdischen Bürgerfamilien, beide wurden 1912 Reichstagsabgeordnete, und obwohl sie innerhalb der Sozialdemokratischen Partei verschiedene Wege gingen, denn Landsberg zählte zum antimarxistischen, revolutionsfeindlichen rechten Flügel, Hugo Haase dagegen zu den gemäßigten Linken, gehörten sie beide jenem «Rat der Volksbeauftragten» an, der am 9. November 1918 die Regierungsgeschäfte im zusammengebrochenen Kaiserreich übernahm.

Als die beiden späteren «Volksbeauftragten» Haase und Landsberg noch Gerichtsreferendare und -assessoren – und damit Beamte auf Zeit – waren und sich bereits der Sozialdemokratie angeschlossen hatten, wurde diese Partei nicht allein aufgrund des Ausnahmegesetzes als illegal angesehen; vielmehr hatte der Kaiser selbst erklärt, daß für ihn «jeder Sozialdemokrat gleichbedeutend mit Reichs- und Vaterlandsfeind» wäre. Dieser Ausspruch Wilhelms II. war gefallen im Zusammenhang mit dem Anfang Mai 1889 ausgebrochenen Bergarbeiterstreik an der Ruhr, der zu einer Kraftprobe zwischen den herrschenden Mächten und der in die Illegalität gedrängten Arbeiterbewegung wurde.

Dieser Streik im gesamten deutschen Steinkohlenbergbau, der Anfang Mai 1889 begann und bei dem es um Lohnerhöhung, Achtstundentag, eine gerechte Überstundenregelung und die Zulassung von Arbeiterausschüssen ging, war nicht nur der größte, den man in Deutschland bis dahin erlebt hatte, denn es beteiligten sich rund hundertfünfzigtausend Bergleute daran; vielmehr war er auch von erheblicher politischer Bedeutung.

Bis dahin hatten die Sozialdemokraten im überwiegend katholischen Ruhrrevier nur schwer Fuß fassen können. Doch ihr entschiedenes Eintreten für die Rechte der trotz Verbot streikenden Arbeiter verschaffte ihnen dort viele Sympathien. Nachdem Militär gegen die Streikenden eingesetzt worden war und es mehrere Tote gegeben hatte, politisierte sich die Lage an der Ruhr noch mehr. Und die Reden des Kaisers, der einer Arbeiterdelegation erklärt hatte, falls in der Streikbewegung sozialistische Tendenzen erkennbar würden, werde er «alles über den Haufen schießen lassen» – in einer für die Presse gereinigten Version hieß es dann: «mit unnachsichtlicher Strenge einschreiten» –, heizten die Stimmung noch mehr an. So kam es, daß bei den Wahlen zum Reichstag im Februar 1890 die sozialdemokratischen Stimmenanteile in Essen, Bochum und Dortmund auf das Sieben- bis Achtfache der 1887 erreichten Ergebnisse stiegen!

Doch um auf den Ausgangspunkt dieser Zwischenbemerkung zurückzukehren: Trotz ‹Sozialistengesetz›, gespannter Lage und der Erklärung des Kaisers, daß jeder Sozialdemokrat ein «Reichs- und Vaterlandsfeind» sei, konnten damals SPD-Juristen während ihrer Ausbildung Beamte auf

Zeit werden, wogegen heute in der Bundesrepublik, zumindest in Bayern, beispielsweise der Justizassessorin Charlotte Nieß, Mitglied der SPD und der angeblich verfassungsfeindlichen, weil ‹kommunistisch durchsetzten›, aber keineswegs illegalen und international angesehenen «Vereinigung Demokratischer Juristen», die Ernennung zur Richterin auf Probe verweigert wird, ja, wo der Landesvorsitzende der Freien Demokraten in Niedersachsen, Rötger Groß, von 1974 bis 1976 in einer sozial-liberalen Koalition und seit Januar 1977 unter einem christlich-demokratischen Ministerpräsidenten Innenminister in Hannover, öffentlich den Standpunkt vertritt, ein Kommunist dürfe *«nicht einmal Friedhofsgärtner»* werden.

Vor neunzig Jahren, als alle *« Vereine, welche durch sozialdemokratische, sozialistische oder kommunistische Bestrebungen den Umsturz der bestehenden Staats- und Gesellschaftsordnung bezwecken»*, noch verboten waren, hätte ein Liberaler es nicht wagen dürfen, solche jeder Liberalität hohnsprechenden Ansichten zu vertreten wie heute der niedersächsische Innenminister Rötger Groß, denn er wäre dann von seinen Parteifreunden und Wählern als Verräter an den liberalen Grundsätzen betrachtet und fallengelassen worden.

Einer der großen liberalen Führer jener Zeit, der Historiker Theodor Mommsen, der für sein Mammutwerk «Römische Geschichte» 1902 als erster Deutscher den Nobelpreis für Literatur erhielt, trat damals sogar entschieden für ein Bündnis der Freisinnigen mit den – seinerzeit noch marxistisch-revolutionären – Sozialdemokraten ein. Und im benachbarten Österreich wurde damals der aus liberalen und großdeutschen Traditionen stammende Victor Adler zum unbestrittenen Führer der Sozialdemokratie, deren zersplitterte Gruppen er um die Jahreswende 1888/89 zu einer Partei zusammenfaßte.

Victor Adler, 1852 in Prag geboren und aus reichem jüdischem Hause, hatte den zunächst nationalliberalen, dann deutschnationalen Kreisen um Georg von Schönerer angehört, doch er war dann bald, zumal nach mehreren Studienreisen, die ihn auch mit Karl Marx und Friedrich Engels zusammengeführt hatten, überzeugter Sozialist geworden. 1886 hatte er in Wien zunächst die sozialistische Wochenschrift «Gleichheit» gegründet, dann auch – als eine Voraussetzung für die Einigung der zersplitterten Arbeiterbewegung Österreichs – die Wiener «Arbeiterzeitung», die er bis zu seinem Tode am 11. November 1918 leitete und die das Zentralorgan der von ihm geführten österreichischen Sozialisten wurde.

Mit den deutschen Sozialdemokraten, zumal mit August Bebel, stand Victor Adler zeitlebens in sehr engem, freundschaftlichem Kontakt, und er wurde auch einer der wichtigsten Mitarbeiter der «Neuen Zeit». Deren Chefredakteur bis zum Jahre 1917 war Karl Kautsky, 1854 in Prag geboren, ebenfalls aus sehr begütertem Hause. Er hatte bis 1878 in Wien Geschichte und Philosophie studiert, war damals bereits mit dem Sozialismus in Berührung gekommen, und nachdem er in Zürich mit Bebel, Bernstein und Wilhelm Liebknecht, 1881 auch mit Marx und Engels, Bekanntschaft gemacht hatte, wurde er von diesen mit der Gründung der «Neuen Zeit» beauftragt, die er zunächst von London, dann von Stuttgart aus redigierte.

Ebenfalls aus dem Ausland zur deutschen Sozialdemokratie, wenn auch erst später zur Redaktion der «Neuen Zeit», stieß Ende der achtziger Jahre eine junge Studentin aus Zamocz in Russisch-Polen, auch sie aus einem wohlhabenden, mit der deutschen Kultur eng verbundenen jüdischen Bürgerhaus: Rosa Luxemburg. Sie studierte damals in Zürich Philosophie und Rechtswissenschaften, und wir werden uns mit ihr als der sowohl am heftigsten befehdeten wie auch bedeutendsten Persönlichkeit unter den deutschen Radikalen des späten 19. und frühen 20. Jahrhunderts noch ausführlich zu befassen haben.

Doch zunächst wollen wir die durch zwölf Jahre härtester Verfolgung keineswegs gebrochene, sondern aus dem Kampf kräftig gestärkt hervorgegangene deutsche Sozialdemokratie in ihrem weiteren Aufstieg, erst recht in ihren schon beginnenden Richtungskämpfen nicht weiter verfolgen, sondern eine andere, von den Historikern jedweder Couleur sorgsam ausgesparte Frage untersuchen, nämlich, ob es in der Regierungszeit Wilhelms II. nicht auch andere als sozialdemokratische Radikale gegeben hat und wie sie, zumal wenn sie für verfolgte Sozialisten eintraten, behandelt worden sind.

X. Vom Marsch in den Abgrund
und den Warnern am Wege

Dreißig Jahre lang, vom 15. Juni 1888 bis zum 9. November 1918, regierte Wilhelm II., von Gottes Gnaden König von Preußen, als dritter Deutscher Kaiser jenes Deutsche Reich, das Otto v. Bismarck durch eine ‹Revolution von oben› geschaffen hatte und das, wenn man es sich genauer betrachtete, nur ein vergrößertes Preußen war.

«*Von Gottes Gnaden ist der König, daher ist er auch nur dem Herrn allein verantwortlich . . .*», schrieb Wilhelm II. noch im Jahre 1900 aus Anlaß der Jahrhundertwende in das Goldene Buch der «Illustrirten Zeitung» in Leipzig, und mit seinem Gottesgnadentum nahm er es ernster als viele der deutschen Herrscher in der Zeit des Feudalabsolutismus. Tausende von Verurteilungen wegen Majestätsbeleidigung – fünf- bis sechshundert in jedem Jahr! – waren die Folge, die Verurteilten waren zumeist Künstler und Intellektuelle, darunter zahlreiche Professoren.

«*Für einen Witz: ein Jahr Gefängnis, für 'ne Erzählung: dritthalb Jahr' – so trüb stand niemals dein Verhängnis, so hoch flog, Deutschland, nie dein Aar!*», dichtete seufzend der Satiriker und Dramatiker Oskar Panizza, und der Historiker Ludwig Quidde schrieb 1893: «*Der spezifische Cäsarenwahnsinn ist das Produkt von Zuständen, die nur gedeihen können bei der moralischen Degeneration monarchisch gesinnter Völker oder doch der höher stehenden Klassen, aus denen sich die nähere Umgebung der Herrscher zusammensetzt . . . Kommt dann noch hinzu, daß nicht nur die höfische Umgebung, sondern auch die Masse des Volkes korrumpiert ist; daß der Herrscher . . . keinen mannhaften, offenen Widerstand findet; . . . ist gar dieser korrumpierte Geist, der das Vergehen der Majestätsbeleidigung erfunden hat und in der Versagung der Ehrfurcht eine strafbare Beleidigung des Herrschers erblickt, in die Gesetzgebung und in die Rechtsprechung eingezogen: so ist es ja wirklich zu verwundern, wenn ein so absoluter Monarch bei gesunden Sinnen bleibt.*»

Diese Textstelle stammt aus einem Beitrag, betitelt «Caligula. Eine Studie über römischen Cäsarenwahnsinn», die der Gelehrte, Gründer der «Deutschen Zeitschrift für Geschichtswissenschaft», in der «Gesellschaft», einer «Monatsschrift für Kunst, Literatur und Sozialpolitik», hatte erscheinen lassen. Obwohl in der zwanzig Seiten umfassenden Studie, die mit Fußnoten und lateinischen wie griechischen Zitaten gespickt ist, Wilhelm II. nicht namentlich erwähnt ist und alle Anspielungen auf den Kaiser zwischen den Zeilen stehen, wurde Professor

Quidde wegen Majestätsbeleidigung angeklagt. Der Prozeß zog sich bis 1896 hin und endete mit einer Verurteilung zu drei Monaten Gefängnis; währenddessen fand Quiddes inkriminierte Studie als Separatdruck reißenden Absatz und ging bereits 1894 in die dreißigste Auflage.

«Ein Gebiet, auf dem Caligula mit Vorliebe zu glänzen suchte, war die Beredsamkeit; er sprach gern und viel öffentlich, und es wird uns berichtet, daß er auch ein gewisses Talent dafür besaß, daß insbesondere ihm die Kunst, zu verletzen und zu schmähen eigen war», heißt es an einer Stelle der Studie, und Quidde hatte boshaft, wenn auch wahrheitsgemäß, hinzugefügt: *«Mit Vorliebe wandte er sich gegen die Koryphäen der Literatur . . .»*, wobei anzumerken ist, daß die Rebellion der deutschen Schriftsteller und Künstler gegen das kaiserliche Regime 1893 gerade erst begonnen, der Haß Wilhelms II. auf die ‹Modernen› sich noch längst nicht ausgetobt hatte.

Immerhin war Gerhart Hauptmann schon seit einigen Jahren in Berlin und dem Kaiser ein Dorn im Auge. Der 1862 in Obersalzbrunn geborene Gastwirtssohn hatte nach einer Lehrzeit in der Landwirtschaft zunächst Bildhauer werden wollen, dann in Jena Geschichte und Philosophie studiert und war 1886 nach Berlin gekommen, wo er Anschluß an den naturalistischen Dichterkreis «Durch» gefunden hatte.

Gerhart Hauptmann beteiligte sich 1889 an der Gründung der unter der Leitung von Otto Brahm stehenden «Freien Bühne», einem Verein, der von fortschrittlichen Bürgern Berlins eigens zu dem Zweck gebildet worden war, «Privataufführungen» von Stücken vornehmen zu können, die sonst von der strengen Zensur verboten worden wären. Den letzten Anstoß dazu hatte der Berliner Polizeipräsident, Freiherr v. Richthofen, gegeben, von dem Henrik Ibsens «Gespenster» und Hermann Sudermanns gesellschaftskritisches Schauspiel «Ehre» nicht zur öffentlichen Vorführung freigegeben worden waren; im Oktober 1890 begründete Richthofen das Verbot eines weiteren Stücks von Sudermann, «Sodoms Ende», schlicht mit den Worten: *«Die janze Richtung paßt uns nich!»*

Noch im Gründerjahr der Freien Bühne gelangte unter ihrem Schutz Gerhart Hauptmanns erstes Drama, «Vor Sonnenaufgang», zur Uraufführung. Die Premiere dieses naturalistisch den Verfall einer reich gewordenen Bauernfamilie zeigenden Stücks wurde zu einem Skandal. Noch größere Aufregung entstand um Hauptmanns nächstes Bühnenwerk, «Die Weber», dessen Aufführung 1892 zunächst, allen Protesten der Freien Bühne zum Trotz, polizeilich untersagt worden war und erst durch eine Entscheidung des Oberverwaltungsgerichts erzwungen werden konnte. Wilhelm II. fand «Die Weber» abscheulich und gab seinem Mißfallen öffentlich Ausdruck; die konservativen Blätter geiferten gegen das *«zum Klassenhaß aufreizende»* Stück, das das Elend der schlesischen Weber, ihre schamlose Ausbeutung und die Motive ihres verzweifelten Aufstands von 1844 so realistisch zeigte, und bei den Behörden erinnerte

Caligula.

Eine Studie über römischen Cäsarenwahnsinn

von

L. Quidde.

Fünfte Auflage.

Leipzig.
Verlag von Wilhelm Friedrich.

Titelseite der «Caligula»-Studie

man sich an das rote Kreuz in Gerhart Hauptmanns Personalakte, das den Dichter als einen ‹erkannten› Sympathisanten der Sozialisten auswies.

Als Hauptmann im Jahr darauf mit seiner Komödie «Der Biberpelz» den preußischen Obrigkeitsstaat der Lächerlichkeit preisgab, als ihn «Hanneles Himmelfahrt» und «Florian Geyer» noch berühmter gemacht hatten, untersagte Wilhelm II. die Verleihung des dem Dichter von der

Jury zuerkannten Schillerpreises und entschied, daß diese hohe, mit sechstausend Goldmark dotierte Auszeichnung seinem Hofpoeten Ernst v. Wildenbruch zuteil wurde, einem illegitimen Nachkommen des Prinzen Louis Ferdinand von Preußen und Verfasser pathetischer Heldenlieder und Balladen, in denen er die Siege von 1870/71 verherrlicht hatte.

Doch wenn der Kaiser auch Gerhart Hauptmanns Ehrung im Deutschen Reich noch eine Weile lang verhindern konnte, so war er doch machtlos gegen die des Auslands: Dreimal wurde Hauptmann der Grillparzerpreis der Wiener Akademie zuerkannt; die Universität Oxford ernannte ihn zu ihrem Ehrendoktor, und 1912 erhielt der Dichter, in ausdrücklicher Anerkennung seines in den «Webern» zum Ausdruck gebrachten sozialen Engagements, den Literatur-Nobelpreis.

Anfang Dezember 1894 brachte die kaiserliche Regierung, gedrängt von Wilhelm II. und den Herren der Großindustrie, eine Vorlage im Reichstag ein, die eine rigorose Verschärfung des allgemeinen und des Militärstrafrechts vorsah. Nach dieser sogenannten ‹Umsturzvorlage› sollten Bestrebungen, die auf den Umsturz der bestehenden Staats- und Gesellschaftsordnung gerichtet waren, generell mit Zuchthaus bestraft werden, vorgebliche Angriffe auf die Religion, die Monarchie oder auch auf Ehe, Familie und Eigentum mit Gefängnis bis zu vier Jahren; gleichzeitig sollte die Pressegesetzgebung noch verschärft werden, und mit alledem übertrafen diese Pläne sogar Bismarcks ‹Sozialistengesetz›.

Während die weiter erstarkte Sozialdemokratie – 1893 hatte sie bei den Reichstagswahlen 1,79 Millionen Stimmen erhalten und vierundvierzig Abgeordnete ins Parlament gebracht – der Entwicklung mit Gelassenheit entgegensah, nahm die linksliberale Opposition diese ‹Umsturzvorlage› außerordentlich ernst. Überall im Reich wurden Protestversammlungen einberufen, und für wie kritisch man die Lage ansah, geht aus einem Brief hervor, den der sechzigjährige Jenaer Zoologe, Verfechter einer materialistischen Naturauffassung und mutige Streiter gegen den Dogmenglauben und die Herrschaftsansprüche der Kirche Ernst Haeckel am 19. Februar 1895 an eine Zeitschrift richtete, die ihn um eine Stellungnahme zur Frage einer Annäherung der deutschen und französischen Kulturen gebeten hatte.

Haeckel hielt, wie er schrieb, eine solche Annäherung «*für höchst wünschenswert*», doch riet er, abzuwarten, «*ob das schwebende ‹Umsturz-Gesetz› zustande kommt. Sollte dies der Fall sein, so würde überhaupt jede freie und ehrliche Meinungsäußerung in Deutschland für längere Zeit unmöglich sein . . .*»

Der Widerstand war schließlich so stark, daß die ‹Umsturzvorlage› im Mai 1895 im Reichstag endgültig abgelehnt wurde. Wilhelm II. aber telegrafierte seinem Reichskanzler, dem Fürsten Chlodwig zu Hohenlohe-Schillingsfürst: «*Es bleiben uns somit noch die Feuerspritzen für gewöhnlich und Kartätschen für die letzte Instanz.*»

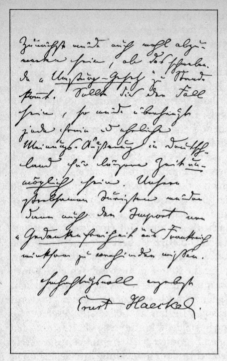

Rückseite eines Briefes von Ernst Haeckel vom 19. Februar 1895 zur Frage einer Annäherung der deutschen und französischen Kultur. Der Text des ganzen Briefes lautet:

Sehr geehrter Herr!   Jena 19. Febr. 1895.

Auf Ihre Anfrage vom 30. Januar d. J. beehre ich mich zu erwidern, daß ich eine «ernsthaftere und wirksamere Annäherung der beiden großen Culturen Frankreichs und Deutschlands» im beiderseitigen Interesse für höchst wünschenswert halte. Praktische Vorschläge zur erfolgreichen Förderung dieser vortrefflichen Absicht vermag ich aber nach reiflicher Überlegung derselben Ihnen leider nicht zu unterbreiten.
Zunächst würde auch wohl abzuwarten sein, ob das schwebende «Umsturz-Gesetz» zu Stande kommt. Sollte dies der Fall sein, so würde überhaupt jede freie und ehrliche Meinungs-Äußerung in Deutschland für längere Zeit unmöglich sein. Unsere strebsamen Juristen würden dann auch den Import von «Gedankenfreiheit» aus Frankreich wirksam zu verhindern wissen.

Hochachtungsvoll ergebenst
Ernst Haeckel

Im Frühherbst 1895 rüstete sich das wilhelminische Deutschland zur Feier des fünfundzwanzigsten Jahrestages der Schlacht von Sedan, und die Sozialdemokraten protestierten gegen diesen militaristischen ‹Rummel›. Wilhelm II. war darüber empört, und in seiner Sedan-Rede vor den Offizieren seiner Garde erklärte er am 2. September:

«...In die hohe, große Festesfreude schlägt ein Ton hinein, der wahrlich nicht dazu gehört: Eine Rotte von Menschen, nicht wert, den Namen Deutscher zu tragen, wagt es, das deutsche Volk zu schmähen, wagt es, die uns geheiligte Person des allverehrten verewigten Kaisers – damit meinte er seinen Großvater, den einstigen ‹Kartätschenprinzen› von Berlin, Elberfeld und Rastatt – in den Staub zu ziehen! Möge das gesamte Volk in sich die Kraft finden, diese unerhörten Angriffe zurückzuweisen! Geschieht dies nicht, nun, dann rufe Ich Sie, um der hochverräterischen Schar zu wehren, um einen Kampf zu führen, der uns befreit von solchen Elementen!»

Zur selben Stunde telegrafierten die sozialdemokratischen Vertrau-

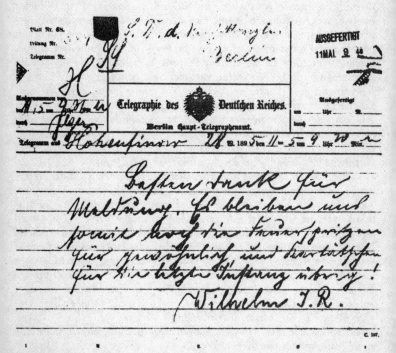

Telegramm Wilhelms II. an Reichskanzler Chlodwig Fürst von Hohenlohe-Schillingsfürst

ensmänner der Berliner Großbetriebe an den Vorstand der französischen Sozialisten: *«Am 25. Gedenktag der Schlacht von Sedan senden wir, als Protest gegen Krieg und Chauvinismus, den französischen Genossen Gruß und Handschlag. Hoch die Völkersolidarität!»*, und dieses Telegramm wurde im neuen Zentralorgan «Vorwärts» veröffentlicht.

Die Regierung schlug sofort zurück: Partei- und Gewerkschaftsorganisationen wurden aufgelöst, Kassen und Zeitungen beschlagnahmt, Versammlungen verboten und Redakteure verhaftet. Es fanden zahlreiche Haussuchungen statt, und im November erklärte der Berliner Polizeipräsident den sozialdemokratischen Parteivorstand für aufgelöst, was von einem Ersatz-Vorstand von fünf Reichstagsabgeordneten mit August Bebel an der Spitze mit der Feststellung beantwortet wurde: *«Unsere Partei wird bestehen, kämpfen und siegen – mit oder ohne offizielle Organisation!»*

Wegen einer Kritik der Sedan-Rede des Kaisers und der neuerlichen Sozialistenverfolgung in einem Artikel, der in der Zeitschrift «Ethische Kultur» erschienen war, wurde im November 1895 Friedrich Wilhelm Foerster wegen Majestätsbeleidigung zu drei Monaten Festungshaft verurteilt. Foerster, damals noch weitgehend unbekannt, war 1869 in Berlin geboren und entstammte einer berühmten Wiener Baumeisterfamilie. Nachdem er seine Strafe auf der Festung Weichselmünde bei Danzig abgesessen hatte – *«Wir waren dort vier Strafgefangene: eine Klavierlehrerin, die gesagt hatte, der Kaiser sei ein grüner Junge; ein antisemitischer Redakteur, der behauptet hatte, der Kaiser sei verjudet; und ein Assessor, der seinen Gegner im Duell erschossen hatte»* –, entwickelte sich Friedrich Wilhelm Foerster zu einem noch entschiedeneren Gegner des wilhelminischen Militarismus und zu einem führenden Vertreter des von christlich-katholischer Ethik getragenen Pazifismus.

Während sich Wilhelm II. immer mehr in seinen Haß auf die erstarkende Arbeiterbewegung hineinsteigerte und die *«Rotte von Menschen, nicht wert, den Namen Deutscher zu tragen»*, am liebsten hätte zusammenkartätschen lassen, wurde sich Theodor Fontane, dessen Sympathien einst dem preußischen Junkertum gehört hatten, 1896 erschreckend bewußt, wie überlebt und wie stur reaktionär das Hohenzollern-Regime war. Am 22. Februar 1896 schrieb er an seinen Freund James Morris, er habe nun erkannt, daß die *«neue, bessere Welt . . . erst beim vierten Stand»* anfange, und er fügte hinzu: *«Das, was die Arbeiter denken, sprechen, schreiben, hat das Denken, Sprechen und Schreiben der altregierenden Klassen tatsächlich überholt. Alles ist viel echter, wahrer, lebensvoller. Sie, die Arbeiter, packen alles neu an, haben nicht bloß neue Ziele, sondern auch neue Wege.»*

Fontane, 1819 in Neuruppin in der Mark Brandenburg als Sohn eines Apothekers aus alter Hugenottenfamilie geboren, hatte zunächst als

Apotheker in Leipzig gelebt, war 1842 nach Berlin gekommen und dort unter dem Einfluß der Dichtervereinigung «Tunnel über der Spree» zum Lyriker und Erzähler geworden. 1848/49 hatte er entschieden Partei ergriffen für die Sache der Revolution, war aber später zum Konservativismus übergegangen. Nach 1870, als er sich von der «Kreuzzeitung» trennte und zur liberalen «Vossischen Zeitung» als Theaterrezensent ging, wandelte er sich zu einem scharfen Kritiker der Reaktion und der «Verpreußung» Deutschlands. Am Ende seines Lebens setzte sich dieser große deutsche Dichter und Erzähler energisch für den von Wilhelm II. verachteten Naturalismus und besonders für Gerhart Hauptmann ein.

In Ludwig Quiddes 1893 veröffentlichter Studie über den Cäsarenwahn bei Caligula taucht bereits «*der phantastische Gedanke einer Bezwingung des Weltmeeres*» auf, und es heißt dann: «*Der junge Kaiser scheint eine ganz besondere, an sich sympathische, nur auch wieder ins Krankhafte verzerrte Vorliebe für die See gehabt zu haben.*» Wilhelm II. beeilte sich in den folgenden Jahren, Quiddes Diagnose zu bestätigen. Hatte er schon 1897 in Köln bei der Enthüllung eines Denkmals für Wilhelm I., auf eine Neptun-Figur am Postament weisend, pathetisch ausgerufen: «*Deutsche aller Orten, für die wir zu sorgen, deutsche Ehre, die wir auch im Ausland aufrechtzuerhalten haben – der Dreizack gehört in unsere Hand!*», so war er im selben Jahr bei anderer Gelegenheit noch einen Schritt weitergegangen und hatte erklärt: «*Reichsgewalt bedeutet Seegewalt, und Seegewalt und Reichsgewalt bedingen sich gegenseitig so, daß die eine ohne die andere nicht bestehen kann!*» Und bei der Eröffnung des neuen Hafens in Stettin am 23. September 1898 versicherte er in einer Tischrede: «*Unsere Zukunft liegt auf dem Wasser!*»

Drei Wochen später stach er von Venedig aus in See zu einer Pilgerreise ins Heilige Land, wo er am 26. Oktober in Haifa an Land ging und am 29. Oktober in Jerusalem einritt, alles mit gewaltigem Pomp und großem Gefolge, vor allem aber in immer neuen Phantasiegewändern und Uniformen auftretend, so als wollte der Kaiser auch jene Passage in Quiddes zwei Jahre zuvor mit Festungshaft bestrafter «Caligula»-Studie noch bestätigen:

«. . . *In seinen Disziplin-Marotten und in den Triumphzügen liegt offenbar ein komödiantischer Zug, der für das pathologische Bild des Cäsarenwahnsinns charakteristisch ist. Er beschränkt sich bei Caligula nicht auf militärische Komödien. Wir hören von seiner ungemessenen Passion für Theater und Circus, – und mehr als das: wir hören, wie er selbst gelegentlich mitzuagieren begann, wie ihn eine besondere Vorliebe für auffallende Kleidung und deren fortwährenden Wechsel beherrschte, wie diese Vermummungsspielerei dahin ausartete, daß er sich in den Masken der verschiedensten Gottheiten . . . gefiel . . .*»

Außenpolitisch bewirkte die Kaiserreise nach Palästina, wo Wilhelm II. übrigens eine zionistische Delegation unter Führung Theodor Herzls nicht zu empfangen bereit war, dagegen «*die dreihundert Millionen Mohammedaner*» seiner «*Freundschaft zu allen Zeiten*» versicherte, Verärgerung in Großbritannien wie in Rußland; innenpolitisch trug diese Pilgerreise dem Kaiser die Empörung der deutschen Katholiken ein, weil er sich von «*einem halben Schiff voller Kirchenlichter*» protestantischer Provenienz hatte begleiten lassen, dazu den Spott der Liberalen und den Hohn der Sozialdemokratie.

Zum Sprachrohr der Linksliberalen machte sich der – am 1. April 1896 von dem Münchner Verleger Albert Langen gegründete – «Simplicissimus», und diese satirische Zeitschrift entwickelte sich rasch zur radikalsten, einfallsreichsten und unnachsichtigsten Kritikerin des Wilhelminischen Regimes.

Zur Palästina-Reise des Kaisers hatte sich der «Simplicissimus» etwas Besonderes ausgedacht: Auf der Titelseite war eine Karikatur des Zeichners Thomas Theodor Heine abgebildet, die den Kreuzfahrer Gottfried von Bouillon im Gespräch mit Kaiser Barbarossa zeigte, der sich über eine durch die Jerusalemer Nacht schwebende preußische Pickelhaube (mit daran befestigtem Nackenschutz gegen Insektenstiche) mokiert, dazu die Unterschrift: «. . *Lach' nicht so dreckig, Barbarossa!* Unsere *Kreuzzüge hatten doch eigentlich auch keinen Zweck!*»; im Innenteil fragte ein von Eduard Thöny gezeichneter, offenbar jüdischer und eben erst aus der Karpatoukraine in Berlin eingetroffener Geschäftsmann: «*Wozu reisen de Leut' nach Palästina?*», und daneben war die Seite ausgefüllt von einem ebenso witzigen wie boshaften Gedicht auf den «Reisekaiser», dessen Verfasser sich hinter dem Pseudonym «Hieronymos» verbarg. Es lautete:

> «*Der König David steigt aus seinem Grabe,*
> *greift nach der Harfe, schlägt die Augen ein*
> *und preist den Herrn, daß er die Ehre habe,*
> *dem Herrn der Völker einen Psalm zu weihn.*
> *Wie einst zu Abisags von Sunem Tagen*
> *hört wieder man ihn wild die Saiten schlagen,*
> *indes sein hehres Preis- und Siegeslied*
> *wie Sturmesbrausen nach dem Meere zieht.*
>
> *Willkommen, Fürst, in meines Landes Grenzen,*
> *willkommen mit dem holden Ehgemahl,*
> *mit Geistlichkeit, Lakaien, Exzellenzen*
> *und Polizeibeamten ohne Zahl.*
> *Es freuen rings sich die historschen Orte*
> *seit vielen Wochen schon auf deine Worte,*
> *und es vergrößert ihre Sehnsuchtspein*
> *der heiße Wunsch, fotografiert zu sein.*

Ist denn nicht deine Herrschaft auch so weise,
daß du dein Land getrost verlassen kannst?
Nicht jeder Herrscher wagt sich auf die Reise
ins alte Kanaan. Du aber fandst,
du sei'st zu Hause momentan entbehrlich;
der Augenblick ist völlig ungefährlich;
und wer sein Land so klug wie du regiert,
weiß immer schon im voraus, was passiert.

. . .

So sei uns denn noch einmal hochwillkommen,
und laß dir unsre tiefste Ehrfurcht weihn,
der du die Schmach vom heilgen Land genommen,
von dir bisher noch nicht besucht zu sein.
Mit Stolz erfüllst du Millionen Christen;
wie wird von nun an Golgatha sich brüsten,
das einst vernahm das letzte Wort vom Kreuz
und heute nun das erste deinerseits.

Der Menschheit Durst nach Taten läßt sich stillen,
doch nach Bewundrung ist ihr Durst enorm.
Der du ihr beide Durste zu erfüllen
vermagst, sei's in der Tropen-Uniform,
sei es in Seemannstracht, im Purpurkleide,
im Rokoko-Kostüm aus starrer Seide,
sei es im Jagdrock oder Sportgewand,
willkommen, teurer Fürst, im heilgen Land!»

Diese unerhörte Verspottung des Kaisers rief in Leipzig, wo der «Simplicissimus» gedruckt wurde, sofort den Staatsanwalt auf den Plan. Die ‹Palästina-Ausgabe› – Nr. 31 des 3. Jahrgangs – wurde noch in der Druckerei beschlagnahmt, ehe auch nur ein Teil der Auflage – rund fünfundzwanzigtausend Exemplare – zum Versand gekommen war, und vorsichtshalber nahm die Polizei die Druckunterlagen für die folgende Ausgabe auch gleich mit. Gegen den Verleger Albert Langen und den Zeichner Th. Th. Heine ergingen sogleich Haftbefehle, ebenso gegen den unbekannten, weil pseudonymen ‹Hieronymos›, und der Staatsanwalt nahm die Sache so ernst, daß er Beamte nach München schickte und – in Überschreitung seiner Kompetenzen – die Redaktionsräume des «Simplicissimus» durchsuchen ließ, um den Verfasser des Spottgedichts zu ermitteln. Sie fanden dort das handgeschriebene Manuskript und den Umschlag, mit dem es zur Post gegeben worden war, darauf die Absenderangabe: Frank Wedekind.

Wedekind, 1864 in Hannover geboren, hatte zunächst Jura studiert, war dann als Journalist, Werbechef der Firma Maggi und Reisebegleiter durch Westeuropa gebummelt und hatte mit seinem ersten Bühnenstück, «Frühlings Erwachen», das 1891 uraufgeführt worden war, viel Aufsehen erregt und bereits Berühmtheit erlangt. Seit 1896 arbeitete er am «Simplicissimus» mit, und als im November 1898 die Polizei nach ihm fahndete, wartete er nur noch die Uraufführung seines «Erdgeistes» ab; dann entfloh er über Österreich nach Paris, wo er mit Albert Langen zusammentraf, der sich der drohenden Verhaftung ebenfalls durch die Flucht entzogen hatte.

Th. Th. Heine stellte sich der Polizei, wurde zu sechs Monaten Festungshaft verurteilt, die er 1899 auf der sächsischen Festung Königsstein verbüßte. Aus dem Gefängnis schickte er dem «Simplicissimus» ein Blatt, betitelt *«Wie ich meine nächste Zeichnung machen werde»*. Es zeigte den gefesselten Sträfling Heine, von säbelbewehrten Gendarmen bewacht, dem ein Staatsanwalt über die Schulter blickt und die Hand zu führen versucht; doch der Zeichner hatte schon ein Tier zu Papier gebracht: eine zähnefletschende rote Bulldogge! Es war das die deutsche Obrigkeit in unbändige, wenngleich meist ohnmächtige Wut versetzende Wappentier des «Simplicissimus». Und nach seiner Freilassung begann Th. Th. Heine mit der Karikaturenserie «Durchs dunkelste Deutschland», mit der er über ein Jahrzehnt lang die reaktionäre Borniertheit und Brutalität des Wilhelminischen Regimes anprangerte.

Auch Frank Wedekind stellte sich später den Justizbehörden und mußte ebenfalls sechs Monate Festungshaft auf dem Königsstein verbüßen. Albert Langen, der in Paris blieb, konnte erst nach mehr als vier Jahren und Zahlung einer horrenden Geldstrafe – dreißigtausend Goldmark, das war, etwa gemessen an dem damaligen Einzelpreis des farbig gedruckten «Simplicissimus» von nur zehn Pfennig, nach heutigem Wert mehr als eine halbe Million Mark! – nach Deutschland zurückkehren.

Hatte schon der Spott des «Simplicissimus» den Kaiser sehr empfindlich getroffen, so war ihm die in Berlin seit dem 1. Oktober 1892 erscheinende politisch-literarische Zeitschrift «Die Zukunft» erst recht ein Dorn im Auge, denn sie bekämpfte seine Politik mit besonders gefährlichen Waffen.

Herausgeber der «Zukunft» war Maximilian Harden. Als Felix Witkowski 1861 in Berlin geboren und ursprünglich Schauspieler, hatte er seinen Bühnennamen auch als Schriftsteller beibehalten. Der aus sehr wohlhabender jüdischer Familie stammende, aber konfessionslos erzogene Harden besuchte in Berlin das Collège Royal Français, das einst für die Hugenotten eingerichtete Französische Gymnasium, und betrieb dann Privatstudien. Als Publizist von ungewöhnlicher Begabung erregte er zuerst Aufsehen durch seine unter dem Pseudonym ‹Apostata› veröffentlichten kritischen Essays, die sich mit politischen und literarischen Fragen befaßten und 1892 als Buch erschienen.

Obwohl man Harden durchaus als einen geistigen Nachfahren Börnes und Heines ansehen kann, nimmt er doch insofern unter den radikalen Publizisten eine Sonderstellung ein, als er das Wilhelminische Regime nicht von einem liberalen oder gar sozialistischen Standpunkt aus bekämpfte, sondern als ein aristokratischer Einzelkämpfer, der seine wichtigsten Informationen und zugleich seine Grundeinstellung aus Kreisen der konservativen Opposition gegen das Wilhelminische Regime empfing, ja, nach Bismarcks Entlassung war Harden einige Jahre lang der Vertrauensmann und journalistische Degen – seine Gegner bevorzugten den Ausdruck «Heckenschütze» – des abgesetzten Kanzlers.

«Der alte Bismarck» – so hat dazu Carl Misch in dem Sammelwerk «Juden im deutschen Kulturbereich» bemerkt – «*unterstrich seine besondere Hochschätzung dieses Vertrauensmannes vor aller Welt, als er einer Flasche Steinberger Cabinet, die der Kaiser ihm glückwünschend zu seiner Genesung geschickt hatte, demonstrativ zusammen mit Harden den Hals brach. Von Bismarck her ist Harden in die unversöhnliche Gegnerschaft zu Wilhelm II. geraten.*»

1899 mußte Maximilian Harden eine sechsmonatige Haftstrafe antreten, zu der er wegen Majestätsbeleidigung verurteilt worden war. Er verbüßte sie auf der Festung Weichselmünde bei Danzig, und von dort schrieb er am 28. Mai 1899: «*Hier ist's plus que terrible* (mehr als schrecklich). *Atmosphère de caserne, manque de tout ce qui fait la culture* (Kasernenatmosphäre, Mangel an allem, was die Kultur ausmacht). *Und kein Schimmer von Kunst! Gibt es noch Schönes? Ich weiß es nicht mehr und muß noch sechs Monate in dieser Gruft bleiben. Dann bin ich vielleicht für A. v. W. reif . . .*»

Mit «A. v. W.» war der Hofmaler Wilhelms II., Anton v. Werner, gemeint, und Hardens Brief war an Professor Max Liebermann gerichtet, der dem Häftling zum Strafantritt die Pastellzeichnung eines französischen Malerkollegen, einen – wie Harden schreibt – «*feinen, höchst anmutig persönlichen Degas*», in die Festungszelle geschickt hatte.

Max Liebermann, 1847 in Berlin geboren – obwohl er zeitlebens von sich behauptet hatte, daß er ein Achtundvierziger, also ein geborener Revolutionär wäre –, stammte aus einer sehr begüterten jüdischen Fabrikantenfamilie und hatte, zusammen mit den Bismarck-Söhnen Bill und Herbert, wie später Harden das Französische Gymnasium besucht. Nach Studienjahren in Weimar, Düsseldorf, München und Paris ließ er sich 1884 in Berlin als Kunstmaler nieder und wurde der führende Meister des vom wilhelminischen Deutschland verachteten Impressionismus. Gegen den heftigen Widerstand des Präsidenten Anton v. Werner wurde Liebermann 1897 zum Mitglied der Königlichen Akademie gewählt, wobei es vor allem Adolph Menzel war, der sich für ihn eingesetzt hatte. Im Jahr

Faksimile der Postkarte von Maximilian Harden an Max Liebermann. Der vollständige Text lautet:

An Max Liebermann

«Festung Weichselmünde
28. 5. 99

Verehrter Herr, Ihnen u. Herrn Leistikow, dessen Adresse ich nicht weiß, herzlichen Dank, auch für den feinen, höchst anmuthig persönlichen Degas, der mich wieder schmerzlich bedauern läßt, daß mein Werben so ganz fruchtlos war. Rosenhagen wäre mir sehr willkommen, ich schreibe gleich an ihn. Aber warum nicht Sie selbst?

Hier ists plus que terrible. Atmosphère de caserne, manque de tout ce qui fait la culture. Und kein Schimmer von Kunst! Giebt es noch Schönes? Ich weiß es nicht mehr und muß noch 6 Monate in dieser Gruft bleiben . . . Dann bin ich vielleicht für A. v. W. reif, in dieser grauen, schmierigen Bildhaftigkeit. «Kennst Du die Hölle des Dante nicht?»

Die Abfuhr derer und der Zerstreuten hat mich selbst hier amusirt.

Herzliche Grüße von einem, der Ihnen viel innere Freude, viel Genuß u. viel Ehrfurcht vor meisterlichem Können dankt.

Ihr ergebener Harden»

darauf gründete Liebermann die «Berliner Sezession», eine Künstlervereinigung, die aus Protest gegen die offiziellen Kunstauffassungen von nun an ihre eigenen Ausstellungen organisierte.

Überhaupt war der Kampf der Opposition aller Richtungen gegen das Regime Wilhelms II. auch zu einem großen und wichtigen Teil ein Kampf für eine moderne, fortschrittliche, dem beginnenden 20. Jahrhundert angemessene Kunst und Literatur, gegen den Pomp und Kitsch, das falsche Pathos und die dem industriellen Zeitalter hohnsprechende, pseudoromantische oder martialische Schwülstigkeit der vom Kaiser verhätschelten Hofdichter und -maler.

Denn um die Jahrhundertwende, als Wilhelm II. im Berliner Tiergarten die Siegesallee mit Dutzenden von Denkmälern der brandenburgisch-preußischen Herrscher ‹zieren› ließ; als Anton v. Werners effektvoll-realistische Ölgemälde von Staatsakten und Schlachten als höchste Kunst gepriesen wurden und als der Kaiser den Feuilletonisten Ludwig Pietsch – 1848 war er noch unter den Revolutionären gewesen, die als Gefangene auf dem Weg zur Festung Spandau von Offizieren schmählich mißhandelt worden waren – «Unseren lieben Hofhistoriographen» nannte, auch Pietsch den Professorentitel verlieh und durch ‹Allerhöchste› Handschreiben auszeichnete, da gab es ja auch eine ganz andere deutsche Kunst und Literatur!

Da hatte beispielsweise die 1867 in Königsberg geborene Käthe Schmidt, seit 1891 verehelichte Kollwitz, ihren Zyklus von Radierungen «Ein Weberaufstand» 1898 abgeschlossen, und 1903 war ihr erstes Blatt aus der Reihe «Bauernkrieg» entstanden; der junge Franz Marc, 1880 in München geboren und 1916 vor Verdun gefallen, hatte schon zu malen begonnen, und 1907 schloß er Freundschaft mit Wassily Kandinsky, mit dem er dann den «Blauen Reiter» gründete. Heinrich Mann, geboren 1871 in Lübeck, hatte schon 1900 mit seinem Roman «Im Schlaraffenland», dem 1903 «Die Jagd nach Liebe» und 1905 «Professor Unrat» folgten, den Angriff auf die wilhelminische Gesellschaft begonnen, die ihrerseits davon noch kaum Notiz nahm, sondern sich mehr für Ludwig Pietsch interessierte, der im «Lokalanzeiger» von den *schönen Schultern der Frau Kommerzienrat A.*» und dem «*Traum eines grünen Brokatkleides der bildschönen Gräfin Z.*» schwärmte. Harden allerdings verspottete Pietsch und schrieb, er sei ein «*unsäglicher Holzbock*», der «*im steten Kampf mit der deutschen Sprache . . . immer Sieger bleibt*».

Am 18. Dezember 1901 versammelte Wilhelm II. seine Hofbildhauer, unter denen der vom Kaiser mit Aufträgen überhäufte Gustav Eberlein eine Sonderstellung einnahm. Er hielt den Künstlern eine Rede, worin er sie mit Lob überschüttete und dann gegen die ‹Modernen› wetterte. «*Eine Kunst, die sich über die von Mir bezeichneten Gesetze und Schranken hinwegsetzt, ist keine Kunst mehr!*», teilte Seine Majestät den andächtig Lauschenden mit und fügte hinzu: «*Wenn . . . die Kunst, wie es jetzt vielfach geschieht, weiter nichts tut, als das Elend noch scheußlicher hinzustellen, wie es schon ist, dann versündigt sie sich am deutschen Volke!»* Diese Kaiserrede gipfelte in der Bezeichnung «*Rinnsteinkunst*» für diejenigen Werke, die sich mit der Arbeitswelt oder gar mit der Not des Industrieproletariats befaßten anstatt mit der glorreichen Geschichte des Herrscherhauses.

Die ‹Rinnsteinkünstler› der «Berliner Sezession» griffen das Kaiserwort sogleich auf; Th. Th. Heine entwarf für sie ein Plakat, mit dem sie dann für ihre eigene Ausstellung warben. Es zeigte ein blasses, kränkliches Kind, das aus dem Rinnstein einer trostlos häßlichen Großstadtstraße eine Rose pflückt. Und nebenbei zeichnete Th. Th. Heine für den «Simplicissimus», dessen Auflage sich seit den Majestätsbeleidigungsprozessen mehr als verdoppelt hatte, eine Karikatur des Kaiserlieblings Eberlein, an dessen Ateliertür ein Schild prangt mit der Aufschrift: «*Prof. Streberlein. Nachtglocke zum Bildhauer.*»

Eine andere Karikatur Th. Th. Heines, die damals auf der Titelseite des «Simplicissimus» als viertes Bild der Reihe «Durchs dunkelste Deutschland» erschien, befaßte sich mit dem Thema «Die Freiheit der Wissenschaft». Auf einem düsteren Kasernenhof hatte ein Sergeant etliche würdige Herren in Gehrock und Zylinder antreten, strammstehen und Parademarsch üben lassen; die Unterzeile lautete: «*Euch Professorenbande will ich schleifen, bis ihr mich nicht mehr von einem Kultusminister unterscheiden könnt!*»

Dem Sergeanten hatte Th. Th. Heine die deutlich erkennbaren Züge des Geheimrats Friedrich Althoff gegeben, der ‹grauen Eminenz› im preußischen Kultusministerium, dessen Hochschulabteilung er unter drei Ministern fünfundzwanzig Jahre lang leitete, wobei er von der einst von König Ernst August aufgestellten These ausging, daß man Professoren wie Huren an jeder Straßenecke kaufen könnte.

Althoffs Personalpolitik orientierte sich an den Grundsätzen, wie sie etwa zur Zeit der Demagogenverfolgung in den Kabinetten der Heiligen Allianz entwickelt worden waren: Ein Professor war für ihn in erster Linie ein Beamter, daher zu strammer Disziplin und unbedingtem Gehorsam gegenüber seinen Vorgesetzten verpflichtet, vor allem aber zu absoluter Staatstreue, was wiederum gleichbedeutend war mit strenger Loyalität gegenüber dem herrschenden System und der jeweiligen Regierung. Nur politisch völlig einwandfreie, aus ‹ordentlichen› Kreisen stammende und mindestens nach außen hin kirchentreue, christliche Männer, nach Möglichkeit Reserveoffiziere, konnten daher einen Lehrstuhl erhalten.

Was das Erfordernis christlicher Konfession und kirchentreuen Verhaltens anging, so gehörten zu den Opfern des ‹Systems Althoff›, wie es genannt wurde, so eminente Wissenschaftler wie Georg Simmel und Paul Ehrlich.

Simmel, 1858 in Berlin geboren, ein außerordentlich lebendiger Geist und ungemein produktiver Denker, der die Philosophie und die von ihm mit begründete moderne Soziologie in fruchtbarer Synthese verbunden hat, gehörte schon in den späten achtziger Jahren zu den bekanntesten Hochschuldozenten mit den größten Hörerzahlen. Doch erst 1914, knapp vier Jahre vor seinem Tod und sieben Jahre nach dem Rücktritt Althoffs – der dann noch *«in Würdigung seiner großen Verdienste»* ins preußische Herrenhaus berufen wurde –, konnte Georg Simmel endlich einen Lehrstuhl an der Universität Straßburg erhalten; eine Berufung nach Heidelberg, wo man ihn gern gesehen hätte und wohin auch er selbst lieber gegangen wäre, scheiterte am Widerstand des badischen Kultusministeriums, denn das ‹System Althoff› beschränkte sich nicht allein auf Preußen und wirkte noch über den Tod seines Begründers im Jahre 1909 hinaus. Bleibt nur noch nachzutragen, daß Georg Simmel aus einem jüdischen Elternhaus stammte, und wenn er auch keine religiösen Bindungen an das Judentum hatte, so war er doch viel zu ehrlich, als daß er christliche Kirchentreue geheuchelt hätte.

Paul Ehrlich, einer der bedeutendsten Mediziner der Neuzeit, Schöpfer der modernen Chemotherapie und auch als Chemiker und Serologe bahnbrechend, war wohl das berühmteste der vielen Opfer des ‹Systems Althoff›. 1854 in Strehlen in Schlesien geboren, erhielt der um die Jahrhundertwende schon weltberühmte, an der Berliner Charité wirkende Forscher zwar zu seinem fünfzigsten Geburtstag von der Universität Göttingen den Professorentitel ehrenhalber, 1906 wurde er Direktor des Instituts für experimentelle Therapie und des Georg-Speyer-Hauses in Frankfurt am Main; man verlieh ihm zahllose Orden, den Titel Exzellenz und 1908 den Nobelpreis. Aber da er Jude war, konnte er bis zu seinem Tode im Jahre 1915 keinen Lehrstuhl erhalten.

Wie sich aber das wilhelminische Deutschland gegenüber eminenten Wissenschaftlern verhielt, die nicht nur Juden, sondern auch Sozialdemokraten waren, zeigt der Fall des Physikers Leo Arons, geboren 1860 in Berlin, bis 1900 Privatdozent an der königlichen Friedrich-Wilhelm-Universität seiner Heimatstadt, Erfinder der Quecksilberlampe und der «Aronsschen Röhre», die bezeichnenderweise nur noch als ‹Neonröhre› bekannt ist, wie auch der Name dieses bedeutenden Forschers zu denen gehört, die man aus den großen Nachschlagewerken getilgt hat.

Der Fall Leo Arons ist indessen nicht nur exemplarisch für das Wilhelminische Regime, das darin funktionierende ‹System Althoff› und die Methoden der Sozialisten- und Judenverfolgung ein Jahrzehnt nach dem Fall des ‹Sozialistengesetzes› und rund dreißig Jahre nach der verfassungsmäßigen Gleichstellung von Juden und Christen; der Fall weist vielmehr auch manche verblüffende Parallele zur heutigen bundesrepublikanischen Berufsverbotspraxis auf, und gerade dieser Umstand entbehrt nicht einer gewissen bitteren Ironie.

«*Die Ironie der geschichtlichen Parallele liegt darin*», so haben dazu kürzlich Kurt Beutler und Uwe Henning in einem Aufsatz sehr treffend bemerkt, «*daß die Sozialdemokratie damals den staatsunabhängigen, heute den staatstragenden Wissenschaftsbegriff vertritt, damals das Verdikt ‹extrem› erleidend, heute es betreibend.*» Wie sagte schon Karl Marx gleich am Anfang seiner 1852 erschienenen Schrift «Der 18. Brumaire des Louis Napoléon»? Da heißt es: «*Hegel bemerkt irgendwo, daß alle großen weltgeschichtlichen Tatsachen und Personen sich sozusagen zweimal ereignen. Er hat vergessen hinzuzufügen: das eine Mal als Tragödie, das andere Mal als Farce ...*»

Der Fall des Privatdozenten der Physik Dr. Leo Arons begann 1892, als das preußische Kultusministerium den Vorschlag der philosophischen Fakultät der Berliner Universität, Arons zum außerordentlichen Professor zu ernennen, rundweg ablehnte. Zwar war Arons «*nach dem Zeugniß der Fachmänner ein ausgezeichneter Gelehrter*», aber seine wissenschaftliche Qualifikation, die ihm später auch von seinem großen Kollegen Albert Einstein in einem 1919 in den «Sozialistischen Monatsheften» erschienenen Nachruf bestätigt wurde, spielte für die Ablehnung keine Rolle. Arons war – ebenfalls nach dem Zeugnis von ‹Fachmännern›, wenn auch ganz anderen – aktiver Sozialdemokrat.

Nun war damals – und ist wohl noch heute – die Verzögerung der Ernennung zum Professor ein übliches Mittel, Privatdozenten zu disziplinieren. «*Hätte sich Arons nur kritische Liberalität im Sinne eines politisch unabhängigen Intellektuellen erlaubt, so wäre es bei dieser Art der Repression geblieben*», heißt es dazu in der Studie von Beutler und Henning. «*Indes ging Arons weiter. Er überschritt die Grenze der noch halbwegs geduldeten Form von Sympathisantentum mit der Sozialdemokratie, indem er sich nicht wie einige andere Hochschullehrer auf theoretische Stellungnahmen zugunsten der staatlicherseits als verfassungswidrig verdächtigten Partei beschränkte, sondern als aktiver Sozialdemokrat auch praktisch-organisatorisch in ‹staatsabträglichem› Sinne tätig wurde. Ein Eskalationsprozeß staatlicher Verfolgung war die unausweichliche Folge*», und dabei konnte der Umstand, daß Arons Jude war, sogar außer Betracht bleiben.

Um der Berliner Universität klarzumachen, daß Arons als ‹roter Aktivist› im Staatsdienst auch als Privatdozent ‹untragbar› sei, erhielt das Kuratorium vom Berliner Polizeipräsidenten auf dem Wege der ‹zwischenbehördlichen Amtshilfe› im Herbst 1893 gleich zwei in kurzem Abstand gegebene Hinweise auf die Zugehörigkeit des Dr. Arons zur SPD. Da weder dies noch ein Wink des Kultusministeriums an den Dekan, Arons zur freiwilligen Aufgabe seiner Dozentur zu bewegen, etwas fruchtete, ließ Geheimrat Althoff weiteres Material über Arons sammeln. Dieses ergab so viel ‹neue Erkenntnisse›, daß am 5. Mai 1894 die Fakultät vom Kultusminister dienstlich angewiesen wurde, Dr. Arons

«*über seine Beziehungen zur Sozialdemokratie verantwortlich verneh-*
men zu lassen und zu berichten, ob nicht seine Remotion» – das heißt:
Entfernung aus dem Amt – «*angezeigt sei*». Damit wäre wohl, spielte er
heute, der Fall Arons beendet gewesen, doch damals ließen sich Universitätsbehörden nicht so schnell einschüchtern.

Die philosophische Fakultät lehnte die Eröffnung eines Anhörungs-
verfahrens ab; die Mitgliedschaft in der – ja nicht verbotenen – Sozialdemokratischen Partei, so teilte sie dem Kultusminister mit, sei für sie kein
Anlaß, gegen Dr. Arons disziplinarisch vorzugehen. Außerdem, so fügte
der Dekan, Professor Gustav Schmoller, hinzu, entspräche es nicht «*den
Aufgaben und den guten Traditionen*» der deutschen Universitäten, «*die
Betätigung einer politischen Überzeugung von Universitätslehrern*», die
keine «*gesetzeswidrige Handlung*» darstelle, zu ahnden.

Die Herren im Kultusministerium schäumten gewiß vor Wut, als sie
Mitte Juni 1894 diese Antwort erhielten. Sie beschlossen dann offenbar,
es den störrischen Liberalen an der Universität auf andere Weise zu
zeigen, wer die Macht habe, und durch eine gezielte Falschmeldung
mobilisierten sie nun die reaktionäre Presse, womit die zunächst interne
Angelegenheit zu einem öffentlichen Fall wurde.

Die «Kreuzzeitung» und andere rechtsstehende Blätter wetterten gegen die allzu ‹lasche› Regierung, heizten die antisozialistische Stimmung
weiter an und weckten alte antisemitische Ressentiments, alles mit dem
Ziel, über die Person Arons' hinaus die liberalen Positionen zu erschüt-
tern.

Bald nach der Sommerpause erlangte der Fall Arons Kabinettsrang,
und nun mischte sich auch der Kaiser ein, indem er von den Reichsmini-
stern des Innern und der Justiz genaue Berichte über die leidige Angelegenheit anforderte. Am 28. November 1894 befaßte sich das Reichskabi-
nett mit dem Fall; die Beratung erbrachte in der Sache volle Übereinstimmung: Die Mitgliedschaft in einer extremistischen Partei sei mit den
althergebrachten Grundsätzen des Berufsbeamtentums nicht vereinbar.
Doch einen formellen Beschluß faßte das Kabinett nicht, denn die Regierung wollte ja ohnehin – wie es dann im Dezember geschah – die
‹Umsturzvorlage› einbringen; wäre diese erst einmal, wie erhofft, vom
Reichstag verabschiedet, würde sich der Fall Arons auf andere Weise
lösen lassen.

Indessen drang, wie wir bereits wissen, die Regierung mit ihrer ‹Umsturzvorlage› im Reichstag nicht durch; der von den Konservativen und
vom katholischen Zentrum im Ausschuß noch verschärfte Entwurf
scheiterte im Plenum endgültig am 11. Mai 1895, und nun war der Fall
Arons wieder ein gesondertes Problem, das das Kultusministerium zu
einem neuerlichen Versuch zwang, mit den Universitätsbehörden ‹zu-
sammenzuarbeiten› und die Fakultät zu einem disziplinarischen Vorgehen gegen den ‹staatsfeindlichen› Privatdozenten zu bewegen.

Doch die Universität wies weiterhin hartnäckig alle ministeriellen Vorstöße zurück und beharrte auf ihrem Standpunkt, daß gegen Dr. Arons kein Verfahren eingeleitet werden könnte, solange er nicht gegen die Gesetze verstoße; weder seine Gesinnung noch seine Zugehörigkeit zu einer zwar möglicherweise staats- und verfassungsfeindlichen, aber nicht verbotenen und daher legalen Partei, noch seine Aktivität für diese Partei außerhalb der Universität sei eine Angelegenheit, die disziplinarische Schritte rechtfertigen könne, vielmehr eine reine Privatsache des Dr. Arons.

Im Winter 1896/97 traten die Hamburger Hafenarbeiter in einen Streik, der fast drei Monate lang dauerte und internationales Aufsehen erregte, zumal eine Solidaritätsaktion der deutschen Sozialdemokraten und ihrer Schwesterparteien in aller Welt die für damalige Verhältnisse enorme Summe von 1 613 600 Goldmark aufbrachte – nach heutigem Wert sicherlich mehr als 30 Millionen Mark –, womit die vom Lohnausfall betroffenen Familien ausreichend versorgt werden konnten. So war es naheliegend, daß die SPD ihren Parteitag 1897 in Hamburg abhielt und daß der seit fünf Jahren im Kreuzfeuer reaktionärer Angriffe stehende Genosse Dr. Arons auf diesem Parteitag ein Referat hielt. Wilhelm II., der gerade erst öffentlich gefordert hatte, die Sozialdemokratie *«müsse ausgerottet werden bis auf den letzten Stumpf»*, konnte dies nur als Provokation auffassen. Und tatsächlich telegrafierte er an den preußischen Kultusminister:

«Habe soeben Auftreten und Gebaren des Privatdozenten Arons in Hamburg auf dem Sozialisten-Parteitag gelesen (!) Ich nehme an, daß das Ministerium umgehend Verfahren eingeleitet hat, diesen frechen Verhöhner staatlicher Einrichtungen seines Amtes zu entsetzen. Falls nicht, so ist der Herr sofort aus der Universität und seinem Amt hinauszubefördern. Ich dulde keinen Sozialisten unter meinen Beamten, also auch nicht unter den Lehrern unserer Jugend an der Königlichen Hochschule. Von dem Geschehenen ist mir unverzüglich Meldung zu machen.»

Nun war das Kabinett gezwungen, eigens für den vom Kaiser nicht länger geduldeten Privatdozenten Dr. Arons ein Gesetz zu entwerfen und in mühseligen Verhandlungen über alle parlamentarischen Hürden zu bringen – was mit erheblichen Zugeständnissen an die bürgerlichen Parteien verbunden war –, und am 17. Juni 1898 war das Ziel endlich erreicht. Ein «Gesetz betreffend die Disziplinarverhältnisse der Privatdozenten», das vom Reichstag an diesem Tage verabschiedet wurde, gab dem Kultusminister die Möglichkeit, ein Disziplinarstrafverfahren gegen Arons einzuleiten, gegen das dessen Fakultät nur noch ihre gegenteiligen Auffassungen vorbringen konnte; die Entscheidung lag beim Gerichtshof.

Das bald beginnende Verfahren zog sich bis Anfang 1900 hin, und einige der darin vorgebrachten Argumente der Universität, die sich gegen Dr. Arons' Entlassung energisch zur Wehr setzte, verdienen unsere besondere Aufmerksamkeit, haben sie doch in dem Dreivierteljahrhundert, das seitdem vergangen ist, nicht an Aktualität verloren.

Die philosophische Fakultät der Universität Berlin lehnte den Antrag der Staatsanwaltschaft, Dr. Arons aus dem Dienst zu entfernen und strafweise seines Amtes zu entheben, mit der Begründung ab, sie sähe 1. in der Zugehörigkeit eines Privatdozenten zur SPD an sich keinen Grund dazu und 2. in dessen agitatorischem Eintreten für diese Partei keinen Anlaß, ihm die Lehrbefugnis zu entziehen, da er die erlaubten Grenzen nicht überschritten habe.

Die Staatsanwaltschaft stellte sich auf den Standpunkt, daß «die Zugehörigkeit zur sozialdemokratischen Partei und . . . das Bekenntnis zum Erfurter Programm», das bekanntlich eine «vollständige Umgestaltung unserer gegenwärtigen Staats- und Wirtschaftsordnung» erstrebe, die nur «im Wege der Gewalt und Revolution» möglich sei, Arons' Dienstenthebung erforderlich mache; wie er sich im übrigen verhalten habe, sei unerheblich.

Dagegen argumentierte die Fakultät, daß selbst das ‹Sozialistengesetz› unterschieden habe zwischen sozialdemokratischen Bestrebungen und dem «direkten und indirekten Appell an die Gewalt». Es sei daher unzulässig, jetzt, nachdem das Gesetz gefallen sei, zu unterstellen, daß «jedes Bekenntnis zur Partei . . . revolutionäre, gewalttätige Absichten» in sich schließe. Außerdem sei die innerparteiliche Entwicklung der letzten Jahre Zeugnis genug für den Veränderungsprozeß der SPD. Und da man auch Arons persönlich nicht nachweisen könne, daß er «auf Revolution und gewaltsame Änderung der Staats- und Rechtsordnung sinne», könne ihm allein aufgrund seiner SPD-Mitgliedschaft die Lehrerlaubnis nicht entzogen werden.

Es bliebe, so argumentierte die Fakultät weiter, allein die Frage, wie Dr. Arons außerhalb der Universität für die SPD agitiere, wobei ihm als Privatdozenten «ein weiterer Spielraum für die Äußerungen seiner Überzeugungen gestattet sein müsse» als anderen Beamten, zumal solchen in obrigkeitlichen Ämtern. Da indessen auch in diesem Bereich weder ein «Geist gehässiger Parteileidenschaft» noch «Unwahrheiten oder Taktlosigkeiten» bei Dr. Arons zu beobachten gewesen seien, entfiele jeder Grund, den Beschuldigten zu bestrafen.

Am 20. Januar 1900, acht Jahre nach dem ersten Versuch, Dr. Arons zu entlassen, wurde ihm die Eigenschaft als Privatdozent aberkannt, und zwar mit folgender Begründung:

«Nach dem eigenen Zugeständnisse des Angeschuldigten steht fest, daß er der sozialdemokratischen Partei angehört und es sich angelegen sein läßt, ihre Bestrebungen zu unterstützen und öffentlich zu fördern ... *Die sozialdemokratische Partei erstrebt den Umsturz der gegenwärtigen Staats- und Rechtsordnung mit Hülfe der zur politischen Macht gelangten Arbeiterklasse. Die bewußte Förderung dieser Bestrebungen ist unvereinbar mit der Stellung eines Lehrers an einer Königlichen Universität und der sich daraus ergebenden Verpflichtung, die jungen Leute, welche sich dieser Anstalt anvertrauen, ‹zum Eintritt in die verschiedenen Zweige des höheren Staats- und Kirchendienstes tüchtig zu machen› (§ I der Statuten der Berliner Universität). Ein akademischer Lehrer, der mit derartigen Gegnern der bestehenden Staats- und Rechtsordnung gemeinsame Sache macht, zeigt sich des Vertrauens, das sein Beruf erfordert, unwürdig. Der Angeschuldigte hat sich hiernach eines Disziplinarvergehens im Sinne des § I Nr. 2 des Gesetzes, betreffend die Disziplinarverhältnisse der Privatdozenten ec. vom 17. Juni 1898 (G.S.S. 125) schuldig gemacht.»*

Es war dies die erste – und, wie angemerkt sei, auch die einzige feststellbare – Anwendung der ‹lex Arons› zur Amtsenthebung eines bereits habilitierten Privatdozenten wegen sozialdemokratischer Betätigung. Aber mit dem Gesetz konnte nun der Dozentennachwuchs diszipliniert und etlichen qualifizierten Wissenschaftlern, die der Sozialdemokratie angehörten oder ihr nahestanden, die akademische Laufbahn versperrt werden. Daß dies tatsächlich geschah, dafür gibt es eine Reihe von Beispielen.

Die ‹lex Arons› war, wie schon Dieter Fricke 1960 in der «Zeitschrift für Geisteswissenschaft» nachgewiesen hat, faktisch der *«Rückgang auf die Karlsbader Beschlüsse von 1819»* – eine Tatsache, die sich die Herren Innenminister des Bundes und der Länder des Jahres 1977 einmal vor Augen halten sollten, damit sie wissen, daß sie zumindest in einem Punkt, nämlich im Hinblick auf reaktionäres Verhalten, dem seinerzeitigen österreichischen Staatskanzler Klemens Fürst von Metternich nicht nachstehen.

Für den wahrscheinlichen Fall, daß einigen der so getadelten Politiker von heute dieses Urteil zu hart erscheint, sei hier noch ein nicht im Verdacht mangelnder Verfassungstreue stehender Hochschullehrer zitiert, der sich anno 1908 aufgrund der ‹lex Arons› und der dann folgenden Diskriminierung sozialdemokratischer Wissenschaftler verpflichtet fühlte, den damit verursachten Ruin der Wissenschaft öffentlich anzuprangern:

«*Jedenfalls ist es im Interesse des guten Geschmacks und auch der Wahrhaftigkeit zu verlangen*», schrieb er am 20. September 1908 in der «Frankfurter Zeitung», «*daß man uns hinfort nicht, wie es wieder und wieder geschehen ist, von der Existenz einer ‹Freiheit der Wissenschaft und ihrer Lehre› in Deutschland reden möge. Denn Tatsache ist doch, daß die angebliche ‹Lehrfreiheit› offenkundig erstens an den Besitz hof- und salonfähiger Ansichten und überdies zweitens daran geknüpft ist, daß man ein bestimmtes Minimum kirchlicher Gesinnung betätigt und eventuell erheuchelt. In Deutschland besteht die ‹Freiheit der Wissenschaft› innerhalb der Grenzen der politischen und kirchlichen Hoffähigkeit – außerhalb derselben nicht.»*

Der Verfasser des zitierten Aufsatzes war der große liberale Sozialökonom und Soziologe Max Weber (1864–1920), der später in seinen «Gesammelten Aufsätzen zur Wissenschaftslehre» uneingeschränkt dafür eingetreten ist, daß einem Hochschullehrer jedwede Weltanschauung gestattet sein müsse, selbst die Position des Anarchismus. *«Denn»* – so Max Weber – *«der radikalste Zweifel ist der Vater der Erkenntnis.»* Den Einwand, *«daß die Universität eine staatliche Anstalt für die Vorbildung ‹staatstreu› gesonnener Beamter sei»,* ließ Max Weber nicht gelten. *«Damit»,* so erklärte er, *«würde man die Universität . . . zu einem Priesterseminar machen – nur ohne ihr dessen religiöse Würde geben zu können.»*

Übrigens, Franz Mehring hatte schon zwei Jahrzehnte zuvor darauf hingewiesen, daß es ebenso borniert wie heuchlerisch sei, wenn halbherzige Liberale mit dem Hinweis auf die ‹Freiheit der Wissenschaft› Forschungsrichtungen wie die marxistische von den Hochschulen verbannen, weil durch sie die Grundlagen des Staates untergraben werden könnten. Hätte diese *«Finte auch nur eine Spur von Vernunft hinter sich»,* schrieb Mehring mit berechtigter Empörung, *«so hatte der Kultusminister Eichhorn in den vierziger Jahren das unanfechtbare Recht, die preußischen Hochschulen mit dem Polizeiknüppel von allen Vertretern der bürgerlich-liberalen Weltanschauung zu reinigen. Wenn trotzdem die damaligen Liberalen gegen Eichhorn mit der ‹Freiheit der Wissenschaft› zu Felde zogen und die liberalen Historiker noch heute denselben Eichhorn schwarz in schwarz malen, weil er die ‹Freiheit der Wissenschaft› vernichtet habe, so verstehen sie diese Forderung in dem einzig möglichen und einzig richtigen Sinne, daß nämlich die Wissenschaft und ihre Lehre frei sein soll, gleichviel ob ihre Ergebnisse den augenblicklich herrschenden Gesellschafts- und Staatsinteressen widersprechen oder nicht.»*

Soweit ein großer liberaler und ein führender marxistischer Wissenschaftler zur Frage der ‹Freiheit der Wissenschaft›; sie scheinen beide in deutschen Landen nicht recht verstanden worden zu sein.

Die deutsche Sozialdemokratie, die mit der ‹lex Arons› zumindest daran gehindert werden sollte, in den Lehrkörper einer Hochschule des Reiches einzudringen, war um die Jahrhundertwende bereits die mit Abstand stärkste Partei im Reichstag. 1898 hatte sie 2,1 Millionen Wählerstimmen erhalten, 1903 sogar mehr als 3 Millionen. An ihrer Spitze standen August Bebel und Paul Singer; Wilhelm Liebknecht war, wie schon erwähnt, 1900 gestorben, doch im selben Jahr trat sein Sohn Karl der SPD bei, und die Partei gewann in diesem neuen Mitglied einen Mann von großer Tatkraft, hoher Intelligenz und außergewöhnlichem Mut. Dem Wilhelminischen Regime aber erwuchs in Karl Liebknecht ein vom Standpunkt der Herrschenden aus höchst gefährlicher Gegner, der sich in der Justiz, im höheren Verwaltungsdienst und in der Armee gut auskannte, zugleich aber entschlossen war, den Unterdrückungsapparat mit revolutionären Mitteln zu bekämpfen und schließlich zu beseitigen.

Karl Liebknecht, 1871 in Leipzig geboren, wo er 1890 am Nicolaigymnasium das Abitur bestanden hatte, war nach dem Studium der Rechtswissenschaften und der Nationalökonomie in Leipzig und Berlin als ‹Einjähriger› zur Ableistung seines Wehrdienstes bei der Armee gewesen, hatte von 1894 bis 1898 als Gerichtsreferendar in Arnsberg und Paderborn seine Ausbildung beendet, 1897 in Würzburg promoviert und sich 1899 als Rechtsanwalt in Berlin niedergelassen. Sein besonderes Interesse galt schon damals dem Kampf gegen den Militarismus und der Schaffung einer sozialistischen Jugendorganisation, wobei er von der Erkenntnis ausging: *«Wer die Jugend hat, der hat die Armee!»*

Als erster begründete er den Zusammenhang von Kapitalismus und Militarismus mit einer Theorie, die vom Wesen und den Funktionen des Militarismus ausging, und er entwickelte dann eine besondere antimilitaristische Taktik der deutschen Sozialdemokratie, die geeignet war, das Wilhelminische Regime an seiner empfindlichsten Stelle zu treffen.

Auf der Generalversammlung des Verbands junger Arbeiter Deutschlands, die 1906 in Mannheim stattfand, trat Karl Liebknecht zum erstenmal mit seinen Thesen an die breite Öffentlichkeit. Sein Referat, «Militarismus und Antimilitarismus unter besonderer Berücksichtigung der internationalen Jugendbewegung», erschien bald darauf als Broschüre, und nun schlug auch der Oberreichsanwalt zu. Im Oktober 1907 wurde Karl Liebknecht vom Reichsgericht in Leipzig wegen der in dieser Schrift enthaltenen *«staatsgefährdenden»* und der *«Vorbereitung zum Hochverrat dienenden»* Äußerungen zu anderthalb Jahren Festungshaft verurteilt – nicht, wie man in einigen Nachschlagewerken lesen kann, zu Gefängnis.

Zwischen Festungs- und Gefängnisstrafen bestand damals ein beträchtlicher Unterschied, denn die Haft auf einer Festung galt als ein nicht ehrenrühriger Freiheitsentzug, und der Festungsgefangene hatte zahlreiche Vergünstigungen, die Gefängnis- oder gar Zuchthausinsassen nicht zuteil wurden. Auf einer Festung konnte ein Inhaftierter so viel schreiben, lesen und studieren, wie er wollte; er durfte sich von einem Gasthaus beköstigen lassen, im Festungsbereich tagsüber spazierengehen, mit Mitgefangenen ungestörte Gespräche führen oder Schach spielen. Kurz, es war – bis auf die Einschränkung der Bewegungsfreiheit – kein sehr unangenehmer Aufenthalt, und wenn Maximilian Harden, der aristokratische Einzelgänger, über den *«manque de culture»* auf der Festung Weichselmünde gestöhnt hatte, so war August Bebel und Wil-

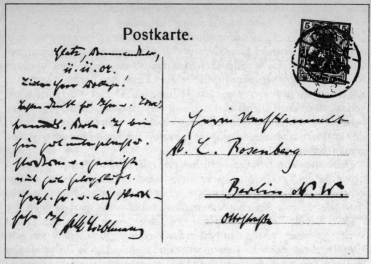

Faksimile einer Ansichtskarte von Karl Liebknecht aus der Festung Glatz. Der Text
lautet:

Herrn Rechtsanwalt   Berlin N. W.
Dr. C. Rosenberg   Ottostraße

Glatz, Kommandantur,
11. 11. 07.

Lieber Herr Kollege!
Besten Dank für Ihre u. Löwe's freundl. Karte. Ich bin hier gut untergebracht u.
studiere u. genieße viel gute Gebirgsluft.

Herzl. Gr. u. auf Wiedersehen

Ihr Karl Liebknecht

helm Liebknecht die Haft als «*Atempause*» erschienen, die es gut zu
nutzen galt, teils zum Studium, teils zum Sammeln neuer Kräfte.

So konnte Karl Liebknecht am 11. November 1907 seinem Rechtsanwalt, Dr. Curt Rosenberg, der ihn zusammen mit Hugo Haase vor dem
Reichsgericht verteidigt hatte, von der schlesischen Festung Glatz aus auf
einer – seine neue Unterkunft zeigenden – Ansichtskarte berichten:
«. . . *Ich bin hier gut untergebracht, studiere und genieße die gute Gebirgsluft . . .*»

Es war eben doch nicht ganz so, wie der liberale Wilhelm Raabe damals über den preußisch-deutschen Militärstaat spottete:

> *«Stramm, stramm, stramm –*
> *alles über einen Kamm!»*

Die Behörden und besonders die Justiz machten einen deutlichen Unterschied zwischen politischen Straftätern aus sogenannten ‹besseren Kreisen› und solchen aus dem Proletariat. Einen ‹studierten› Herrn und Reserveoffiziersanwärter wie den Rechtsanwalt Dr. jur. Karl Liebknecht konnte man doch nicht, so fand man, als gewöhnlichen Kriminellen behandeln, und wenn man ihn aus Gründen der Staatsräson für einige Zeit einsperren mußte, so sollte er es hinter Gittern wenigstens ‹standesgemäß› haben.

Diese zwar von dem verwerflichen Gedanken der Klassenjustiz ausgehende, in der Praxis jedoch sehr humane Behandlung auch der gefährlichsten Staatsfeinde – sie stammten ja fast ausnahmslos aus gutbürgerlichen oder adligen Kreisen, waren Akademiker oder Offiziere oder, wie August Bebel, Reichstagsabgeordnete – hielt noch bis in den Ersten Weltkrieg hinein an; in den Jahren der Weimarer Republik waren es in aller Regel nur noch die Fememörder und rechten Ultras, die bevorzugt und ‹standesgemäß› behandelt wurden, wogegen man alle aus politischen Gründen eingesperrten Linken kriminalisierte und häufig noch grausamer behandelte als gewöhnliche Verbrecher. Diese Differenzierung zuungunsten aller roten Insassen von Vollzugsanstalten ist bis heute der Brauch des Landes geblieben.

Im Oktober 1907, als Karl Liebknecht in Leipzig auf der Anklagebank saß und den in roten Roben über ihm thronenden Reichsgerichtsräten unerschrocken erklärte: *«Ich verfolge den Zweck, die Entscheidung über Krieg und Frieden aus dem Dunkel der Kabinette und Diplomatenschleichwege herauszuholen . . . an das Licht der Öffentlichkeit . . . Ich will, daß die Entscheidung über Krieg und Frieden der Entscheidung des ganzen Volkes unterstellt werde . . . Ich will schließlich, daß unser Heer nicht gegen den ‹inneren Feind›, zum Bürgerkrieg verwendet werde»*, da erhielt das Wilhelminische Regime auch noch von ganz anderer Seite her einen harten Schlag, der seine schnurrbartzwirbelnde, säbelrasselnde und großsprecherische Pose männlicher Unbesiegbarkeit aufs schwerste erschütterte.

Schon im April 1907 hatte Maximilian Harden in seiner Zeitschrift «Die Zukunft» erste Angriffe auf die nächste Umgebung des Kaisers geführt. Wilhelms II. ‹Tafelrunde›, seine Flügeladjutanten, Oberhofmarschälle und Gardekommandeure, kurz, die ‹Granden des Reiches›, wie sie der Kaiser zu nennen pflegte, waren von Harden als eine Clique von ‹Mignons› entlarvt worden, wobei er gewiß nicht die Homosexualität an sich für verwerflich oder gefährlich hielt, sondern nur den unkontrollierten Einfluß dieser intrigierenden ‹Kamarilla› auf die Politik des Reiches, wobei man berücksichtigen muß, daß damals Homosexualität bei Männern als Sittlichkeitsverbrechen galt und streng bestraft wurde; nur bei ‹Personen von Stand› sah die Polizei und Justiz diskret über alle ‹Delikte› hinweg, sogar über tatsächlich kriminelle Begleitumstände.

Die Sozialdemokratie hatte bereits 1902, im Falle des homophilen Industriellen und engen Kaiserfreundes Friedrich Alfred Krupp, ihren Standpunkt klargemacht, nämlich, daß sie die Kriminalisierung der Homosexualität ablehne, ebenfalls aber die Privilegierung von Angehörigen der herrschenden Klasse.

Die im Oktober 1907 von Harden geführten Angriffe gegen die nächste Umgebung Wilhelms II. bewirkten einen öffentlichen Skandal, der rasch immer größere Kreise zog; Demissionen, Prozesse, Meineide und weitere Rücktritte waren die Folge. Doch an den Verhältnissen bei Hofe änderte sich wenig, am Regime gar nichts. Die weltweite Blamage, die der ‹aristokratische Einzelkämpfer› Harden dem kaiserlichen Deutschland bereitet und von der er sich eine heilsame Wirkung erhofft hatte, wurde vom deutschen Bürgertum seufzend hingenommen. Und da die Untertanen weiter parierten, als wäre nichts geschehen, sah auch Wilhelm II. keinen Anlaß, sein chauvinistisches und reaktionäres ‹persönliches Regiment› aufzugeben.

Ein Jahr später, im November 1908, als die außenpolitisch katastrophalen Entgleisungen des Kaisers in der «Daily Telegraph»-Affäre im Parlament zur Sprache kamen, konnte Paul Singer den bürgerlichen Parteien mit Recht den Vorwurf machen: *«Die Majorität dieses Reichstages ist mitschuldig an diesen Vorgängen, denn sie hat die Verherrlichung des persönlichen Regiments nicht hintangehalten!»*

Der Festungsgefangene Dr. Karl Liebknecht, der 1908 – noch während er in Glatz inhaftiert war – ein Mandat im preußischen Abgeordnetenhaus erhalten hatte und zum Präsidenten der Sozialistischen Jugendinternationale gewählt worden war, setzte seinen Kampf gegen den Militarismus und damit gegen das Wilhelminische Regime auf wirksamere Weise fort.

1912 wurde Karl Liebknecht als Vertreter des Wahlkreises Potsdam–Spandau–Osthavelland in den Reichstag gewählt, und er benutzte dieses Forum, um anläßlich der Beratungen des Militärhaushalts am 26. April 1913 zu erklären: *«Im Interesse der Aufrechterhaltung des Friedens, im Interesse der Förderung der Bestrebungen, die verhindern sollen, daß um eine solche wahnwitzige Prestigepolitik Europa in einen Krieg gebracht werde, ist es erforderlich, vor aller Welt . . . auf jene Kapitalcliquen zu weisen, deren Interesse und deren Nahrung der Völkerunfriede, der Völkerzwist, der Krieg ist; es ist erforderlich, den Völkern zuzurufen: Das Vaterland ist in Gefahr! Es ist aber nicht in Gefahr vor dem äußeren Feinde, sondern vor jenen gefährlichen inneren Feinden, vor allem vor der internationalen Rüstungsindustrie!»*

Was Liebknecht dann vor dem Plenum – und damit auch vor der

deutschen und internationalen Öffentlichkeit – enthüllte, ließ den Abgeordneten den Atem stocken. Anhand eines umfangreichen, nicht zu widerlegenden Materials, das er in monatelanger Arbeit zusammengestellt hatte, deckte er auf, wie die deutschen Rüstungskonzerne, besonders Krupp in Essen, durch Spionage, Bestechung, falsche Auskünfte an die Behörden und Verbreitung von Zwecklügen die Rüstungsausgaben, aber auch die Kriegshetze gesteigert hatten.

Er wies nach, daß die Rüstungskonzerne der einzelnen Länder, ohne Rücksicht auf nationale Interessen, einträchtig zusammenarbeiteten, sich gegenseitig militärische Geheimnisse und neue Waffen lieferten, während gleichzeitig ihre Presse und die von ihnen finanzierten Verbände zum Kriege hetzten.

Liebknechts große Abrechnung mit den Kanonenkönigen gehört zu den Sternstunden der deutschen Parlamentsgeschichte, aber sie konnte den Gang der Ereignisse nicht mehr aufhalten. Zwar erzwang er durch seine Enthüllungen die Bestrafung von sieben korrupten Militärbeamten und zweier Krupp-Vertreter, aber Wettrüsten, Hetze und Machenschaften gingen weiter. Dennoch verdient diese beispielhafte Pflichtauffassung eines deutschen Reichstagsabgeordneten und die Unerschrockenheit, mit der er sich mit den Mächtigsten einließ und damit wohl schon damals sein eigenes sechs Jahre später vollstrecktes Todesurteil sprach, eine bessere Würdigung, als sie Karl Liebknecht bislang hierzulande zuteil wurde.

Sechs Monate nach dieser denkwürdigen Abrechnung mit den Kriegstreibern erregte Karl Liebknecht erneut großes Aufsehen, als er unter der Losung «Massenstreik gegen die Staatskirche» in Berlin eine öffentliche Großkundgebung organisierte, wo er die von vielen, zumal den evangelischen Geistlichen Preußens, betriebene Staatsvergötzung, Förderung des Militarismus und Volksverdummung geißelte.

Die Sensation dieser Großkundgebung aber war, daß an Liebknechts Seite ein zweiter Redner auftrat: der damals sechzigjährige Geheimrat Professor Dr. Wilhelm Ostwald, Mitbegründer der physikalischen Chemie, Nobelpreisträger des Jahres 1909 und Führer der von Ernst Haeckel gegründeten monistischen Freidenkerbewegung.

Der ‹rote Geheimrat›, wie Ostwald genannt wurde, gehörte zu den bedeutendsten Wissenschaftlern des wilhelminischen Reiches. Als Sohn eines deutschen Handwerkers in Riga geboren, hatte der ungewöhnlich begabte Schüler das Gymnasium besuchen und in Dorpat studieren können. Schon in sehr jungen Jahren wurde er Professor in Riga, dann Ordinarius in Leipzig, wo er zwei Jahrzehnte lang als ein richtungweisender Forscher, die Studenten begeisternder Lehrer und ungewöhnlich fruchtbarer Schriftsteller wirkte. Aus seinem Institut gingen etwa siebzig Hochschullehrer hervor.

Geheimrat Ostwald, der Klerikalismus, Antisemitismus und Militarismus gleichermaßen verabscheute, hatte den Krieg als den «*gefährlichsten Feind aller Kulturentwicklung*» bezeichnet, und das zu einer Zeit, als große Teile des deutschen Bürgertums den ‹frischen, fröhlichen Krieg› für eine zur Ertüchtigung der Jugend und zur Vergrößerung des Vaterlands nicht wegzudenkende Notwendigkeit hielten!

Er beteiligte sich lebhaft an der Weltfriedensbewegung, dem Lebenswerk einer Frau, die zur radikalen Pazifistin geworden war, obwohl sie aus einer Familie stammte, die vornehmlich durch Kriege reich und mächtig geworden war: Bertha v. Suttner.

Sie war 1843 in Prag als Tochter des österreichischen Feldmarschallleutnants Franz Graf v. Kinsky geboren. Die Grafen und Fürsten Kinsky, böhmische Magnaten, hatten seit Jahrhunderten als Obristen und Generale für Habsburg Krieg geführt, und so war es in Österreich, aber auch in der übrigen Welt eine Sensation, als 1889 die inzwischen mit dem Freiherrn Arthur Gundaccar v. Suttner verheiratete Feldmarschallstochter ein Buch veröffentlichte, das den für die damalige Zeit äußerst provozierenden Titel «Die Waffen nieder!» trug.

Dieses Buch, dessen Manuskript zunächst von mehreren Verlegern abgelehnt worden war, während andere nur den Titel sowie einige allzu pazifistische Passagen hatten ändern wollen, fand besonders in Deutschland, wo es schließlich erschienen war, sehr große Beachtung; bis zur Jahrhundertwende kamen mehr als vierzig Auflagen heraus, dazu zahlreiche Übersetzungen in alle wichtigen Sprachen.

Bertha v. Suttner widmete sich fortan der bürgerlichen Friedensbewegung, die – von Amerika und England ausgehend – durch ihr Buch auch auf dem europäischen Kontinent einen kräftigen Aufschwung nahm. 1893 wurde sie Präsidentin der Wiener Friedensgesellschaft und Vizepräsidentin des Internationalen Friedensbüros in Berlin. 1905 wurde sie mit dem Friedensnobelpreis ausgezeichnet, und diese Ehrung wurde in späteren Jahren auch ihren beiden eifrigsten Mitstreitern zuteil: Alfred Fried aus Wien, der seit 1891 in Berlin in enger Zusammenarbeit mit der Baronin Suttner die Zeitschrift «Die Waffen nieder!» herausgab und dann die Deutsche wie die Österreichische Friedensgesellschaft gründete; er erhielt den Nobelpreis des Jahres 1911, ging 1914 bei Ausbruch des Ersten Weltkriegs in die Schweiz und bekämpfte von dort aus publizistisch die deutsche Kriegspolitik. Der andere Mitstreiter Bertha v. Suttners, der 1927 mit dem Friedensnobelpreis ausgezeichnet wurde, war der uns bereits als mit Festungshaft bestrafter «Caligula»-Verfasser bekannte Historiker Ludwig Quidde. Von 1914 bis 1929 war Quidde Präsident der Deutschen Friedensgesellschaft; 1933, nachdem Hitler an die Macht gekommen war, emigrierte er in die Schweiz und starb 1941 in Genf.

Bertha v. Suttner war nicht die einzige adlige Generalstochter, die damals mit allen Familientraditionen brach. Eine andere war Lily Braun geborene v. Kretschman, über die Hedwig Wachenheim geschrieben hat: «*Sie war eine eigenartige Erscheinung in der deutschen Sozialdemokratie, eine elegante, wunderschöne Frau, Aristokratin und Generalstochter, wissenschaftlich und schriftstellerisch hoch begabt. Sie war von der Gesellschaft für ethische Kultur zur Sozialdemokratie übergetreten wie mancher andere, der der Überzeugung war, daß eine Philosophie der Sittlichkeit nicht mehr genüge in einer Zeit, in der eine große Klasse bei der neuen wirtschaftlichen Entwicklung weit unter dem Lebensniveau der übrigen Gesellschaft existierte und an deren Kulturgütern nicht teilhaben konnte. Die Ethiker, die damals offen oder getarnt zur Sozialdemokratie übertraten, vollzogen den Schritt zum Teil deshalb, weil sie die Partei als besten Rahmen für eine erfolgreiche soziale Tätigkeit ansahen; zum Teil, weil sie glaubten, ihrer neuen Erkenntnis einen radikalen Schritt und das Opfer ihrer gesellschaftlichen Stellung zu schulden*», wobei für Lily Braun wohl beides zutraf.

Sie war in zweiter Ehe verheiratet mit dem – aus einer jüdischen Familie Budapests stammenden – Sozialpolitiker Heinrich Braun, der 1883 die «Neue Zeit» mit begründet hatte und von 1888 bis 1903 die wichtigsten sozialpolitischen Zeitschriften jener Zeit herausgab; danach war er für kurze Zeit sozialdemokratischer Reichstagsabgeordneter und nach Bebels Meinung «*einer der schlauesten Revisionisten*».

Auch Lily Braun, die sich schon als Schriftstellerin einen Namen gemacht hatte und 1901 mit der Schrift «Die Frauenfrage» hervorgetreten war, gehörte zum rechten Flügel der Sozialdemokratie. Ihre Radikalität bekundete sie auf sozialpolitischem Gebiet und in der Frauenbewegung, abgesehen davon, daß der Übergang der preußischen Generalstochter zu der «*Rotte von Menschen, nicht wert, den Namen Deutscher zu tragen*», damals ein revolutionärer Schritt war.

Lily Braun, 1865 in Halberstadt geboren und 1916 in Berlin gestorben, wurde in ihren letzten Lebensjahren berühmt mit ihrem Buch «Im Schatten der Titanen» und mit ihren «Memoiren einer Sozialistin»; ihr Sohn Otto Braun, dessen «Nachgelassene Schriften eines Frühvollendeten» 1919 postum erschienen, fiel noch in den letzten Wochen jenes Ersten Weltkriegs, den weder die bürgerliche Friedensbewegung noch die mächtige, bei den Reichstagswahlen des Jahres 1912 von 4,25 Millionen Wählern unterstützte Sozialdemokratie hatte verhindern können.

August Bebel war im August 1913 gestorben; sein Freund Jean Jaurès, der Führer der Sozialisten Frankreichs, war in der Nacht vom 31. Juli zum 1. August 1914 von einem französischen Chauvinisten ermordet worden. Die «Letzte Warnung», die Arthur Bernstein, ein Sohn Aron Bernsteins, für Ullsteins «Berliner Morgenpost» schrieb, blieb ungedruckt. Der Vetter des mutigen Warners, Eduard Bernstein, und andere führende Revisionisten setzten sich in der sozialdemokratischen Reichstagsfraktion durch; Hugo Haases verzweifelte Versuche, die Fraktion wenigstens zur

Ablehnung der Kriegskredite zu bewegen, scheiterten. Ganze vierzehn der insgesamt einhundertzehn sozialdemokratischen Reichstagsabgeordneten zeigten sich in der internen Probeabstimmung bereit, Haase zu folgen, unter ihnen der entschiedenste Kriegsgegner und Antimilitarist Karl Liebknecht. Im Plenum bewiesen dann die Sozialdemokraten die übliche Disziplin; Hugo Haase gab die Erklärung ab, daß seine Fraktion geschlossen für die Kriegskredite stimmen werde. Und so geschah es; das Verhängnis konnte seinen Lauf nehmen.

XI. Von der schrecklichen Verwirrung und den wenigen klaren Köpfen

Der mörderische Krieg, «*der gefährlichste Feind aller Kulturentwicklung*», den deutsche Radikale aller Richtungen – Liberale, Sozialisten, Christen oder auch ‹aristokratische Einzelgänger› wie Maximilian Harden – immer vor Augen gehabt hatten, als sie gegen das ‹persönliche Regiment› Wilhelms II. und gegen den Militarismus, die reaktionäre Innen- und die aggressive Außenpolitik Preußen-Deutschlands zu Felde gezogen waren, endete so katastrophal, wie es Arthur Bernstein schon Ende Juli 1914 exakt vorausgesagt hatte.

Doch diejenigen, die dann am härtesten darunter leiden mußten, waren nicht etwa die Verursacher von Krieg, Hunger und Elend, nicht der größenwahnsinnige Kaiser, der sich, schon zuvor von seinem Feldherrn Ludendorff völlig entmachtet, eilig nach Holland begab und dort als Multimillionär zur Ruhe setzte, auch nicht die verantwortlichen Militärs und Politiker, von denen keinem ein Haar gekrümmt oder gar ein Tausender von der Pension abgezwackt wurde, und schon gar nicht die Herren von der Rüstungsindustrie. Es waren vielmehr diejenigen Männer und Frauen, die den Militarismus am leidenschaftlichsten bekämpft und den Völkermord durch Massenstreik zu verhindern versucht hatten. Und die ersten Opfer waren Karl Liebknecht und Rosa Luxemburg.

Liebknecht, der Anfang August 1914 noch Fraktionsdisziplin geübt und gegen seine Überzeugung der Bewilligung der Kriegskredite im Plenum zugestimmt hatte, ließ sich schon bei der nächsten Entscheidung nur noch von seinem Gewissen leiten und lehnte am 2. Dezember 1914 als einziger Abgeordneter des Reichstags weitere Kredite und damit die Kriegspolitik der Regierung ab. Fortan bekämpfte er die ‹Burgfriedenspolitik› der SPD und, nachdem er im Februar 1915 als Armierungssoldat eingezogen worden war, unter Mißachtung der Militärgesetze die Fortsetzung des Krieges. Im Frühjahr 1915 veröffentlichte er illegal seine Schrift «Klassenkampf gegen den Krieg. Der Fall Liebknecht» und ein Flugblatt mit der Parole «Der Hauptfeind steht im eigenen Land». Unter seinem Einfluß entstand in der SPD die «Gruppe Internationale», die sich dann «Spartakusgruppe» nannte und die linken Oppositionellen in der Partei zu gemeinsamem Handeln veranlassen sollte.

Nachdem Liebknecht bereits im Januar 1916 von der rechten Mehrheit aus der SPD-Fraktion ausgeschlossen worden war und auch längst nicht mehr mit einer Unterstützung durch den Parteivorstand rechnen konnte,

organisierte er am 1. Mai 1916 mit der Spartakusgruppe eine Antikriegs-
demonstration auf dem Potsdamer Platz, dem wichtigsten Verkehrszen-
trum Berlins. Er konnte gerade noch die Losung verkünden: «*Nieder mit
dem Krieg! Nieder mit der Regierung!*», da wurde er auch schon – ‹auf
frischer Tat›, daher nicht von den Immunitätsbestimmungen für Reichstagsabgeordnete geschützt – verhaftet und im November 1916 in zweiter
Instanz vom Oberkriegsgericht zu vier Jahren und einem Monat Zuchthaus verurteilt; die bürgerlichen Ehrenrechte und damit auch das Reichs-
tagsmandat sowie die Zulassung zum Anwaltsberuf wurden ihm für
sechs Jahre aberkannt. Die Zeiten der gelinden Festungshaft ‹in frischer
Bergluft› und mit Muße zum Studieren waren vorbei.

Immerhin konnte Liebknecht auch aus dem schlesischen Zuchthaus
Luckau, wo er seine Strafe verbüßen mußte, Artikel für die «Spartakus-
briefe» schreiben, Flugblätter verfassen, mit politischen Freunden korre-
spondieren und Besuche empfangen; von Isolierhaft oder besonderer
Strenge des Vollzugs konnte keine Rede sein. Und so blieb es fast zwei
Jahre lang. Dann wurde Karl Liebknecht im Zuge einer unter dem Druck
der revolutionären Stimmung im Lande gewährten Amnestie für politische Straftäter ‹begnadigt› und am 23. Oktober 1918 aus dem Zuchthaus
entlassen.

In Berlin, wo er noch am selben Tag eintraf, wurde er von einer großen
Menschenmenge begeistert empfangen. Er übernahm sofort die Führung
der Spartakusgruppe, die zwar nur ein paar hundert Mitglieder zählte,
aber schon dadurch zu einem nicht zu unterschätzenden politischen
Faktor geworden war, daß die Anhängerschaft der Sozialdemokratie jetzt
ebenfalls verlangte, es müsse endlich gehandelt, der Krieg sofort beendet
und eine sozialistische Republik geschaffen werden. Das waren auch die
Ziele der Spartakusgruppe, und sie hatte nun erstmals die Chance, sie
durchzusetzen.

Am Mittag des 9. November 1918 war es dann ja auch Karl Liebknecht,
der vom Balkon des kaiserlichen Schlosses aus die «freie, sozialistische
Republik Deutschland» proklamierte. Seine Ansprache an die Menge
Unter den Linden schloß er mit den Worten: «*Wir wollen an der Stelle,
wo die Kaiserstandarte wehte, die rote Fahne . . . hissen!*»

Aber genau das wollten die Führer der SPD gerade nicht; sie wünschten keinen Umsturz, sondern ‹Ruhe und Ordnung›, keinen Wechsel der
Flagge und nach Möglichkeit auch keinen der Staatsform. Aber nun,
nachdem Karl Liebknecht die Initiative ergriffen hatte, mußten auch die
rechten SPD-Führer handeln: Vom Reichstag aus proklamierte wenige
Minuten nach Liebknecht Philipp Scheidemann ebenfalls die Republik
auf gemäßigte, sozialdemokratische Weise: «*Der Kaiser hat abgedankt!
Er und seine Freunde sind verschwunden. Über sie alle hat das Volk auf
der ganzen Linie gesiegt. Es lebe die Republik!*»

Die letzten vier Worte – Scheidemann hielt sie für eine glückliche

Eingebung – nahm ihm Friedrich Ebert, der Führer der SPD, sehr übel. *«Du hast kein Recht, die Republik auszurufen!»* brüllte er seinen Parteifreund an.

Der Gang der Ereignisse in den folgenden Stunden, Tagen und Wochen ist in dem diesem Buch vorausgegangenen Band «Einig gegen Recht und Freiheit» bereits ausführlich beschrieben worden. So sei hier nur noch kurz daran erinnert, daß Ebert in den folgenden Verhandlungen mit Hugo Haase, dem Führer der von der SPD abgefallenen Unabhängigen Sozialdemokraten (USPD), seine Bereitschaft erkennen ließ, auch Karl Liebknecht in die provisorische Regierung, den «Rat der Volksbeauftragten», aufzunehmen. Aber, wie hier ergänzend bemerkt sei, Liebknecht machte Hugo Haase gegenüber eine solche Mitarbeit davon abhängig, daß man gemeinsam eine sozialistische, der alten Linie der Partei entsprechende Politik mache und nicht den rechten Kurs des SPD-Parteivorstands einschlage.

Dazu waren Ebert und seine Freunde nicht bereit, und Ende Dezember 1918 war es auch dem letzten Zweifler klar, daß es zwischen den Mehrheitssozialisten um Ebert, Scheidemann und Noske, die sich mit den kaiserlichen Generalen verbündet hatten, und der Spartakusgruppe zu keiner Wiedervereinigung, auch zu keinem Bündnis mehr kommen konnte. So konstituierte sich am 30. Dezember 1918 die von den Spartakus-Anhängern um Karl Liebknecht und Rosa Luxemburg gebildete Kommunistische Partei Deutschlands, deren Zielsetzungen entschieden sozialistisch, aber auch durchaus demokratisch waren. Als Liebknecht Anfang Januar in den aus allen in Opposition zu Ebert, Scheidemann und Noske stehenden linken Gruppen zusammengesetzten «Revolutionsausschuß» eingetreten war, versuchte er dort, nicht zuletzt auf dringendes Anraten Rosa Luxemburgs hin, den voreiligen und von vornherein zum Scheitern verurteilten bewaffneten Aufstand zu verhindern. Aber der «Revolutionsausschuß», in dem die Spartakusgruppe nur eine winzige Minderheit darstellte, hatte längst die Kontrolle über die Ereignisse verloren. Die Regierungstruppen, die unter Noskes Verantwortung die ‹Ruhe und Ordnung› in Berlin mit brutalen Methoden wiederherstellten, hatten ein verhältnismäßig leichtes Spiel.

Doch die Sieger über die linken Sozialdemokraten des – fälschlich ‹Spartakistenaufstand› genannten – Berliner Januaraufruhrs begnügten sich nicht damit, die revolutionären Arbeiter und Matrosen überwältigt zu haben. Sie übten nun auch eine – nur aus der völligen Verrohung durch fünf Jahre Krieg erklärbare – Rache an den Gefangenen und Geschlagenen, wie man sie seit den Exzessen bei der Rückeroberung von Mainz durch die konterrevolutionären Interventionstruppen im Jahre 1793 nicht mehr erlebt hatte.

Karl Liebknecht und Rosa Luxemburg konnten sich noch ein paar Tage lang verstecken, jede Nacht das Quartier wechselnd. Am 14. Januar 1919 schrieben sie ihre letzten Artikel für die «Rote Fahne». Rosa Luxemburgs Beitrag war ein beißender Angriff auf die feigen Bürger, die konterrevolutionären einstigen Genossen und auch auf diejenigen, die den Aufstand voller Illusionen begonnen hatten und nun resignierten: «‹Ordnung herrscht in Berlin!› Ihr stumpfen Schergen! Eure ‹Ordnung› ist auf Sand gebaut. Die Revolution wird sich morgen schon ‹rasselnd wieder in die Höh› richten und zu eurem Schrecken mit Posaunenklang verkünden: Ich war, ich bin, ich werde sein!»

Rosa Luxemburg, diese bedeutendste geistige Führerin der deutschen sozialistischen Linken seit dem Tod von Friedrich Engels im Jahre 1895, war alles andere als das ‹Flintenweib›, als das ihre zahlreichen Gegner sie hinzustellen versuchten. Gewiß, sie war eine Radikale *par excellence*, die beispielsweise Weihnachten 1916, aus der Festung Wronke, wo die Behörden sie in ‹Schutzhaft› hielten, an eine sozialdemokratische Freundin aus dem Kreis um Kautsky und Hugo Haase schrieb:

«. . . Ihr seid mir ‹zu wenig draufgeherisch›, meinst Du melancholisch? ‹Zu wenig› ist gut! Ihr seid überhaupt nicht ‹geherisch›, sondern ‹kriecherisch›. Es ist nicht ein Unterschied des Grades, sondern der Wesenheit. ‹Ihr› seid überhaupt eine andere zoologische Gattung als ich, und nie war mir euer griesgrämiges, sauertöpfisches, feiges und halbes Wesen so fremd, so verhaßt, wie jetzt. Das ‹Draufgängertum› würde euch schon passen, meinst Du, bloß wird man dafür ins Loch gesteckt und ‹nutzt dann wenig›. Ach, ihr elende Krämerseelen, die Ihr bereit wäret, auch ein bißchen ‹Heldentum› feilzubieten, aber nur ‹gegen bar›, und sei es um verschimmelte drei Kupferpfennige, aber man soll gleich einen ‹Nutzen› auf dem Ladentisch sehen. Und das einfache Wort des ehrlichen und geraden Menschen: ‹Hier steh ich, ich kann nicht anders, Gott helf mir›, ist für euch nicht gesprochen. Ein Glück, daß die bisherige Weltgeschichte nicht von Euresgleichen gemacht war, sonst hätten wir keine Reformation und säßen wohl noch im Ancien Régime.

Was mich anbelangt, so bin ich in der letzten Zeit» – seit Juli 1916 war sie in ‹Schutzhaft›; zuvor, vom Februar 1915 bis zum Februar 1916, hatte sie im Berliner Frauengefängnis Barnimstraße eine Strafe wegen Antikriegspropaganda verbüßt – «wenn ich schon nie weich war, hart geworden wie geschliffener Stahl und werde nunmehr weder politisch noch im persönlichen Umgang auch die geringste Konzession machen . . .»

Doch dieselbe Frau, die schon im Juli 1914 den Mut gehabt hatte, den preußischen Militarismus öffentlich der tausendfachen Soldatenmißhandlung zu bezichtigen, war in der jahrelangen Haft – am schlimmsten hatte sie es in Berlin, «in der Spelunke am Alexanderplatz, wo ich in der elf Kubikmeter großen Zelle, morgens und abends ohne Licht, eingeklemmt zwischen das C (aber ohne W) und die eiserne Pritsche, meinen Mörike deklamierte» – weder verbittert, noch war sie eine versteinerte

Fanatikerin geworden. In demselben Brief an die gescholtene Freundin heißt es:

«... *sieh, daß Du Mensch bleibst. Mensch sein ist vor allem die Hauptsache. Und das heißt: fest und klar und heiter sein, ja heiter – trotz alledem und alledem, denn das Heulen ist Geschäft der Schwäche. Mensch sein, heißt sein ganzes Leben ‹auf des Schicksals großer Waage› freudig hinwerfen, wenn's sein muß, sich zugleich aber an jedem hellen Tag und jeder schönen Wolke freuen – ach, ich weiß keine Rezepte zu schreiben, wie man Mensch sein soll, ich weiß nur, wie man's ist, und Du wußtest es auch immer, wenn wir einige Stunden zusammen im Süden- der Feld spazieren gingen und auf dem Getreide roter Abendschein lag. Die Welt ist so schön bei allem Graus und wäre noch schöner, wenn es keine Schwächlinge und Feiglinge auf ihr gäbe ...*»

Von Rosa Luxemburgs Freunden sind später zahlreiche ihrer Briefe aus der Gefängnis- und Festungshaft veröffentlicht worden. Es war dies, wie ihr Biograph Peter Nettl dazu bemerkt hat, «*ein Akt der Pietät; man wollte zeigen, daß die rote Revolutionärin ... in Wirklichkeit eine emp-findsame, verletzliche, gütige Frau war, die mit jeder erfrorenen Wespe litt und alle Lebewesen mit tiefer Liebe umfing*».

Doch auch in allen ihren politischen Schriften, zumal in ihrer kriti-schen Würdigung der russischen Revolution, wird immer wieder jener tiefe Humanismus sichtbar, aus dem heraus sie zur entschiedenen und unbeugsamen Sozialistin geworden war. Wenn sie beispielsweise schrieb, «*Freiheit nur für die Anhänger der Regierung, nur für die Mitglieder einer Partei – mögen sie noch so zahlreich sein – ist keine Freiheit; Freiheit ist immer nur Freiheit des anders Denkenden – nicht wegen des Fanatismus der ‹Gerechtigkeit›, sondern weil all das Belehren-de, Heilsame und Reinigende der politischen Freiheit an diesem Wesen hängt und seine Wirkung versagt, wenn die ‹Freiheit› zum Privilegium wird*», so war dies zwar sicherlich kein Plädoyer für die bürgerliche Demokratie, aber gewiß auch nicht, wie gelegentlich behauptet wird, blanke Ironie. Ja, wir können sogar dahingestellt sein lassen, ob Rosa Luxemburg damit jene Demokratie gemeint hat, die nach sozialistischer Ansicht erst nach dem endgültigen Sieg der Revolution möglich wird, oder ob sie dabei – in Unkenntnis der wahren Lage und der Mehrheitsver-hältnisse im Rußland des Jahres 1918 – von mitteleuropäischen Verhält-nissen ausging. Jedenfalls dachte sie so und meinte jedes Wort, das sie schrieb, durchaus ehrlich. Denn sie hatte – zum Unterschied von vielen ihrer Kampfgefährten und erst recht zu manchen ihrer späteren Interpre-ten – viel mehr Angst vor einer ihre Ziele vergessenden und entartenden Revolution als vor einer gescheiterten.

«*Ohne allgemeine Wahlen, ungehemmte Presse- und Versamm-lungsfreiheit, freien Meinungskampf*», so warnte sie im Jahre 1918 eindringlich, «*erstirbt das Leben in jeder öffentlichen Institution, wird zum Scheinleben, in dem die Bürokratie allein das tätige Element bleibt. Das öffentliche Leben schläft allmählich ein, einige Dutzend Parteiführer von unerschöpflicher Energie und grenzenlosem Idealismus dirigieren und regieren, unter ihnen leitet in Wirklichkeit ein Dutzend hervorragender Köpfe, und eine Elite der Arbeiterschaft wird von Zeit zu Zeit zu Versammlungen aufgeboten, um den Reden der Führer Beifall zu klatschen, vorgelegten Resolutionen einstimmig zuzustimmen, im Grunde also eine Cliquenwirtschaft – eine Diktatur allerdings, aber nicht die Diktatur des Proletariats, sondern die Diktatur einer Handvoll Politiker, d. h. Diktatur im bürgerlichen Sinne . . .*»

Man täte Rosa Luxemburg jedoch unrecht, faßte man diese und andere Sätze lediglich als Anklage und als vorausschauende, fast hellseherische Kritik auf; es ist ihre in Form eines kritischen Dialogs abgefaßte Zielvorstellung. Es erschien ihr, um nochmals ihren Biographen Peter Nettl zu zitieren, der es treffend formuliert hat, als «*kaum denkbar . . . daß Sozialisten an der Spitze einer kapitalistischen Gesellschaft stehen könnten . . . und als schlechthin irrsinnig, einen solchen Status quo hinzunehmen, zeitweilig sogar zu stärken und das Ganze Stabilität zu nennen*».

Für Rosa Luxemburg gab es auch keine ‹nationalen›, ‹patriotischen› Belange im herkömmlichen Sinne. Als in ihrem Strafprozeß 1914 der Staatsanwalt sie abschätzig eine ‹Heimatlose› nannte, erwiderte sie: «*Was die Heimatlosigkeit betrifft, so möchte ich mit dem Herrn Staatsanwalt nicht tauschen. Ich habe eine so große, liebe Heimat, wie sie kein preußischer Staatsanwalt besitzt . . . Was ist das Vaterland anderes, als die Hebung des Wohlstands, die Hebung der Sittlichkeit, die Hebung der geistigen Kräfte der großen Masse, die das Volk ausmacht!*»

Und auch der Terror, den diese ‹blutdürstige Megäre› angeblich predigte, war allenfalls der Schrecken, den Menschenliebe, Vernunft, Kreativität und ein humanistisches Sozialismus- und Demokratieverständnis für diejenigen haben, denen dies alles fehlt: «*Nur ungehemmt schäumendes Leben verfällt auf tausend neue Formen, Improvisationen, erhellt schöpferische Kraft, korrigiert selbst alle Fehlgriffe. Das öffentliche Leben der Staaten mit beschränkter Freiheit ist eben deshalb so dürftig, so armselig, so schematisch, so unfruchtbar, weil es sich durch Ausschließung der Demokratie die lebendigen Quellen allen geistigen Reichtums und Fortschritts absperrt . . .*»

Am 15. Januar 1919 wurden Rosa Luxemburg und Karl Liebknecht ermordet. Auch Liebknechts Artikel, der an diesem Tag unter der Überschrift «Trotz alledem!» erschien, knüpfte – wie die Schlußworte von Rosa Luxemburg – an ein Gedicht von Ferdinand Freiligrath an. Angehörige der unter dem Oberbefehl des sozialdemokratischen ‹Volksbeauftragten› Gustav Noske stehenden, konterrevolutionären Gardekavallerieschützendivision holten beide aus ihrer Wohnung. Im Divisionshauptquartier, dem «Hotel Eden» im Berliner Westen, wurden sie brutal mißhandelt, dann erschlagen, schließlich noch als Tote diffamiert.

Von Karl Liebknecht, dem Unerschrockenen, wurde fälschlich behauptet, er habe sich seiner Verantwortung feige zu entziehen versucht und sei ‹auf der Flucht erschossen› worden; Rosa Luxemburg, deren Leichnam die Soldateska in den Landwehrkanal geworfen hatte, wurde als ‹vermißt› gemeldet und sollte sich angeblich, unter Mitnahme der Parteikasse, mit ihrem ‹Geliebten› Leo Jogiches, ‹aus dem Staub gemacht› haben.

(Jogiches, ein enger Freund Rosa Luxemburgs, langjähriger Kampfgefährte, Organisator der Spartakusgruppe und ihr fähigster Propagandist, wurde am 10. März 1919 in Berlin verhaftet und von dem Polizeibeamten Tamschick kurze Zeit später durch Kopfschuß ‹erledigt›.)

Wenngleich den Mördern samt und sonders so gut wie nichts geschah, erst recht nicht ihren Auftraggebern, und man sich seitens der Regierung sehr bemühte, den tatsächlichen Sachverhalt zu vertuschen, so kam die Wahrheit dennoch sehr rasch ans Licht. Trauer und Empörung bei der gesamten deutschen Linken waren grenzenlos, und der alte Franz Mehring gab den herrschenden Gefühlen am treffendsten Ausdruck, als er voll Zorn und Abscheu ausrief: *«Tiefer ist noch keine Regierung gesunken!»*

Wenige Tage später starb Mehring – an Lungenentzündung, wie die Ärzte meinten, doch in Wahrheit wohl am Tode seiner Freunde und an dem Verrat, der von den Führern der Partei, für die er jahrzehntelang gekämpft hatte, an der gemeinsamen Sache begangen worden war.

Die Morde in Berlin – an Karl Liebknecht, Rosa Luxemburg und an Dutzenden von wirklichen oder vermeintlichen ‹Spartakisten› – waren nur der Anfang. In den folgenden Wochen und Monaten wurden noch Tausende erschlagen oder erschossen.

Viele, die dem weißen Terror gerade noch entgangen waren, wurden vor ‹Sondergerichte› gestellt und im Eilverfahren zu langen Zuchthausstrafen verurteilt. Nur in wenigen Fällen kam es zu einem Freispruch wie bei dem fast siebzigjährigen Georg Ledebour, der auch dem «Revolutionsausschuß» angehört hatte, den man aber wegen seiner großen Popularität bei der Berliner Arbeiterschaft nicht zu verurteilen wagte.

Andere bekannte Kämpfer gegen den preußischen Militarismus der Wilhelminischen Ära fielen den Anschlägen einzelner, durch die ständigen Verleumdungen der deutschnationalen Presse aufgehetzter Attentäter zum Opfer – wie im Herbst 1919 Hugo Haase, der Führer der USPD, oder im Sommer 1922 Maximilian Harden, der sich unter dem Eindruck des Krieges zum entschiedenen Sozialisten gewandelt hatte; Harden kam bei dem Anschlag zwar noch mit dem Leben davon, aber er erholte sich nicht mehr von den erlittenen Verletzungen. Er ging 1923 ins Ausland und starb 1927 in Montreux.

Beileidsschreiben von August Bebel an Kurt Eisner
Der Text lautet:

W. Berlin, den 14 Nov. 1899.

Werther Genosse Eisner.

*Wie ich heute hörte haben Sie Ihren Vater durch den Tod verloren, ein harter und
schwerer Verlust, wegen dem ich Ihnen mein aufrichtiges Beileid ausspreche*

Mit bestem Gruß Ihr
A. Bebel.

Fünf Wochen nach der Ermordung von Karl Liebknecht und Rosa
Luxemburg in Berlin fiel in München Kurt Eisner den Kugeln eines
nationalistischen Attentäters, des jungen Grafen Arco-Valley, zum
Opfer.

Kurt Eisner, 1867 in Berlin als Sohn eines wohlhabenden jüdischen
Fabrikanten geboren, hatte das exklusive Askanische Gymnasium besucht und dann bis 1890 Philosophie und Germanistik studiert. Danach
arbeitete er als Journalist für liberale Blätter, bis er 1897 wegen Majestätsbeleidigung angeklagt und zu neun Monaten Haft verurteilt wurde.
Danach trat Eisner, der schon zuvor ein Gegner des preußischen Militarismus gewesen war, unter dem Einfluß von Wilhelm Liebknecht der

SPD bei und in die Redaktion des «Vorwärts» ein, wurde aber von August Bebel nicht voll akzeptiert, wie aus dessen Beileidsschreiben vom 14. November 1899 zum Tode von Eisners Vater hervorgeht, worin der Parteiführer den neuen Redakteur sehr förmlich mit «*Werther Genosse*» und «*Sie*» anredet. Trotzdem konnte Kurt Eisner, der gar kein Geheimnis daraus machte, daß er dem Marxismus skeptisch gegenüberstehe, nach Wilhelm Liebknechts Tod im Jahre 1900 die Chefredaktion des SPD-Zentralorgans übernehmen, mußte aber 1905 nach heftigen Auseinandersetzungen mit den Parteilinken auf Veranlassung von August Bebel und Otto Wels das Feld räumen. Bis 1910 war er dann Chefredakteur der «Fränkischen Tagespost», siedelte schließlich nach München über, wo er bis zu seinem Tode lebte, und arbeitete dort als freier Schriftsteller, Mitarbeiter der sozialdemokratischen «Münchner Post» und Herausgeber eines «Arbeiter-Feuilletons», das von SPD-Zeitungen in ganz Deutschland nachgedruckt wurde. Unter dem Eindruck des dann ausbrechenden Krieges entwickelte sich Eisner zum entschiedenen Pazifisten und zum Gegner des staatstreuen Kurses der Partei; er stellte die Mitarbeit an den SPD-Zeitungen ein, gründete einen sozialistischen Diskussionszirkel, und als sich 1917 die Unabhängigen von der SPD trennten, baute er in Bayern eine USPD-Organisation auf und wurde deren Vorsitzender.

Im Januar 1918 stellte sich Eisner an die Spitze der auch in München streikenden Munitionsarbeiter, wurde verhaftet und verbüßte bis zur Oktober-Amnestie in Stadelheim und Neudeck eine Gefängnisstrafe. Am 7. November 1918 machte er dann, sozusagen im Alleingang, Bayern zur ersten deutschen Räterepublik – ohne Blutvergießen, Zerstörungen oder größere Tumulte. Er übernahm den Vorsitz einer von der Arbeiterschaft und den Münchener Garnisonen voll unterstützten Regierung, und von diesem «Rat der Arbeiter, Soldaten und Bauern» ließ er sich zum provisorischen Ministerpräsidenten des Landes wählen. Der Führer der von Eisner überrumpelten bayerischen SPD, Erhard Auer, willigte schließlich zähneknirschend ein, Eisners Innenminister zu werden.

Kurt Eisner, dieser «*einzige schöpferische Staatsmann der deutschen Revolution*», wie ihn Arthur Rosenberg, der wohl bedeutendste linke Historiker jener Jahre, genannt hat, verstand es indessen nicht nur, die Macht zu ergreifen und mit ihr umzugehen; er verlor auch keinen Augenblick lang den Kontakt zu den revolutionären Massen und ihrem Willen. So betrieb er mit Nachdruck, aber völlig gewaltlos, die Ablösung der alten Führungsschicht auf allen Gebieten durch eine disziplinierte Rätedemokratie mit einem vom ganzen Volk gewählten Parlament als Kontrollinstanz zur Verhinderung einer Diktatur der Minderheit, doch auch umgekehrt mit dem Rat der Arbeiter, Soldaten und Bauern als Garantie für den friedlichen Fortgang der Revolution selbst unter einer bürgerlichen Regierung.

Ob und wie lange dieses System dem konterrevolutionären Ansturm standgehalten hätte, wenn Eisner am Leben geblieben wäre, vermag niemand zu sagen, sowenig wie man wissen kann, ob Eisner nicht selbst und sehr rasch die erforderlichen Änderungen vorgenommen hätte. Doch auch ernste Zweifel an der Dauerhaftigkeit von Eisners Werk ändern nichts an seinen reinen, selbstlosen, von einem humanistischen Sozialismus getragenen Absichten. Und das erkannten auch die revolutionären Massen: Eisners Begräbnis wurde zu einer Demonstration, wie sie München noch nicht erlebt hatte. Hunderttausende gaben dem Sarg des ‹jüdischen Kaffeehaus-Literaten aus Preußisch-Berlin›, wie seine Feinde ihn nannten, das letzte Geleit; im Trauerzug sah man nicht nur die fast vollzähligen Belegschaften der Münchener Großbetriebe, sondern auch ganze Dorfschaften aus dem bayerischen Oberland in Gebirglertracht mit geschulterten Äxten und Jagdgewehren.

Unter denen, die um Kurt Eisner trauerten, war auch ein berühmter, als gänzlich unpolitisch geltender Dichter, dem die wenigsten seiner zahlreichen Verehrer und Bewunderer eine Sympathie für den ‹roten› Eisner oder gar die aktive Unterstützung der revolutionären Bestrebungen zugetraut hätten. Und doch hatte sich dieser Dichter, wie ein erhalten gebliebener Brief an einen Münchener Verlag zeigt, im Winter 1918/19 nachdrücklich für ein Projekt eingesetzt, mit dessen Hilfe die bayerischen Schulen für den Sozialismus gewonnen werden sollten. Er schrieb:

«. . . Würde der Dreiländer-Verlag sich entschließen können, ein eben in der Gründung begriffenes sozialistisches Lehrer-Blatt herauszugeben? Es besteht, wie es scheint, von allen Seiten Ungeduld nach einer derartigen Zeitung, die, gegen Rückständigkeit und Reaktion, alle jene Schulmänner zusammenfassen könnte, denen es dringend ist, die Schule nicht im unbeweglichen Geiste fortbestehen zu lassen.

In der Tat: eine Revolution, die nicht vor allem die Schulen revolutioniert, hätte wenig Aussicht, weit in die Zukunft hinauszureichen . . . Es müßte sich um eine rasche Verwirklichung handeln. Gelänge sie, so würde Bayern auch in dieser Richtung vorausgegangen sein, da noch kein ähnliches Blatt existiert und dieses zu gründende sich für das Organ, nicht allein der bayerischen, sondern der ganzen deutschen Lehrerschaft halten dürfte, soweit sie neu und schöpferisch gesinnt ist . . .»

Diesen Brief schrieb Rainer Maria Rilke, 1875 in Prag geboren, also zur Zeit der Münchener Revolution schon dreiundvierzig Jahre alt. An dem revolutionären Geschehen hatte Rilke von Anfang an teilgenommen.

«In den letzten Tagen hat München etwas von seiner Leere und Ruhe aufgegeben», teilte er am 7. November 1918, dem Tag, an dem Eisner die Republik ausrief, seiner Frau, der Bildhauerin Clara Westhoff, begeistert mit. «Überall große Versammlungen in den Brauhaussälen . . ., und wo die Säle nicht ausreichen, . . . Versammlungen unter freiem Himmel – nach Tausenden.

Unter Tausenden war auch ich Montag Abend in den Sälen des Hotel Wagner; Professor Max Weber aus Heidelberg, Nationalökonom, der für einen der besten Köpfe und für einen guten Redner gilt, sprach, nach ihm in der Diskussion der anarchistisch überanstrengte (Erich) Mühsam und weiter Studenten, Leute, die vier Jahre an der Front gewesen waren, – alle einfach und offen und volkstümlich. Und obwohl man um die Biertische und zwischen den Tischen so saß, daß die Kellnerinnen nur wie Holzwürmer durch die dicke Menschenstruktur sich durchfraßen, – wars garnicht beklemmend, nicht einmal für den Atem; der Dunst aus Bier und Rauch und Volk ging einem nicht unbequem ein, man gewahrte ihn kaum, so wichtig wars und so über alles gegenwärtig klar, daß die Dinge gesagt werden konnten, die endlich an der Reihe sind . . . Solche Momente sind wunderbar, und wie hat man sie gerade in Deutschland entbehren müssen . . .»

Am 16. November 1918 abends schrieb Rilke an Elya Maria Nevar, daß er am nächsten Tag verhindert sein würde, weil er an der Revolutionsfeier des Arbeiter-, Soldaten- und Bauernrates im Nationaltheater teilzunehmen gedenke; er sei gespannt, ob sich in diesem Fest «*etwas an neuem Zusammenschluß, von der Freude einer neuen Gemeinsamkeit erweisen wird . . .*»

Über diese Revolutionsfeier, bei der zur Melodie des «Niederländischen Dankgebets» eine von Kurt Eisner selbst verfaßte Hymne, «Gesang der Völker», angestimmt wurde, berichtete später Alfred Wolfenstein: «*Ich erinnere mich, daß Rilke neben mir mit der ganzen Versammlung im Nationaltheater die neue Friedenshymne sang, und an sein sich lösendes Gesicht . . .*»

Die Morde an Karl Liebknecht, Rosa Luxemburg und Kurt Eisner erschütterten Rilke tief. Er war eng befreundet gewesen mit Sonja Liebknecht, der Frau des Ermordeten und Empfängerin der – 1921 veröffentlichten – «Briefe aus dem Gefängnis» ihrer Freundin Rosa Luxemburg. Über diese schrieb Rilke am 9. Mai 1921 an Tora Holmström: «. . . *cette femme que l'on maltraitait pendant des années, avait dans son cœur un espoir plus clair, plus fort et plus rassurant que les personnes les plus heureuses . . . Ce n'est pas dans son héroïsme qu'elle trouvait ses forces, elle les puisait dans son accord avec la nature . . .*» (. . . diese Frau, die man jahrelang mißhandelt hat, trug in ihrem Herzen eine hellere, stärkere, beruhigendere Hoffnung als die glücklichsten Leute . . . Ihre Kraft fand sie nicht in ihrem Heldenmut, sondern schöpfte sie aus ihrem Einklang mit der Natur . . .)

Besonders schmerzlich traf Rilke der Tod des von ihm verehrten Humanisten und Pazifisten Kurt Eisner, dem er – wie Oskar Maria Graf später berichtet hat – «*manche Anregung, manchen besänftigenden Rat*» hat zukommen lassen. So war ihm die Entwicklung in den Wochen nach Eisners Ermordung schon um vieles fremder, und am 29. März 1919 schrieb Rilke an eine junge Dichterin, Veronika Erdmann: «. . . *Ich freue mich, daß Sie die münchner Luft als eine ‹befreiende› atmen; mir ist sie nichts weniger als dies . . .*»

Am 1. Mai 1919, als die konterrevolutionären Truppen München erobert haben und der weiße Terror dort wütet, wird auch Rainer Maria Rilke in aller Frühe durch Kolbenschläge gegen seine Tür geweckt und nach einer Haussuchung aus seiner Wohnung im obersten Stockwerk des Hauses Ainmillerstraße 34 zur nächsten Polizeiwache geschleppt. Man beschuldigt den Dichter, er habe aus seinem Fenster mit einem Maschinengewehr auf die einrückenden Interventionstruppen geschossen!

Zwar ist diese groteske Anschuldigung völlig aus der Luft gegriffen, aber in München wurden damals auf bloßen Verdacht hin, ja nur weil sie wie ‹Rote› aussahen, völlig Unschuldige reihenweise ermordet. Gegen Rilke liegen immerhin Beweise seiner engen Beziehungen zu den Führern der Räterepublik vor: eine Porträtaufnahme Eisners mit handschriftlicher Widmung; ein Fotoalbum, darin auf einem Bild Rilke neben Ernst Toller, dem letzten Vorsitzenden des Rates der Arbeiter, Soldaten und Bauern, zu sehen ist, vor allem aber ein Anschlag an der Wohnungstür des Dichters, den dieser rechtzeitig zu entfernen vergessen hat, wonach seine Wohnung unter den besonderen Schutz der Räteregierung gestellt war, und dieses kompromittierende Dokument trug auch noch die Unterschrift von Ernst Toller!

Alfred Wolfenstein gelang es schließlich, Rilke wieder von dem absurden Verdacht des bewaffneten Widerstands zu befreien und der Polizei zu entreißen. «*Während der folgenden Wochen*», so erinnerte sich Wolfenstein später, «*blieb er in München, zwar den Vorgängen fern, doch mit dem Herzen bei jedem Unglücklichen, getreu seinem Gebet im ‹Stundenbuch›: ‹Mach, daß die Armen nicht mehr fortgeschmissen / und eingetreten werden in Verdruß!› . . .*»

Immerhin setzte sich Rilke dann noch für den Schriftsteller Oskar Maria Graf ein, der in Haft und wegen seiner freundschaftlichen Beziehungen zu den Führern der Räterepublik, aber auch seiner eigenen Vergangenheit wegen in großer Gefahr war. Graf, 1894 in Berg am Starnberger See geboren, hatte zunächst wie sein Vater Bäcker werden sollen, war davongelaufen und in Münchener Künstlerkreisen aufgenommen worden. 1913 war er in Berlin erstmals mit Aufsätzen in Zeitungen und Zeitschriften hervorgetreten und hatte, als er 1915 zum Militär eingezogen werden sollte, aus seiner pazifistischen Gesinnung keinen Hehl gemacht. Wegen Befehlsverweigerung wurde er zum Tode verurteilt, schließlich als geisteskrank in eine Anstalt eingewiesen. Nach seiner Entlassung beteiligte er sich an der illegalen Antikriegsbewegung, am Munitionsarbeiterstreik und schließlich an der Novemberrevolution.

Oskar Maria Graf kam nach einigen Wochen Haft, nicht zuletzt dank Rilkes Fürsprache, wieder frei. Ernst Toller hingegen erging es weit schlechter. Nach dem Einmarsch der Interventionstruppen führte er das Leben eines Gehetzten. Er selbst hat später diese Tage geschildert: «*Wohin soll ich? Erschießungen, Mißhandlungen, Verhaftungen haben die Mutigsten eingeschüchtert. Endlich, am Abend, ist eine junge Frau bereit, mich für eine Nacht in der Wohnung ihrer Eltern zu beherbergen . . .*

– Mein Vater hat nichts gemerkt, aber noch eine Nacht können Sie nicht bleiben.

– Wissen Sie jemand?

– Vielleicht nimmt Rainer Maria Rilke Sie auf. Ich werde ihn fragen. Am Nachmittag kommt Rilke . . .»

Doch der konnte dann Toller auch nicht mehr bei sich verstecken, denn gerade war seine Wohnung in der Ainmillerstraße ein zweites Mal durchsucht worden, nun in der Hoffnung, dort Toller oder andere noch flüchtige Revolutionäre zu fassen.

Ernst Toller, 1893 in Samotschin in der damals preußischen Provinz Posen als Sohn eines jüdischen Kaufmanns geboren, hatte sich 1914 als Kriegsfreiwilliger gemeldet, war wegen besonderer Tapferkeit zum Unteroffizier befördert, dann schwer verwundet und aus der Armee entlassen worden. Inzwischen hatte er sich zu einem entschiedenen Kriegsgegner gewandelt und der USPD angeschlossen. Wegen aktiver Beteiligung an der Organisation des Münchener Munitionsarbeiterstreiks war er zu einer hohen Freiheitsstrafe verurteilt worden.

Im Militärgefängnis schrieb Ernst Toller dann sein erstes Drama, «Die Wandlung», einen expressionistischen Aufschrei gegen das Völkermorden. Unter Eisners Einfluß hatte er führend an der Revolution in München teilgenommen und mußte nach dem Zusammenbruch der Räterepublik, deren höchster Funktionär er zuletzt gewesen war, mit dem Schlimmsten rechnen.

Denn während Toller von Versteck zu Versteck flüchtete, wurden in München – abgesehen von den Morden, Vergewaltigungen und anderen Exzessen auf offener Straße – mehrere tausend Menschen exekutiert, wobei die ‹Sammelstellen› für diesen Massenmord der Schlachthof und das Oberwiesenfeld waren. Im Gefängnis Stadelheim wurde der geistvolle Gelehrte Gustav Landauer, ein Freund Eisners, buchstäblich am Boden zertreten, seine Leiche gefleddert.

Erst nachdem die rasende Soldateska auch einundzwanzig Mitglieder eines katholischen Gesellenvereins für ‹Rote› gehalten und auf der Stelle niedergemacht hatte, geboten die Militärbehörden dem blutigen Terror Einhalt. Von nun an übernahmen Standgerichte alle eingebrachten Gefangenen. Dr. Eugen Leviné, der einzige Vertreter der Spartakusgruppe, der in den letzten Tagen der Räterepublik, deren Proklamierung er im Auftrag der KPD als sinnloses Abenteuer zu verhindern versucht hatte, in München gewesen war, wurde zum Tode verurteilt und erschossen.

Rund hundertfünfzig angebliche Rädelsführer, die man im Laufe des Monats Mai noch aufspüren konnte, darunter auch Ernst Toller, wurden zu langen Zuchthaus- und Gefängnisstrafen verurteilt. Toller, dem keinerlei Beteiligung an den wenigen Gewaltakten, die überhaupt in der Zeit der Räterepublik vorgekommen waren, nachgewiesen werden konnte, erhielt fünf Jahre Freiheitsentzug, die er im Festungsgefängnis Niederschönenfeld verbüßte.

Dort schrieb er die Dramen «Masse Mensch», «Die Maschinenstürmer» und «Hinkemann», auch sein ergreifendes «Schwalbenbuch» und weitere Lyrik. Am 29. September 1920 wandte er sich noch einmal brieflich an Rilke: «. . . erlauben Sie mir, Ihnen, dem ich so viele reiche Stunden erfüllter Stille verdanke, die Gefangenen-Sonette als Zeichen tiefen Dankes zu senden.

Was mir das Stundenbuch in der Haft wurde: ein Geschenk, dessen große weise Schönheit ich ehrfürchtig in immer neuer Beglücktheit empfange. Und es gibt manchen mitgefangenen Kameraden hier, der wie ich empfindet . . .»

Rainer Maria Rilke hatte München schon im Juni 1919 endgültig verlassen. Das, was Wilhelm Hausenstein den «grauenhaften Einbruch eines weißen Terrors» genannt hat, war für den Dichter der Anlaß, kaum daß er einen Reisepaß erlangt hatte, in die Schweiz zu übersiedeln und Deutschland künftig zu meiden. Gegen Ende seines Lebens – er starb am 29. Dezember 1926 – wurde er noch zu einem Bewunderer von Mussolinis Italien, was darauf schließen läßt, daß er im Grunde wohl doch ein ganz unpolitischer Mensch war, der nur aus leidenschaftlicher Empörung über den «Wahnsinn des Krieges», den er – im Gegensatz zu den allermeisten deutschen Dichtern und Denkern – von Anfang an abgelehnt hatte, ein Freund des humanistischen Sozialismus und Kurt Eisners geworden war.

Vor dem weißen Terror in München flüchtete im Frühsommer 1919 auch der Schauspieler und Herausgeber der Zeitschrift «Ziegelbrenner», Ret Marut. Man hatte ihn, der zu den Freunden von Ernst Toller und Oskar Maria Graf zählte, bereits verhaftet, und er sollte vom Standgericht abgeurteilt werden, aber es gelang ihm, zu fliehen und unterzutauchen. Der damals neunundzwanzigjährige Marut kam auf abenteuerlichen Wegen schließlich nach Mexiko, wo er bis zu seinem Tode im Jahre 1969 unter falschem Namen und als Schriftsteller lebte, dessen sozialkritische, zugleich sehr farbige und spannende Romane in der ganzen Welt gelesen wurden. Um sein Pseudonym, unter dem er seine Bücher veröffentlichte – B. Traven –, rankten sich bald allerlei Legenden, wobei seine wahre Identität – auch Ret Marut war ja nur ein Künstlername – noch immer nicht geklärt ist.

Schließlich gehört in die Aufzählung der Dichter, Schriftsteller und Gelehrten, die 1918/19 gemeinsam den idealistischen Versuch unternahmen, das Königreich Bayern in eine sozialistische, demokratische Räterepublik umzugestalten, und die für ihren Verzicht auf Diktatur und Terror entsetzlich büßen mußten, zumindest noch ein Name: Erich Mühsam.

Der 1878 in Berlin geborene Sohn eines jüdischen Apothekers wuchs in Lübeck auf und wurde schon als Schüler wegen ‹sozialistischer Umtriebe› vom Gymnasium verwiesen. Er arbeitete dann für kurze Zeit als Apothekergehilfe, von 1901 an nur noch als freier Schriftsteller. Obwohl er sich ansonsten der Berliner und Münchener Boheme anschloß, lehnte er Kunst als Selbstzweck stets entschieden ab und bekämpfte in seinen Dramen, Gedichten und Pamphleten das Wilhelminische Regime und besonders den preußischen Militarismus. Eine Zeitlang schrieb er auch für den «Simplicissimus» spöttische Verse. 1910 wurde er, diesmal wegen ‹anarchistischer Umtriebe›, zu einer Gefängnisstrafe verurteilt. Von 1911 bis 1914 und noch für kurze Zeit nach Kriegsende gab er unter dem Titel «Kain» eine eigene «Zeitschrift für Menschlichkeit» heraus.

Erich Mühsam war einer der wenigen deutschen Dichter, die den 1914 ausbrechenden Krieg von Anfang an ablehnten und bekämpften, und für seine Antikriegspropaganda wurde er Anfang 1918 erneut mit Gefängnis bestraft. Im November 1918 beteiligte er sich dann an Kurt Eisners Seite an der Revolution; später gehörte er, zusammen mit Gustav Landauer, zu den Initiatoren der Münchener Räterepublik. Dafür verurteilte ihn das Standgericht zu fünfzehn Jahren Festungshaft, die er bis zu seiner ‹Begnadigung› im Jahre 1924 im Festungsgefängnis Niederschönenfeld verbüßte.

Nach seiner Entlassung richtete sich sein Kampf als Schriftsteller und Dramendichter vor allem gegen die Klassenjustiz, wobei er eng mit der «Roten Hilfe» zusammenarbeitete. Als 1933 die Nazis an die Macht kamen, wurde Erich Mühsam als einer der ersten in ‹Schutzhaft› genommen, viehisch gefoltert und nach anderthalb Jahren der Qual im Konzentrationslager Oranienburg am 10. Juli 1934 ermordet.

«Die Strafe der Festungshaft besteht in Freiheitsentziehung mit Beaufsichtigung der Beschäftigung und Lebensweise der Gefangenen; sie wird in Festungen oder in anderen dazu bestimmten Räumen vollzogen.» So bestimmte es damals § 17 des Reichsstrafgesetzbuchs.

Aber: *«Die in der bayerischen Festung Niederschönenfeld Internierten . . . werden augenblicklich unter der Amtsgewalt des bayerischen Ministers (Hugo Graf von und zu) Lerchenfeld drangsaliert, rechtswidrig behandelt und so gequält, daß sie der Verzweiflung nahe sind.*

Der Demokrat Müller-Meiningen . . . hat die wehrlosen Gefangenen seinerzeit in der Presse verleumdet, und dann hat er als Justizminister

durch eine Verordnung, entgegen den Bestimmungen des Strafgesetzbu-
ches, die Vergünstigungen der Festungsgefangenen aufgehoben ...
Nun hocken diese zum zum größten Teil geistig gerichteten Männer da in der
Festung – ihr einziger Lichtblick sind Besuche, Bücher, Briefe. Hier hat
Müller-Meiningen eingegriffen ... Die Briefzensur ist unerträglich ...
Es hagelt Disziplinarstrafen: Bettentzug – ein Wort, so widerlich wie der
Begriff – Hofentzug – rechtswidrige Herabsetzung der Besuchszeit ...
Einer muß vierzehn Tage lang ohne Hosen in seiner Einzelzelle sitzen,
sieben Tage lang ohne Bettzeug auf dem kalten Fußboden schlafen.
Einzelhaft, Besuchsverbot, Schreibverbot, Kostentziehung – Schikanen,
Schikanen, Schikanen ...»

Der Verfasser dieser Anklage gegen den bayerischen Strafvollzug an
politischen Gefangenen und die dafür Verantwortlichen war ein damals
einunddreißigjähriger, schon recht bekannter Schriftsteller, der sich vor
allem mit seiner heiteren Idylle «Rheinsberg. Ein Bilderbuch für Verlieb-
te» einen Namen gemacht hatte. Das kleine Buch war Weihnachten 1920
im fünfzigsten Tausend erschienen – als einmaliger Sonderdruck, kost-
bar gebunden und vom Autor wie vom Illustrator Kurt Szafransky
signiert; der Autor war auch als Theaterkritiker bekannt, als Verfasser
höchst amüsanter Couplets und spöttischer Verse. Ja, und gelegentlich
war er vor 1914 auch schon politisch geworden, hatte sich für die Aufführung der Stücke Georg Büchners eingesetzt, für verfolgte Antimilitaristen wie Rosa Luxemburg und für eine gerechtere, anständigere Justiz. Er
war übrigens selbst Jurist, hatte nach dem Besuch des Französischen
Gymnasiums 1909 an der Berliner Universität die Rechtswissenschaften
zu studieren begonnen, und während des Krieges, wo er als Schipper, als
Schreibstuben-Unteroffizier, schließlich – wie einst sein Kollege Dr.
Ludwig Börne – als Polizeikommissar im Offiziersrang eingesetzt war,
hatte er in Jena mit einer Dissertation über «Die Vormerkung aus § 1179
BGB und ihre Wirkungen» promoviert.

Auch nach dem Kriegsende und seiner Rückkehr nach Berlin, wo er
zunächst die Chefredaktion des «Ulk», der satirischen Beilage des liberalen «Berliner Tageblatts», übernahm, blieb er ein Dichter heiterer Couplets, ein glänzender Kritiker des Theaters, des Films und der Literatur,
ein spöttischer Verseschmied und hervorragender, geistvoll-witziger Es-
sayist, der seine Pointen so treffsicher und elegant zu setzen verstand wie
einst Heinrich Heine. Aber darüber hinaus wurde er nun der schärfste
Kritiker der deutschen Verhältnisse nach der gescheiterten Revolution
von 1918, führte die gefürchtetste Feder gegen die Militärkaste, die
Unrechtspflege, die Borniertheit der Herrschenden und die sich diesen
unterwerfenden, die Ideale jahrzehntelangen opferreichen Kampfes
schamlos verratenden Führer der Mehrheitssozialisten.

Der Name dieses am 9. Januar 1890 in Berlin als Sohn eines wohlhabenden jüdischen Bankdirektors geborenen radikalen Kämpfers für Recht und Gerechtigkeit ist Kurt Tucholsky, und die Plattform, von der aus er vom Frühjahr 1919 an seine Angriffe führte, war die «Weltbühne», eine äußerlich unscheinbare Zeitschrift, worin er unter gleich vier Pseudonymen – Peter Panter, Theobald Tiger, Ignaz Wrobel und Kaspar Hauser –, doch auch gelegentlich, bei besonders wichtigen Anlässen, unter eigenem Namen seine zahlreichen Beiträge veröffentlichte. So erschien am 13. März 1919 ein programmatischer Aufsatz mit der Überschrift «Wir Negativen»; dieser Beitrag war, sozusagen, das Grundgesetz der «Weltbühne», ihre künftige Richtschnur, und so war er natürlich mit «Kurt Tucholsky» gezeichnet.

«Es wird uns Mitarbeitern der ‹Weltbühne› der Vorwurf gemacht», so beginnt dieser Artikel, *«wir sagten zu allem Nein und seien nicht positiv genug. Wir lehnten ab und kritisierten nur und beschmutzten gar das eigene deutsche Nest . . . Ich will einmal die Schubladen unsres deutschen Schrankes aufmachen und sehen, was darinnen liegt.*

Die Revolution. Wenn eine Revolution nur Zusammenbruch bedeutet, dann war es eine; aber man darf nicht erwarten, daß die Trümmer anders aussehen als das alte Gebäude . . .» Und am Schluß heißt es:

«Wir wollen kämpfen mit Haß und Liebe. Mit Haß gegen jeden Burschen, der sich erkühnt hat, das Blut seiner Landsleute zu trinken, wie man Wein trinkt, um damit auf seine Gesundheit und die seiner Freunde anzustoßen. Mit Haß gegen einen Klüngel, dem übermäßig erraffter Besitz und das Elend der Heimarbeiter gottgewollt erscheint . . . Aber wir kämpfen aus Liebe für die Unterdrückten, die nicht immer notwendigerweise Proletarier sein müssen, und wir lieben in den Menschen den Gedanken an die Menschheit.

Negativ? Viereinhalb Jahre haben wir das fürchterliche Ja gehört, das alles guthieß, was frecher Dünkel auszuführen befahl. Wie war die Welt so lieblich, wie klappte alles . . . Und mit donnerndem Krachen ist das zusammengebrochen, was man früher für eisern gehalten hatte, und was nicht einmal Gußeisen war . . . Keiner will es gewesen sein, und die Revolutionäre, die zu spät kamen und zu früh gebremst wurden, werden beschuldigt, das Elend herbeigeführt zu haben. Negativ? Blut und Elend und Wunden und zertretenes Menschentum – es soll wenigstens nicht umsonst gewesen sein. Laßt uns auch weiterhin Nein sagen, wenn es not tut . . .»

Es tat not, und er sagte nein – zu den Morden an Rosa Luxemburg und Karl Liebknecht, an den vielen Tausenden unbekannter Arbeiter, die geglaubt hatten, die Genossen Ebert und Noske und die anderen an der Spitze der Partei seien so ehrlich wie der alte Bebel. Er sagte nein zu den erzreaktionären Richtern, die Rache übten, noch dazu an den Falschen. Und er sagte besonders laut und scharf nein zu den Militaristen, den Freikorps-Offizieren und Putsch-Generalen. Eine große Artikelserie

«Militaria», mit der in der «Weltbühne» monatelang Abrechnung mit dem Militär hielt, versetzte die gesamte deutsche Rechte und ihre Presse in geradezu hysterische Wut. Denn da war einer, der zum erstenmal die Wahrheit zu sagen wagte: daß die geschundenen Soldaten für einen Dreck gefallen wären; daß ihre Offiziere gestohlen, gehurt und sich besoffen hätten; daß der geflohene Exkaiser ein Deserteur wäre, genau wie sein mit falschem Bart und blauer Brille nach Schweden ‹getürmter› Diktator Ludendorff. Als ‹Ignaz Wrobel› ging er mit der Justiz ins Gericht; im September 1921 überreichte er ihr die Bilanz ihres Treibens: Für 314 wohl versehentlich zur Aburteilung gekommene Mörder aus Kreisen der Rechten gab es 31 Jahre, 3 Monate Freiheitsstrafe und einmal lebenslänglich Festungshaft; für 13 Morde, die Linksstehenden zur Last gelegt wurden, hagelte es 8 Todesurteile und 176 Jahre, 10 Monate Freiheitsstrafe!

«Tucholsky hat sich voll überzeugender Menschlichkeit für Opfer dieser Justitia mit der gezinkten Waage eingesetzt», hat dazu sein Biograph Fritz J. Raddatz treffend bemerkt. *«Er hat nicht nur Aufrufe und Gedichte veröffentlicht, die das Unrecht publik machten – er hat auch Hilfs- und Sammelaktionen ins Leben gerufen. Doch eines muß gesagt werden: Viele von diesen Opfern der Feme waren durchaus nicht Tucholskys Gesinnungsgenossen. Seine Appelle an Anstand und Gerechtigkeit wollen nicht verstanden sein als Solidarisierung mit der Politik oder den Werken dieser Menschen. Tucholsky ist immer ein Gegner von Rathenau gewesen – aber sein Gefühl für Würde empörte sich gegen die Gossenpolitik, der er zum Opfer fiel; er hat die Politik des Zentrumsmannes Erzberger nie gutgeheißen – aber er hat stets betont, daß der Gang nach Versailles eigentlich Sache des desertierten Ludendorff gewesen wäre . . . Als Herr von Hindenburg am Grab dementierte, daß er Matthias Erzberger je die Hand gegeben – da war der kämpferische Humanist Tucholsky auf dem Plan. Tucholsky grenzte sich in großen Essays von dem Stil und der Literatur Hardens ab»* – aber als Maximilian Harden dann im Prozeß gegen die feigen Attentäter, die ihn brutal zusammengeschlagen hatten, behandelt wurde, als sei er der Mordbube, die Täter seine Opfer, da hielt Tucholsky bittere Abrechnung mit dieser Schandjustiz: *«Das muß man gesehen haben. Da muß man hineingetreten sein. Diese Schmach muß man drei Tage an sich haben vorüberziehen lassen: dieses Land, diese Mörder, diese Justiz. Eine Welt stinkt auf.»*

Tucholsky hatte auch Hans Paasche gelegentlich hart attackiert. Paasche, 1881 in Rostock geboren, war der Sohn des nationalliberalen Reichstagsabgeordneten und bekannten Kolonialpolitikers der Wilhelminischen Epoche Hermann Paasche, auf dessen Betreiben er Marineoffizier geworden war und als Kapitänleutnant an der Niederschlagung der Eingeborenenaufstände in den deutschen Kolonien teilgenommen hatte. Angewidert von der Brutalität, mit der Offiziere und Mannschaften dort vorgingen, hatte Paasche 1908 seinen Abschied genommen und war dann öffentlich gegen Militarismus, Krieg und koloniale Ausbeutung aufgetreten. 1917 erhielt er für seine pazifistische Propaganda dreizehn Monate Gefängnis; im November 1918 wählten ihn die Matrosen in den Vollzugsrat der Arbeiter- und Soldatenräte. 1919 trat er mit einer Schrift, «Meine Mitschuld am Kriege», der ‹Dolchstoß›-Legende entgegen und enthüllte einige der wahren Ursachen des Krieges. Im Mai 1920 wurde er auf seinem Gut «Waldfrieden» in der Neumark von Angehörigen einer dem Oberbefehl Gustav Noskes unterstehenden Truppe ‹versehentlich› ermordet.

Kurt Tucholsky schrieb daraufhin in der «Weltbühne»: *«Das letzte Buch Franz Werfels heißt ‹Nicht der Mörder, der Ermordete ist schuldig!›. Soweit sind wir gekommen, daß heute fast die gesamte reaktionäre Presse kein Wort der Verurteilung gegen die Mörder findet, wohl aber mit Naserümpfen und verurteilendem Tonfall Herrn Paasche bescheinigt, er sei Kommunist und extremer Pazifist gewesen. Dann freilich durfte er wohl ermordet werden . . .*

Auch dieser Mord wird ungesühnt bleiben. Auf das leere Klappern des offiziösen Apparats brauchen wir kaum noch hinzuhören. ‹Die Mörder mußten annehmen . . . sie befanden sich in dem Glauben . . . es liegt insofern ein Mißverständnis vor . . .›

Blut schreit zum Himmel. Ein Ermordeter liegt da und verwest . . . Warum? Mein Gott, warum? Weil wir es uns gefallen lassen . . . Rechts steht, dunkel und entschlossen, die Masse von Militärs und Geldleuten, die wissen, was sie wollen und wen sie wollen. Auf die Demokraten ist mit geringen Ausnahmen kein Verlaß. Das wackelt im Winde auf und nieder, berichtet schaudernd von den Taten des einen Hölz und weiß nichts von denen, die Hunderte von Offizieren dauernd begehen . . . Lebe wohl, Hans Paasche. Der Tod eines Menschen sei kein Wahlplakat. Aber du sollst nicht umsonst gefallen sein.»

Max Hölz, den Tucholsky hier als damaligen Bürgerschreck erwähnt, war 1889 in Moritz bei Riesa geboren, nach der Schulzeit Techniker geworden, auch Mitglied eines christlichen Jünglingsvereins, hatte brav bei den Husaren gedient, dann den ganzen Krieg mitgemacht. Aber danach war er dann nicht mehr so brav gewesen.

Schon 1919, als gewählter Vorsitzender des Arbeitslosenrats in der sächsischen Kleinstadt Falkenstein, die fünfzehntausend Einwohner und fünftausend Erwerbslose zählte, so daß dort praktisch fast jeder Ernährer ohne Arbeit war, hatte Max Hölz den örtlichen Händlern Kohle und Nahrungsmittel beschlagnahmen und an die notleidende Bevölkerung verteilen lassen, auch die Forstverwaltung gezwungen, Brennholz an die Armen abzugeben.

Als Gustav Noske daraufhin achthundert Reichswehrsoldaten nach Falkenstein schickte, die die ‹Ruhe und Ordnung› wiederherstellen soll-

Kurt Tucholsky (Lithographie von E. Stumpp, 1930)

ten, bewahrten sechstausend Falkensteiner Arbeiter Max Hölz davor, verhaftet und ‹auf der Flucht erschossen› zu werden, ja, sie zwangen die Reichswehr, bereits Festgenommene wieder freizugeben.

In den folgenden Monaten führte Hölz ein abenteuerliches Leben, ständig auf der Flucht vor den Gendarmen, aber er hatte – wie einst der Leutnant a. D. Wilhelm Schulz und seine Frau Karoline nach dem Ausbruch aus Babenhausen – die Bevölkerung auf seiner Seite und war für die Polizei nicht zu fassen.

Als Noskes Freikorps in Berlin unter Führung von General v. Lüttwitz und des alldeutschen Generallandschaftsdirektors Wolfgang Kapp – er war übrigens der Sohn des freisinnigen Reichstagsabgeordneten Friedrich Kapp, der am badisch-pfälzischen Aufstand teilgenommen hatte und 1849 nach Amerika geflüchtet war – gegen die Republik putschte, sammelte Max Hölz eine annähernd tausend Mann starke, gut bewaffnete Arbeiterwehr um sich, mit deren Hilfe er die Konterrevolution, zumindest im Vogtland, verhindern wollte. Seine Truppe besetzte Plauen, befreite alle politischen Gefangenen und begann mit der «Sozialisierung» von Gütern und Betrieben, übrigens ohne nennenswerte Gewalttakte; niemand war bis dahin von den Hölzschen «Rotgardisten» getötet oder auch nur schwer verletzt worden.

Als die Regierung in Berlin immer mehr Reichswehr aufbot – es sollen zuletzt nahezu fünfzigtausend Mann gewesen sein –, löste Hölz seine «Arbeiterwehr» angesichts der erdrückenden Übermacht auf und ging über die nahe Grenze in die Tschechoslowakei, wo man ihm Asyl gewährte.

Im März 1921 kam es im Mansfelder Revier zu örtlichen Konflikten. Daraufhin ließ die sozialdemokratische Regierung des Landes Preußen starke Sicherheitspolizeiverbände in das Bergwerksgebiet einrücken. Die Bergleute betrachteten dies als Provokation, griffen zu den Waffen und holten Max Hölz, der seit den Kämpfen im Vogtland einen legendären Ruf genoß, aus Böhmen herbei und machten ihn zu ihrem Anführer. Reichspräsident Friedrich Ebert gab daraufhin dem Oberpräsidenten der Provinz Sachsen, dem späteren Reichsbannerführer Otto Hörsing, alle Vollmachten, und der ließ den Mansfelder Aufstand durch Reichswehr und Sicherheitspolizei blutig niederschlagen. Max Hölz wurde gefangengenommen und am 22. Juni 1921 vom Außerordentlichen Gericht beim Landgericht Berlin I wegen Hochverrats in Tateinheit mit Sprengstoffverbrechen zu lebenslänglichem Zuchthaus verurteilt. Dabei wurde ihm auch – höchstwahrscheinlich zu Unrecht – die Tötung eines Gutsbesitzers angelastet. «*Aber gerade dieser Teil des Urteils wurde in Zukunft wichtig*», heißt es hierzu in der Darstellung «Politische Justiz 1918–1933» von Heinrich Hannover und Elisabeth Hannover-Drück, «*weil er alle Amnestien an Max Hölz vorbeigehen ließ. Erst die Notwendigkeit, die Fememörder der Schwarzen Reichswehr einer Bestrafung zu entzie-*

hen, brachte auch diesem, von der nationalistischen Propaganda weidlich zur Diffamierung der Kommunisten ausgeschlachteten ‹Mordbrenner› die Freiheit.»

Hölz wurde erst im Juni 1928, also nach immerhin sieben Jahren Zuchthaus, endlich amnestiert, wogegen die zahlreichen Meuchelmörder und Putschisten aus weit rechts stehenden Kreisen entweder gar nicht oder mit sehr gelinder und kurzer Festungshaft bestraft worden waren. Wahrscheinlich wäre Max Hölz überhaupt nicht mehr freigekommen und nach 1933 dann in einem Konzentrationslager ‹auf der Flucht erschossen› worden, hätten sich nicht angesehene Schriftsteller, Künstler und Wissenschaftler des In- und Auslands jahrelang mit wachsendem Engagement für seine Begnadigung eingesetzt.

Dem deutschen Komitee «Freiheit für Max Hölz!», das Erich Mühsam, kaum daß er selbst amnestiert worden war, ins Leben gerufen hatte, ging beispielsweise mit Datum vom 26. September 1927 aus Salzburg der folgende, sehr bemerkenswerte Brief eines als unpolitisch geltenden, bürgerlich-liberalen und schon damals sehr berühmten Dichters zu:

«Sehr geehrte Herren!
Im Allgemeinen halte ich es für europäische Pflicht, daß wir in erster Linie die Rechtsirrtümer und politischen Verstöße unseres eigenen Landes bekämpfen, aber in diesem Falle von Max Hölz ist wieder einmal die traurige Klassenjustiz am Werke, die in allen Ländern Europas in gleich einseitiger Weise ihre Schärfe einzig gegen die radikale Gesinnung wendet. So erachte ich es als meine unbedingte Pflicht, mich Ihrer Manifestation zu Gunsten einer ernsten und ehrlichen Revision des Urteils über Max Holz anzuschließen.
Ihr sehr ergebener Stefan Zweig.»

Nach seiner Freilassung schrieb Max Hölz seine Erinnerungen, die 1929 unter dem Titel «Vom ‹Weißen Kreuz› zur Roten Fahne» erschienen. Zwei Jahre zuvor hatte Egon Erwin Kisch Hölz' «Briefe aus dem Zuchthaus» herausgegeben. Aber seinen besten Anwalt hatte Max Hölz in Kurt Tucholsky, der sich immer wieder mit Nachdruck für ihn einsetzte; in insgesamt vierzehn Beiträgen für die «Weltbühne» hat er den Fall behandelt, wobei er wiederholt daran erinnerte, wie voreingenommen die Richter waren und wie unerschrocken sich Hölz verteidigt hatte. «*Verrat? Ich habe Ihnen nichts versprochen, und es ist mir auch nichts anvertraut worden, das ich hätte verraten können*», soll er erklärt haben.

Auch der Zeichner George Grosz, einer der schärfsten Kritiker der Weimarer Republik, schwärmte noch fünfunddreißig Jahre später, in seiner 1955 erschienenen Autobiographie «Ein kleines Ja und ein großes Nein» von dem «*Freund der Unterdrückten*» Max Hölz und berichtete: «*Er sollte zum Tode verurteilt werden, aber seine Rede im Prozeß, die noch heute die klassische Rede eines Rebellen bleibt, machte auf seine Richter einen so tiefen Eindruck, daß er mit Zuchthaus davonkam. Selbst im Zuchthaus – und ein preußisches Zuchthaus ist keine Kleinkinderbewahranstalt – behielt die Hölz-Legende ihre Wirkung. Ich besuchte ihn einmal mit einem gemeinsamen Freund und war erstaunt zu bemerken, mit welcher Achtung man ihn dort behandelte.»*

George Grosz, den Tucholsky 1920 entdeckte – «*Am Lützowufer 13 ist jetzt eine Dadaausstellung zu sehen. Weil wir sonst keine Sorgen haben . . . Aber einer ist dabei, der wirft den ganzen Laden um. Dieser eine, um den sich der Besuch lohnt, ist George Grosz . . .*» –, war damals siebenundzwanzig Jahre alt, gebürtiger Berliner, ein ungewöhnlich begabter Zeichner, ein glühender Antimilitarist, ein entlarvender Chronist der gerade beginnenden, angeblich ‹goldenen› zwanziger Jahre, Mitbegründer des Dadaismus und gerade im Begriff, berühmt zu werden. «*Die Zeichnungen von Grosz*», bemerkte Tucholsky einige Wochen nach seiner Entdeckung dieses großen Talents begeistert, «*stellen den deutschen Militarismus von Wilhelm bis zu seinem größeren Nachfolger, dem Arbeiterverräter Gustav Noske, nackt dar. Feldwebel, Unterärzte, Oberstabspflasterkasten, kommandierende Rotweingenerale, Puffleutnants und jener grauenhafte Typ der Freiwilligenkorpshäuptlinge – sie sind alle noch nie so gut getroffen worden wie in diesen Bildern . . . Haben sich die Herrschaften verletzt gefühlt? Der Spiegel kann nichts dafür, wenn er der Jungfrau anzeigt, daß sie schwanger ist. Wir andern aber sehen erfreut in die Blätter, vergleichen sie schmunzelnd mit einer gewissen Sorte . . . und sagen freundlich und bestimmt: ‹So siehst Du aus!›*»

Der Anlaß für diese Besprechung der Groszschen Zeichnungen war die Beschlagnahme einiger Blätter durch die politische Polizei, wohl im Auftrage des Reichswehrministeriums. Grosz kam noch häufig mit der – schon damals nur angeblich abgeschafften – Zensur in Konflikt, und der eklatanteste Fall war der Vorwurf der Gotteslästerung, der gegen ihn wegen eines Blattes mit der Unterschrift «*Maul halten und weiter dienen*» erhoben wurde. Wegen dieser Zeichnung, die Christus am Kreuz mit Kommißstiefeln und Gasmaske zeigt, wurden Georg Grosz und sein Verleger Wieland Herzfelde zunächst vom Schöffengericht in Charlottenburg zu je zweitausend Mark Geldstrafe, ersatzweise zwei Monaten Gefängnis, verurteilt. Das Landgericht Berlin III als Berufungsinstanz hob dieses Urteil auf und sprach die Angeklagten frei. In der Begründung hieß es, «*der Künstler hat zeigen wollen: so wenig Gasmaske und Soldatenstiefel zum Christusbild passen, genauso wenig paßt die Lehre der kriegshetzenden Vertreter der Kirche zur eigentlichen christlichen Lehre . . .*» Es gab also, so möchte man zu dieser vernünftigen Begründung sagen, doch noch Richter in Berlin! Aber das Reichsgericht hob den Freispruch auf und verwies die Sache an das Landgericht zurück mit der

SALZBURG
KAPUZINERBERG 5

26. Sept. 1927.

Sehr geehrte Herren!

Im Allgemeinen halte ich es für ~~meine~~ *europäische* Pflicht, dass wir
in erster Linie die Rechtsirrtümer und politischen Verstösse
unseres eigenen Landes zu bekämpfen ~~haben~~, aber in diesem Falle
von Max Hoelz ist wieder einmal die traurige Klassenjustiz am
Werke, die in allen Ländern Europas in gleich einseitiger Weise
ihre Schärfe einzig gegen die radikale Gesinnung wendet. So
erachte ich es als meine unbedingte Pflicht, mich Ihrer Manifestation zu Gunsten einer ernste und ehrlichen Revision des Ur-
teiles über Max Hoelz anzuschliessen.

Ihr sehr ergebener

Stefan Zweig

Faksimile des Briefes von Stefan Zweig an das Komitee «Freiheit für Max Hölz!»

Begründung, es käme «*überhaupt nicht darauf an, welche Zwecke der Angeklagte verfolge, sondern darauf, ob er die Angehörigen einer der christlichen Kirchen in ihren religiösen Empfindungen durch eine rohe Beschimpfung . . . verletzt hat*».

Zu einer neuen Verhandlung ist es dann nicht mehr gekommen; am 21. Januar 1933 brach George Grosz zu einer Reise in die USA auf, entging so gerade noch den Nazis, die ihn mit Sicherheit ins Konzentrationslager gesteckt oder gleich umgebracht hätten, und kam erst einundzwanzig Jahre später nach Deutschland zurück, wo er 1959 starb. Doch zu dem Reichsgerichtsurteil gegen den linken ‹Gotteslästerer› Grosz hat schon 1931 Robert M. W. Kempner unter dem Pseudonym «Procurator» in der Zeitschrift «Justiz» bemerkt, daß ultrarechte Gotteslästerer beim Reichsgericht ganz anders beurteilt wurden. Er bezog sich damit auf eine Entscheidung des damals höchsten deutschen Gerichts, mit der eine Verbotsverfügung gegen das antisemitische Hetzblatt des Nazi-Gauleiters Julius Streicher, «Der Stürmer», aufgehoben worden war. Dieses Blatt hatte einen Gekreuzigten «*ernst und würdig*», die ihn umstehenden Personen (mit Ausnahme des einen edlen, blonden Nazis) jedoch mit «*abstoßenden Fratzen*» und «*Verbrecherphysiognomien*» dargestellt: einen katholischen Geistlichen, einen Juden, einen Freidenker und einen Sozialdemokraten. Das Reichsgericht entschied, hier liege keine Gotteslästerung, auch keine Verunglimpfung der katholischen Geistlichkeit vor, denn «*selbst wenn man der Auffassung ist, daß schon die bloße Verwendung des Christusbildes in dem Kampfe der politischen Meinungen zu mißbilligen sei, liegt doch . . . eine Beschimpfung oder Veräctlichmachung einer Religionsgesellschaft des öffentlichen Rechts nicht vor. Die Figur des katholischen Geistlichen unter den ‹Volksverrätern› soll die Zentrumspartei und nicht die katholische Kirche darstellen.*»

Ja, so war das schon 1931 im Deutschen Reich. Es zeigte sich der Faschismus zwar noch nicht unverhüllt, aber die Saat vom Januar 1919, als die Kader der späteren SS von einigen sozialdemokratischen Führern zwecks Herstellung von ‹Ruhe und Ordnung› gegen die Arbeiterschaft eingesetzt und zum Mord an Rosa Luxemburg und Karl Liebknecht ermuntert worden waren, hatte inzwischen reifen können; 1933 ging sie dann auf.

Die deutschen Staatsanwälte und Richter, von wenigen Ausnahmen abgesehen, halfen in den vierzehn Jahren der Weimarer Republik kräftig mit, den Linken im Lande das Leben sauer zu machen und ihnen ein radikales demokratisches Engagement zu verleiden. Deshalb ist es doppelt verdienstvoll, daß Kurt Tucholsky der auf dem rechten Auge blinden Justiz unerschrocken entgegentrat, die Herren Rechtsbeuger unermüdlich attackierte und ihnen, wann immer es erforderlich war, schmerzhafte Lektionen erteilte.

Karikatur von George Grosz: «Vertreter der herrschenden Klasse»

Seine wohl schärfste Attacke, «Justitia schwoft!», war ein 1929 ge-
schriebener Sketch, worin eine sehr flotte Justitia mit ihrem Luis, dem
Staatsanwalt, auf nächtlichen ‹Schwof› geht. In dieser Szene läßt er das
Paar munter plaudern:

«. . . *Der Staatsanwalt: Streiker und Revoluzzer und Demokraten*
und Spartakisten und Unabhängige und Pennbrüder und Pazifisten und
Schriftsteller und Kommunisten und all das Pack – wohin?
Die Justitia: Ins Kittchen, Luis!
Der Staatsanwalt: Und die Offiziere? Und die feinen Leute? Wohin?
Die Justitia: Raus aus die Anklagebank, Luis!
Der Staatsanwalt: Und wenn sie Republik spielen – was tun wir?
Die Justitia: Wir bleiben unserm Kaiser treu!
Der Staatsanwalt: Denn was haben wir?
Die Justitia: Wir haben die Unabhängigkeit der Justiz!
(Achtunddreißig Hühner treten auf, lachen und trippeln wieder ab.)»
Und am Schluß singen beide:
«*Justitia geht schwofen! – Haste so was schon gesehn! – Sie biegt sich*

279

und schmiegt sich – man läßt es geschehn! – So tief duckt kein Knecht
sich – wie diese Nation – Justitia, die rächt sich – für die Revolution!»

Diese bitterböse Darstellung der Justiz als Hure und des Staatsanwalts als
Zuhälter wird erst in vollem Umfang begreiflich, wenn man weiß, vor
welchem realen Hintergrund dieser Sketch spielte, den Kurt Tucholsky
«*Für Berthold Jacob*» – so lautet die Widmung über dem Text – geschrieben hat.

Jacob, einer der mutigsten Publizisten, die es in Deutschland je gegeben hat, war im Jahr zuvor, im März 1928, vom 5. Strafsenat des
Reichsgerichts wegen angeblichen Landesverrats zu neun Monaten Festungshaft verurteilt worden; der Reichsanwalt Jorns als Anklagevertreter hatte sogar eine Zuchthausstrafe gefordert. Ebenfalls im März 1928
hatte Berthold Jacob – notwendigerweise anonym – in der Zeitschrift
«Das Tagebuch» einen Artikel veröffentlicht, worin er nachwies, daß
nach Recht und Gesetz der Reichsanwalt Jorns ins Zuchthaus gehörte.
«Kollege Jorns» – so lautete die Überschrift – hatte bei den Ermittlungen
im Mordfall Liebknecht/Luxemburg die Täter und ihre Komplizen in
jeder erdenklichen Weise begünstigt, seine Pflichten gröblichst verletzt
und sogar die Protokolle gefälscht, um die Beschuldigten zu decken.

Nur am Rande sei bemerkt, daß sich in dem dann folgenden Prozeß
gegen den verantwortlichen Redakteur des «Tagebuchs», Josef Bornstein, die Richtigkeit aller von Berthold Jacob gegen Reichsanwalt Jorns
erhobenen Beschuldigungen herausstellte. In zwei Instanzen wurde
Bornstein in allen wesentlichen Punkten freigesprochen, im übrigen zu
einer geringfügigen Geldstrafe verurteilt, und es bedurfte erst einer
klaren Rechtsbeugung, die Jorns' Kollegen vom Reichsgericht bedenkenlos begingen, um den Herrn Reichsanwalt wenigstens vom Vorwurf der
absichtlichen Begünstigung halbwegs reinzuwaschen. Jorns wurde dann
aber keineswegs bestraft und mit Schimpf und Schande aus dem Dienst
entlassen. Der Mann, dem drei Gerichte bescheinigt hatten, daß er mit
Meuchelmördern ein Komplott zur Verhinderung einer Strafverfolgung
eingegangen war, blieb weiter Reichsanwalt, wurde 1936 von der Nazi-Regierung an den berüchtigten ‹Volksgerichtshof› berufen und als Oberreichsanwalt kurz vor seinem Tode – er starb 1938 – pensioniert.

Doch zurück zum Prozeß wegen angeblichen Landesverrats gegen
Berthold Jacob, in dem Jorns eine Zuchthausstrafe beantragt hatte: Der
Angeklagte Jacob, der mit bürgerlichem Namen Berthold Salomon hieß
und 1898 in Berlin geboren war, hatte über einen Manöverunfall der
Reichswehr berichtet, bei dem 81 Soldaten ertrunken waren, und er hatte
nachgewiesen, daß elf der Toten sogenannte ‹Zeitfreiwillige› waren.
Deren Vorhandensein bei der Reichswehr stand im Widerspruch zum
Friedensvertrag und war vom Reichskanzler Luther im Parlament mit
Entschiedenheit bestritten worden, obwohl es ein offenes Geheimnis

war, daß die Reichswehr ständig Zehntausende von Freiwilligen ausbildete. Jacob wurde also dafür bestraft, daß er eine allgemein bekannte Wahrheit geschrieben hatte, aber die Verurteilung war in Wirklichkeit ein Racheakt der Reichswehrführung, der Berthold Jacob in den Jahren zuvor hart zugesetzt hatte. Er war so verwegen gewesen, die zahlreichen sogenannten ‹Fememorde› an ‹Verrätern› der ‹Schwarzen Reichswehr› aufzudecken und öffentlich in der «Weltbühne» zu fordern, daß – außer den unmittelbar Beteiligten an den grausamen Morden – auch mehrere hohe Offiziere aus der Reichswehrführung, ja wahrscheinlich sogar der damalige Oberst, spätere General und letzte Reichskanzler vor Hitler, Kurt v. Schleicher, sowie der Chef der Heeresleitung und mächtigste Mann im Reich, General Hans v. Seeckt, wegen Anstiftung zu den Verbrechen angeklagt werden müßten.

Damals waren Berthold Jacob und der für den Artikel mitverantwortliche Redakteur der «Weltbühne», Carl v. Ossietzky, unter Zubilligung der Tatsache, daß sie sich *«um die Aufdeckung eines Krebsschadens»* ernstlich bemüht hätten, zu einer symbolischen Geldstrafe verurteilt worden, und dies nur, weil von den von Jacob namentlich genannten hohen Offizieren *«kein positiver Mordbefehl»* erteilt worden wäre – was Jacob in seinen Artikeln gar nicht behauptet hatte.

Alle übrigen Anschuldigungen Jacobs waren in zwei Instanzen gründlich geprüft und für richtig befunden worden, und wie präzis Jacob hinsichtlich der Mitschuld Seeckts ins Schwarze getroffen hatte, erhellt schon daraus, daß der Chef der Heeresleitung bald danach, im Oktober 1926, zurücktreten mußte; Berthold Jacobs Enthüllungen hatten die öffentliche Meinung so stark beeinflußt, daß die Regierung den General nicht länger decken konnte.

Wegen ständiger Morddrohungen ging Berthold Jacob schon 1932 ins Exil, wurde aber 1935 von der Gestapo aus der Schweiz entführt und wäre zweifellos ermordet worden, hätte die Regierung in Bern nicht darauf bestanden, daß er wieder zurückgebracht wurde. Während des Zweiten Weltkriegs suchte Jacob dann in Portugal Zuflucht, doch 1941 gelang es der Gestapo, ihn aufzuspüren und erneut nach Deutschland zu verschleppen. Nun konnten die von ihm einst bloßgestellten Mörder und ihre Helfershelfer späte Rache an dem mutigen Publizisten nehmen; er starb am 26. Februar 1944 im Berliner Gestapo-Gefängnis nach jahrelanger Qual.

Den Faschismus, dem Berthold Jacob dann, zusammen mit Millionen anderen, zum Opfer fiel, hat in den Jahren der Weimarer Republik keine staatliche Einrichtung mehr gefördert als die Justiz, und das höchste deutsche Gericht, das Reichsgericht in Leipzig, ging dabei mit bösem Beispiel voran.

«Es bleibt dabei: Das Reichsgericht ist keine Instanz, die in politischen

Strafsachen Vertrauen verdient», hatte Kurt Tucholsky 1928 in der «Weltbühne» geschrieben. Schon wenige Monate später formulierte er sein Mißtrauen wesentlich schärfer und beschränkte es auch nicht mehr auf das Reichsgericht: «*Die moralische Wertung, die der deutsche Richter auch in scheinbar unpolitischen Strafprozessen seinen Opfern angedeihen läßt, ist politisch. Was er schädlich nennt, kann schädlich sein. Gewöhnlich ist es gut. Was er für strafverschärfend hält, ist für uns gleichgültig, meistens ist es strafmildernd. Das moralische Recht, der moralische Fortschritt, die sittliche Erziehung des Volkes werden nicht auf deutschen Universitäten gelehrt, nicht von deutschen Gerichten stabilisiert. Die kalte Härte des Reichsgerichts in allen Sittenfragen, seine völlige Verständnislosigkeit den Forderungen des Lebens gegenüber, seine scheinbare Objektivität, die niemals eine gewesen ist, gibt uns das Recht, dieser Richterkaste jede Qualifikation zur moralischen Erziehung des Volkes abzusprechen . . . Gegen diesen Haufen dickköpfiger Burschen . . . die einen Selbstzweck und eine unsittliche Wirtschaftsform verteidigen, gegen sie gibt es nur eine Waffe, nur ein Mittel, nur ein Ziel.*» Er nennt dieses Mittel und Ziel nicht «Revolution», weil dieses Wort seit 1918/19 «*für die Herrschenden seinen Schauer verloren hat*»; er nennt es «*Umwälzung, Generalreinigung, Aufräumung, Lüftung.*»

Schon 1924 war Kurt Tucholsky zwar aus Deutschland weggezogen – als ständiger Mitarbeiter der «Weltbühne» und der «Vossischen Zeitung» lebte er fortan in der Nähe von Paris –, aber er blieb, wie viele hundert Glossen, Kritiken, Gedichte und Aufsätze beweisen, auch in Frankreich völlig von Deutschland absorbiert. Für seine Leser war es kaum merkbar, daß er nicht mitten in Berlin seinen Beobachtungsposten bezogen hatte, sondern weit weg in Le Vésinet, fünfzig Kilometer vor Paris. Als im April 1925 ausgerechnet der stramm kaisertreue Feldmarschall Paul v. Hindenburg als Nachfolger Friedrich Eberts zum Reichspräsidenten gewählt wurde, meldete sich Tucholsky sofort zu Wort und bemerkte mit bitterem Spott: «*Dem der Krieg wie eine Badekur bekommen ist, der wird Präsident der Republik, die es nun wohl nicht mehr lange bleiben wird.*»

Im Dezember 1926 kam Tucholsky dann noch einmal für ein paar Monate nach Berlin zurück. Siegfried Jacobsohn, der Gründer und Herausgeber der «Weltbühne», die ursprünglich als «Schaubühne» sich ganz der Theaterkritik gewidmet hatte, war gestorben, und Tucholsky fühlte sich verpflichtet, zumindest eine Weile lang die Nachfolge seines toten Freundes und Lehrmeisters als Herausgeber und Chefredakteur zu übernehmen. Schon Mitte 1927 übergab er dann die Leitung des Blattes an Carl v. Ossietzky, der seit mehr als einem Jahr die Leitartikel der «Weltbühne» geschrieben und sich dabei als ein ebenso begabter wie mutiger Publizist erwiesen hatte. Ossietzky, 1889 in Hamburg geboren, hatte zuvor bei der «Welt am Montag» des Pazifisten und Vorkämpfers der bürgerlichen radikalen Linken, Helmuth v. Gerlach, und als Sekretär der Deutschen Friedensgesellschaft gearbeitet, gelegentlich auch bei der linksdemokratischen «Berliner Volkszeitung» und später bei Leopold Schwarzschilds «Tagebuch» scharfe Artikel gegen die ungesetzlichen Praktiken der Reichswehr veröffentlicht.

Anderthalb Jahre nachdem Carl v. Ossietzky die Leitung der «Weltbühne» übernommen hatte, am 12. März 1929, veröffentlichte er in dem Blatt einen Aufsatz mit dem Titel «Windiges aus der deutschen Luftfahrt», den Walter Kreiser unter dem Pseudonym «Herbert Jäger» verfaßt hatte. Darin wurde die Verwendung von Haushaltsmitteln des Reichsverkehrsministeriums scharf kritisiert; es ging vor allem um Gelder, mit denen eine obskure «Erprobungsabteilung Albatros» und die nicht minder geheimnisvolle «Küstenflugabteilung der Lufthansa» finanziert worden waren, wobei der Verfasser keinen Zweifel daran gelassen hatte, daß die *je etwa dreißig bis vierzig Flugzeuge, manchmal auch mehr*» der beiden Abteilungen in Wahrheit Militärmaschinen waren. Sie sollten der Reichswehr die ihr nach dem Versailler Vertrag verbotene Luftwaffe ersetzen. «*Aber nicht alle Flugzeuge sind immer in Deutschland*», schloß der Artikel.

Der letzte Satz deutete die – damals streng geheimgehaltene – militärische Zusammenarbeit zwischen der Reichswehr und der Sowjetunion an, und zwar so vorsichtig, daß ihn eigentlich nur der verstehen konnte, der ohnehin Bescheid wußte. Doch der Reichswehrführung reichte es für einen Strafantrag und dem Oberreichsanwalt zur Erhebung einer Anklage wegen Landesverrats.

«*Man sollte meinen*», hat zu dieser Art von Knebelung der Presse damals Gustav Radbruch, eminenter Jurist, Sozialdemokrat und zeitweise Reichsjustizminister, empört geschrieben, «*daß in Mitteilungen über gesetzwidrige Vorgänge niemals, auch dann nicht, wenn die deutsche Regierung an ihnen beteiligt wäre, Landesverrat gefunden werden könne, da in einem Rechtsstaat die Annahme ausgeschlossen bleiben sollte, es könne der Fortbestand eines gesetzwidrigen Zustandes dem ‹Wohl des Reiches› dienen*».

Das Reichsgericht dachte darüber, wie wir bereits wissen, ganz anders. Zunächst ließen sich Reichsanwaltschaft und Senat sehr viel Zeit, aber nach fast drei Jahren schlugen sie dann um so härter zu: Am 23. November 1931 wurden Ossietzky und der Verfasser des Aufsatzes, Kreiser, nach eintägiger, nichtöffentlicher Verhandlung zu je anderthalb Jahren Gefängnis verurteilt – «*wegen Verbrechens nach § 1, Absatz 2 des Gesetzes gegen Verrat militärischer Geheimnisse vom 3. Juni 1914*».

Dieses Urteil erregte nicht nur die deutsche Öffentlichkeit, soweit sie sich noch einen Funken von Rechtsgefühl bewahrt hatte, sondern wurde in der ganzen Welt heftig kritisiert. «*Im Ausland ist man geneigt*», schrieb dazu die «Vossische Zeitung», «*daraus zu schließen, es müsse sich um ungewöhnlich bedeutungsschwere Dinge handeln, die da unter dem Schleier des Geheimnisses verborgen gehalten werden . . . Und im Inland? Wer kann den Argwohn beseitigen, es sollte durch schwere Strafen eine abschreckende Wirkung auch gegen sachgemäße, aber eben unliebsame Kritik ausgeübt werden?»* Die «Frankfurter Zeitung» meinte: *«Wir haben zwar eine Demokratie, aber wer von ihren Grundsätzen auch gegenüber militärischen Instanzen und solchen, die es sein möchten, Gebrauch macht, wird mit Gefängnis und – was schlimmer ist – mit dem Odium des Landesverräters bestraft.»*

Der nunmehr rechtskräftig als Landesverräter verurteilte Carl v. Ossietzky durfte auf einer zum 27. November 1931 einberufenen Protestkundgebung der Deutschen Liga für Menschenrechte nicht sprechen; der sozialdemokratische Polizeipräsident von Groß-Berlin, Albert Grzesinski, der vom Reichswehrminister ersucht worden war, die ganze Veranstaltung zu untersagen, verbot Ossietzky, dort zu reden – offenbar im Glauben, mit einem derartigen Kompromiß sein Bestes getan zu haben.

Ossietzky konnte deshalb nur eine Presseerklärung abgeben, die mit den Worten schloß: *«Noch leben wir in einer demokratischen Republik, auf deren Grundsätze ich schwöre und die ich vom Tage ihrer Geburt an verteidigt habe. Noch leben wir in einem Zustand verbürgter Meinungsfreiheit, noch immer in einem Staat, in dem das Militär den zivilen Behörden unterworfen ist. Deshalb werde ich weiter dafür einstehen, daß der Geist der deutschen Republik nicht durch eine mißverstandene Staatsräson verfälscht wird.»*

Noch glaubten tapfere Männer wie Carl v. Ossietzky, allen bitteren Erfahrungen zum Trotz, an die Möglichkeit, die deutsche Demokratie zu retten, die doch in Wahrheit nie bestanden hatte, außer auf dem Papier und von vielen Wahlen und hitzigen Parlamentsdebatten einmal abgesehen. Weite Teile der Verwaltung und Polizei, fast die gesamte Justiz und erst recht die den Regierungen Befehle erteilende Reichswehr, also nahezu sämtliche Machtmittel des Staates, waren und verhielten sich, auch nach dreizehn Jahren, noch so undemokratisch und reaktionär, wie sie es selbst in der Wilhelminischen Epoche nicht immer gewagt hatten. Die eigentlich selbstverständlichen Fairneß- und Anstandsregeln galten nicht mehr; der Faschismus, aus dem Angstbündnis zwischen der rechten Sozialdemokratie und den alten Mächten schon in der Stunde Null nach dem Zusammenbruch vom November 1918 geboren, durch ungesühnten Meuchel- und Massenmord immer kühner geworden, machte sich schon bereit zur Vernichtung der letzten republikanischen Bastionen.

Aber Ossietzky wollte nicht aufgeben, sondern weiterkämpfen. Man hatte ihm seinen Reisepaß belassen, wohl in der Hoffnung, daß er – wie Kreiser – ins Ausland fliehen würde. Doch lehnte er einen solchen Ausweg ab. *«Als wir Carl v. Ossietzky baten, bei Nacht und Nebel über die Grenze zu gehen – es war alles vorbereitet –, sagte er»*, so erinnerte sich Erich Kästner, damals ein junger Mitarbeiter der «Weltbühne», «*nach kurzem Nachdenken: ‹Es ist für sie unbequemer, wenn ich bleibe›, und er blieb.*»

Er stellte sich zum Strafantritt, weil er – wie er in der «Weltbühne» schrieb – «*den namenlosen proletarischen Opfern des Vierten Strafsenats*» des Reichsgerichts diesen Akt der Solidarität schuldig wäre.

Während Ossietzky noch im Gefängnis saß, gab die Reichsregierung unter Führung des Brüning-Nachfolgers Franz v. Papen der deutschen Demokratie den Todesstoß. Auf Drängen der Nazis hin setzte Papen mit Hilfe der Reichswehr den preußischen Ministerpräsidenten Otto Braun (SPD) und alle sozialdemokratischen Minister und hohen Beamten – mit Ausnahme des ‹bewährten› Oberpräsidenten Gustav Noske – kurzerhand ab. Da die legale preußische Regierung weder ihre loyale Polizei zu Hilfe rief noch die Arbeiterschaft zum Generalstreik aufforderte, sondern Hilfe bei den Gerichten suchte, mußte sie sich von diesen etwas bescheinigen lassen, das einer bitteren Ironie nicht entbehrt und den heutigen sozialdemokratischen Ministerpräsidenten der Bundesrepublik zu denken geben sollte: Der Staatsgerichtshof folgte nämlich der Argumentation Papens, der der SPD-Regierung des Landes Preußen zum Vorwurf machte, sie habe Nazis und Kommunisten gleichermaßen als Staatsfeinde behandelt, während sie doch die «*aufstrebende Bewegung der NSDAP*» und deren lobenswerte nationale Zielsetzung mit anderen Augen hätte sehen müssen als die roten «*Zerstörer unserer Kultur*», die Kommunisten.

Die Zerstörung der deutschen Kultur und Zivilisation begann indessen bereits ein halbes Jahr später durch eben jene ‹aufstrebende Bewegung›, die Herr v. Papen und die deutsche Justiz im Sommer 1932 vor einem Vergleich mit den Kommunisten in Schutz nehmen zu müssen meinten, und eines der ersten Opfer war Carl v. Ossietzky. Nachdem er erst wenige Wochen zuvor durch eine allgemeine Weihnachtsamnestie aus dem Gefängnis freigekommen war, hatte er, anstatt nun rasch zu fliehen, seine Arbeit an der «Weltbühne» wiederaufgenommen.

Am 28. Februar 1933, am Morgen nach dem Reichstagsbrand, wurde Carl v. Ossietzky in ‹Schutzhaft› genommen; über drei Jahre lang blieb er, gegen immer stärker werdenden internationalen Protest, im Konzentrationslager, wo er schweren Mißhandlungen ausgesetzt war. 1936 wurde ihm – Hitler schäumte vor Wut und verbot die Annahme – der Friedensnobelpreis verliehen. Immerhin bewirkte diese weltweit beachtete Auszeichnung eines KZ-Häftlings, daß die Nazi-Führung den schwerkranken Ossietzky aus dem Lager in eine überwachte Privatklinik bringen ließ, wo er am 4. Mai 1938 verstarb.

Zu dieser Zeit war Kurt Tucholsky bereits aus dem Leben geschieden; im Dezember 1935 hatte er im schwedischen Exil den Freitod gewählt. Schon lange zuvor, im Grunde schon seit Anfang 1932, war er als

Publizist verstummt. Er hatte keinen Grund mehr gesehen, etwas zur Veröffentlichung Bestimmtes zu schreiben. Die im Exil, mit «Erscheinungsort Prag/Wien/Zürich» im Impressum, zum Emigrantenblatt gewordene «Weltbühne» interessierte ihn nicht mehr. Zu den letzten Veröffentlichungen Tucholskys aus dem Jahre 1932, die noch etwas mit deutscher Politik zu tun haben, gehören ein paar «Schnipsel», wie er sie bescheiden nannte:

«Wie rasch altern doch die Leute in der SPD –! Wenn sie dreißig sind, sind sie vierzig; wenn sie vierzig sind, sind sie fünfzig, und im Handumdrehn ist der Realpolitiker fertig.

Das schlimmste Verbrechen, das Hitler begangen hat: er hat die echte Jugend in seiner Partei verraten.

Es ist ein Unglück, daß die SPD Sozialdemokratische Partei Deutschlands heißt. Hieße sie seit dem 1. August 1914 Reformistische Partei oder Partei des kleineren Übels oder Hier können Familien Kaffee kochen oder so etwas – vielen Arbeitern hätte der neue Name die Augen geöffnet . . .

Die Leute blicken immer so verächtlich auf vergangene Zeiten, weil sie dies und jenes ‹noch› nicht besaßen . . . Es ist nicht nur vieles hinzugekommen. Es ist auch vieles verlorengegangen, im guten wie im bösen. Die von damals hatten vieles noch nicht, aber wir haben vieles nicht mehr.

Man soll nichts tun, was einem nicht gemäß ist.»

Bleibt für uns die Frage, ob denn Tucholsky, Ossietzky und die wenigen anderen hier Genannten die einzigen Radikalen der Weimarer Republik gewesen sind. Gewiß nicht, auch nicht in dem engeren – und, wie uns inzwischen klargeworden sein sollte, einzig möglichen – Sinne des Wortes «radikal».

Dieser Sinn schließt Rechtsradikalität aus, denn dies wäre ein Widerspruch in sich; Nazis und andere Rechtsextremisten waren und sind nicht einmal politisch, geschweige denn radikal, weil eine *Politisierung* nach rechts, zum Faschismus hin, ausgeschlossen ist. Nur ganz unpolitische, nicht von ihrer Vernunft, sondern von dumpfen Gefühlen und Ressentiments, bestenfalls von falschen Idealen geleitete Menschen sind für den Faschismus anfällig, wenn man einmal von den Verführern, Auftraggebern, Nutznießern und dem opportunistischen Anhang absieht.

Umgekehrt kann auch nur jener Teil der Linken diese Radikalität, die wir meinen, für sich in Anspruch nehmen, der radikal demokratisch ist, gleich, ob im bürgerlich-liberalen oder im sozialistischen Sinne; der zudem radikal für die Menschenrechte eintritt, für mehr Humanität und, bei aller Wachsamkeit, für mehr Toleranz.

Wer indessen alle Grundsätze der Radikalität dadurch preisgibt, daß er ohne Notwendigkeit im strengen Sinne des Wortes und ohne die zumindest stumme Billigung der großen Mehrheit rohe Gewalt anwendet oder gar Bomben in Kinos, Warenhäuser und U-Bahnen legt, ist ein Terrorist, der sich für radikal, für einen linken Revolutionär halten mag, jedoch objektiv dem Faschismus kräftig zuarbeitet.

Betrachtet man unter Anlegung dieser Maßstäbe die schier endlose Liste derer, die von den Nazis nach 1933 vertrieben, ausgebürgert, eingesperrt, mit Berufsverbot belegt, geächtet, mißhandelt oder ermordet wurden, deren Bücher man verboten und verbrannt, deren Kunst man für ‹entartet› erklärt hat, so kommt – auch wenn nur ein winziger Bruchteil der Betroffenen als radikal gelten kann – eine sehr stattliche, den Deutschen durchaus zur Ehre gereichende Anzahl zusammen.

Schon wenn wir einen Blick auf die erste Liste von Ausbürgerungen werfen, die 1933, «Freitag, den 25. August, abends», im «Reichsanzeiger und Preußischen Staatsanzeiger» veröffentlicht wurde, so finden wir unter den dreiunddreißig Namen derer, die der deutschen Staatsangehörigkeit und ihres gesamten in Deutschland verbliebenen Vermögens für verlustig erklärt wurden, «weil sie durch ein Verhalten, das gegen die Pflicht zur Treue gegen Reich und Volk verstößt, die deutschen Belange geschädigt haben», immerhin neun uns bereits bekannte Namen.

Es waren dies nicht alle Radikale, und das gilt auch für die übrigen, vielmehr war es eine bunte Mischung aller Richtungen der deutschen Linken, von den gemäßigten Liberalen bis zu wirklichen und vermeintlichen Kommunisten. Unter den neun, die in den letzten Kapiteln schon mehr oder weniger ausführlich erwähnt worden sind, befinden sich Max Hölz und Ernst Toller, Friedrich Wilhelm Foerster und Helmuth v. Gerlach, Berthold Salomon genannt Jacob und Dr. Kurt Tucholsky, aber auch der Berliner Polizeipräsident Albert Grzesinski, der Carl v. Ossietzky nach dessen spektakulärer Verurteilung um des lieben Friedens willen Redeverbot erteilte, und Philipp Scheidemann, der am 9. November 1918 zum Ärger Eberts die demokratische Republik proklamierte, um Karl Liebknechts ‹rote› Republik zu verhindern. Schließlich gehört zu den neun uns bereits Bekannten unter den ersten Ausgebürgerten auch Professor Georg Bernhard, der schon zitiert wurde in bezug auf die Haltung der demokratischen Presse, besonders von Ullsteins «Berliner Zeitung», während der Bismarckschen ‹Sozialistengesetze›. Bernhard, 1875 in Berlin geboren, hatte schon an Hardens «Zukunft» mitgearbeitet, war von 1903 bis zu einem Streit mit August Bebel im Jahre 1908 SPD-Reichstagsabgeordneter gewesen, seit 1913 Chefredakteur der sehr angesehenen liberalen «Vossischen Zeitung», daneben von 1928 bis 1930 Reichstagsabgeordneter der Demokratischen Partei.

Doch mindestens drei weitere Namen auf dieser ersten Ausbürgerungsliste, der noch etliche folgten – mit der nächsten wurde beispielsweise Albert Einstein der deutschen Staatsangehörigkeit für verlustig erklärt, ebenso der mutige antifaschistische Publizist Frank Arnau –, verdienen unsere besondere Aufmerksamkeit; sie sollen zugleich stellvertretend für alle jene stehen, die aus Platzgründen nicht einzeln aufgeführt werden können, doch schon diese drei lassen bereits erkennen, welcher Fülle von Talenten, Gelehrtheit, staatsbürgerlichem Mut und anständiger Gesinnung sich Deutschland damals selbst beraubte.

Da sei als erster Emil Julius Gumbel genannt, geboren 1891 in München. Obwohl weder Politiker noch Jurist, sondern Mathematiker, hat sich Gumbel das größte Verdienst um die Aufklärung der Öffentlichkeit über das völlige Versagen der Justiz in der Weimarer Republik erworben. 1921 veröffentlichte er eine Broschüre, «Zwei Jahre Mord», der Tucholsky jene Zahlen über politische Morde und ihre höchst unterschiedliche Sühne entnehmen konnte. Gumbels Statistik bewies, daß wenige Gewalttaten der Linken mit äußerster Strenge, sehr zahlreiche von Rechten begangene Verbrechen mit großer Milde bestraft worden waren. Der damalige SPD-Reichstagsabgeordnete Professor Gustav Radbruch überreichte im Sommer 1921 diese Broschüre dem damaligen Reichsjustizminister Dr. Eugen Schiffer, der eine gründliche Untersuchung veranlaßte und über die Ergebnisse eine Denkschrift seines Ministeriums anfertigen ließ. Aber diese Denkschrift, die Gumbels Darstellung bestätigte, wurde dem Reichstag nur in einem Exemplar vorgelegt; sie konnte, angeblich aus Kostengründen, nicht als Drucksache verteilt werden. Daraufhin veröffentlichte Gumbel, der sich 1923 an der Universität Heidelberg habilitiert hatte, die Denkschrift auf eigene Kosten. Die sensationelle Dokumentation des Unrechts, die die reaktionäre Ministerialbürokratie der deutschen Öffentlichkeit hatte vorenthalten wollen, erschien im Mai 1924.

«Es ist heute kaum zu ermessen», bemerkten hierzu Heinrich und Elisabeth Hannover in ihrer Studie «Politische Justiz 1918–1933», «wieviel persönlicher Mut dazu gehörte, in einem Staat, in dem der politische Mord ungesühnt Opfer um Opfer forderte, die Mörder von rechts und ihre Hintermänner beim Namen zu nennen. Gumbel gehörte, wie Walter Fabian, der ihn als junger Student persönlich kennenlernte, schreibt, ‹zu den leider so wenigen Menschen in Deutschland, die Zivilcourage hatten› . . .»

1929 publizierte Gumbel, zusammen mit Berthold Jacob und Ernst Falck, ein damals großes Aufsehen erregendes Buch mit dem Titel «Verräter verfallen der Feme», worin die von der Justiz weidlich geförderte Umkehrung der das menschliche Leben schützenden Moral- und Rechtsbegriffe schonungslos enthüllt wurde. Gumbels letzte Veröffentlichung in der Weimarer Republik erschien 1932; ihr Titel «Laßt Köpfe rollen» war eine klarsichtige Einschätzung der bevorstehenden faschistischen Gewaltherrschaft und zugleich eine letzte, verzweifelte Warnung.

Unser zweites Beispiel soll Lion Feuchtwanger sein, als Sohn eines jüdischen Fabrikanten 1884 in München geboren und dort aufgewachsen. Er studierte bis 1907 in seiner Heimatstadt, später in Berlin, Germanistik und Philosophie, promovierte mit einer Arbeit über Heinrich Heines «Rabbi von Bacherach» und war dann Literatur- und Theaterkritiker, zeitweise auch bei Siegfried Jacobsohns «Schaubühne», aus der später die «Weltbühne» hervorging.

Auf einer Afrikareise war Feuchtwanger 1914 vom Krieg überrascht und interniert worden, doch entfloh er, kehrte nach Deutschland zurück und wurde Soldat. Die Realität des Krieges wandelte ihn zum entschiedenen Antimilitaristen, und eine enge Freundschaft und zeitweilige Arbeitsgemeinschaft mit Bert Brecht, den er 1918 kennenlernte, machte ihn auch politisch bewußter.

Als Schriftsteller gelang ihm 1925, nachdem er zuvor mit Dramen, Romanen und einigen Erzählungen wenig Erfolg gehabt hatte, mit dem Roman «Jud Süß» der Durchbruch; das Buch, das in viele Sprachen übersetzt wurde, machte ihn mit einem Schlage weltberühmt. Um so überraschender war es, daß sich Feuchtwanger nun vom historischen Roman abwandte und als erster deutscher Schriftsteller den Beginn und das Wachstum des Faschismus beschrieb, dargestellt am Beispiel der nach der blutigen Niederwerfung des Münchner Räteaufstands von 1919 entstandenen «Ordnungszelle Bayern». Das Nachwort zu diesem Roman mit dem Titel «Erfolg», das Feuchtwanger im März 1929 schrieb, stellte klar:

«Kein einziger von den Menschen dieses Buches existierte aktenmäßig in der Stadt München in den Jahren 1921/24, wohl aber ihre Gesamtheit ... Ausführliche Berichte über die deutschen Einsperrungsanstalten jener Zeit sind uns erhalten in den Aufzeichnungen der Schriftsteller Felix Fechenbach, Max Hölz, Erich Mühsam, Ernst Toller, die in solchen Anstalten untergebracht waren ...»

Der Roman «Erfolg. Drei Jahre Geschichte einer Provinz», Anklage und Satire zugleich, erschien 1930 als erster eines Zyklus, den Feuchtwanger dann «Der Wartesaal» nannte; 1933 folgte der Roman «Die Geschwister Oppermann», 1940 zum Abschluß «Exil».

Dem Schicksal Carl v. Ossietzkys, Erich Mühsams und anderer Kollegen entging Lion Feuchtwanger, der den Nazis wegen der genauen Beschreibung ihrer Führer und deren Helfershelfer besonders verhaßt war, nur dadurch, daß er sich im Januar 1933 gerade auf einer Amerikareise befand. So konnte er den Kampf gegen den Faschismus und «für die Vernunft, gegen Dummheit und Gewalt, gegen das, was Marx das Versinken in die Geschichtslosigkeit genannt hat», fortsetzen, wenngleich unter größten Schwierigkeiten. Denn 1940, als die Wehrmacht in Frankreich einfiel, wurde er dort von den französischen Behörden interniert, wovon seine Erzählung «Der Teufel in Frankreich» berichtet; er floh dann über die Pyrenäen und Spanien nach Portugal, von dort aus weiter nach Amerika, wo er 1958 in Pacific Palisades starb. In der Bundesrepublik Deutschland ist dieser bedeutende Schriftsteller, dessen Beschreibung der den Faschisten in die Hände arbeitenden bayerischen Reaktionäre an Aktualität nichts eingebüßt hat, mit Sorgfalt nahezu in Vergessenheit gebracht worden.

Das dritte und letzte Beispiel eines deutschen Radikalen, Heinrich Mann, mag manchen überraschen, obwohl er mit seinen frühen, den wilhelminischen Obrigkeitsstaat kritisierenden Werken schon kurz erwähnt wurde. Aber von der Radikalität der Brüder Mann, der kontinuierlichen Heinrichs und der gelegentlichen seines Bruders Thomas, ist in der Bundesrepublik Deutschland im Verlauf der letzten fünfundzwanzig Jahre so viel wegerklärt, wenn nicht gar bis heute ganz verschwiegen worden, daß zumindest einiges davon in diesem Zusammenhang der Vergessenheit entrissen werden soll.

Schon 1915 hatte sich Heinrich Mann in seinem Essay über Emile Zola gegen den Chauvinismus und die Verteidiger des wilhelminischen Größenwahns ausgesprochen und klar zur Demokratie bekannt. Er war, wie sein Bruder Thomas gestanden hat, «politisch viel früher auf dem Plan», geradliniger in seinem Kampf gegen Nationalismus, Militarismus und soziale Ungerechtigkeit. Er unterstützte, zusammen mit Albert Einstein, Kurt Tucholsky und gelegentlich auch mit seinem Bruder Thomas, nachdrücklich die «Rote Hilfe», die für die politischen Gefangenen und deren Familien in der Zeit der Weimarer Republik von Kommunisten und bürgerlichen Humanisten gemeinsam organisiert wurde. Zum zehnten Jahrestag der russischen Oktoberrevolution schrieb Heinrich Mann: «Wir Deutsche oder doch die aufgeklärte Hälfte unseres Volkes bringt dem neuen Rußland eine außerordentliche Wißbegier entgegen. Wir nähern uns ihm, wie einst unsre Vorfahren sich der Französischen Revolution genähert haben.»

Zusammen mit Albert Einstein gehörte Heinrich Mann dem «Weltkomitee gegen den imperialistischen Krieg» an, das 1932 in Amsterdam gebildet wurde, und im Januar 1933 schloß er sich einem Aufruf zum gemeinsamen Kampf gegen die sich gerade installierende Nazi-Diktatur an, an dem sich auch die Kommunisten beteiligten. Daraufhin wurde er aus der Preußischen Akademie der Künste, deren Präsident der Sektion Dichtkunst er seit 1931 war, ausgeschlossen. In der Emigration, zunächst in der Tschechoslowakei, bis 1940 in Frankreich und schließlich in den USA, entwickelte er eine vielseitige publizistische und politische Aktivität, wobei für ihn der Kampf gegen den Faschismus Vorrang vor allem anderen hatte. Damals erschienen von ihm die Essaybände «Der Haß» (1933), «Es kommt der Tag» (1936) und «Mut» (1939), in denen sein kämpferischer Humanismus besonders deutlich wird.

Als Präsident des Ausschusses zur Vorbereitung einer deutschen Volksfront, später als Vorsitzender des Aktionsausschusses Deutscher Oppositioneller in Paris stand Heinrich Mann in engem Kontakt zu führenden deutschen Kommunisten und trat für die Einheitsfront aller Antifaschisten ein. 1942 trat er der Bewegung «Freies Deutschland» bei und übernahm den Ehrenvorsitz des lateinamerikanischen Komitees dieser von den deutschen Antifaschisten in der Sowjetunion ausgehenden Bewegung. In seinen letzten Lebensjahren schrieb er seine Autobiographie «Ein Zeitalter wird besichtigt» und die Romane «Lidice», «Der Atem» sowie «Empfang bei der Welt».

Der «Große Brockhaus» meint zwar: *Mit zunehmendem Alter milderte ein großherziger Skeptizismus seine radikale Gesinnung*, doch kann diese Feststellung nur in völliger Verkennung der Tatsache getroffen worden sein, daß sich Radikalität und großherziger Skeptizismus nicht entgegenstehen, sondern geradezu bedingen.

Am 25. August 1933 wurden Heinrich Mann, Lion Feuchtwanger, Kurt Tucholsky und weitere dreißig deutsche Antifaschisten ihrer deutschen Staatsangehörigkeit für verlustig erklärt. Dieser ersten Ausbürgerungsliste folgten noch viele, aber bereits am 10. Mai 1933 waren auf dem Platz vor der einst von Humboldt gegründeten Berliner Universität die Flammen über nahezu allem zusammengeschlagen, was deutscher Geist seit Jahrzehnten hervorgebracht hatte.

«Gegen Frechheit und Anmaßung! Für Achtung und Ehrfurcht vor dem unsterblichen deutschen Volksgeist! Verschlinge auch, Flamme, die Schriften des Tucholsky und Ossietzky», rief dazu der Nazi-Propagandachef Dr. Joseph Goebbels über Lautsprecher den versammelten Studenten zu.

«Und immer neue Studenten treten vor», so hat Erich Ebermayer, Schriftsteller, Rechtsanwalt und damals Dramaturg in Leipzig, die Szene beschrieben, *«neue Namen klingen in den Äther hinaus. Jeder Name ist ein Stoß mitten in mein Herz. Thomas Mann, Stefan Zweig, Franz Werfel, Fritz v. Unruh, Ernst Toller, Erich Maria Remarque, Bert Brecht, Heinrich Mann, Walter Hasenclever, Theodor Wolff, Klaus Mann, Arnold Zweig, Kurt Tucholsky . . . Endlos ist die Reihe . . . Ich muß jeden Augenblick damit rechnen, daß auch mein Name aufklingt . . . Dann ist es aus. Ich bin nicht dabei . . . Wir wissen, wir haben eben etwas sehr Schweres erlebt, etwas Endgültiges . . . etwas Irreparables. Es ist Schande und Elend . . . Es ist die Scheidung des neuen Deutschlands von der gesitteten Welt . . .»*

Ebermayer hat nur wenige Namen aufgezählt; unter den vielen Autoren, deren Bücher damals öffentlich verbrannt wurden, waren auch

Martin Buber und Hermann Kesten, Max Brod und Franz Kafka, Erich Kästner und Walter Mehring, Lion Feuchtwanger, Joseph Roth, Ludwig Renn, Egon Erwin Kisch und und und . . . Einer, der nicht dabei war, den man vergessen hatte, war Oskar Maria Graf, der schon im Februar 1933 Deutschland freiwillig verlassen hatte. Am Tag nach der Bücherverbrennung, am 11. Mai 1933, forderte er in einem von der «Wiener Arbeiterzeitung» veröffentlichten Protest unter der Überschrift «Verbrennt mich» die Vernichtung auch seiner Werke und erklärte sich mit seinen geächteten Kollegen solidarisch. Oskar Maria Grafs ergreifender Aufschrei ging durch alle großen Zeitungen der Welt, und die Nazis rächten sich, indem sie auch ihn ausbürgerten.

Von den ersten Brandstiftungen der deutschen Faschisten – erst war es das Gebäude des Reichstags, Symbol des deutschen Parlamentarismus; zwei Monate später wurden die Gewerkschaftshäuser verwüstet; dann folgte die Verbrennung der Werke einer Vielzahl deutscher Dichter und Denker; im November 1938 waren die jüdischen Gotteshäuser an der Reihe, und ein Jahr später steckten sie Europa und schließlich die halbe Welt in Brand – führte ein direkter Weg zu den Gaskammern und Krematorien der Massenvernichtungslager, zum multimillionenfachen Mord.

In den zwölf Jahren der deutschen Schande erstickte ein Terror, gegen den selbst die Greuel des Dreißigjährigen Krieges und das große ‹Bauernstrafen› von 1525 verblaßten, innerhalb Deutschlands und in allen dem ‹Großdeutschen Reich› gewaltsam ‹angegliederten› Gebieten jedes offene Aufbegehren.

Wo waren die Zeiten geblieben, als die ‹Schutzhaft›-Gefangene Rosa Luxemburg noch aus dem Breslauer Stadtgefängnis an Sonja Liebknecht hatte schreiben können: «*Sonjuscha, Liebste, seien Sie trotz alledem ruhig und heiter. So ist das Leben, und so muß man es nehmen: tapfer, unverzagt, lächelnd – trotz alledem . . .*»?

Mit dem Mord an ihr und Karl Liebknecht hatte es angefangen; damals war mit wüster Hetze die erste Saat ausgestreut worden, die dann nach und nach aufkeimte und schließlich alles überwucherte.

Mit Gewehrkolben hatte man sie niedergeschlagen, an den Haaren durch das piekfeine Eden-Hotel geschleift, die «rote Hyäne», und ihr dann den Fangschuß gegeben. Richtiger: Man hatte sie niederschlagen, schleifen und ermorden *lassen* – für hunderttausend Mark Belohnung und die schmunzelnd gegebene Zusicherung, daß den Tätern und ihren Komplizen bestimmt nichts geschehen werde.

Und die Hetze war weitergegangen, immer schriller, unsinniger: gegen die Volksverräter und Novemberverbrecher, die Juden und Freimaurer und Pazifistenschweine, gegen die Gewerkschafter und die Intellektuellen, die Jazzfreunde und die Bolschewisten, die Literaten und die Nacktbader, die ‹entartete Kunst› und die ‹jüdische Physik›.

Die unerschrockenen Männer und Frauen, die sich dieser Welle dumpfen Hasses entgegenstellten, sie mit Vernunft zu brechen versuchten, wurden von ihr schließlich niedergerissen, erschlagen oder weggespült. Viele, die ihr gerade noch lebend entkamen, hörten auch im Exil nicht auf, dem ausgebrochenen Wahnsinn Vernunft zu predigen, den dumpfen, von Haß durchglühten Ressentiments Argumente entgegenzusetzen und die entsetzliche Katastrophe zu prophezeien, in die ein mit Blindheit geschlagenes Volk nun singend marschierte.

Andere wandten sich voll Ekel ab und verstummten, wie Kurt Tucholsky, der erklärte: «. . . *Ich für meinen Teil also lehne jeden, aber auch jeden ohne Ausnahme radikal ab, der das bejaht, der dort mitmacht . . . ‹Sehn Se mal, wir bei uns . . . Sie müssen das richtig verstehen . . .› Ich muß gar nichts verstehen. Es ist ja bedauerlich, wenn einer seinen eigenen Dreck frißt . . . Aber eines kann man nun wirklich nicht verlangen: Daß ich die Kompromisse der andern mitmache.*»

Im Deutschland der Jahre nach 1933 schloß die große Mehrheit der verschüchterten Anständigen und Obrigkeitsgläubigen, Passiven und Gleichgültigen eilig einen Kompromiß nach dem anderen; die einen trösteten sich mit Sprüchen wie «*Wo gehobelt wird, fallen Späne*»; die anderen meinten, «*wer sich in Gefahr begibt, kommt darin um*».

Einer sagte später über diese Jahre:

«*Als sie die Kommunisten holten, habe ich geschwiegen, . . . denn ich war kein Kommunist.*

Als sie die Sozialdemokraten holten, habe ich geschwiegen, . . . denn ich war kein Sozialdemokrat.

Als sie die Juden holten, habe ich geschwiegen, . . . denn ich saß bereits im Konzentrationslager.

Und als sie meine Freunde und mich geholt hatten, war niemand mehr da, der hätte protestieren wollen und können.»

Martin Niemöller, von dem diese schlichte Feststellung stammt, wurde am 14. Januar 1892 in Lippstadt als Sohn eines monarchistisch gesinnten, obrigkeitstreuen evangelischen Pfarrers geboren, besuchte das Gymnasium und ging dann zur kaiserlichen Kriegsmarine. Den Ersten Weltkrieg machte er als junger Seeoffizier mit; zuletzt war er Kapitänleutnant und Kommandant eines U-Boots.

Nach dem Zusammenbruch des Kaiserreichs und seiner Träume von stolzen Siegen und glänzender Karriere entschloß sich Martin Niemöller, Pfarrer zu werden. Als Theologiestudent und deutschnationaler, die von den ‹Novemberverbrechern› geschaffene Republik verachtender Studentenführer beteiligte er sich in den Freikorps bei der Herstellung von ‹Ruhe und Ordnung› im Ruhrgebiet, beendete sein Studium an der Universität Münster und wurde 1924 Geschäftsführer des Provinzialverbands der Inneren Mission Westfalens. Erst 1931 übernahm er, Verfasser eines vielbestaunten Buches mit dem Titel «Vom U-Boot zur Kanzel», eine Pfarrstelle im vornehmsten Berliner Villenvorort Dahlem. Dort fürchtete man damals nichts so sehr wie einen roten Aufstand; es war jene Gegend Berlins, die der junge «Weltbühne»-Mitarbeiter Erich Kästner im Auge hatte, als er 1930 seine «Ansprache an Millionäre» veröffentlichte: «*Warum wollt ihr solange warten, / bis sie euren geschminkten Frauen / und euch und den Marmorpuppen im Garten / eins über den Schädel hauen? ... Ihr seid die Herrn von Maschinen und Ländern. / Ihr habt das Geld und die Macht genommen. / Warum wollt ihr die Welt nicht ändern, / bevor sie kommen?*»

Niemand in Dahlem, am wenigsten wohl Niemöller selbst, hätte damals erwartet, daß dieser national gesinnte Pfarrer, hochdekorierte kaiserliche Seeoffizier und ehemalige Freikorpsführer jemals Partei für jene ‹Roten› ergreifen könnte, vor deren Kommen man bangte.

Als man 1933 die bekannten ‹Roten› abholte, zusammenschlug, ‹auf der Flucht› erschoß oder ‹auf unbestimmte Zeit› in ein Konzentrationslager sperrte, da – so hat sich Martin Niemöller später erinnert – machte das auf ihn «*gar keinen Eindruck. Irgendwo im Winkel des Herzens habe ich vielleicht gedacht: Eigentlich sind wir doch auf diese Art und Weise die ganze Gottlosengefahr losgeworden. Aber daß diese Menschen, die ohne Gesetz, ohne Anklage, ohne Untersuchung, ohne Urteil, einfach ihrem Beruf, ihrer Familie, ihrem Leben weggenommen, der Freiheit beraubt wurden, daß diese Menschen eine Frage Gottes an mich waren, auf die ich im Angesicht Gottes hätte antworten müssen, daran habe ich nicht gedacht ...*»

Erst am 1. Juli 1937, bei seiner letzten Predigt vor seiner Dahlemer Gemeinde, sprach der inzwischen in seinem Gewissen wachgerüttelte Pfarrer öffentlich aus, was er, wie er später sagte, schon vier Jahre zuvor hätte sagen sollen: «*Die Bedrängnis wächst, und wer das Trommelfeuer des Versuchers in dieser letzten Woche über sich hat ergehen lassen müssen, der denkt anders als noch vor drei Wochen.*»

Er führte dann auf, wer alles aus dem Kreis der dem Totalitätsanspruch des Nazi-Regimes sich widersetzenden «Bekennenden Kirche» eingekerkert worden war, und schloß: «*Und wir denken daran, daß heute drüben in der Annenkirche die Kanzel leer bleibt, weil unser Bruder und Pastor Fritz Müller zusammen mit siebenundvierzig anderen christlichen Brüdern und Schwestern ... in Haft gehalten wird, und wir denken zugleich daran, daß es nun auch in der Kirche und bis in unsere Gemeinde hinein heißt: ‹Sie werden ja wohl nicht ganz unschuldig sein; irgend etwas Politisches werden sie ja wohl schon auf dem Kerbholz haben.› Und nun geht es los in der Presse mit den Diffamierungen, und in der heute beginnenden Woche werden die ersten Schnellverfahren kommen ...*»

Es gehörte schon der Mut eines Johann Jacoby oder eines Carl v. Ossietzky dazu, im Berlin des Jahres 1937 öffentlich in Opposition gegen das Regime zu gehen, genau wissend, welche Konsequenzen dies haben mußte. Natürlich wurde er kurz darauf verhaftet, kam ins Untersuchungsgefängnis Berlin-Moabit und erhielt nach monatelanger Haft zunächst vom Landgericht ein verhältnismäßig mildes Urteil: sieben Monate Festungshaft und zweitausend Reichsmark Geldstrafe. Doch schon am Gerichtsportal warteten Männer vom ‹Sicherheitsdienst› der SS, die Niemöller erneut verhafteten und ins Konzentrationslager Sachsenhausen einlieferten; dort wurde der Häftling Nr. 509, wie er fortan nur noch hieß, mehr als drei Jahre lang in strengster Isolierhaft gehalten und 1941 ins Konzentrationslager Dachau gebracht, wo er Anfang Mai 1945 nach fast achtjähriger Haft, doch an Leib und Seele ungebrochen, von den Alliierten befreit wurde.

Ein Jahr später erinnerte er sich an das, was er dann sah: *«Ich stand mit meiner Frau vor dem Krematorium in Dachau, und an einem Baum vor diesem Gebäude hing ein weißgestrichenes Kistenbrett mit einer schwarzen Aufschrift . . . ‹Hier wurden in den Jahren 1933 bis 1945 238756 Menschen verbrannt.› Ich faßte nach meinem Alibi und wußte, das ist der Steckbrief des lebendigen Gottes gegen Pastor Niemöller. Mein Alibi reichte vom 1. Juli 1937 bis Mai 1945. Da aber stand: ‹1933 bis 1945.› Adam, wo bist du? Wo warst du von 1933 bis zum 1. Juli 1937? Und ich konnte dieser Frage nicht mehr ausweichen. 1933 war ich ein freier Mann. 1933 – Hermann Göring rühmte sich, daß die kommunistische Gefahr beseitigt ist. Denn alle Kommunisten, die noch nicht um ihrer Verbrechen willen hinter Schloß und Riegel sitzen, sitzen nun hinter dem Stacheldraht der neugegründeten Konzentrationslager. Adam, wo bist du? Mensch, Martin Niemöller, wo bist du damals gewesen . . .?»*

XII. Fazit 1977

Erst zweiunddreißig Jahre sind vergangen, seit die Krematorien der deutschen Konzentrationslager zu rauchen aufgehört haben. Im Januar 1977 jährte sich zum zweihundertsten Male der Tag, an dem Herzog Karl Eugen von Württemberg den Dichter und Publizisten Christian Friedrich Daniel Schubart entführen und zehn Jahre lang auf dem Hohenasperg gefangenhalten ließ. Der Tyrann Karl Eugen zahlte, wie wir wissen, der Familie Schubarts während dessen Haftzeit eine hinlängliche Rente, ließ die Kinder seines Staatsgefangenen auf Staatskosten ausbilden und stellte Schubart nach dessen Freilassung wieder ein.

Die Angehörigen der Opfer des Tyrannen Adolf Hitler konnten sich noch glücklich preisen, wenn dessen Terrorapparat keinerlei Notiz von ihnen nahm, ihnen weder die Hinrichtungskosten aufbürdete noch die Ersparnisse beschlagnahmte, sie nicht gar in sogenannte ‹Sippenhaft› nahm oder als ‹rassisch Minderwertige› gleich mit ermordete.

Nun, die Bundesrepublik Deutschland, die sich zur Rechtsnachfolgerin des Deutschen Reiches erklärt und dessen Verpflichtungen übernommen hat, war bereit, den wenigen Überlebenden der Konzentrationslager und Zuchthäuser sowie den Hinterbliebenen der Ermordeten in einem ihr angemessen erscheinenden Rahmen Wiedergutmachung zu leisten – allerdings nicht allen! Der Paragraph 6 des Bundesgesetzes zur Entschädigung der Opfer der nationalsozialistischen Verfolgung (BEG) bestimmte und bestimmt noch heute:

«*Von der Entschädigung ausgeschlossen ist,*

1. *wer Mitglied der NSDAP oder einer ihrer Gliederungen gewesen ist oder der nationalsozialistischen Gewaltherrschaft Vorschub geleistet hat; . . .*
2. *wer nach dem 23. Mai 1949 die freiheitliche demokratische Grundordnung im Sinne des Grundgesetzes bekämpft hat;*
3. *wem nach dem 8. Mai 1945 rechtskräftig die bürgerlichen Ehrenrechte aberkannt worden sind;*
4. *wer nach dem 8. Mai 1945 rechtskräftig zu Zuchthausstrafe von mehr als drei Jahren verurteilt worden ist.*»

In der Praxis bedeutet dies, daß drei Kategorien von Verfolgten von jeder Entschädigung ausgenommen waren: aktive Nazis, Schwerverbrecher und – diejenigen, die den härtesten Widerstand geleistet und von allen politischen Gruppen die schwersten Opfer gebracht hatten, nämlich die deutschen Kommunisten, es sei denn, sie hätten spätestens mit dem Inkrafttreten des Grundgesetzes am 23. Mai 1949 ihre Überzeugung, derentwegen sie zwölf Jahre lang verfolgt worden waren, reuig aufgegeben.

Als im Jahre 1956 das Bundesentschädigungsgesetz in Kraft trat und den ihrer Weltanschauung treu gebliebenen deutschen Kommunisten selbst die kärglichen Körperschadensrenten – in aller Regel etwa 90 DM monatlich – aberkannte, war die Kommunistische Partei Deutschlands noch nicht für verfassungswidrig erklärt und verboten worden; dies geschah erst etwa sechs Wochen später. Inzwischen ist seit dem September 1968 die Deutsche Kommunistische Partei wieder zugelassen, ebenso andere kommunistische Gruppen. Aber die unter Bundeskanzler Konrad Adenauer zum Gesetz erhobene Diffamierung der KPD-Veteranen, die Gleichsetzung der KZ-Opfer mit ihren Peinigern und mit gewöhnlichen Schwerverbrechern ist bis heute bundesdeutsche Praxis geblieben.

Selbst dem im Konzentrationslager schwer mißhandelten, erblindeten und fast gelähmten Schriftsteller Ernst Niekisch, geboren 1889, der 1919 Vorsitzender des revolutionären Zentralrats in Bayern und Führer der bayerischen USPD, dann der sächsischen Altsozialisten war und den man 1937 verhaftet und zu lebenslänglichem Zuchthaus verurteilt hatte, wurde – weil er nach 1945 in der DDR der Sozialistischen Einheitspartei beigetreten war – im westlichen Teil Deutschlands, wohin er dann übersiedelte, bis zu seinem Tode im Jahre 1967 jede Entschädigung verweigert.

Die Bundesrepublik Deutschland, auf den Trümmern des Zweiten Weltkriegs, in noch frischer Erinnerung an die Millionen Opfer und mit dem festen Vorsatz der Politiker aller Richtungen gegründet, nie wieder Ansätze von Faschismus, Militarismus oder auch nur antidemokratischer Tendenzen aufkommen zu lassen, hat weder die Hoffnungen, die sie damit geweckt, noch die Verpflichtungen, die sie sich mit ihrem Grundgesetz selbst auferlegt hat, bis heute erfüllt.

Sie hat weder ihre Verwaltung noch ihre Justiz und Polizei, nicht einmal ihre Ministerialbürokratie, ihre höchsten Gerichte und die Vorstände der staatstragenden Parteien von den Handlangern und Schreibtischtätern der Hitler-Diktatur gesäubert.

Sie hat wiederaufgerüstet, und zwar so gewaltig, daß ihre militärische Stärke und Schlagkraft heute die des Deutschen Reiches von 1912 und 1938 übertrifft.

Sie hat sich für alle Fälle umfangreiche Notstandsgesetze gegeben, gegen die sich diejenigen Bismarcks geradezu liberal ausnehmen und die zu einem erheblichen Teil von denselben ‹Fachleuten› ausgearbeitet worden sind, die schon Hitlers ‹Notverordnungen zum Schutze von Volk und Staat› ausgetüftelt hatten.

Sie hat zwar die Todesstrafe endlich abgeschafft, doch nun beraten die zuständigen Gremien bereits die Einführung der administrativen Hinrichtung, nämlich die Erlaubnis für Polizisten zum ‹gezielten Todesschuß› nach eigenem Ermessen der gegebenen Gefahr.

«*Eine Zensur findet nicht statt*», so steht es im Grundgesetz, «*aber die Verhältnisse*», um mit Bert Brecht zu reden, «*die sind nicht so.*» Dabei spielt es kaum eine Rolle, wenn sich gelegentlich jemand dadurch lächerlich macht, daß er die Machtmittel des Staates gegen ein seiner Meinung nach ‹unzüchtiges›, weil geschlechtliche Dinge unzart behandelndes Buch, Bild oder Kinostück einsetzt; dergleichen Unfug von Leuten, die meist von der eigenen Verklemmtheit auf die anderer schließen, wird es wohl noch lange geben, obwohl durch Pornographie gewiß bisher weit weniger Menschen zu Schaden gekommen sind als etwa durch Kriegs- oder Rassenhetze.

Schlimmer ist es, wenn Staatsanwälte und Richter gegen ihnen unliebsame politische Literatur vorgehen, wobei ihnen neue schändliche Gesetze aus jüngster Zeit noch mehr Handhabe geben.

Am schlimmsten aber ist die Tatsache, daß inzwischen Tausende von Redakteuren und Medienschaffenden aller Art gelernt haben, sich selbst zu zensieren, weil sie sonst um ihre Arbeitsplätze und -möglichkeiten bangen müßten. Ein Kästner-Zitat am falschen – das heißt: am eigentlich richtigen – Platz kann schon die Entlassung aus den Diensten des Norddeutschen Rundfunks bedeuten. Die Veröffentlichung einer Bestsellerliste mit Heinrich Bölls «Die verlorene Ehre der Katharina Blum» auf Platz 1 erregte den Zorn des Zeitungs-Zaren; dann lieber gar keine Liste mehr, wie seither in der «Welt am Sonntag». Und der Gebrauch des obszönen Wortes «Berufsverbot» in Nachrichten oder Kommentaren, die von öffentlich-rechtlichen Anstalten ausgestrahlt werden, ist unratsam, weil – wie schon Christian Morgensterns gescheiter Palmström bemerkt hat – «*nicht sein kann, was nicht sein darf*».

Zwar ist es erfreulich, daß sich die Herren Intendanten der bundesdeutschen Sender immerhin zu schämen scheinen, etwas auszusprechen oder aussprechen zu lassen, das so eindeutig gegen Geist und Buchstaben der Verfassung verstößt. Aber das Unaussprechliche ist damit nicht aus der Welt geschafft; die Hexenjagd geht weiter.

Seit 1971 sind knapp fünfhundert Fälle bekanntgeworden, in denen es jungen Menschen verwehrt wurde, die Laufbahn – zumeist sind es Lehrberufe –, auf die sie sich durch langes Studium vorbereitet haben, nun auch einzuschlagen. Doch die Dunkelziffer ist relativ hoch, und schon Mitte 1975 meinten Fachleute, man müsse von rund 1200 Fällen von Berufsverbot in der Bundesrepublik Deutschland ausgehen. Diese Anzahl hat sich durch weitere Ablehnungen von Beamtenanwärtern inzwischen erhöht, weil immer mehr politisch aktive Bewerber zur Einstellung anstehen. Doch umgekehrt haben auch einige der zunächst wegen angeblicher «Verfassungsfeindlichkeit» Abgelehnten ihre Einstellung in den öffentlichen Dienst durch Gerichtsurteile erzwungen; zahlreiche Prozesse sind noch nicht endgültig entschieden.

Auf jeden Fall ist die Anzahl der Betroffenen, gemessen an einer jährlichen Einstellungsrate um etwa 70000, nicht sehr groß und liegt sicherlich unter einem Prozent. Manche meinen deshalb, ein quantitativ so minimales Unrecht sei hinzunehmen und sei eher ein Beweis für das Funktionieren des Rechtsstaats. Die Welt und zum Glück auch die meisten derjenigen, die sich in unserem Land als Publizisten, Hochschullehrer oder Richter eine unabhängige Meinung bewahrt haben, sind da entschieden anderer Ansicht, und sie sehen zunächst nicht auf die Anzahl der Fälle, sondern werten die Vorgänge einzeln und qualitativ.

Da ist beispielsweise der Fall der hessischen Lehrerin Silvia Gingold. Sie ist 1946 in Frankfurt am Main geboren und die Tochter eines bekannten Frankfurter Antifaschisten, der 1933, als Jude und Kommunist verfemt, nach Frankreich geflüchtet war; für seine aktive Beteiligung am Widerstand wurde er mit einem französischen Orden ausgezeichnet. Seiner Tochter Silvia wurde nach vierjähriger Beschäftigung im Schuldienst die Einstellung als Studienrätin verweigert, und am 1. August 1975 wurde sie aus dem hessischen Schuldienst entlassen, aber nicht wegen mangelnder Qualifikation – sie gilt als ausgezeichnete Lehrerin –, sondern aus politischen Gründen. Der sozialdemokratische Kultusminister Krollmann teilte dem Anwalt von Silvia Gingold mit Schreiben vom 4. Juni 1975 mit, nach Abschluß des Überprüfungsverfahrens stehe fest, daß seine Mandantin «*Mitglied einer Partei mit verfassungsfeindlicher Zielsetzung ist (DKP). Die verfassungsfeindliche Zielsetzung der DKP ist allgemein bekannt und anerkannt.*»

Dabei war der nun in dritter Generation von deutschen Berufsverboten betroffenen Familie Gingold im Zusammenhang mit ihrem jahrelangen Kampf um Wiedereinbürgerung erst 1974 vom Frankfurter Verwaltungsgericht – unter namentlicher Nennung auch der Tochter Silvia – ausdrücklich bestätigt worden, daß sie «*sich zur freiheitlich-demokratischen Grundordnung der Bundesrepublik bekennen und für ihre Erhaltung eintreten*». Das Skandalöseste an der Entscheidung des hessischen Kultusministeriums ist indessen die Illegalisierung der Mitgliedschaft in einer zugelassenen, vom Grundgesetz zum Verfassungsorgan erhobenen und privilegierten Partei, deren eventuelle Verfassungswidrigkeit allein das Bundesverfassungsgericht feststellen kann, ganz zu schweigen von der Einführung des Begriffs der «Verfassungsfeindlichkeit», den unsere Verfassung nicht kennt.

Um ein anderes Beispiel zu nennen: Der Lehrerin M. Retterat wurde von Beamten des rheinland-pfälzischen Kultusministeriums mitgeteilt, sie sei «*verdächtig*», weil «*ihr Vater in mehreren kommunistischen Tarnorganisationen Mitglied sei*».

Und dem bayerischen Lehrer W. Eichhorn wurde von einer Ministerialrätin des bayerischen Kultusministeriums mitgeteilt, es würde seiner eigenen Beurteilung zugute kommen, wenn er eine Scheidungsklage gegen seine Ehefrau mit deren Mitgliedschaft in der DKP begründe, ein Ansinnen, das so unsittlich ist, daß man es fast als Unzucht mit Abhängigen bezeichnen könnte.

Die Beispiele ließen sich beliebig fortsetzen, und es kommt für die Bewertung dieses tausendfach praktizierten Systems nicht darauf an, ob es dem oder der einen oder anderen schließlich doch gelingt, ihr Recht zu erstreiten. Denn das Schlimmste an der Praxis der Berufsverbote ist die Verunsicherung der Menschen, der ausgeübte Zwang zur Anpassung, die Erziehung zum Duckmäusertum, die Heranzüchtung von Denunzianten, die wachsende Polizeistaatlichkeit. Wobei anzumerken ist, daß schon die tausendfach praktizierte ‹Amtshilfe› des Verfassungsschutzes bei der Überprüfung von Beamtenanwärtern gesetzwidrig ist.

Mit alledem ist die Bundesrepublik Deutschland weit hinter das Wilhelminische Regime zurückgegangen, in manchem noch hinter das ‹System Metternich› und die ‹Karlsbader Beschlüsse›!

Die Radikalen sind heute hierzulande geächtet, nicht nur von den Regierungen, sondern – was weit trauriger und gefährlicher ist – auch von einem Großteil der verhetzten Bevölkerung. Dazu erklärte Walter Jens schon 1974 auf dem Frankfurter Bundeskongreß des Verbands deutscher Schriftsteller: «Wir . . . sollten die Behauptung unserer Gegner, daß wir radikal seien, nicht als Beschimpfung, sondern als Ehrenerklärung verstehen. Jawohl, wir sind radikal, radikal im Denken und radikal in der Absage an die Gewalt. Nicht gegen uns, sondern gegen die immer mächtiger werdende Reaktion in diesem Land spricht es doch wohl, wenn anno 1974 Parolen als ‹ultralinks› und ‹radikal› eingestuft werden, die in Wahrheit zum Topen-Arsenal des republikanischen Liberalismus gehören. Der Radikalismus, den man uns vorwirft, ist in Wahrheit der Radikalismus von bürgerlichen Republikanern, die längst zu Klassikern geworden sind . . . Und wenn wir, ihnen folgend, heute wie Extremisten dastehen, dann heißt das doch nichts anderes, als daß das bürgerlich-fortschrittliche Erbe – zuallererst die Jakobiner-Tradition im Sinne Kants und das Vermächtnis des sozialen Libertinismus – von privilegierten Gruppen in unserem Staat kassiert werden soll, die offenbar Angst davor haben, daß Humboldts großer Traum vom herrschaftslosen Reich der wahrhaft Freien und Gleichen realisiert werden könnte.»

Diese damaligen Feststellungen des heutigen bundesdeutschen P.E.N.-Präsidenten treffen genau ins Schwarze, noch genauer: ins schwarzbraune Dunkel eines Landes, dessen Bewohner ihre faschistische Vergangenheit nicht bewältigt haben. Erst wenn man sich dies vergegenwärtigt, kann man auch eine quantitative Wertung vornehmen.

Gewiß sind bislang nur relativ wenige Beamtenanwärter als sogenannte «Extremisten» abgewiesen worden – bezeichnenderweise, bis auf ein paar Renommierfälle, die man an den Fingern aufzählen kann, durchweg Linke, zumeist Kommunisten und linke Sozialdemokraten –, und einige davon werden am Ende dann doch noch eingestellt, weil die Gerichte es verfügen. Aber gerade diese «Erfolge» sollten uns zu denken geben!

Denn die in fünfjähriger Berufsverbotspraxis inzwischen vielleicht auf maximal zweitausend gestiegene Anzahl von Ablehnungsbescheiden ist das Ergebnis von rund zehntausend sogenannten «Anhörungsverfahren», mit Fragen wie: *«Haben Sie während Ihres Studiums an politischen Veranstaltungen teilgenommen?»*, *«Wie stehen Sie zum Eigentum?»*, *«Sind Sie Mitglied der Gewerkschaft?»*, *«Haben Sie gegen den Krieg in Vietnam demonstriert?»*, *«Wie stehen Sie zum Marxismus?»*, *«Haben Sie nicht die Ostverträge befürwortet? Ist Ihnen der Standpunkt der bayerischen Staatsregierung in dieser Frage nicht bekannt?»*

Diesen zehntausend Verhören mit verfassungswidriger Gesinnungsschnüffelei gingen mindestens achthunderttausend «Überprüfungen» durch den Verfassungsschutz voraus, und dieser hat, wie sein früherer Präsident Günter Nollau bekanntgab, mehr als 2,5 Millionen Dossiers angelegt, in denen Spitzelberichte und Denunziationen ebenso gesammelt werden wie «Erkenntnisse» mitunter höchst fragwürdiger «Fachleute».

Ein ganzes Gebirge kreißte, selbst Zeus geriet in Angst und mit ihm Millionen junger Leute, und was das riesige Massiv dann ächzend gebar, waren etliche rote Mäuslein!

«Es ist jetzt ruhiger geworden», sagte der Hausmeister der Freien Universität Berlin dem Reporter des WDR-Fernsehens, und ein Student meinte, die Folge davon sei, *«daß jeder nur brav studiert, sich nicht mehr um politische Belange kümmert – in keiner Weise – und auch nichts mehr unternehmen will, weil er Angst davor hat, als verfassungsfeindlich oder so hingestellt zu werden»*.

«Genau das. Irgendwie hat er vollkommen recht, der junge Mann», bestätigte der Hausmeister, *«irgendwas stimmt hier nicht. Zum Beispiel gehen sie raus, sind verschwunden, sagen nicht guten Tag – die Atmosphäre ist anders geworden . . .»*

Muß man nicht unwillkürlich an die deutschen Universitäten in der Zeit der ‹Demagogenverfolgung› denken? Und erinnerten nicht die Fragen der ‹Anhörungsverfahren› an die Verhöre, denen Georg Büchner vom Rat Georgi, dem Trunkenbold, unterzogen wurde, ehe er nach Straßburg floh?

Was die Freie Universität in West-Berlin angeht, so war sie auch ruhig und sauber, ehe um die Mitte der sechziger Jahre die Studentenunruhen begannen.

Zuvor waren die deutschen Universitäten reine Zulieferbetriebe für den öffentlichen Dienst und die Industrie, die Studenten so brav und strebsam, so unpolitisch und konformistisch, daß Wilhelm II. seine helle Freude gehabt hätte und vielen Demokraten in unserem Lande angst und bange wurde.

Der Krieg in Vietnam löste schließlich auch in der Bundesrepublik den studentischen Protest aus. Der Schah-Besuch, die iranischen Geheimagenten, die mit Eisenstöcken auf die Demonstranten droschen, die Haltung der Springer-Zeitungen zu diesen Vorkommnissen, die tödlichen Schüsse, die Polizisten auf Studenten abgaben, die sich nichts Schlimmeres hatten zuschulden kommen lassen, als daß sie ihren Abscheu gegen Volksverhetzung durch Sachbeschädigung zum Ausdruck brachten – all dies führte zu einer Eskalation.

Die Wellen verebbten, die wünschenswerte Politisierung eines Großteils der akademischen Jugend blieb und bleibt hoffentlich weiter bestehen, denn nur so können wir hoffen, daß unser Land nicht zu einem Südkorea im Herzen Europas wird, zu einem Hort der Reaktion und des kalten Krieges, waffenstarrend und vom Geist der Heiligen Allianz erfüllt.

Daß einige junge Leute die zu keiner Zeit revolutionäre Situation verkannten und die Grundsätze radikalen politischen Denkens und Handelns verletzten, läßt sich nicht entschuldigen; Terror ist zwar kein im Strafgesetzbuch aufgeführtes Delikt, aber die einzelnen Straftaten, die zusammen den Terror ausmachen können, sind zweifellos kriminelle Delikte und als solche zu sühnen, auch wenn jeder der Täter sich als politisch Handelnder versteht. Aber gewiß sind die Angehörigen jener kriminellen Vereinigung, die den Rechten der Bundesrepublik und der von ihnen weitgehend beherrschten Presse wie ein Geschenk des Himmels kam, keine schlimmeren Kriminellen als diejenigen, die ständig, alltäglich, sozusagen selbstverständlich, die Gesetze brechen, die des Staates wie die der Moral oder der Zehn Gebote, weil sie sich als Lenker von Konzernen als Staat im Staat fühlen können; weil ihre Rechtsabteilungen und Steuerbuchhaltungen und Expertenstäbe alle erdenklichen Schliche kennen; weil sie ihren kleinen, dummen, ehrlichen Mitmenschen, für die die vielen Paragraphen allein gemacht zu sein scheinen, einen prächtigen Buhmann haben aufbauen lassen: die Radikalen.

Zu deren Verunglimpfung ist jedes Mittel recht, und wir wollen es uns ersparen, alle unberechtigten Gleichsetzungen, Verdrehungen, Schmähungen und faulen Tricks aufzuzählen, die dabei angewandt werden. Ein Blick in die einschlägige Presse genügt; die Reizworte springen einem ins Auge.

Wohin solche Hetze einmal geführt hat, müßte zumindest den Älteren noch in Erinnerung sein. Früher mußten angebliche Ritualmorde dazu herhalten, den ‹gerechten Volkszorn› zu wecken, heute werden fünf

Jahre zurückliegende Gewalttaten einer Handvoll Pseudorevolutionäre als Argument für die Entlassung einer dem Marxistischen Studentenbund «Spartakus» durch dreimalige Teilnahme an Diskussionsabenden nahegestanden habenden Mathematiklehrerin benutzt.

«Sehn Se mal, wir bei uns hatten nämlich . . . Sie müssen das richtig verstehen . . .»

Die Leute, denen die Worte «freiheitlich-demokratische Grundordnung» dutzendmal täglich glatt über die Zunge gehen, sollten sich einmal die Zeit nehmen, darüber nachzudenken, wieviel Freiheit und Demokratie es hierzulande gäbe, wenn Radikale sie nicht erkämpft hätten. Ohne Professor Kants kritische Vernunft, Professor Hegels Dialektik und Dr. jur. Heinrich Heines Erkenntnis ihrer revolutionären Bedeutung steckten wir geistig heute noch im Mittelalter. Ohne die Ideen des Dr. phil. Karl Marx vom Sozialismus als einer *«freien Assoziation, worin die freie Entwicklung eines jeden die Bedingung für die freie Entwicklung aller ist»*, wäre die Dreistigkeit unserer Ausbeuter grenzenlos und uns – wie Bismarck selbst zugegeben hat – nicht einmal die gesetzliche Kranken-, Unfall- und Altersversicherung zuteil geworden. Ohne Dr. med. Johann Jacoby müßten die deutschen Bürger wohl immer noch glauben, sie hätten demütig zu erbitten, was in Wahrheit ihr gutes Recht ist. Ohne Dr. jur. publ. et rer. cam. Rosa Luxemburgs humanistischen Radikalismus, der jedweden Terror oder Zwang ablehnt, aber nicht daran denkt, es sich in der westlichen Konsumgesellschaft auf Kosten der Leidenden behaglich zu machen, müßte die deutsche Linke an sich selbst verzweifeln. Ohne Dr. jur. Karl Liebknecht säßen die Hohenzollern wahrscheinlich heute noch auf dem Thron, zumindest in Bonn.

Aber die Hetze, die Gesinnungsschnüffelei, die Schikanen und ‹Maßregelungen› werden wohl noch eine Weile lang weitergehen, länger als wir hoffen, weniger lang als wir fürchten.

Dann wird es so sein, wie es der, lebte er noch, für den öffentlichen Dienst der Bundesrepublik Deutschland wegen des Verdachts der ‹Verfassungsfeindlichkeit› leider ungeeignete Gottfried Keller am Schluß seines Gedichts «Die öffentlichen Verleumder» beschrieben hat:

«Wenn einstmals diese Not
lang wie ein Eis gebrochen,
dann wird davon gesprochen,
wie von dem Schwarzen Tod;

und einen Strohmann bau'n
die Kinder auf der Heide,
zu brennen Lust aus Leide
und Licht aus altem Grau'n.»

Quellen und Anmerkungen

Im folgenden sind die wesentlichen für den Text benutzten Quellen, zitierten Werke, Briefe und Urkunden angegeben, soweit sie nicht im Textzusammenhang bereits erwähnt wurden, dazu einige Anmerkungen und Erläuterungen. Auf Hinweiszahlen im Text wurde um der besseren Lesbarkeit willen verzichtet. Bei den folgenden Quellenangaben und Anmerkungen entsprechen die Überschriften denen der einzelnen Kapitel, die Zahlen am Rand den Seitenzahlen und die *kursiv* gesetzten Stichworte jeweils der zu belegenden oder zu erläuternden Passage auf der betreffenden Seite.

Die im Text angeführten Zitate, zumal die älteren, sind mitunter hinsichtlich der Rechtschreibung und Zeichensetzung sowie einzelner Wortbildungen geringfügig dem heute Üblichen angepaßt, ohne daß der Sinn verändert wurde. Die Quellenangabe (BdA) bedeutet, daß sich die betreffende Handschrift, Urkunde oder Erstausgabe in der Bibliothek des Autors befindet, wo nicht anders angegeben, im Original.

Zu: Was wäre, wenn . . .? Anstelle einer Einleitung

9/10	*«Der Erfolg für meine Person . . .»* *«In einem jeden Zeitalter . . .»* *«Die Zeitgenossen Jesu . . .»* *«War es je notwendig . . .»* Alle vier Zitate aus: Johann Gottlieb Fichte, «Appellation an das Publikum. Eine Schrift, die man erst zu lesen bittet, ehe man sie confiszirt». Tübingen, Jena und Leipzig, 1799. Zitiert nach der Erstausgabe, S. 10–13 (BdA). (Abbildung des Originalumschlags auf S. 6.)
10	*. . . mit dem Grundgesetz noch vereinbar . . .* Obwohl bei den Regierungen, Behörden, Staatsschutzorganen sowie in weiten Teilen der Presse unseres Landes so getan wird, als stünden das kapitalistische System, die sog. ‹soziale Marktwirtschaft› und das Privateigentum an Produktionsmitteln, Naturschätzen usw. unter dem besonderen Schutz des Grundgesetzes, seien also unantastbar, und es hätte sich jeder, der etwa die Verstaatlichung der Großkonzerne, Banken, Bodenschätze oder auch des Großgrundbesitzes fordert, als Verfassungsfeind entlarvt, sehen Artikel 14 und 15 GG nicht nur die Sozialbindung des Eigentums vor, sondern ausdrücklich auch die Enteignung zum Wohle der Allgemeinheit.
11	*«Keine Staatsverfassung ist unabänderlich . . .»* *«Ich verspreche, an dieser . . .»* Beides aus: J. G. Fichte, «Beitrag zur Berichtigung der Urteile des Publikums über die französische Revolution. Zur Beurteilung ihrer Rechtmäßigkeit». 1793. Zitiert nach der Neuausgabe, Leipzig, 1922, S. 66 f.
11	*«Sie haben da schon so manches Buch verboten . . .»* Aus: J. G. Fichte, «Appellation» (a. a. O.), S. 3.
12	*«Reden an die deutsche Nation»* Unter diesem Titel erschienen Fichtes 1807/08 gehaltenen Reden erstmals in kleiner Auflage, auf Schreibpapier gedruckt, in der Realschulbuchhand-

lung, Berlin, 1808 (BdA). Was das Verbot von Neuauflagen betrifft, so hat dies H. H. Houben (u. a. in «Polizei und Zensur», hg. von W. Abegg, Berlin, 1926) ausführlich beschrieben.

12 Johann Gottlieb FICHTE, geboren am 19. 5. 1762 in Rammenau/Lausitz, gestorben am 29. 1. 1814 in Berlin, Zeitkritiker und Philosoph, dessen frühe Schriften radikal aufklärerisch, fast jakobinisch waren. Später entwickelte Fichte eine staatssozialistische Theorie, machte die Dialektik zur grundsätzlichen Verfahrensart des Denkens und bereitete damit und mit seiner philosophischen Konzeption den Weg für die geistige Bewältigung der industriellen Revolution und für die Lehren von Hegel, Feuerbach und Marx.

12 Professor Dr. D. Wilhelm HAHN, geboren am 14. 5. 1909 in Dorpat/Estland, Theologe und Politiker, seit 1964 baden-württembergischer Kultusminister, auch Mitglied des Parteivorstands der CDU. Er nimmt in der Frage der Zulassung von linken Radikalen zum öffentlichen Dienst eine kompromißlos ablehnende Haltung ein, wogegen er neofaschistische Bestrebungen, zum Beispiel ein rechtsradikales Hetzblatt für italienische Arbeiter, offenbar für tolerierbar hält.

14 «. . . *Die Russen werden es schon machen . . .*»
«. . . *Deshalb glaube ich . . .*»
Albert Einstein an seinen Freund Otto Juliusburger, New York. Maschinengeschriebene Briefe vom 13. 1. und 31. 3. 1943 (unveröffentlicht); zit. nach dem Katalog zur Auktion 18, Hartung & Karl, München, Nr. 2114 vom November 1976.

14/15 Dr. Hans FILBINGER, geboren am 15. 9. 1913 in Mannheim, Rechtsanwalt und Politiker, seit 1958 Staatsrat, seit 1960 Innenminister und seit 1966 Ministerpräsident von Baden-Württemberg, CDU.
«. . . *von dem Hoheitsabzeichen . . .*»
«. . . *Mißvergnügen erregt . . .*»
«. . . *ein hohes Maß an Gesinnungsverfall . . .*»
Es handelt sich um wörtliche Zitate aus dem Urteil des Gerichts des Kommandanten der Seeverteidigung Oslofjord – StL J I 204/45 vom 29. Mai 1945; Verhandlungsleiter: Marinestabsrichter Dr. Filbinger – gegen den Obergefreiten Kurt Petzold, zitiert nach «Der Spiegel», 16/1972, S. 49.

14/15 Die Angaben, die die politischen Aktivitäten Albert Einsteins in der Zeit vor 1933 und seine Verbindung zu Kommunisten betreffen, sind der «Geschichte der deutschen Arbeiterbewegung», hg. vom Institut für Marxismus-Leninismus beim Zentralkomitee der SED, Berlin (DDR), 1966, Band 3, S. 345, und Band 4, S. 116, 134, 146/7, 175, 309 und 376 entnommen.

17 Einsteins Brief an die «New York Times» erschien dort am 12. Juni 1953. «*Die Reaktion war so, daß alle größeren Zeitungen mehr oder weniger höflich ablehnend kommentierten*», äußerte sich Einstein hierzu gegenüber Carl Seelig im Juni 1953. «*Dies war nicht anders zu erwarten, da ja alle auf die größeren Inserate angewiesen sind. Außerdem erhielt ich eine Unmenge privater Zuschriften, die meisten enthusiastisch zustimmend, eine Minderheit streng verdammend; nur wenige Zuschriften sind vorsichtig abwägend. Im ganzen habe ich den Eindruck, daß der Brief zur Reinigung der politischen Luft ein bißchen beigetragen hat und hoffentlich noch beitragen wird.*»

14–19 Albert EINSTEIN, geboren in Ulm, 14. 3. 1879, gestorben in Princeton, New Jersey, 18. 4. 1955, einer der großen Naturwissenschaftler der Neuzeit, 1921 mit dem Nobelpreis für Physik ausgezeichnet, bis 1933 Direktor des Berliner Kaiser-Wilhelm-Instituts für Physik, von den Nazis amtsenthoben und ausgebürgert, lebte dann bis zu seinem Tode in Princeton. Sein

überragendes wissenschaftliches und persönliches Ansehen bewirkte, daß
das von ihm als Gutachter an Präsident Roosevelt empfohlene Atomener-
gie-Projekt ernst genommen und während des 2. Weltkriegs verwirklicht
wurde; den Abwurf amerikanischer Atombomben auf japanische Städte
verurteilte Einstein schärfstens.
Einsteins Brief an die «New York Times» wurde von der Zeitung am 12.
Juni 1953 veröffentlicht und ablehnend kommentiert. Daraufhin meldete
sich aus London Bertrand Russell (1872–1970) zu Wort. Der große englische Philosoph schrieb an den Chefredakteur:
*«Ich las Ihren Leitartikel, der gegen Einsteins Auffassung polemisiert, daß
die durch McCarthys Sendlinge Befragten sich weigern sollten, Auskunft
zu geben. Sie scheinen die Auffassung zu unterstützen, daß dem Gesetz
stets Gehorsam geleistet werden müsse, selbst wenn es schlecht ist. Ich
kann mir nicht vorstellen, daß Sie sich die Folgerungen vergegenwärtigt
haben, die eine solche Auffassung nach sich ziehen muß. Verdammen Sie
die christlichen Märtyrer, die sich geweigert haben, dem heidnischen
Herrscher zu opfern? Verdammen Sie John Brown, den Vater der Neger-
sklaven-Befreiung? Ja, ich muß geradezu vermuten, daß Sie auch George
Washington verdammen und der Auffassung sind, daß Ihr Land wieder
Ihrer gnädigen Majestät Königin Elisabeth II. untertan werden sollte . . .»*

17   Joseph Raymond McCarthy, 1909–1957, amerikanischer Senator, führte
1950–55 die Hexenjagd auf Kommunisten und deren angebliche Sympathisanten, die das demokratische Leben in den USA zu ersticken drohten.
Als er auch Präsident Truman vorlud und Präsident Eisenhower verdächtigte, wurde er gestürzt.

17   Kurt Neubauer, geboren 1922, Senator für Inneres von West-Berlin,
Mitglied des Landesverbandes der SPD, rechter Flügelmann der Berliner
Sozialdemokraten.

18–20   Carl Schurz, geboren 1829 in Liblar bei Köln, gestorben 1906 in New
York, schloß sich 1848 der demokratischen Bewegung an, nahm 1849 am
badisch-pfälzischen Aufstand teil, entkam nach dem Fall von Rastatt durch
die Kanalisation der Festung und rettete sich ins Ausland, kehrte 1850
illegal nach Preußen zurück und befreite seinen Freund Gottfried Kinkel
auf abenteuerliche Weise aus der Festung Spandau, floh mit ihm über
Rostock zu Schiff nach England und wanderte 1852 nach Amerika aus. In
den USA trug er als Republikaner wesentlich zur Wahl Lincolns zum
Präsidenten bei, wurde dessen Gesandter in Madrid, nahm als Divisionskommandeur der Unionstruppen am Krieg gegen die Südstaaten teil, war
von 1869–75 Bundessenator für Missouri, von 1877–81 Innenminister der
USA. Die «Carl Schurz Memorial Foundation», gegründet 1930, dient der
Pflege der deutsch-amerikanischen Beziehungen.
Die Beschreibung der politischen Aktivitäten von Carl Schurz in den
Jahren 1848–50 ist dem 1. Band seiner «Lebenserinnerungen», Berlin,
1906 (BdA), entnommen und hinsichtlich der Einzelheiten von Kinkels
Befreiung verglichen worden mit J. Joesten, «Gottfried Kinkel», 1904.

19   Gottfried Kinkel, geboren 1815 in Oberkassel bei Bonn, gestorben 1882 in
Zürich, wurde 1837 Dozent für Kirchengeschichte in Bonn, aus politischen
Gründen entlassen, von 1845 an Professor für Kunstgeschichte an der
Universität Bonn und (mit Schurz) Herausgeber der «Bonner Zeitung»,
wurde 1848 Abgeordneter der preußischen 2. Kammer, nahm am badisch-
pfälzischen Aufstand teil, geriet als Verwundeter in preußische Gefangenschaft, wurde zum Tode verurteilt, zu lebenslänglicher Zuchthausstrafe
begnadigt, 1850 von Carl Schurz aus der Festung Spandau befreit und nach
England in Sicherheit gebracht. Lebte seitdem bis zu seinem Tode im Exil,
seit 1866 als Professor der Kunstgeschichte in Zürich.

Zu: I. Morgenröte und ein Radikaler als Kaiser

24/25   *Hexenprozesse in Marchthal 1746/47,*
letzter Hexenprozeß im Deutschen Reich gegen Anna Maria Schwägelin
(Kempten 1775): Vgl. Soldan-Heppe, «Hexenprozesse», neu bearbeitet
von Max Bauer, Hanau, o. J., Band II, S. 281 und 314 ff.

25   *manche Gegenden . . . verödeten*
Nach der Darstellung in: W. Krämer, «Kurtrierische Hexenprozesse im 16.
und 17. Jahrhundert», München, 1959.

25   Horst HERRMANN, geboren 1940, wurde 1971 zum ordentlichen Professor
für Kirchenrecht im Fachbereich Katholische Theologie der Universität
Münster ernannt. 1972 wandte er sich gegen die bisherige Einziehung der
Kirchensteuer durch den Staat, übte Kritik am kirchlichen Eherecht, trat
für die Ratifizierung der Ostverträge ein und bekannte sich öffentlich zum
Sozialismus. Nach weiteren lebhaften Auseinandersetzungen mit der
Amtskirche, die Herrmann zu Gehorsam und Unterwerfung zwingen
wollte, entzog ihm 1975 der Bischof von Münster die Lehrerlaubnis.
Zur Frage der Radikalen-Verfolgung in der Bundesrepublik erklärte Herrmann: «*Ich bin . . . der Ansicht, daß diejenigen in unserem Staat und in
unserer Gesellschaft, die auf dem Gebiet der sogenannten ‹Berufsverbote›
gegenwärtig mehr als tätig sind, sich im nachhinein noch als Erben einer
bestimmten Weltanschauung erweisen. Denn Verbote dieser Art sind in
der Kirche seit Jahrhunderten an der Tagesordnung . . . Der Name ‹Inquisition› möge für viele Auswüchse in dieser Richtung stehen.*» (Zitiert nach:
«Die Bannbulle aus Münster oder Erhielte Jesus heute Lehrverbot?» Eine
Dokumentation zum Fall Herrmann/Tenhumberg, hg. von Peter Rath,
pdi-konkret 3, München/Hamburg, 1976.)

25–30   Die Darstellung folgt im wesentlichen:
P. v. Mitrofanow, «Joseph II», 1910,
F. Fetjö, «Joseph II., Kaiser und Revolutionär», 1962 und
R. Rozdolski, «Die große Steuer- und Agrarreform Josephs II.», Warschau,
1961.

26   «*. . . toujours animé de l'envie de faire justice . . .*»
Zitiert nach dem eigenhändigen Brief Josephs II. vom 11. März 1767 an
«mon cousin», Original in der Handschriftensammlung (BdA).

28   «*Da ich mit Bedauern sehe . . .*»
Zitiert nach dem eigenhändigen Brief Josephs II. vom 16. Januar 1785 an
den Grafen Kollowrath in französischer Sprache.
Faksimile des Originals in der Handschriftensammlung (BdA).

29–31   *Zensur*
Die Darstellung ist verglichen mit: H. H. Houben, «Verbotene Literatur»,
2 Bände, 1924–1928 und H. H. Houben, «Polizei und Zensur», Berlin,
1926 (BdA).

30   «*Wien mag sein wie es will . . .*»
Brief G. E. Lessings an Nicolai vom 25. August 1769, in: Lessing, «Sämtliche Schriften», Band XXIX, Berlin/Stettin, 1828, S. 261 ff.

31   «*Alle unsere Schriften haben das Gepräge . . .*»
«*Hier ist die Probe der neuesten Menschenschatzung . . .*»
beides aus: C. F. D. Schubart, «Deutsche Chronik», 1776,
zitiert nach «Schubarts Werke in einem Band», Berlin/Weimar, 1965,
S. 72 f.

33   «*. . . jenes Elend, worunter alle Größen . . .*»
aus: F. Mehring, «Die deutsche Klassik und die Französische Revolution»,
in Werkauswahl I, hg. v. F. J. Raddatz, Sammlung Luchterhand, 1974,
S. 77.

35   *... oder ein gutes Fäßchen mit frischen Heringen ...*
           «Les harans fraix que vous venez de M'envoyer Me sont bien parve-
           nus ...», teilte Friedrich II. am 8. Juli 1779 dem Geheimrat v. Hecht in
           Hamburg mit und bedankte sich in fehlerhaftem Französisch «für diesen
           neuen Beweis Ihrer Aufmerksamkeit».
           Original des Briefes in der Handschriftensammlung (BdA).

36   *«Unsere höchste Person ...»*
           zitiert nach dem Faksimile des handschriftlichen Entwurfs zum Ministe-
           rialreskript des preußischen Großkanzlers Wöllner an Professor Kant in
           Königsberg vom 1. Oktober 1794 (BdA).

36   *«Un philosophe mauvais ...»*
           zitiert nach: S. Hensel, «Die Familie Mendelssohn», Band 1, S. 42, Berlin,
           1879.

37   *... zwanzig lebensgroße, buntbemalte Affen ...*
           «Judenporzellan» war das zwangsweise von den Juden Preußens, besonders
           denen Berlins, anzukaufende Porzellan der Berliner Manufaktur. Der
           Kaufzwang (z. B. zur Erlangung von Heiratserlaubnis) bestand von 1769
           bis 1787, als er gegen einmalige Zahlung von 40000 Talern abgelöst
           werden konnte.
           Daß auch Moses Mendelssohn zu den Zwangskäufern gehörte und er die
           beschriebenen Affen erwerben mußte, berichtet S. Hensel. a. a. O., S. 14.

37   *... nie eines Blickes oder gar Wortes gewürdigt ...*
           Die Mißachtung Mendelssohns durch Friedrich II. beschreibt Rudolf Aug-
           stein in «Preußens Friedrich und die Deutschen», Frankfurt a. M., 1968;
           sie geht indirekt auch hervor aus S. Hensel, «Die Familie Mendelssohn» (s.
           oben), wo eine Begegnung mit dem König sicherlich erwähnt worden wäre.
           Daher ist Nicolai zweifellos die glaubwürdigere Quelle, zumal er mit
           Mendelssohn ein Leben lang eng befreundet war.

39   Schillers Kritik an Bürger und die Begleitumstände schildert F. Mehring in
           «Die deutsche Klassik und die Französische Revolution» (a. a. O.), S.
           207 ff.

Zu: II. Sie und nicht wir!

42   *«Hätt' ich hundert Stimmen ...»*
           «Ach, mein Vaterland ...»
           Aus: «Klopstocks Oden», 2. Band, Leipzig, 1798 (BdA).
           «nichts als Händel»
           «Ich nannte mich darin in aller Unschuld ...»
           «Gebe der Himmel ...»
           zitiert nach dem Original des vierseitigen Briefs Friedrich Schillers an
           seinen Freund Gottfried Körner, Jena, 10. November 1789, in der Hand-
           schriftensammlung (BdA).

43   *«große Notwendigkeit»*
           Eckermann, «Gespräche mit Goethe», III. Teil (Nachtrag),
           Eintrag vom 3. Januar 1824.

44   *«zur Reinigung und Besserung ...»*
           zitiert nach: «Allgemeine deutsche Real-Encyklopädie für die gebildeten
           Stände», F. A. Brockhaus, Leipzig, 1843–48, 15. Band, S. 182 f (BdA), dort
           fälschlich geschrieben: Weckherlin.

45–48   Die Darstellung Karl Friedrich Bahrdts folgt im wesentlichen dem Aufsatz
           Günter Mühlpfordts, «Karl Friedrich Bahrdt und die radikale Aufklärung»,
           in: «Jahrbuch des Instituts für deutsche Geschichte» der Universität Tel
           Aviv (Israel), 5. Band, 1976.

G. Mühlpfordt, geboren 1921 in Halle, Studium, Promotion, Habilitation, Dozentur und Professur an der Universität Halle, darf als der bedeutendste Bahrdt-Forscher bezeichnet werden.

An weiteren wichtigen Arbeiten über K. F. Bahrdt sind zu nennen:

B. Schyra, «C. F. Bahrdt. Sein Leben und Werk, seine Bedeutung. Ein Beitrag zur deutschen Kulturgeschichte im 18. Jahrhundert», Dissertation (Masch. Manuskr.) Leipzig, 1962;

S. G. Flygt, «The Notorious Doctor Bahrdt», Nashville, USA, 1963;

W. Rieck, «Doktor Bahrdt mit der eisernen Stirn . . .», Weimarer Beiträge 12 (1966), S. 909 ff.

49–51 Die Darstellung Eulogius Schneiders folgt im wesentlichen der von Walter Grab (Tel Aviv), «Eulogius Schneider. Ein Weltbürger zwischen Mönchszelle und Guillotine», Sonderdruck, o. O. u. J., ferner:

L. Lersch, «Eulogius Schneider», in: Ergänzungsblätter zur «Allgemeinen Zeitung», Dez. 1845, S. 571–580, Jan. 1846, S. 84–91.

51 Die Darstellung stützt sich im wesentlichen auf:

Hans Werner Engels (Hamburg), «Karl Clauer, Bemerkungen zum Leben und zu den Schriften eines deutschen Jakobiners», in: Jahrbuch des Instituts f. Deutsche Geschichte, Universität Tel Aviv, 2. Band, 1973, S. 101–144; ferner: «Mainz zwischen Rot und Schwarz. Die Mainzer Revolution 1792/93 in Schriften, Reden und Briefen», hg. v. C. Träger, Berlin, 1963; «Von deutscher Republik 1775–1795», hg. v. J. Hermand, Frankfurt a. M., 1968.

51–59 Für die Darstellung wurden im wesentlichen die folgenden Arbeiten herangezogen:

Walter Grab, «Eroberung oder Befreiung? Deutsche Jakobiner u. die Franzosenherrschaft im Rheinland 1792–1799», in: «Studien zu Jakobinismus und Sozialismus», hg. v. Hans Pelger, Berlin/Bonn, 1974;

Walter Grab, «Von Mainz nach Hambach. Zur Kontinuität revolutionärer Bewegungen u. ihrer Repression 1792–1832», in: «Deutschland i. d. Weltpolitik d. 19. u. 20. Jh.», hg. v. Imanuel Geiß und Bernd J. Wendt, Düsseldorf, 1973;

Harro Segeberg, «Literarischer Jakobinismus in Deutschland», in: «Deutsches Bürgertum u. literarische Intelligenz 1750–1800», Literaturwissenschaft u. Sozialwissenschaften 3, Stuttgart, 1974;

Hans Werner Engels, «Gedichte u. Lieder deutscher Jakobiner»;

Gerhard Steiner, «Jakobinerschauspiel u. Jakobinertheater»;

W. Grab, «Leben u. Werke norddeutscher Jakobiner», alle drei letztgenannten Werke hg. v. Walter Grab, Stuttgart, 1971–73;

W. Grab/Uwe Friesel, «Noch ist Deutschland nicht verloren», München, 1970, überarbeitete Auflage dtv 1973;

Ludwig Uhlig, «Georg Forster. Einheit und Mannigfaltigkeit seiner geistigen Welt», Tübingen, 1965;

«Trencks Monatsschrift» (f. d. Jahr 1792),

«Proserpina» (Trencks Monatsschrift f. d. Jahr 1793),

beide Mainz und Altona, 1792/93, (BdA).

53–58 Die Darstellung des Friedrich von der TRENCK folgt im wesentlichen den (noch ungedruckten) Forschungsergebnissen Walter Grabs, für deren Mitteilung ihm der Autor zu ganz besonderem Dank verpflichtet ist. Professor Walter Grab (Tel Aviv) hat auch liebenswürdigerweise einen großen Teil des Manuskripts dieses Buches vor Drucklegung durchgesehen und dem Autor sehr wertvolle Hinweise gegeben, Ergänzungen angeregt und Fehler berichtigt. Auch hierfür spricht ihm der Verfasser herzlichen Dank aus!

59 *Damals war es Goethe . . .*

J. W. v. Goethe, «Belagerung von Mainz», in: Goethes Werke, Hamburger Ausgabe, Band 10, Hamburg, 1959, S. 363–400.

59/60 «... *die Revolution eines geistreichen Volkes ...*»
Immanuel Kant, «Der Streit der Fakultäten», 2. Abschnitt, 6., in: «Gesammelte Schriften», Ausgabe der Preuß. Akademie der Wissenschaften, Berlin (1902), Band VII.

60 «... *an Terrorismus den Maximilian Robespierre ...*»
Heinrich Heine, «Zur Geschichte der Religion und Philosophie in Deutschland», 3. Buch, in: H. Heine, «Werke und Briefe», Berlin u. Weimar, 1972, Band 5, S. 260f.

61 «*Nichts kommt mir alberner vor ...*»
Adolph Freiherr Knigge, «Josephs v. Wurmbrand, Kaiserl. abyssinischen Ex-Ministers, jezzigen Notarii caesarii publici in der Reichsstadt Bopfingen, politisches Glaubensbekenntnis, mit Hinsicht auf die französische Revolution und deren Folgen», hg. v. G. Steiner, Frankfurt/M. 1968, S. 29f.

«*Morgen gehe ich auf immer nach Bremen ...*»
Adolph Frhr. Knigge an Gustav Friedr. Wilh. Großmann, Brief vom 3. November 1790, zitiert nach dem Original in der Handschriftensammlung (BdA).

61/62 Die Darstellung Großmanns folgt im wesentlichen der von Gerhard Steiner in: «Jakobinerschauspiel und Jakobinertheater», hg. u. eingeleitet v. W. Grab, IV. Ein Sonderfall: Gustav Friedrich Wilhelm Großmann, S. 93ff, Stuttgart 1973.

63/64 Die Darstellung Rebmanns stützt sich im wesentlichen auf Walter Grab, «Leben u. Werke norddeutscher Jakobiner», Stuttgart, 1973.

65–69 Die Darstellung der Geschichte der Wiener Jakobiner folgt im wesentlichen den Werken der folgenden Autoren:
Ernst Wangermann, «From Joseph II. to the Jacobin Trails», London, 1959, 2. Aufl. 1967;
Heinrich Scheel, «Süddeutsche Jakobiner. Klassenkämpfe und republikanische Bestrebungen ...», Deutsche Akademie d. Wissenschaften zu Berlin, Schriften d. Instituts f. Geschichte, Reihe I, Band 13, Berlin 1962;
Alfred Körner, «Die Wiener Jakobiner», hg. v. Walter Grab, Stuttgart, 1972.

69 Lorenz Chrysanth Edler v. Vest (1776–1840), eigenhändiger vierseitiger Brief an den Botaniker Trattinick in Wien, Graz, den 9. Februar 1813, Original in der Handschriftensammlung (BdA); vgl. Allg. Deutsche Biographie, 1895.

70/71 «... *ihrem alten ruhigen heiligen römischen Dunghaufen ...*»
Friedrich Engels, «Deutsche Zustände», Brief 1 «An den Redakteur des ‹Northern Star›», MEW Band 2, S. 564–584.

72 «*Ach, unsere armen Vorgänger in Deutschland ...*»
Heinrich Heine, «Zur Geschichte der Religion und Philosophie in Deutschland», 3. Buch, in: Heinrich Heine, «Werke u. Briefe», 10 Bde., Berlin u. Weimar, 1972, Band 5, S. 292f.

Zu: III. Von gelegentlichen Schwierigkeiten ...

78 «... *einen der größten Holzköpfe, die je ...*»
Friedrich Engels, «Deutsche Zustände», Brief 2 «An den Redakteur des ‹Northern Star›», MEW Bd. 2, S. 564–584.

80–93 Die Darstellung folgt, wenn nicht anders angegeben, im wesentlichen:
Franz Mehring, «Zur deutschen Geschichte von der Zeit der Französischen Revolution bis zum Vormärz», Ges. Schriften, Bd. 6, Berlin, 1965.

87/88   «*Der Landmann soll nun fechten . . .*»
Johann Gottfried Seume, 1805, zit. nach «Freiheit und Recht», Eine Auswahl aus seinen Werken, Berlin, 1947, S. 207 f.

Zu: IV. Wie aus Staatsfeinden . . .

94   «*Jetzt ist die Zeit . . .*»
101   «*Wahrlich, jeder Vater muß jetzt zittern . . .*»
August v. Kotzebue, zitiert nach den «Erinnerungsblättern» vom 14. März
1819, Zwickau, im Verlag der Gebr. Schumann, hg. v. August Schumann.
102   «*Was man schon einige Tage . . .*»
aus: «Erinnerungsblätter» v. 4. April 1819, a. a. O.
104   Über E. M. Arndt heißt es in der «Allgemeinen deutschen Real-Encyklopädie für die gebildeten Stände», Leipzig, F. A. Brockhaus, 1843, 1. Band,
S. 508 f (BdA):
«. . . *schon 1819 ward er in die Untersuchungen wegen sogenannter demagogischer Umtriebe verwickelt . . . suspendiert, endlich zwar freigesprochen, aber gleichwol . . . in den Ruhestand versetzt . . . Erst nach
20jähriger Suspension vom Amte bekam er 1840 durch König Friedrich
Wilhelm IV. wieder die Erlaubniß zu Vorlesungen . . .*»
104/105 Was die Angaben zu Hegel und Schleiermacher betrifft, vgl. hierzu
«Deutsche Geschichte», hg. von H. J. Bartmuss u. a., Berlin (DDR), 1975,
Bd. 2, S. 59 ff.
105/106 Vgl. Hans Günther, «E. T. A. Hoffmanns Berliner Zeit als Kammergerichtsrat», Berliner Forum, 3/76, Berlin, 1976.
107/108 «*Euer Durchlaucht werden . . .*»
Joseph Görres an Staatskanzler Fürst v. Hardenberg, Straßburg, 18. Oktober 1819.
Zitiert nach Peter Brückner, «. . . bewahre uns Gott in Deutschland vor
irgendeiner Revolution», Wagenbachs Taschenbücherei 6, Berlin, 1975.
109   «. . . *daß unsere Gefangenschaft . . .*»
«*Wo sich der Kerker schließt . . .*»
beides in: Arnold Ruge, «Aus früherer Zeit», 3. Band, Berlin, 1863 (BdA).
110/111 «*Als Napoleon fiel . . .*»
in: Heinrich Heine, «Zur Geschichte der Religion und Philosophie in
Deutschland», in: H. Heine, «Werke und Briefe», Berlin und Weimar,
1972, Band 5, S. 293.

Zu: V. Vom wachsenden Selbstbewußtsein . . .

113/114 Die Darstellung von Wirth u. Siebenpfeiffer folgt im wesentlichen den
Beschreibungen in:
W. Grab, «Von Mainz nach Hambach», in: «Deutschland i. d. Weltpolitik
d. 19. u. 20. Jh.», hg. v. Imanuel Geiß, Düsseldorf, 1973;
Veit Valentin, «Das Hambacher Nationalfest», Berlin, 1932;
W. Herzberg, «Das Hambacher Fest», Ludwigshafen, 1908.
117–122 «*Die sogenannte Partei der Bewegung . . .*»
«*dem Stumpfsinn der Höfe . . .*»
«*Jeder Deutsche soll seinen Verstand brauchen . . .*»
«*überdeutschen Nationalstolz . . .*»
«*Da es physisch und moralisch . . .*»
«*. . es werde nicht schwerfallen . . .*»
«*Einst rühmte ein württembergischer . . .*»

Die Zitate sind dem – auch als Sonderdruck vorliegenden – Referat von Walter Grab, «Wilhelm Friedrich Schulz (1797–1860). Ein bürgerlicher Vorkämpfer des sozialen u. politischen Fortschritts», in: «Die frühsozialistischen Bünde in der Geschichte der deutschen Arbeiterbewegung, Ein Tagesbericht», Berlin, 1975, entnommen. Die Darstellung stützt sich auf dieses Referat und die darin angegebenen Quellen.

120–132   Vgl. Otto Wiltberger, «Die deutschen politischen Flüchtlinge in Straßburg von 1830 bis 1849» (Abhandlungen zur mittleren und neueren Geschichte 17), Leipzig, 1910.

Hans Mayer, «Georg Büchner und seine Zeit», 4. Aufl., (Suhrkamp Taschenbuch 58), Frankfurt, 1972.

Georg Büchner, «Sämtliche Werke nebst Briefen und anderen Dokumenten», hg. v. H. J. Meinerts, Darmstadt, 1963.

Ernst Johann, «Georg Büchner und seine Zeit», Nachwort in: Georg Büchner, «Sämtliche Werke», Büchergilde Gutenberg, Frankfurt/M., Wien, Zürich, 1970.

123   Wilhelm Liebknecht, geboren 1826 in Gießen, einer der großen Führer der deutschen Sozialdemokratie im 19. Jahrhundert, war der Großneffe des Pfarrers Dr. Friedrich Ludwig Weidig.

Auch war Wilhelm Liebknechts Frau, eine Tochter der Schwester des Pfarrers Weidig, dessen Nichte, so daß Karl Liebknecht, 1871 in Leipzig geboren, der Kampfgefährte Rosa Luxemburgs, mit den Weidigs väterlicher- und mütterlicherseits verwandt war. Pfarrer Dr. Weidigs Mutter, eine geborene Liebknecht, Pfarrerstochter auch sie, glaubte ihre Abstammung anhand der Familienbibel, wie sie in jedem protestantischen Pfarrhaus über viele Generationen vererbt und zu Eintragungen der Geburts-, Heirats- und Todesdaten benutzt wurde, auf den Reformator Dr. Martin Luther zurückführen zu können.

Schon insofern irrt Golo Mann, wenn er – wie in der «Frankfurter Allgemeinen Zeitung» vom 11. Dezember 1976 geschehen – Stephan Hermlin tadelt und meint, Hermlin hätte sein «Deutsches Lesebuch. Von Luther bis Liebknecht» (München, 1976) genausogut mit dem Untertitel «Von Adam bis Adenauer» oder «Von Beethoven bis Brandt» versehen können. Es sei aber auch daran erinnert, daß beide, Martin Luther wie Karl Liebknecht, vor deutschen Reichstagen als mutige Einzelkämpfer aufgetreten sind, und wenn man nach historischen Beispielen für den Mut Karl Liebknechts sucht, der als einziger Abgeordneter bereits 1914 die weiteren Kriegskredite abgelehnt hat, so muß man schon entweder auf Johann Jacoby oder auf Martin Luther zurückgreifen.

128   *«Es sind jetzt fast drei Wochen . . .»*
Brief Georg Büchners an die Familie, Ende August 1834.

130   *«Mein Herr! Vielleicht hat es Ihnen . . .»*
Brief Georg Büchners an K. Gutzkow (Darmstadt, 21. 2. 1835). Beide Briefe zitiert nach: G. Büchner, «Sämtliche Werke», a. a. O., S. 278 und S. 280f.

131   *«Hätten Sie wohl Lust, einen Gefangenen . . .»*
Brief Karl Gutzkows vom 10. Dezember 1835 an seinen Bankier W. Speyer in Frankfurt, zitiert nach dem Original in der Handschriftensammlung (BdA).

132   Über Ludolf Wienbargs wirtschaftliche Not:
In einem Brief an Dr. Ferdinand Gustav Kühne in Leipzig vom 20. Juni (1836?) mit der Absenderangabe: «W. Wienbarg, neue Adresse: kleine Mühlenstr., Altona», heißt es:
«Beiliegendes Manuskript bitte ich Sie gütigst so bald als möglich in Leipzig unter zu bringen, da ich hier, nachdem ich mich mit Campe überworfen und ihm das Manuskript entzogen habe, keinen Verleger

weiter kenne, außer Lesser in Altona, der es zurückgewiesen. Honorarbe-dingung 12 Louisdor, können sie 16 bekommen, desto besser. Ich bin in Geldnoth und es drängt mich darum . . .»
Zitiert nach dem Original in der Handschriftensammlung (BdA).

133   Hinsichtlich der Zensurschwierigkeiten, die auch die Aufführungen von Goethes «Faust» hatten, vgl. H. H. Houben, «Polizei und Zensur», Berlin, 1926 (BdA).

134   In einem Brief, den Lenau in der ersten Zeit seiner Erkrankung – er verfiel dann in Wahnsinn – erhielt, waren die Verse Zincgrefs erwähnt: *«Duck dich und laß vorübergan . . .»* In diesem Brief finden sich die beiden Zitatzeilen mit Bleistift durchkreuzt, daneben hat Lenau geschrieben: *«Ich ducke mich nicht!!!»* Es waren wohl seine letzten klaren Worte.
Vgl. Nikolaus Lenau, «Sämtliche Werke», mit einer biographischen Einleitung von R. Preuß, Berlin, o. J., S. LXXV.

134/135   *«Was Sie mir jüngst . . .»*
Brief Wilhelm Härings (Willibald Alexis) an Landgerichtsrat Karl Immermann in Düsseldorf, Berlin, o. J., zitiert nach dem Original in der Handschriftensammlung (BdA).

136   *«Er gehörte damals noch zu jenen . . .»*
zitiert nach: Thomas Michael Mayer, «Ludwig Börnes Beziehungen zu hessischen Demokraten», in: «Jahrbuch des Instituts f. deutsche Geschichte der Universität Tel Aviv», hg. v. Walter Grab, 5. Band, 1976, S. 101 ff.
Die genaue Höhe der lebenslänglichen Rente Börnes geht hervor aus einer von ihm ausgestellten Quittung vom 21. September 1827 über *«225 fl im 24 fl Fuß»*, Original in der Handschriftensammlung (BdA).

136   *«Diese Eisenbahnen . . .»*
zitiert nach Ludwig Börne, «Briefe aus Paris», 51. Brief, in: L. Börne, «Sämtliche Schriften», hg. v. Inge u. Peter Rippmann, Düsseldorf/Darmstadt 1964–68, Bd. III, S. 283.

136   *«Die Freiheit wurde von einem Fürsten . . .»*
zitiert nach Ludwig Börne, «Briefe aus Paris», a. a. O., Bd. III, S. 149, vgl. auch S. 129.

137   *«Börne's Mittheilungen . . .»*
zitiert nach H. H. Houben, «Polizei und Zensur», Berlin, 1926, Abbildung auf S. 44.

138   *«Ich bin dringend veranlaßt . . .»*
zitiert nach Ernst Johann, «Georg Büchner und seine Zeit», Nachwort in: Georg Büchner, «Sämtliche Werke», a. a. O., S. 503.

138   Vgl. auch: (W. F. Schulz,) «Der Tod des Pfarrers Dr. Friedrich Ludwig Weidig. Ein aktenmäßiger, urkundlich belegter Beitrag zur Beurtheilung des geheimen Strafprozesses und der politischen Zustände Deutschlands», Zürich u. Winterthur, 1843.

139   *«. . . Sie erraten leicht . . .»*
Brief des Berliner Juristen H. E. Dirksen an den Breslauer Kriminalisten J. F. Abegg vom 15. Dezember 1837, zitiert nach dem Original in der Handschriftensammlung (BdA).

140/141   *«Im Namen von 130 Bürgern der Stadt Königsberg . . .»*
zitiert nach: «Johann Jacoby, Briefwechsel 1816–1849», hg. u. erläutert v. Edmund Silberner, Veröffentlichungen d. Instituts f. Sozialgeschichte, Braunschweig, Hannover, 1974, Brief 61, S. 75. Original: Deutsche Staatsbibliothek, Berlin, Nachlaß Dahlmann.

140   *«Solange ich Athem ziehe . . .»*
aus: «Jacob Grimm über seine Entlassung», Basel 1838, S. 42, EA der Broschüre, *«Geschrieben 12.–16. Januar 1838»* (BdA).

Zu: VI. Zwischenbemerkung, die jüdischen Deutschen betreffend . . .

143–151 Vgl. Bernt Engelmann, «Deutschland ohne Juden – eine Bilanz», München, 1970; dtv-Taschenbuch Nr. 979.

147 «. . . daß es damals keinen Mann und keine Frau gab . . .»
Henriette Herz, «Erinnerungen», zit. nach «Juden im deutschen Kulturbereich», hg. v. Siegmund Kaznelson, Dritte Ausgabe m. Ergänzungen und Berichtigungen, Berlin, 1962, S. 870.

148 Fanny Lewald: Die Darstellung stützt sich auf die sie behandelnden Beiträge in «Juden im deutschen Kulturbereich», (s. o.) S. 535, 829, 874, 887, 910, sowie auf ihre und ihres Ehemannes Briefe in der Handschriftensammlung (BdA).

148 «Wie ich selbst Jude und Deutscher . . .»
Johann Jacoby an Alexander Küntzel, Königsberg, 12. Mai 1837, zitiert nach «Johann Jacoby, Briefwechsel 1816–1849» (a. a. O.), Nr. 84, S. 92.

149–151 (Johann Jacoby,) «Vier Fragen beantwortet von einem Ostpreußen», Februar 1841 «bei Heinrich Hoff in Mannheim» (in Wahrheit bei Georg Wigand in Leipzig) erschienen, Original der Erstausgabe (BdA).

150–154 Zur Darstellung des Erscheinens und der Folgen dieser Schrift vgl. Edmund Silberner, «Johann Jacoby, Politiker und Mensch», Bonn, 1976.

152 Sylvester Jordans politische Verfolgung und Einkerkerung ist auch beschrieben in: «Allg. deutsche Real-Encyklopädie», F. A. Brockhaus, Leipzig, 1845, Bd. 7, S. 691 f (BdA).

153 Umschrift des Gedichtes «An meinen König» von Hoffmann von Fallersleben:

Aus dürrem Stabe wird das Laub noch brechen
und auch der nackte Felsen wird noch grün,
du darfst ein Wort, ein einzig Wort nur sprechen,
und uns're ganze Hoffnung wird erblüh'n.
Nur in der Hoffnung ruht das schön're Leben,
die Hoffnung ist auch unser Heil und Hort,
du giebst uns Alles, willst du Hoffnung geben,
und unser ganzes Hoffen ist Ein Wort.
O, sprich Ein Wort in diesen trüben Tagen,
wo Trug und Knechtssinn, Lug und Schmeichelei
die Wahrheit gern in Fesseln möchten schlagen,
mein König, sprich das Wort: Das Wort sei frei.
Köln, den 22. September 1842

154 *zwei Rechtfertigungsschriften (Jacobys)*
«Meine Rechtfertigung wider die gegen mich erhobene Anschuldigung des HochvVerraths, der Majestätsbeleidigung und des frechen unehrerbietigen Tadels der Landesgesetze. Von Dr. Jacoby.», Zürich und Winterthur, Druck und Verlag des Literarischen Comptoirs, 1842 (BdA).
«Meine weitere Vertheidigung wider die gegen mich erhobene Anklage der Majestätsbeleidigung und des frechen unehrerbietigen Tadels der Landesgesetze. Von Dr. Jacoby» (Als Manuscript behufs Vertheilung an die Richter II. Instanz gedruckt), Königsberg, gedruckt bei E. J. Dalkowsky, 1842 (BdA).

154 «O, sprich ein Wort . . .»
zitiert nach der handschriftl. Eintragung Hoffmanns in sein Handexemplar der «Unpolitischen Lieder» (mit Exlibris-Stempel und Namenszug Hoffmanns auf dem Titelblatt) und der Eintragung des Nachbesitzers: «Dieses

Buch erwarb ich anläßlich der Versteigerung der Bibliothek des Herrn Professors Hoffmann in Breslau . . .» (BdA).

156 «Einundzwanzig Bogen aus der Schweiz. Herausgegeben von Georg Herwegh. Erster Teil», (alles Erschienene) Zürich und Winterthur, Verlag des Literarischen Comptoirs, 1843 (BdA).

Das Buch enthält neben Arbeiten von Herwegh, David Friedrich Strauß, Ludwig und Adolf Seeger, Karl Nauwerck und Moses Heß («Sozialismus und Kommunismus») auch den Artikel von Bruno Bauer, «Die Fähigkeit der heutigen Juden und Christen, frei zu werden», auf den sich Karl Marx in seiner Abhandlung «Zur Judenfrage» in den «Deutsch-französischen Jahrbüchern» bezieht.

Die Abhandlung über «Friedrich Wilhelm IV., König von Preußen» mit der Verfasserangabe «F. O.» ist eine frühe Arbeit von Friedrich Engels, F. O. die Abkürzung seines Pseudonyms «F. Oswald». (Vgl. Rubel 1, S. 242, Nr. 9.)

Von Johann Jacoby stammt der anonyme Beitrag «Der Minister Eichhorn», S. 197–204; vgl. hierzu E. Silberner, «Johann Jacoby. Politiker und Mensch», Bonn, 1976, S. 124f.

157 Die Schrift «Die Bewegung der Produktion» von W. F. Schulz und ihre Bedeutung beschreibt Walter Grab, «Wilhelm Friedrich Schulz (1797–1860). Ein bürgerlicher Vorkämpfer des sozialen u. politischen Fortschritts», Sonderdruck (a. a. O.), Berlin, 1975.

158 *«Die Sachen sind, wie sie sind . . .»*
Motto in: «Ein Glaubensbekenntnis. Zeitgedichte von Ferdinand Freiligrath», Mainz, 1844, zitiert nach der sehr seltenen, sofort nach Erscheinen beschlagnahmten Erstausgabe (BdA).

159 *«. . . das Verbot der ‹Rheinischen Zeitung› . . .»*
zitiert nach: «Freiligraths Werke in einem Band», Berlin und Weimar, 1967, ausgewählt und eingeleitet von W. Ilberg, S. (18).

159 «Am Baum der Menschheit . . .», «Trotz alledem!»
«Die Freiheit! Das Recht!»
In den Vorbemerkungen Freiligraths zur Erstausgabe von «Ein Glaubensbekenntnis» (s. o.) heißt es:
«Da ich der Meinung bin, daß für eine künftige Geschichte der Zensur nicht genug Einzelfälle zusammengetragen werden können, so hänge ich hier noch zwei Erkenntnisse des Ober-Zensurgerichts an . . .»
Eine eigenhändige Abschrift, die Freiligrath von dem Gedicht «Am Baum der Menschheit . . .» gemacht hat, befindet sich in der Handschriftensammlung (BdA).
Zum Verbot seines Gedichts «Trotz alledem!», einer Übertragung von Burn's ‹A man's a man for a' that›, schreibt Freiligrath in den Vorbemerkungen: *«Was würde der edle, ehrliche Burns sagen, wenn er sein herrliches (Gedicht) . . . mit solcher Elle gemessen sähe!»*

Zu: VII. Von den ängstlichen Bürgern und dem Trompeter der Revolution

160 *«Mes jambes n'ont pas survécu à la royauté . . .»*
Eigenhändiger Brief Heinrich Heines an die Brüder Escudier, Passy, 16. Juni 1848, zitiert nach dem Original in der Handschriftensammlung (BdA).

165 Vollständiger Text des Gedichts «Die Toten an die Lebenden»:

Die Todten an die Lebenden.

Die Kugel mitten in der Brust, die Stirne breit gespalten,
So habt ihr uns auf blut'gem Brett hoch in die Luft gehalten!
Hoch in die Luft mit wildem Schrei, daß unsre Schmerzgeberde
Dem, der zu tödten uns befahl, ein Fluch auf ewig werde!
Daß er sie sehe Tag und Nacht, im Wachen und im Traume –
Im Oeffnen seines Bibelbuchs wie im Champagnerschaume!
Daß wie ein Brandmal sie sich tief in seine Seele brenne:
Daß nirgendwo und nimmermehr er vor ihr fliehen könne!
Daß jeder qualverzogne Mund, daß jede rothe Wunde
Ihn schrecke hoch, ihn ängste noch in seiner letzten Stunde!
Daß jedes Schluchzen um uns her dem Sterbenden noch schalle,
Daß jede todte Faust sich noch nach seinem Haupte balle –
Mög' er das Haupt nun auf ein Bett, wie andre Leute pflegen,
Mög' er es auf ein Blutgerüst zum letzten Athem legen!

So war's! Die Kugel in der Brust, die Stirne breit gespalten,
So habt ihr uns auf schwankem Brett auf zum Altan gehalten!

«Herunter!» – und er kam gewankt – gewankt an unser Bette;
«Hut ab!» – er zog – er neigte sich! (So sank zur Marionette,
Der erst ein Komödiante war!) – bleich stand er und beklommen!
Das Heer indeß verließ die Stadt, die sterbend wir genommen!
Dann «Jesus meine Zuversicht!» wie ihr's im Buch könnt lesen:
Ein «Eisen meine Zuversicht!» wär' paßlicher gewesen!

Das war den Morgen auf die Nacht, in der man uns erschlagen;
So habt ihr triumphirend uns in unsre Gruft getragen!
Und wir – wohl war der Schädel uns zerschossen und zerhauen,
Doch lag des Sieges froher Stolz auf unsern grimmen Brauen,
Wir dachten: hoch zwar ist der Preis, doch ächt auch ist die Waare!
Und legten uns in Frieden drum zurecht auf unsrer Bahre.

Weh' euch, wir haben uns getäuscht! Vier Monden erst vergangen,
Und Alles feig durch euch verscherzt, was trotzig wir errangen!
Was unser Tod euch zugewandt, verlottert und verloren –
O, Alles, Alles hörten wir mit leisen Geisterohren!
Wie Wellen braust' an uns heran, was sich begab im Lande:
Der Aberwitz des Dänenkriegs, die letzte Polenschande;
Das rüde Toben der Vendée in stockigen Provinzen;
Der Soldateska Wiederkehr, die Wiederkehr des Prinzen;
Die Schmach zu Mainz, die Schmach zu Trier; das Hänseln, das Ent-
waffnen
Allüberall der Bürgerwehr, der eben erst geschaffnen;
Die Tücke, die den Zeughaussturm zu einem Diebszug machte,
Die selber uns, die selbst das Grab noch zu begeifern dachte;
So weit es Barrikaden gab, der Druck auf Schrift und Rede;
Mit der Versammlung freiem Recht die täglich frechre Fehde;
Der Kerkerthore dumpf Geknarr im Norden und im Süden;
Für Jeden, der zum Volke steht, das alte Kettenschmieden;
Der Bund mit dem Kosackenthum; das Brechen jedes Stabes,
Ach, über euch, die werth ihr seid des lorbeerreichsten Grabes:
Ihr von des Zukunftsdranges Sturm am weitesten Getragnen!
Ihr – Juni-Kämpfer von Paris! Ihr siegenden Geschlagnen!
Dann der Verrath, hier und am Main im Taglohn unterhalten –
O Volk, und immer Friede nur in deines Schurzfells Falten?

Sag' an, birgt es nicht auch den Krieg? den Krieg herausgeschüttelt!
Den zweiten Krieg, den letzten Krieg mit Allem, was dich büttelt!
Laß deinen Ruf: «die Republik!» die Glocken überdröhnen,
Die diesem allerneuesten Johannesschwindel tönen!

Umsonst! es thäte Noth, daß ihr uns aus der Erde grübet,
Und wiederum auf blut'gem Brett hoch in die Luft erhübet!
Nicht, jenem abgethanen Mann, wie damals, uns zu zeigen –
Nein, zu den Zelten, auf den Markt, in's Land mit uns zu steigen!
Hinaus in's Land, soweit es reicht! Und dann die Insurgenten
Auf ihren Bahren hingestellt in beiden Parlamenten!
O ernste Schau! Da lägen wir, im Haupthaar Erd' und Gräser,
Das Antlitz fleckig, halbverwest – die rechten Reichsverweser!
Da lägen wir und sagten aus: Eh' wir verfaulen konnten,
Ist eure Freiheit schon verfault, ihr trefflichen Archonten!
Schon fiel das Korn, das keimend stand, als wir im Märze starben:
Der Freiheit Märzsaat ward gemäht noch vor den andern Garben!
Ein Mohn im Felde hier und dort entging der Sense Hieben –
O, wär' der Grimm, der rothe Grimm, im Lande so geblieben!

Und doch, er blieb! Es ist ein Trost im Schelten uns gekommen:
Zu viel schon hattet ihr erreicht, zu viel ward euch genommen!
Zu viel des Hohns, zu viel der Schmach wird täglich euch geboten:
Euch muß der Grimm geblieben sein – o, glaubt es uns, den Todten!
Er blieb euch! ja, und er erwacht! er wird und muß erwachen!
Die halbe Revolution zur ganzen wird er machen!
Er wartet nur des Augenblicks: dann springt er auf allmächtig;
Gehobnen Armes, weh'nden Haars dasteht er wild und prächtig!
Die rost'ge Büchse legt er an, mit Fensterblei geladen:
Die rothe Fahne läßt er wehn hoch auf den Barrikaden!
Sie fliegt voran der Bürgerwehr, sie fliegt voran dem Heere –
Die Throne gehn in Flammen auf, die Fürsten fliehn zum Meere!
Die Adler fliehn; die Löwen fliehn; die Klauen und die Zähne! –
Und seine Zukunft bildet selbst das Volk, das souveräne!

Indessen, bis die Stunde schlägt, hat dieses unser Grollen
Euch, die ihr vieles schon versäumt, das Herz ergreifen wollen!
O, steht gerüstet! seid bereit! o, schaffet, daß die Erde,
Darin wir liegen strack und starr, ganz eine freie werde!
Daß fürder der Gedanke nicht uns stören kann im Schlafen:
Sie waren frei: doch wieder jetzt – und ewig! – sind sie Sklaven!
Düsseldorf, Juli 1848.

167   ... weil er (Fröbel) sich wiederholt für Wien als künftige Hauptstadt eines
geeinigten Deutschlands ausgesprochen hatte ...
Hierzu und zu anderen Bezugnahmen auf Reden in der Paulskirche:
Vgl. «Stenographischer Bericht über die Verhandlungen der deutschen
constituirenden Nationalversammlung zu Frankfurt am Main, herausgegeben auf Beschluß der Nationalversammlung durch die Redaktions-Com-
mission und in deren Auftrag von Prof. Franz Wigard», Frankfurt, 1848/
49, gedruckt bei J. D. Sauerländer, 9 Bände (BdA).

168   Die wenigen erhalten gebliebenen Briefe (Blums) ...
«*Nachdem ich die schönen Worte der Westfälischen Verfassung noch
einmal mit den in keiner Beziehung erfreulichen tatsächlichen Ergebnis-
sen derselben verglichen; nachdem ich noch einmal einen prüfenden Blick
auf Johann v. Müllers Worte und Handlungen geworfen und das Urteil*

*einiger der bewährtesten Ehrenmänner über ihn nachgelesen, kann ich
meine Meinung nicht ändern und sende Ihnen daher den Aufsatz . . .
zurück . . .»*

schrieb Robert Blum am 29. Juni 1842 dem Autor eines Artikels über den
Historiker und Publizisten Johannes v. Müller (1752–1809). Zitiert nach
dem Original in der Handschriftensammlung (BdA).

168/169 Die Darstellung betreffend Hermann Jellinek folgt im wesentlichen der von
Wolfgang Häusler, «Hermann Jellinek (1823–1848). Ein Demokrat in der
Wiener Revolution», in: «Jahrbuch des Instituts für deutsche Geschichte der
Universität Tel Aviv», hg. v. Walter Grab, 5. Band, 1976, S. 125 ff.

169 *«Er war ein Stern . . .»*
Moritz Hartmann, «Reichschronik des Pfaffen Mauritius», in: «Gesammelte Werke», Band II, Stuttgart 1874, S. 19.

172 Friedrich ANNEKE, geboren 1817 in Dortmund, gestorben 1872 in Chicago
(USA). Die Darstellung stützt sich auf die Angaben in «Biographisches
Lexikon zur deutschen Geschichte», Berlin (DDR), 1970 (BdA).

172/173 August v. WILLICH, geboren 1810, wahrscheinlich in der Provinz Posen,
gestorben 1878 in St. Mary, Ohio (USA). Die Darstellung stützt sich auf
die Angaben in «Biographisches Lexikon der deutschen Geschichte»
(a. a. O.).

173 Gustav v. STRUVE, geboren in München 1805, gestorben 1870 in Wien. Die
Darstellung stützt sich auf «Biographisches Lexikon der deutschen Geschichte» (s. o.) sowie auf Struves Veröffentlichungen: «Geschichte der
drei Volkserhebungen in Baden (1849)» und «Diesseits und jenseits des
Ozeans», Koburg 1864, vier Hefte.

173 *. . . 1831, . . . von Eichstädt zur Mitarbeit . . . aufgefordert . . .*
Vgl. hierzu Brief v. Struves an Eichstädt, Göttingen, 22. August 1831,
umseitig Antwortschreiben H. K. A. Eichstädts an Struve, Jena, o. J. Original in der Handschriftensammlung (BdA).

173/174 Friedrich HECKER, geboren 1811 in Eichtersheim, gestorben 1881 in St.
Louis, USA. Die Darstellung stützt sich auf Heckers eigene Veröffentlichungen («Die Volkserhebung in Baden», 1849/50) sowie auf «Biographisches Lexikon zur deutschen Geschichte» (a. a. O.).

173 *. . . führte aber seine Anwaltspraxis weiter . . .*
Hierzu: eigenhändiges Schreiben des großherzogl. badischen Oberge-
richts-Advokaten und Procurators Dr. Hecker, Mannheim, 12. April 1843,
an den Kaufmann Anton Haier in Frankfurt am Main, eine Schuldensache
betreffend. Original in der Handschriftensammlung (BdA).

174 Briefe des badischen Kriegsministers v. Roggenbach:
Die Darstellung stützt sich auf drei Briefe des Freiherrn v. Roggenbach –
vom 30. Mai 1848, vom 31. Januar 1849 und vom 30. August 1850 –, denen
auch die Zitate entnommen sind. Originale der Briefe in der Handschriftensammlung (BdA).

175/176 Vgl. Edmund Silberner, «Johann Jacoby . . .»

Zu: VIII. Vom Erwachen der Rechtlosen . . .

182 *«Die politischen Verhältnisse können mich rasend machen . . .»*
Aus dem Brief Georg Büchners an August Stöber, Darmstadt, 9. Dezember
1833, zitiert nach Georg Büchner, «Sämtliche Werke», a. a. O., S. 267.

183/184 Der Darstellung liegen, neben den Standardwerken, auch die Referate
zugrunde, die unter dem Titel «Die frühsozialistischen Bünde in der Geschichte der Arbeiterbewegung. Vom ‹Bund der Gerechten› zum ‹Bund der
Kommunisten› 1836–1847» zu einem Tagungsbericht – bearbeitet und

herausgegeben von Otto Büsch und Hans Herzfeld in Verbindung mit Stefi Jersch-Wenzel, Monika und Wolfgang Wölk – zusammengefaßt wurden (Colloquium Verlag, Berlin 1975). Die Verfasser der Beiträge sind: Frolinde Balser, Jürgen Bergmann, Otto Büsch, Jacques Droz, Walter Grab, Jacques Grandjonc, Georges Haupt, Karin Hausen, Hans Herzfeld, Horst Lademacher, Peter Lösche, Shlomo Na'aman, Rudolf Neck, Hans Pelger, Gerhard A. Ritter, Reinhard Rürup, Francis Sartorius, Ernst Schraepler, Jean Stengers und Klaus Tenfelde.

185 «Die Kommunisten in der Schweiz nach den bei Weitling vorgefundenen Papieren, wörtlicher Abdruck des Kommissionalberichtes an die H(ohe) Regierung des Standes Zürich», Zürich, Druck von Orell, Füßli und Comp., 1843, 1. Auflage (BdA).
Zur Darstellung vgl. Schäfer in seinem Nachwort «Zum Verständnis der (Weitlingschen) Texte» in der Neuausgabe, Reinbek, 1971.

188–190 Der Darstellung von Georg Ludwig Weerth liegen im wesentlichen der von J. W. Goette und R. Schloesser verfaßte Lebensabriß Weerths sowie die Texte zugrunde, die unter dem Titel «Georg Weerth. Vergessene Texte», hg. v. J. W. Goette, Jost Hermand und R. Schloesser, in Köln 1975/76 erschienen sind.

190–192 *«nicht unter die lauteren klassifizieren»*
«und dem preußischen Publikum . . .»
«Der Gedanke ist folgenreich . . .»
« Verbrennen Sie dieses Blatt»
Nach dem Faksimile des Originalbriefs Friedrich Wilhelms IV. in: «Der Kommunistenprozeß zu Köln 1852 im Spiegel der zeitgenössischen Presse», hg. u. eingeleitet v. Karl Bittel, Berlin (DDR), 1955, wo diese Quelle erstmals mitgeteilt wurde.
Die übrige Darstellung des Kölner Kommunistenprozesses stützt sich im wesentlichen auf:
Die Communisten-Verschwörungen des 19. Jahrhunderts. Im amtlichen Auftrage zur Benutzung der Polizei-Behörden der sämmtlichen deutschen Bundesstaaten auf Grund der betreffenden gerichtlichen und polizeilichen Acten dargestellt von Dr. jur. Wermuth, Kgl. Hannöverschem General-Polizei-Director, und Dr. jur. Stieber, Kgl. Preußlschem Polizei-Director, I. und II. Teil, Berlin, 1854;
Karl-Ludwig Günsche, «Der König blies zur Jagd», in: «Sozialdemokrat. Magazin», Heft 2, 1977, S. 23 ff;
«Geschichte der deutschen Arbeiterbewegung», a. a. O., Bd. 1, S. 180 f.

192 Zu der Darstellung von Hermann Heinrich Becker
vgl. auch «Biographisches Lexikon zur deutschen Geschichte», a. a. O., S. 49.

194–198 Die Darstellung Lassalles stützt sich u. a. auf:
H. J. Friederici, «Der Politiker Ferdinand Lassalle; Seine Entwicklung vom revolutionären Demokraten zum kleinbürgerlichen Staatssozialisten», Inauguraldissertation, K. Marx-Universität, Leipzig, 1958;
«Ferdinand Lassalle. Eine Auswahl für unsere Zeit», herausgegeben und eingeleitet von Helmut Hirsch, Bremen, zit. nach der Ausgabe der Büchergilde Gutenberg, Frankfurt, 1964.

201 Vgl. Edmund Silberner, «Johann Jacoby. Politiker und Mensch», S. 454 ff.

Zu: IX. Von denen, die nein sagten und auf Ausnahmegesetze pfiffen

203/204   Zu Gustav Rasch und seiner Kritik an der preußischen Besatzungspolitik in Elsaß-Lothringen vgl. Edmund Silberner, «Johann Jacoby. Politiker und Mensch», a. a. O., S. 448 und 524.

Vgl. auch: Brief Gustav Raschs an die Redaktion des «Bazar», Dresden, 20. Juli 1873: «. . . *Von meiner Reise durch Elsaß und Lothringen so eben heimgekehrt . . .*»

zitiert nach dem Original in der Handschriftensammlung (BdA).

205   *Eduard Bernsteins Vater . . . war . . . Lokomotivführer*

vgl. «Juden im deutschen Kulturbereich», hg. v. S. Kaznelson, Berlin, 3. Ausgabe m. Ergänzungen und Richtigstellungen, 1962, S. 559f: «*Aron David Bernstein (1812–1884) war 1832 nach Berlin übergesiedelt . . . Er ließ seine Brüder nachkommen, darunter den jungen Klempner Jakob Bernstein, der vielleicht der einzige jüdische Lokomotivführer Deutschlands wurde, und zwar bei der Anhalter Bahn. Dessen Sohn war Eduard Bernstein . . .*»

207–209   «*Am 11. Mai 1878 gab ein konfuser . . .*»

«*Die am Abend durch das offiziöse . . .*»

beides in: Eduard Bernstein, «Wie Bismarck Ausnahmegesetze machte», in: «Sozialdemokratische Lehrjahre», Berlin, 1928. Zitiert nach: «Er lebte Geschichte», hg. v. Günter Albrecht, Berlin (DDR), 2. Auflage, 1968.

213   «*Vergeßt nicht, daß ein infames Lügensystem . . .*»

zitiert nach «Geschichte der deutschen Arbeiterbewegung», hg. v. Institut f. Marxismus-Leninismus beim Zentralkomitee der SED, Berlin (DDR), 1966, Bd. 1, S. 355.

213   Zur Biographie Ignaz Auers vgl. auch «Biographisches Lexikon zur deutschen Geschichte», a. a. O., S. 29f.

213/214   Zur Biographie Julius Mottelers vgl. «Geschichte der deutschen Arbeiterbewegung», a. a. O., Bd. 1, S. 365ff; ferner:

«Biographisches Lexikon zur deutschen Geschichte», a. a. O., S. 484f.

215/216   Zur Biographie Georg v. Vollmars vgl. «Biographisches Lexikon zur deutschen Geschichte», a. a. O., S. 713f, ferner: Hedwig Wachenheim, «Die deutsche Arbeiterbewegung 1844–1914», Opladen, 1964; «Geschichte der deutschen Arbeiterbewegung», a. a. O., Bd. 1, S. 360ff.

216/217   «. . . *plötzlich lief auf dem gegenüberliegenden . . .*»

vgl. «Geschichte der deutschen Arbeiterbewegung», a. a. O., Bd. 1, S. 396.

218   «*Es lag nicht an mangelndem gutem Willen . . .*»

«*Den Schlingen der Anklage war Gerhart Hauptmann . . .*»

zitiert nach: Heinz Lux, «Der Breslauer Sozialistenprozeß», in: Mit Gerhart Hauptmann. Erinnerungen und Bekenntnisse aus seinem Freundeskreis»; hg. v. Walter Heinen, Berlin, 1922.

218   «*Wenn es keine Sozialdemokratie gäbe . . .*»

zitiert nach «Geschichte der deutschen Arbeiterbewegung», a. a. O., Band 1, S. 371. Vgl. auch «Stenographische Berichte über die Verhandlungen des Reichstags. 1. Session 1884/85», Band 1, Berlin, 1885, S. 25.

219   «. . . *mußte die anständige . . . bürgerliche Oppositionspresse . . .*»

G. Bernhard, «Die Geschichte des Hauses», in: «50 Jahre Ullstein, 1877–1927», Berlin, 1927, S. 23.

221   «. . . *jeder Sozialdemokrat gleichbedeutend mit . . .*»

zitiert nach: «Reden des Kaisers. Ansprachen, Predigten und Trinksprüche Wilhelms II.», hg. v. Ernst Johann, dtv-Dokumente 354, München, 1966, S. 45.

Zu: X. Vom Marsch in den Abgrund und den Warnern am Wege

224/225   *«Der spezifische Cäsarenwahn . . .»*
       «Ein Gebiet, auf dem Caligula . . .»
       zitiert nach dem Sonderdruck «Caligula. Eine Studie über römischen Cä-
       sarenwahnsinn» von Ludwig Quidde, 5. Aufl. o. O. u. J. (1894), S. 7 f;
       S. 13.

227   *«. . . für höchst wünschenswert . . .»*
       zitiert nach dem Original des Briefes von Ernst Haeckel vom 19. Februar
       1895 in der Handschriftensammlung (BdA).

229   *«. . . In die hohe, große Festesfreude . . .»*
       zitiert nach : «Reden des Kaisers . . .», a. a. O., S. 67.

230   *«Am 25. Gedenktag der Schlacht . . .»*
       zitiert nach: «Geschichte der deutschen Arbeiterbewegung», a. a. O., Band 1,
       S. 443–444.

230   *«Wir waren dort vier Strafgefangene . . .»*
       zitiert nach: F. W. Foerster, «Erlebte Weltgeschichte», Nürnberg, 1953,
       S. 116.

230   *«. . . neue, bessere Welt . . . erst beim vierten Stand . . .»*
       Fontane an James Morris, 22. Februar 1896. In: «Fontane Briefe. Eine
       Auswahl», hg. v. C. Coler, Berlin, 1963, Band 2, S. 480.

231   *«Deutsche aller Orten . . .»*
       «Reichsgewalt bedeutet Seegewalt . . .»
       «Unsere Zukunft liegt auf dem Wasser!»
       zitiert nach: Ernst Johann (Hg.), «Reden des Kaisers», a. a. O., S. 71, 75,
       81.

232   *«. . . Lach' nicht so dreckig . . .»*
       «Der König David steigt aus seinem Grabe . . .»
       zitiert nach einem Exemplar des «Simplicissimus», 3. Lehrgang, Nr. 31
       (BdA); einige Stücke dieser von der Staatsanwaltschaft Leipzig vollständig
       beschlagnahmten Ausgabe gelangten später in den Antiquariatshandel.

235   *«Hier ist's plus que terrible . . .»*
       zitiert nach dem Original der Postkarte Hardens an Max Liebermann vom
       28. Mai 1899 in der Handschriftensammlung (BdA).

237   *«Unseren lieben Hofhistoriographen»*
       zitiert nach: Heinrich Herz, «Spaziergänge im Damals», Berlin, 1933 (Privat-
       druck der Freitagstischpresse) (BdA); dieses Werk enthält auch weitgehend
       unbekannte Einzelheiten über die Beziehungen zwischen Bismarck, Harden
       und Liebermann, ferner über Paul Lindau und Ludwig Pietsch. Ein Schreiben
       Wilhelms II. («Neues Palais, 24. Dezember 1903») an Ludwig Pietsch in der
       Handschriftensammlung (BdA) bestätigt die Angaben.

237/238   *«Eine Kunst, die sich über die von Mir . . .»*
       «Wenn . . . die Kunst, wie es jetzt vielfach . . .»
       «Rinnsteinkunst»
       zitiert nach: Ernst Johann (Hg.), «Reden des Kaisers», a. a. O., S. 102.

238–241   *«System Althoff»*
       vgl. Kurt Beutler u. Uwe Henning, «Der Professoren Geist und das Mini-
       sterium des Geistes. Zur Rolle von Wissenschaft und Staat in Preußen-
       Deutschland unter dem System Althoff (1882–1907). Wolfgang Abend-
       roth zum 70. Geburtstag», Berlin, 1976 (maschinenschr. Vervielf.) fortan
       zitiert: Beutler/Henning.

239   Die Angaben, Paul Ehrlich betreffend, stützen sich auf Martin Gumpert
       und Alfred Joseph, «Medizin», Beitrag in: «Juden im deutschen Kulturbe-
       reich», a. a. O., S. 480 f.

240	*«Die Ironie der geschichtlichen Parallele . . .»*
	Zitat aus Beutler/Henning, a. a. O., S. 2
	«Hegel bemerkt irgendwo . . .»
	Karl Marx, «Der 18. Brumaire des Louis Napoleon», MEW, Band 8, S. 115.
	Die von Marx erwähnte Stelle bei Hegel findet sich in dessen «Vorlesungen
	über die Philosophie der Geschichte, 3. Teil».
239–245	Die Darstellung des Falles Arons stützt sich im wesentlichen auf Beutler/
	Henning, a. a. O., S. 2–8.
244/245	*«Jedenfalls ist es im Interesse . . .»*
	«Denn der radikalste Zweifel . . .»
	«. . . Finte auch nur eine Spur von Vernunft»
	Die Zitate aus den Artikeln und Aufsätzen Max Webers sind Beutler/Hen-
	ning, a. a. O., S. 8–10, entnommen.
247	*«. . . Ich bin hier gut untergebracht . . .»*
	zitiert nach dem Original der Postkarte Karl Liebknechts an Dr. C. Rosen-
	berg, Festung Glatz, 11. November 1907, in der Handschriftensammlung
	(BdA).
249	*«Im Interesse der Aufrechterhaltung des Friedens . . .»*
	Das Liebknecht-Zitat ist der «Geschichte der deutschen Arbeiterbewe-
	gung», a. a. O., Band 2, S. 191, entnommen, und die dortige Darstellung
	wurde verglichen mit: E. Burns, «Karl Liebknecht», London, 1934; W.
	Manchester, «Krupp. Zwölf Generationen», München 1968, S. 264, 268 ff,
	306, 309.
250/251	Die Darstellung der Teilnahme Wilhelm Ostwalds an der Kundgebung
	sowie seine Biographie stützen sich im wesentlichen auf: «Biographisches
	Lexikon zur deutschen Geschichte», a. a. O., S. 510 f; Wilhelm Ostwald,
	«Lebenslinien», 3 Bde., Berlin, 1921–27; G. Ostwald, «Wilhelm Ostwald,
	mein Vater», in: Sonderheft der Zeitschrift «Angewandte Chemie», Jg. 65
	(1953), Nr. 20.
251	Alfred Fried: vgl. «Juden im deutschen Kulturbereich», a. a. O., S. 577; H.
	Hartmann, «Lexikon der Nobelpreisträger», Berlin, 1967.
251	Deutsche Friedensgesellschaft (DFG)
	«1892 auf Anregung von Bertha v. Suttner gegründet, stellte das erste
	pazifistische Programm in Deutschland auf und gewann durch Ludwig
	Quidde und Helmuth v. Gerlach Verbreitung seit dem 1. Weltkrieg. Die
	DFG wurde vom Nationalsozialismus aufgelöst, ihr Präsident General
	Freiherr v. Schoenaich verhaftet. Nach 1945 bildete sie sich unter Schoen-
	aich neu mit Sitz in Hannover und dem Namenszusatz ‹Bund der Kriegs-
	gegner›.»
	Großer Brockhaus, Wiesbaden, 1953.
	Aktive Mitglieder der Deutschen Friedensgesellschaft/Vereinigte Kriegs-
	dienstgegner, wie sie nun heißt, werden heute in der Bundesrepublik
	diskriminiert und im Freistaat Bayern mit Berufsverboten belegt:
	Die DFG/VK-Mitglieder und Lehramtsanwärter Heinrich Häberlein,
	Manfred Lehner und Peter Kellndorfer wurden in Bayern nicht in den
	Schuldienst eingestellt, Thomas Rödl nicht zu einer Ausbildung als Staats-
	bibliothekar zugelassen, und zwar mit der Begründung, auf Grund ihrer
	aktiven Mitgliedschaft in der DFG/VK bestünden «Zweifel an ihrer Verfas-
	sungstreue».
	Die DFG/VK – ihr Ehrenpräsident ist Martin Niemöller; fünf Friedensno-
	belpreisträger sind aus dieser international hochangesehenen Organisation
	hervorgegangen – wird von den bayerischen Behörden als «kommunisti-
	sche Hilfsorganisation» bezeichnet, die aktive Mitgliedschaft darin unbese-
	hen als «extremistisch» oder gar «staatsfeindlich» eingestuft.
	Welch ein Staat, der Kämpfer für den Frieden als seine Feinde betrachtet!

Zu: XI. Von der schrecklichen Verwirrung und den wenigen klaren Köpfen

254–260   Eine genaue Schilderung der Vorgänge in Berlin kurz vor, am und nach dem 9. November 1918 enthalten die beiden ersten Bände in der Reihe der ‹deutschen Anti-Geschichtsbücher› von Bernt Engelmann, «Wir Untertanen», München, 1974, und «Einig gegen Recht und Freiheit», München, 1975.

254–256   Über die Rolle Liebknechts im «Revolutionsausschuß» und Rosa Luxemburgs Bemühen, den zum Scheitern verurteilten Aufstand der Linken, zumindest eine Beteiligung der Spartakusgruppe daran, zu verhindern, vgl. Peter Nettl, «Rosa Luxemburg», a. a. O., S. 726, wo es heißt: «*Fast donquichottisch sprangen Rosa Luxemburg und die KPD einem revolutionären Unternehmen bei, das sie nicht angefangen hatten, dessen Ziele sie nicht billigen konnten, das man aber trotzdem nicht scheitern lassen durfte . . .*», und S. 728: «*Die KPD-Führung mißbilligte sowohl die ‹Putsch›-Mentalität des Revolutionsausschusses als auch die Verhandlungsversuche der USPD und eines Teils der Revolutionären Obleute. Unklar ist jedoch, was sie selbst wollte. Nach Rose Wolffstein – die allerdings während der Januar-Ereignisse nicht in Berlin war – empfing Rosa Luxemburg den aus einer Sitzung des Revolutionsausschusses zurückkehrenden Liebknecht mit den vorwurfsvollen Worten: ‹Aber Karl, wo bleibt unser Programm?›*»

257   «*Ordnung herrscht in Berlin*»
Unter dieser Überschrift erschien Rosa Luxemburgs letzter Artikel in der «Roten Fahne», Nr. 14 vom Dienstag, dem 14. Januar 1919.
«*Ich war, ich bin, ich werde sein!*»
Mit diesem, dem Freiligrathschen Gedicht «Die Revolution» entnommenen Zitat schließt der letzte Artikel Rosa Luxemburgs, der einen Tag vor ihrer Ermordung erschien.
Freiligrath hat in seinem Gedicht die Revolution «*wie weiland euer Gott*» von sich selbst sagen lassen: «*Ich war, ich bin, ich werde sein*», und sich dabei auf das Neue Testament (Offenbarung Johannes, 1. Kapitel, Vers 8) bezogen.

257   «*. . . Ihr seid mir ‹zu wenig draufgeherisch› . . .*»
zitiert nach Peter Nettl, «Rosa Luxemburg», a. a. O., S. 631 ff.

258   «*Freiheit nur für die Anhänger der Regierung . . .*»
Rosa Luxemburg, «Die russische Revolution», in: «Politische Schriften III», eingeleitet u. hg. v. Ossip K. Flechtheim, Frankfurt, 1975, S. 73.

258/259   «*Ohne allgemeine Wahlen . . .*» zitiert nach R. Luxemburg, «Die russische Revolution», a. a. O., S. 75.

259   «*Nur ungehemmt schäumendes Leben . . .*»
zitiert nach R. Luxemburg, «Die russische Revolution», a. a. O., S. 135.

262   Zum Verhältnis Bebel–Eisner:
Vgl. eigenhändigen Brief Bebels vom 14. November 1899 an Kurt Eisner, Original in der Handschriftensammlung (BdA).
Vgl. auch Peter Nettl, «Rosa Luxemburg», a. a. O., S. 377 ff.

263   Über Kurt Eisners Begräbnis:
Vgl. Sebastian Haffner, «Die verratene Revolution», Bern/München/ Wien, 1969, S. 185.

263   «*Würde der Dreiländer-Verlag . . .?*»
Rainer Maria Rilke an den Dreiländer-Verlag, München, Winter 1918/19, auszugsweise abgedruckt in: «Rainer Maria Rilke, 1875–1975», Katalog zur Sonderausstellung im Schiller-Nationalmuseum Marbach a. N., zusammengestellt und kommentiert von J. W. Storck, München, 1975, S. 237 (Nr. 395).

«*In den letzten Tagen hat München . . .*»
Brief R. M. Rilkes an seine Frau, München, 7. November 1918, zitiert nach
«Rainer Maria Rilke, 1875–1975», a. a. O., S. 233.

264   «*etwas an neuem Zusammenschluß*»
Brief R. M. Rilkes an Elya M. Nevar, 16. November 1918, zitiert nach
«Rainer Maria Rilke, 1875–1975», a. a. O., S. 235.

264   «Gesang der Völker»
Der Text der von K. Eisner zur Melodie des «Niederländischen Dankgebets» verfaßten Hymne lautete:
«*Wir werben im Sterben / um ferne Gestirne. / Sie blinken im Sinken / und
stürzen in Nacht. / Wir schwören zu hören / den Rufern der Freiheit. / Wir
schirmen in Stürmen / die heiligen Höhn. / Die Menschheit gesunde / in
schaffendem Bunde, / das neue Reich ersteht. / O Welt, werde froh!*»

264   «*Ich erinnere mich, daß Rilke . . .*»
A. Wolfenstein, «Erinnerungen an Rilke», in: «Basler Nationalzeitung»
(Sonntagsbeilage) v. 15. Februar 1942.
Rilke über R. Luxemburg: «*Cette femme . . .*»
Brief R. M. Rilkes an Tora Holmström, 9. Mai 1921, zitiert nach «Rainer
Maria Rilke, 1875–1975», a. a. O., S. 231.

265   «*. . . Ich freue mich, daß Sie die münchner Luft . . .*»
Brief R. M. Rilkes an Veronika Erdmann v. 29. März 1919, nach dem
Original, das dem Verfasser von der Empfängerin liebenswürdigerweise
zur Verfügung gestellt wurde.

265–267   Die Darstellung folgt im wesentlichen der in: «Rainer Maria Rilke, 1875–
1975», a. a. O., S. 228–241.

266   «*Wohin soll ich . . .?*»
zitiert nach Ernst Toller, «Eine Jugend in Deutschland», Querido-Verlag,
Amsterdam, 1933, S. 200ff.

267   «*. . . erlauben Sie mir, Ihnen, dem ich . . .*»
Brief Ernst Tollers an R. M. Rilke, Festungsgefängnis Niederschönenfeld
bei Donauwörth, 29. September 1920, zitiert nach «Rainer Maria Rilke,
1875–1975», a. a. O., S. 239.

267   Die Angaben, B. Traven (= Ret Marut) betreffend, basieren auf Gerhard
Heidemann, «Postlagernd Tampico», München, (Herbst) 1977.

268   Die biographischen Angaben, Erich Mühsam betreffend, sind verglichen
mit «Biographisches Lexikon zur deutschen Geschichte», a. a. O., S. 486,
und mit «Juden im deutschen Kulturbereich», a. a. O., S. 558.

268/269   «*Die Strafe der Festungshaft . . .*»
zitiert nach Kurt Tucholsky, «Gesammelte Werke», hg. v. Mary Gerold-
Tucholsky und Fritz J. Raddatz, 10 Bände, Rowohlt-Taschenbuchausgabe,
Reinbek 1975 (im folgenden: «Gesammelte Werke»), Band 3, S. 87ff.

270   «*Es wird uns Mitarbeitern der ‹Weltbühne› . . .*»
zitiert nach K. Tucholsky, «Gesammelte Werke», a. a. O., Band 2,
S. 52–57.
Tucholskys Bilanz («Gesammelte Werke», Bd. 3, S. 44–50) stützt sich – wie
auch von ihm angegeben – auf E. J. Gumbel, «Zwei Jahre Mord», ein Buch,
das gerade im Verlag Neues Vaterland erschienen war (1921).

271   «*Tucholsky hat sich . . .*»
zitiert nach F. J. Raddatz, «Tucholsky. Eine Bildbiographie», München,
1961, S. 58.
«*Das muß man gesehen haben . . .*»
zitiert nach K. Tucholsky, «Gesammelte Werke», a. a. O., Band 3, S. 296f.

272   «*Das letzte Buch Franz Werfels heißt . . .*»
zitiert nach K. Tucholsky, «Gesammelte Werke», a. a. O., Band 2, S. 339f.

275   «*Im Allgemeinen halte ich es für europäische . . .*»

zitiert nach dem Original des Briefs von Stefan Zweig in der Handschriftensammlung (BdA).

275   «*Verrat? Ich habe Ihnen nichts versprochen . . .*»
Vgl. hierzu: H. und E. Hannover, «Politische Justiz 1918–1933», Frankfurt, 1966, S. 216 ff.

276   «*Am Lützowufer 13 ist jetzt . . .*»
zitiert nach K. Tucholsky, «Gesammelte Werke», a. a. O., Band 2, S. 383.

276   «*Die Zeichnungen von Grosz . . .*»
zitiert nach K. Tucholsky, «Gesammelte Werke», a. a. O., Band 2, S. 432.
«*Maul halten und weiter dienen*»
heißt das Blatt 10 in der Mappe «Hintergrund», 17 Zeichnungen v. George Grosz zur Aufführung des «Schwejk» an der Piscatorbühne, Berlin 1928 (BdA), das nach Erscheinen beschlagnahmt wurde und Gegenstand der Anklage wegen Gotteslästerung war. Die Darstellung des Strafverfahrens gegen G. Grosz und W. Herzfelde folgt im wesentlichen H. und E. Hannover, «Politische Justiz 1918–1933», Frankfurt, 1966, S. 250 ff.

279   «*. . . Der Staatsanwalt: Streiker und Revoluzzer . . .*»
zitiert aus «Justitia schwoft», in: K. Tucholsky, «Gesammelte Werke», a. a. O., Band 7, S. 288 f.

280/281   Die Darstellung des ‹Falles› Berthold Jacob folgt im wesentlichen H. und E. Hannover, «Politische Justiz 1918–1933», Frankfurt, 1966, S. 181–186.

283   «*Man sollte meinen, daß in Mitteilungen . . .*»
G. Radbruch in: «Die Justiz», Band II, S. 85.

286   «*Wie rasch altern doch die Leute . . .*»
Die 5 «Schnipsel» sind zitiert nach K. Tucholsky, «Gesammelte Werke», a. a. O., Band 10, S. 102, 107, 108, 109.

288/289   Die Darstellung folgt im wesentlichen H. und E. Hannover, «Politische Justiz 1918–1933».

290   «*Wir Deutsche oder doch . . .*»
Heinrich Mann, «Gute und gedeihliche Beziehungen», in: «Das neue Rußland», Berlin, 1927, Heft 9/10, S. 45.

291   «*Und immer neue Studenten treten vor . . .*»
zitiert nach E. Ebermayer, «Denn heute gehört uns Deutschland . . .», Hamburg/Wien, 1959.

292   «*Sonjuscha, Liebste, seien Sie trotz alledem . . .*»
Rosa Luxemburg, «Briefe aus dem Gefängnis», Berlin (DDR), 6. Aufl., 1971, S. 71 (Postskriptum zum Brief an Sonja Liebknecht, die Ehefrau Karl Liebknechts, aus dem Stadtgefängnis Breslau, Mitte Dezember 1917).

293   «*. . . Ich für meinen Teil . . .*»
zitiert nach F. J. Raddatz, «Tucholsky. Eine Bildbiographie», München, 1961, S. 124 f.

294   «*Warum wollt ihr solange warten . . .*»
zitiert nach Erich Kästner, «Ein Mann gibt Auskunft», Stuttgart/Berlin, 1930 (BdA).

294/295   Die Niemöller-Zitate sind einem Aufsatz von Renate Riemeck, «Wie ein Fels in der Brandung. Martin Niemöller zum 85. Geburtstag» («Deutsche Volkszeitung», Nr. 2/1977, S. 8), entnommen.
. . . kam ins Untersuchungsgefängnis Moabit . . .
Eigenhändige Postkarte, «Moabit, 13. 1. 1938», des «*Niemöller, DD, Berlin-Moabit, Untersuchungsgefängnis, Nr. 1325*». Niemöller berichtet über Weihnachten in Haft: «*. . . ungewohnt stille Tage, und es war nichts andres zu hören als die ‹gute frohe Mär›, die draußen so leicht überschrieen wird von dem, was wir Menschen jetzt für das Wichtigste halten . . .*»
Original in der Handschriftensammlung (BdA).

Zu: XII. Fazit 1977

297   Selbst dem im Konzentrationslager . . . mißhandelten . . . Niekisch . . .
       Vgl. hierzu: Joseph Drexel, «Der Fall Niekisch», Köln, 1964.

298   Ein Kästner-Zitat am falschen Platz . . .
       Am 28. Februar 1976 zitierte der Hörfunk-Moderator Wolfgang Hahn in
       der NDR-Vormittags-Magazinsendung «Von neun bis halb eins» aus dem
       Gedicht von Erich Kästner, «Patriotisches Bettgespräch» (in: «Ein Mann
       gibt Auskunft», Stuttgart/Berlin, 1930) einige Verse, u. a.: «. . . Jawohl,
       wir sollen Kinder fabrizieren. / Fürs Militär. Und für die Industrie. / Zum
       Löhnesenken. Und zum Kriegverlieren . . .»
       Er schloß mit der letzten Zeile der vorletzten Strophe: «. . . Wer nicht zur
       Welt kommt, wird nicht arbeitslos», deren Aktualität, auch nach fast
       einem halben Jahrhundert, unbestreitbar ist, und dann legte er eine Schall-
       platte mit dem Lied von Helmut Qualtinger, «Die alte Engelmacherin vom
       Diamantengrund», auf.
       Auf die Beschwerde des CDU-Bundestagsabgeordneten Franz Josef Nord-
       lohne aus Lohne in Oldenburg hin wurde Hahn vom zuständigen Hauptab-
       teilungsleiter des Norddeutschen Rundfunks, Henri Regnier, von der wei-
       teren Moderation suspendiert, tags darauf auch vom politischen Chefre-
       dakteur Hans Soltau von der Moderatorenliste der Sendung «Kurier am
       Morgen» gestrichen.

298/299 Vgl. zur Berufsverbote-Praxis: «Berufsverbote in der BRD. Eine juristisch-
         politische Dokumentation», Informationsbericht 22 des Instituts f. marxi-
         stische Studien u. Forschungen (IMSF), Frankfurt a. M., 1975.

299/300 Scheidungsklage gegen Ehefrau mit DKP-Mitgliedschaft . . .
         Der Rechtsanwalt des angehenden Realschullehrers Eichhorn erhielt vom
         bayerischen Kultusministerium ein von der Ministerialrätin Pecher unter-
         zeichnetes Schreiben, worin es heißt: «Von Vorteil für Ihren Mandanten
         wäre es auch, wenn ein Nachweis über die Erhebung der Scheidungsklage
         und, falls die DKP-Mitgliedschaft der Ehefrau zur Mitbegründung des
         Scheidungsbegehrens herangezogen wurde, eine entsprechende Bestäti-
         gung beigebracht werden könnte . . .»
         (Vgl. Bericht der «Frankfurter Rundschau», Nr. 285 vom 9. Dezember
         1975, Seite 3, «Ein Politiker fühlt sich an Sippenhaft erinnert».)

300   «Wir . . . sollten die Behauptung unserer Gegner . . .»
       Walter Jens in seiner Erwiderung auf die Ansprache des Bundespräsidenten
       Walter Scheel beim Kongreß des Verbands deutscher Schriftsteller (VS) in
       der Industriegewerkschaft Druck und Papier, Frankfurt, 1974, zitiert nach:
       «Wir Extremisten», in: W. Jens, «Republikanische Reden», München,
       1976.

300   Wobei anzumerken ist . . .
       Vgl. Urteil des Verwaltungsgerichts Kassel im Rechtsstreit des Sozialarbei-
       ters Hans Roth gegen das Land Hessen (Dokumentation der «Frankfurter
       Rundschau» vom 12. 2. 1977, S. 14).

301   «Es ist jetzt ruhiger geworden . . .»
       zitiert aus «Kraftproben. Der Fall Narr oder die Angst vor den Radikalen»,
       Bericht von Paul Karalus im Westdeutschen Rundfunk-Fernsehen am 26.
       April 1976, 21.45 Uhr.

303   . . . die Gesinnungsschnüffelei, die Schikanen . . .
       Am 11. Januar 1977 hat der Präsident der Technischen Universität Mün-
       chen, Prof. Dr. Ulrich Grigull, es abgelehnt, den Diplom-Physiker Erich
       Kirschneck als wissenschaftlichen Mitarbeiter weiterzubeschäftigen.
       Schon zuvor, im Dezember 1976, hatte Präsident Grigull Kirschnecks
       Einstellung als Verwalter der Dienstgeschäfte eines wissenschaftlichen

Assistenten (VDwA) abgelehnt, obwohl Kirschnecks wissenschaftliche Qualifikation außer Frage steht und er vom Fachbereich Physik vorgeschlagen worden war.

Präsident Grigull stützt sein Berufsverbot für Kirschneck, der seit fast zwei Jahren im Institut für Theoretische Physik bei Prof. Dr. Schmidt an seiner Promotion über das Thema «Kollektive Moden in einer superfluiden Fermiflüssigkeit in der Nähe von T_c» gearbeitet hat, auf Erkenntnisse des bayerischen Staatsministeriums des Innern, die Zweifel an der Verfassungstreue Kirschnecks begründen sollen.

Für diese Zweifel nennt das Innenministerium folgende Gründe:

1. Der Bewerber war Demonstrationsleiter bei einer Demonstration der Studentenschaft Bayerns gegen das bayerische Hochschulgesetz am 28. Juni 1973;

2. Der Bewerber habe im Januar 1975 auf einer «gewerkschaftlich organisierten» Liste zum Fachbereich Physik kandidiert;

3. Der Bewerber habe im Mai 1975 drei Informationsstände zum Thema «Hochschulsituation» für den Sozialdemokratischen Hochschulbund (SHB) angemeldet.

Kirschneck, seit Jahren Mitglied der SPD und der Gewerkschaft ÖTV sowie Vorstandsmitglied der Münchener Jungsozialisten, wird aufgrund der oben angeführten «Erkenntnisse» als «Verfassungsfeind» eingestuft und ohne Rücksicht auf seine Arbeit, die er anderswo nicht fortsetzen kann, entlassen. Der Protest des Konvents der wissenschaftlichen Mitarbeiter der TU München vom 18. Januar 1977, der ohne Gegenstimme bei einer Enthaltung angenommen wurde, fruchtete bislang ebensowenig wie der der SPD.

303 *«Wenn einstmals diese Not . . .»*
zitiert nach Gottfried Keller, «Gesammelte Werke», Stuttgart und Berlin, 1909, 9. Band, S. 283.

Bildquellen

Bibliothek des Autors (BdA): Seite 6, 57, 141, 149, 153, 228, 236, 247, 261, 277
Bayerische Staatsbibliothek: Seite 226
Deutsche Geschichte in 3 Bänden, hg. v. H. Bartmuss u. a. VEB, Deutscher Verlag der Wissenschaften, Berlin (DDR), 1975, Bd. 2: Seite 13, 115, 211, 299
Geschichte der deutschen Arbeiterbewegung in 8 Bänden, Dietz Verlag, Berlin (DDR), 1966, Bd. 1: Seite 161
E. Silberner, Johann Jacoby. Politiker und Mensch, Verlag neue Gesellschaft, Bonn 1976: Seite 177
F. J. Raddatz, Tucholsky. Eine Bildbiographie, Kindler Verlag, München, 1961: Seite 273, 279
Rowohlt-Archiv: Seite 129

Personenregister

Seitenzahlen mit * weisen auf Abbildungen hin.

Drei wichtige Dokumente zur Zeitgeschichte:

Dan Kurzman
<u>Fällt Rom?</u>
Der Kampf um die Ewige Stadt 1944
400 Seiten.
Das ist die packende und minutiös recherchierte
Dokumentation dieses dramatischen Wettlaufs um
Rom, die Geschichte von der Eroberung der Ewigen
Stadt durch die Alliierten und der Rettung Roms
vor der Zerstörung auf Befehl Hitlers.
»Das beste Buch seiner Art seit ›brennt Paris?‹«
Los Angeles Times

Gerhard Schoenberner
<u>Der gelbe Stern</u>
Überarbeitete Neuausgabe. 224 Seiten,
192 s/w-Fotos und 6 Faksimile.
Diese Bilddokumentation über die Judenverfolgung
der Nazis in Europa – ein Klassiker zeitgeschicht-
licher Literatur – erschien erstmals 1960. Sie ist
durch die ganze Welt gegangen. Es ist notwendig,
das Buch wieder vorzulegen, denn »es gibt
Geschehnisse, die man nicht vergessen darf«
(so Rudolf Pechel zum Erscheinen).

Günther Nollau
<u>Das Amt</u>
50 Jahre Zeuge der Geschichte
312 Seiten, 8 Seiten s/w-Abbildungen.
Günther Nollau, Deutschlands Verfassungsschützer
Nr. 1 – bis zur Guillaume-Affäre –, gibt Auskunft
und Rechenschaft über seine Jahre im Dritten Reich,
in der DDR und in der BRD. Ein unbequemer, daher
provozierender Zeuge der Zeitgeschichte, der –
entbunden von Amt und Eid – frei und freimütig zu
Protokoll gibt, was andere verschweigen.

C. Bertelsmann

Die satirische Zeitschrift

pardon

ist (unter anderem auch)

ein Literaturmagazin

Sogar eins der besten. Denn außer Informationen über Bücher und Büchermacher ("Kulturmarkt"), außer Auszügen aus bemerkenswerten Neuerscheinungen ("Leser's Magazin") bringt PARDON auch noch jede Menge Spaß.

Und welche andere Bücherzeitschrift tut das schon?